Berlin-Brandenburgische Akademie der Wissenschaften

Texte und Untersuchungen
zur Geschichte der altchristlichen Literatur

Archiv für die Ausgabe der Griechischen Christlichen Schriftsteller
der ersten Jahrhunderte

(TU)

Begründet von
O. von Gebhardt und A. von Harnack
herausgegeben von
Christoph Markschies

Band 153

Peter Busch

Das Testament Salomos

Die älteste christliche Dämonologie, kommentiert und
in deutscher Erstübersetzung

Walter de Gruyter · Berlin · New York

Herausgegeben im Auftrag der Berlin-Brandenburgischen Akademie der Wissenschaften
im Einvernehmen mit der
Patristischen Kommission der Akademien der Wissenschaften
in Berlin, Düsseldorf, Göttingen, Heidelberg, Leipzig, München
und der Akademie der Wissenschaften und der Literatur in Mainz
von Christoph Markschies

Gutachter dieses Bandes:
Klaus Berger, Gerrit Kloss und Gerd Theißen

♾ Gedruckt auf säurefreiem Papier,
das die US-ANSI-Norm über Haltbarkeit erfüllt.

ISBN-13: 978-3-11-018528-7
ISBN-10: 3-11-018528-8

Bibliografische Information Der Deutschen Bibliothek

Die Deutsche Bibliothek verzeichnet diese Publikation in der Deutschen Nationalbibliografie;
detaillierte bibliografische Daten sind im Internet über http://dnb.ddb.de abrufbar.

ISSN 0082-3589

Printed in Germany
Einbandentwurf: Christopher Schneider, Berlin

Vorwort

Das „Testamentum Salomonis", das uns in einer maßgeblichen Edition von Chester Charlton McCown seit 1922 vorliegt, ist ein Kind Heidelberger religionsgeschichtlicher Forschung. McCown – seinerzeit Student am Garrett Biblical Institute in Evanston, Illinois – kam angeregt durch die Lektüre der Zeitschrift Expository Times 1907 nach Heidelberg, um bei Adolf Deissmann Religionsgeschichte zu studieren. Dieser brachte ihn auf das Testament Salomos als Forschungsschwerpunkt. Auch Albrecht Dieterich, der seit 1905, wie es Karl Preisendanz in seinem Vorwort zum ersten Band der *Papyri Graecae Magicae* darlegte, in seinen Oberseminaren griechische Texte zur magischen Volksfrömmigkeit las, bestärkte McCown in seinem Vorhaben, das Testament Salomos gründlich zu edieren und zu besprechen.

Sicherlich, die Hauptarbeit dieser Textedition und deren gründliche Einleitung bis zur Fertigstellung 1921 fand ab 1908 – nach dem frühen Tod Dieterichs und dem Wechsel Deissmanns nach Berlin – zunächst in Berlin, dann wieder in Illinois und später in Jerusalem statt. Dennoch wurde der erste Schritt zu einer eingehenderen wissenschaftlichen Betrachtung des Testamentes Salomos vom religionsgeschichtlich atmenden *Esprit* der Heidelberger Universität angestoßen, dem sich auch der Autor dieser Studie zum Thema verbunden weiß. Diese wurde im Wintersemester 2003/04 von der Heidelberger Evangelisch-Theologischen Fakultät als Habilitationsschrift angenommen und hätte ohne die Unterstützung und ohne den Rat der sachkundigen Gutachter so nicht entstehen können. Ich danke an dieser Stelle meinem Lehrer, Prof. Dr. Klaus Berger, sowie Prof. Dr. Gerd Theißen und Prof. Dr. Gerrit Kloss für die intensive Auseinandersetzung mit dem Manuskript und für die zahlreichen wertvollen Anregungen. Herrn Prof. Dr. Christoph Markschies danke ich für die Aufnahme dieser Studie in die Reihe der „Texte und Untersuchungen" sowie Herrn Dr. Albrecht Döhnert vom Verlag Walter de Gruyter für seine Unterstützung.

McCowns Text ist noch niemals zur Gänze ins Deutsche übersetzt worden – dies soll hier unter Berücksichtigung des textkritischen Apparates und neuerer edierter Handschriftenfunde nachgeholt werden. Da die traditionsgeschichtlichen und literarischen Bezüge dem modernen Leser recht fremd anmuten, ist der Übersetzung nicht nur eine ausführliche Einleitung, sondern auch ein Kommentar mit traditionsgeschichtlicher Zielrichtung nachgestellt.

Inhaltsverzeichnis

Teil II: Übersetzung und Kommentar

Teil I
Einleitung

1 Exorzistische Literatur unter Salomos Namen

1.1 Exorzistische Spruchsammlungen

Parallel zu den bekannten pseudosalomonischen weisheitlichen Spruchsammlungen, seien sie schon in der antiken jüdischen Bibel angelegt (Sprüche, Hohe-
lied, Prediger Salomos) oder im Rahmen der alttestamentlichen Apokryphen
und Pseudepigraphen bekannt (Weisheit, Psalmen und Oden Salomos), kursierten in der Antike pseudosalomonische Spruchsammlungen exorzistischen
Inhalts. Diese setzen das Bild von Salomo als Exorzisten voraus, dessen Ursprung man in 1Kön 5,9-13 sehen kann:[1]

Salomo ist der weiseste Mensch seiner Zeit und formt diese gottgegebene
Weisheit in Spruchdichtung aus. Von dieser Charakteristik Salomos aus ist eine
breite Wirkungsgeschichte entfaltbar, die deutlich zu einer Hervorhebung von
Salomos esoterischem Wissen tendiert; die Notiz etwa in 1Kön 5,13, dass
Salomo über Landtiere, Vögel, Würmer und Fische dichtet, wird so gedeutet,
dass Salomo die Sprache der Tiere verstand[2] – und damit ist den besonderen
Fähigkeiten des Königs die Richtung gewiesen.

Auf einer frühen traditionsgeschichtlichen Stufe, etwa in SapSal 7,17-21,
weiß Salomo zusätzlich zu den sichtbaren Dingen auch über das Verborgene
(τὰ κρυπτά) und die ἐνέργεια στοιχείων Bescheid, ebenso kennt er die
βία πνευμάτων. Hier hat sich die Erfahrungsweisheit Salomos, wie sie sich
nach dem dtr Geschichtswerk gestaltet, schon deutlich zu einer esoterischen
Einsicht in Verborgenes verschoben. Die Macht Salomos über böse Geister ist
dann ein weiteres Element, das womöglich schon bei Ps-Philo, LAB 60 in
einem exorzistischen Lied Davids zum Ausdruck kommt, in dem den Dämonen angekündigt wird, aus einem „neuen Mutterschoß" entstehe ein Nachfolger Davids, der die bösen Geister bezwingen wird.[3] Damit verfügt Salomo
nicht nur über Sonderwissen, sondern er vermag es auch tatkräftig einzuset-
zen. In der rabbinischen Tradition ist die Herrschaft Salomos über die Geister-

---

1   Zu diesem Ansatzpunkt vgl. Duling, 1985, 14ff.; Särkiö, 2004.
2   Belege bei Salzberger, 1907, 73f.
3   Zu den textkritischen Problemen und den daraus resultierenden Unsicherheiten vgl. Dietzfel-
    binger, 1975, 254.

welt weit verbreitet;[4] neben der ausführlichen Asmodeus-Perikope in bGit 68a wäre hier etwa aus Pes. Rab Kahana 5 der Ausspruch R.Ishmaels zu nennen:

עד שלא חטא שלמה היה רודה בשידה ושידות

Ehe Salomo gesündigt hatte, herrschte er über die männlichen und weiblichen Dämonen

Dieses Zitat könnte fast als Zusammenfassung des TSal gelesen werden – die Herrschaft über männliche und weibliche Dämonen in Kap. 1-25 mit der anschließenden Erzählung vom Abfall Salomos in Kap. 26 bildet die Handlung des TSal ab.

So ist also letztendlich 1Kön 5,9-13 der Anknüpfungspunkt für Salomos Macht über die Dämonen; diese These wird durch die spätere Auslegungsgeschichte bestätigt, wird doch Salomos Fähigkeit, mit den Tieren zu sprechen, oft in einem Atemzug mit seiner Macht über die Dämonen genannt: Etwa in der späteren islamischen Entfaltung im Koran in Sure 27,16f und im äthiopischen Kulturkreis in Kebra Nagast 25 ist Salomos Herrschaft über die Dämonen explizit mit der Notiz über die Kenntnis der Vogelsprache verbunden.

Salomo ist Herr über die Dämonen und weiß mit ihnen umzugehen. Schon lange vor der christlichen Version des TSal kursieren Berichte über Bücher, in denen Salomo seine Kenntnisse über den Umgang mit Dämonen aufgeschrieben haben soll. Einen recht frühen Beleg finden wir bei Josephus, der im Vorfeld der vielzitierten Eleasar-Perikope in Ant 8,44-46 über Salomo schreibt:[5]

οὐδεμίαν γὰρ φύσιν ἠγνόησεν οὐδὲ παρῆλθεν ἀνεξέταστον, ἀλλ᾽ ἐν πάσαις ἐφιλοσόφησε καὶ τὴν ἐπιστήμην τῶν ἐν αὐταῖς ἰδιωμάτων ἄκραν ἐπεδείξατο. παρέσχε δ᾽ αὐτῷ μαθεῖν ὁ θεὸς καὶ τὴν κατὰ τῶν δαιμόνων τέχνην εἰς ὠφέλειαν καὶ θεραπείαν τοῖς ἀνθρώποις· ἐπῳδάς τε συνταξάμενος αἷς παρηγορεῖται τὰ νοσήματα καὶ τρόπους ἐξορκώσεων κατέλιπεν, οἷς οἱ ἐνδούμενοι τὰ δαιμόνια ὡς μηκέτ᾽ ἐπανελθεῖν ἐκδιώξουσι. καὶ αὕτη μέχρι νῦν παρ᾽ ἡμῖν ἡ θεραπεία πλεῖστον ἰσχύει.

Es gab weiterhin keine Naturerscheinung, mit der er nicht vertraut gewesen wäre oder die er unbeachtet übergangen hätte, sondern alle Dinge durchdrang er philosophisch und wies eine tiefe Einsicht in die Eigentümlichkeiten der Dinge auf. Gott ermöglichte ihm auch, die Kunstfertigkeit gegen die Dämonen zu lernen, zum Nutzen und zur Heilung für die Menschen. Er stellte nämlich Zauberformeln zusammen, mit denen man Krankheiten vertreiben konnte und hinterließ Anleitungen zum Exorzismus, mittels derer diejenigen, die damit umgehen, die Dämonen austreiben, so dass sie nicht mehr zurückkehren. Diese Heilkunst hat bei uns bis heute größtes Gewicht.

---

4   Zahlreiche Belege bei Salzberger, 1907, 92ff.
5   Vgl. zu dieser traditionsgeschichtlichen Linie schon Salzberger, 1907, 9f.

Diese Notiz dürfte den frühesten Hinweis auf eine pseudosalomonische exorzistische Spruchsammlung darstellen,[6] deren Inhalt in medizinischen Zaubersprüchen (ἐπῳδαί) und Anleitungen zum Exorzismus (τρόποι ἐξορκώσεων) besteht. Wie letztere konkret verfasst waren, wissen wir nicht, doch scheint es sich über einfache Beschwörungsformeln hinausgehende Anweisungen gehandelt zu haben. Damit kann das TSal – auch in früheren als der heute vorliegenden, christlichen Rezension – kaum gemeint sein, da wir bei Josephus keinen Hinweis auf eine Rahmenhandlung haben, die schon mit der „Grundschrift" des TSal verbunden war. Aber immerhin erhalten wir hier Hinweise auf eine schriftlich fixierte Sammlung von Exorzismusformeln, die wohl bei „Kundigen" in die exorzistische Praxis umgesetzt wurde, wie Josephus schreibt; dass ähnliches auch in christlichem Kontext vorkam, belegt Origenes im Comm in Mt 26,63[7]:

> (Der Hohepriester sprach: Ich beschwöre dich beim lebendigen Gott ...): „Es wird aber jemand fragen, ob es angemessen ist, wenigstens die Dämonen zu beschwören. Und wer auf die vielen schaut, die solches zu tun gewagt haben, wird sagen, daß dies nicht ohne Grund geschieht. Wer aber auf Jesus schaut, der <nicht nur ohne Beschwörung> den Dämonen gebietet, sondern auch seinen Jüngern Macht über alle Dämonen gibt und <die Macht> Krankheiten zu heilen, wird sagen, daß es der vom Heiland gegebenen Macht nicht entspricht, Dämonen zu beschwören; es ist nämlich jüdischer <Brauch>. Da geschieht (wenn auch gelegentlich etwas Derartiges von den Unsrigen getan wird) etwas Ähnliches wie bei denen, welche die Dämonen mit Beschwörungen, die von Salomon geschrieben sind [*a Salomone scriptis adjurationibus*], zu beschwören pflegen. Aber die, die jene Beschwörungen benutzen, benutzen gelegentlich nicht für geeignet erklärte Bücher; sie beschwören aber auch die Dämonen mit manchen Worten, die aus dem Hebräischen genommen sind."

Aus diesem Zitat wird deutlich, dass Christen literarisch fixierte Beschwörungssammlungen unter Salomos Namen verwendeten, um Exorzismen zu betreiben; dies ist auch in polemischem Kontext bei Celsus in Orig, Cels 6,40 belegt, allerdings ohne expliziten Hinweis auf „salomonische" Bücher. Es ist durchaus möglich, dass die in PGM 4,850ff genannte Praxis („Salomos Niederfallen") und das im gleichen Zauberpapyrus Zeile 3040f genannte „Siegel, das Salomo auf die Zunge Jeremias tat" einer derartigen pseudosalomonischen Beschwörungsanthologie entnommen wurden.[8] Über die kontroverse Diskus-

---

6 Als Wirkungsgeschichte dieser Notiz kann der Eintrag der Suda im Stichwort „Eleazar": „Salomos Buch, alles zu heilen" gesehen werden. Weitere christliche Bezüge zur einschlägigen Josephusnotiz ab etwa 850 nach Christus bei McCown, 1922, 94f.

7 Übersetzung nach Vogt, 1993, 282f.

8 Als Ergänzung wären noch spätere christliche Hinweise auf die medizinische Literatur Salomos zu erwähnen, etwa bei Theodoret in den Quaest in 3Reg, Kap. 18 (Migne PG 80, 681AB) und zur Spekulation über die Unterdrückung derselben durch Hiskia, vgl. McCown,

sion salomonischer exorzistischer Sammlungen sind wir im 4. Jahrhundert von
Zosimus, Lib 12 unterrichtet.[9] Dieser berichtet hier von einem Buch namens
„Die sieben Himmel" exorzistischen Inhaltes, das Salomo zugeschrieben wird
und zu dem anscheinend schon Kommentare existierten. Zosimus bezweifelt
die Salomonische Autorschaft, nennt aber ein weiteres exorzistisches Werk
über sieben Gefäße als Schrift des legendären Königs. Letztere könnte die
Entfaltung einer Tradition darstellen, nach der Salomo die Dämonen in Krüge
einsperrt (in TSal 15,9 aufgenommen, vgl. den Kommentar z.St.). Hier wird
einerseits die breite Rezeption apokrypher Salomonischer Literatur deutlich
(Kommentare existieren), andererseits die Auseinandersetzung um die Echt-
heit des Materials.

Jenseits derartiger Beschwörungssammlungen scheinen auch pseudsalo-
monische Sammlungen von Dämonennamen existiert zu haben. Möglicherweise könnte der stark fragmentierte Qumranpsalm 11QApPs[a] 1,3 (11Q11 1,3) hier
ein Stück zitieren: der Erwähnung, dass Salomo die Geister und Dämonen rief,
scheint sich dort mit der Einleitung „אלה [הש]דים" eine Liste mit einer Aufzählung dieser Dämonen anzuschließen – eine Sammlung von Dämonennamen
also, die von Salomo beschworen wurden.[10] Ein weiteres Indiz finden wir im
gnostischen Traktat „Über den Ursprung der Welt" NHC 2,5,155,3: nach einer
Erwähnung von 49 mannweiblichen Dämonen wird dort auf Näheres im
„Buch des Salomo" hingewiesen; dort seien deren Namen und Wirkweisen
aufgezeichnet. Schon lange wurden hier Parallelen zur „Epistel an Rehobeam"
bzw. der „Hygromantie des Salomo" gesehen.[11] Wichtig für den vorliegenden
Zusammenhang ist, dass es sich bei dem in NHC 2,5 erwähnten Buch sowie in
der Hygromantie Salomos um pseudosalomonische Dämonenlisten handelt,
die anscheinend parallel zum TSal rezipiert wurden.

Conclusio: Wie aus obigen Ausführungen deutlich wurde, kursierten in der
Wirkungsgeschichte von 1Kön 5,9-13 pseudosalomonische exorzistische
Sammlungen, die in jüdischem und christlichem Kontext rezipiert wurden, wie
die Bemerkungen des Josephus einerseits schon für das erste nachchristliche
Jahrhundert und des Origenes und Celsus andererseits für das zweite bzw.
dritte nachchristliche Jahrhundert belegen.

1922, 95ff. Diese Traditionen überschreiten allerdings den zeitlichen Rahmen des TSal und sollen hier nicht näher ausgeführt werden.

9   Übersetzung der einzig erhaltenen syr. Fassung von R. Duval bei Berthelot Bd. 2, 1893, 264f;
vgl. die Besprechung bei Torijano, 2002, 180ff.

10   Text nach Martinez/Tigchelaar II, 1998; deutsche Übersetzung nach Maier I, 1995. Eingehende
Besprechung des exorzistischen Inhalts bei Torijano, 2002, 43ff.

11   Vgl. Doresse, 1960, 170ff; zur Hygromantie Salomos vgl. Heeg, 1911; Torijano, 2002.

1.2 Salomoerzählungen

1.2.1 Mehrere Salomotraditionen

Neben den Spruchsammlungen unter Salomos Namen kursierten auch ganze narrative Blöcke mit Erzählungen über den legendären König. Hierbei wurde in der Forschung seit längerem die Frage diskutiert, ob – gerade im Hinblick auf das TSal – mit einer „festen" Salomotradition gerechnet werden kann oder nicht. Gerade in der älteren traditionsgeschichtlichen Forschung, etwa in der Wirkung von Gunkels „Schöpfung und Chaos", postulierte man geschlossene, fest tradierte Sagenkreise. In diese Richtung tendiert auch Salzberger, wenn er eine „in Persien" entstandene Salomosage ermittelt, die über Palästina und Ägypten in den zunächst vorislamischen, dann islamischen Orient einerseits und in den lateinischen Westen anderseits wandert und sich jeweils entsprechend mit neuen Zügen anreichert.[12]

Im Gegensatz zur Annahme einer festen Salomotradition wird in der vorliegenden Untersuchung die Meinung vertreten, dass die kanonischen Salomoerzählungen diverse Anknüpfungsmöglichkeiten boten, die jeweils unabhängig voneinander entfaltet und auch kombiniert werden konnten. Es gab demnach niemals eine feste, komplexe Salomotradition, sondern verschiedene Salomoerzählungen, die frei kombinierbar waren. Die Entstehung des TSal und paralleler Salomotraditionen ist demnach nicht als redaktionelle Selektion einer einzigen umfassenden Salomoerzählung vorstellbar, sondern als redaktionelle Kombination mehrerer Erzählkreise, die sich um den legendären König rankten.

Im TSal wird Salomo vor allem als frommer König, als Tempelbauer und als Herr über die Dämonen geschildert, und diese drei Linien können allesamt als Entfaltung der Salomogeschichten aus der antiken jüdischen Bibel gesehen werden.

Ist seine Frömmigkeit, die sich im TSal in den zahlreichen Gebetserwähnungen zeigt, Entfaltung der biblischen Gebetsperikopen, etwa in 1Kön 3 und 8, so ist seine Macht über die bösen Geister (wie oben schon dargestellt wurde) als Entfaltung von 1Kön 5,9-13 deutbar. Erzählungen von Salomo als Herrn über die Geisterwelt begegnen uns in eigentümlichen Ausprägungen, von denen das TSal lediglich eine Spielart darstellt. Alternativ hierzu zeugen die zahlreichen Salomosiegel mit den Darstellungen von Salomo als Reiter,[13] der einen Dämon tötet, von Erzählungen mit einer gänzlich anderen Bilderwelt wie beim TSal (dort ist Salomo niemals als Reiter dargestellt). Auch die Geschichten vom Netz des Salomo,[14] mit dessen Hilfe dieser die Dämonen fängt, führt

---

12   Salzberger, 1907, 4f; 92.
13   Vgl. die Belege bei Schlumberger, 1892; Perdrizet, 1903; Bonner, 1950, 209f.
14   Vgl. Euringer, 1926.

uns in eine vom TSal differente Bilderwelt ein. Dies alles zeugt von einer
Vielzahl unterschiedlich ausgestalteter Salomogeschichten mit dem Grundmo-
tiv „Salomo als Herr über die Dämonen".

Einen breiten Raum nimmt bei den antiken und frühmittelalterlichen Salomotraditionen die Entfaltung von 1Kön 10, die Geschichte mit der Königin
von Saba ein, die in TSal 19 und 21 rezipiert wurde. Diese Tradition wurde
etwa in Kebra Nagast oder im Targum Scheni zu Esther 1,2 separat aufgenommen[15] und ins TSal integriert.

Salomo als der Tempelbaumeister ist hauptsächlich auf die Tempelbauerzählung in 1Kön 5-8 zurückführbar. Gerade das Bild von Salomo dem Baumei-
ster ist in der späteren Antike verbreitet und hat sich dabei auch von der Verbindung mit dem jüdischen Tempel gelöst.[16] Eine besondere Stellung nimmt
hierbei – und dies ist für das TSal ganz zentral – die Geschichte von Salomos
Tempelbau mit Hilfe der Dämonen ein.

1.2.2 Der Tempelbau mit Hilfe der Dämonen

Die Geschichte vom Tempelbau macht mit den Ausführungen zur Vorbereitung, zur Durchführung, Einrichtung und Weihe knapp die Hälfte der Salomoerzählungen im ersten Königsbuch aus und nimmt darum eine herausragende
Stellung im Erzählkreis um Salomo ein. Dabei ist die Vorstellung, dass der
Tempel von Geister- und Dämonenhand errichtet wurde, weniger als fremdes,
späteres Element zu denken, sondern stellt vielmehr die Entfaltung von 1Kön
6,7 dar: Das Haus wurde gebaut, und die Steine waren fertig zugerichtet, so
dass man weder Hammer noch Beil noch irgendein eisernes Werkzeug beim
Bau hörte.[17] Dabei dürfte Tradition aus Ex 20,25 aufgenommen worden sein,
nach der ein Steinaltar nur aus unbehauenen Steinen errichtet werden darf,
weil ein eisernes (Kriegs-) Gerät ihn entweihen könnte.

Die weitere Entfaltung dieser Stelle treibt verschiedene Blüten. Einerseits
wird mehrfach haggadisch überliefert – etwa bei Josephus in Ant 8,69 oder in
NumR 14,3 – dass sich der Tempel auf wunderbare Weise „wie von selbst"
zusammengefügt habe. Andererseits entfaltet sich die Erzählung vom Wunderstein, dem Schamir, der selbst das härteste Material mühelos zurecht-
schneiden könne und Salomo für den Tempelbau zur Verfügung gestanden

---

15   Vgl. auch die abessinische Legende bei Littmann, 1904 und den Sammelband von Pritchard,
     1974.
16   Vgl. Watt, 1974, 87-95, der vorislamische und islamische Belege für Salomo als Erbauer der
     Burg von al-Tablaq bei Taima und als Mitwirkender beim Bau der Kaaba in Mekka vorbringt.
17   Vgl. zur Wirkungsgeschichte dieser Stelle mit zahlreichem Belegmaterial Salzberger, 1912,
     10ff.

habe (mSota 9,10; mAbot 5,9).[18] In späterer Tradition wird der Schamir auch als Lebewesen verstanden, mit dem Salomo den Tempel baute (jSota 9,24b; bGit 68b).

Der Tempel – so also die Botschaft, die aus 1Kön 6,7 herausgelesen wurde – ist nicht durch natürlicher, menschlicher Hände Arbeit entstanden. Hier schließt sich dann die Tradition vom Tempelbau mit Hilfe der Dämonen an,[19] die besonders in bGit 68 breit ausgeführt und auch früh christlich rezipiert wurde (TestVer, NHC 9,29,6ff; Orig, HomNum 6,3).

Conclusio: Wie man sieht, kursierten in Entfaltung der kanonischen Vorlage einzelne Salomoerzählungen, die sich zu komplexeren Strukturen kombinieren ließen. So ist in der „Kebra Nagast" etwa die Geschichte von Salomo und der Königin von Saba mit dem Palastbau Salomos (nicht mit dem Tempelbau) verbunden und im Targum Scheni zu Esther 1,2 mit einer breiten Ausführung zu Salomos Thron (der im TSal keine bedeutende Rolle spielt).

---

18 Vgl. Salzberger, 1914, 36ff.
19 Vgl. hierzu Hanig, 1993, 117; Döpp, 1998, 279 und den Kommentar zu Kap. 15 S. 208.

2 Das Testament Salomos

Im vorliegenden Testament Salomos laufen die beiden literarischen Strukturen der Salomoerzählungen und der exorzistischen Anthologien zusammen. Einerseits nehmen wir bei der Lektüre ausgeprägte Salomogeschichten wahr, etwa die Tempelbauerzählung, die Begegnung mit der Königin von Saba, ein Bericht vom Streit zwischen Vater und Sohn sowie die Erzählung von Salomos Fall und Ende. Andererseits haben wir in den Befragungskapiteln 4-18 eine streng durchstrukturierte Aufzählung von Dämonen und deren Überwinderengel vor uns, stoßen auf Aufzählungen wirkmächtiger Namen und eingearbeitete Dämonenlisten wie in Kap. 18. Aufgrund der Befragungskapitel wirkt das TSal als exorzistische Anthologie, aufgrund der Rahmenhandlung als Salomoerzählung. Eine traditionsgeschichtliche Annäherung an das TSal muss allerdings einer Differenzierung in die einzelnen Traditionen und damit der Textgeschichte gerecht werden.[1]

2.1 Textgeschichte des Testaments Salomos

2.1.1 McCowns Textmodell

Übersetzung und Kommentierung des TSal basieren auf dem kritischen Text von Chester Charlton McCown aus dem Jahre 1922, der heute noch als gültige Fassung gilt.[2] McCown hatte in bewundernswerter Detailgenauigkeit die ihm

---

1   Aus diesem Grund können Überlegungen zu den verwendeten Salomotraditionen in TSal ohne Berücksichtigung der Textgeschichte (wie beispielsweise bei Johnston, 2002, 40-42) nur den Charakter einer ersten Annäherung annehmen.

2   Die gelehrte und – sieht man von einigen Schwächen ab (vgl. insbesondere untenstehende Ausführungen zu Ms N) – detailgenaue Textrekonstruktion McCowns ist wohl grundlegend, bleibt aber in jüngerer Zeit nicht unkritisiert, vgl. insbesondere Duling, 1988 und Klutz, 2003. Als Sonderstimme ist Heid, 2001 anzusprechen, der in einer Fußnote a.a.O., 36, Anm. 189 McCowns Textedition als „problematisch" ansieht und, mit Verweis auf Duling, 1988, 101f, dem Mignetext in PG 122 Vorrang einräumt. Dieses Urteil ist aus zwei Gründen schwer nachvollziehbar: Erstens hat der Text in PG 122 nur eine einzige Handschrift, Ms P, berücksichtigt, während McCown sich um eine Kompilation aller einsehbaren Handschriften und eine Differenzierungen in verschiedene Rezensionen bemühte. Damit ist McCowns Text auf eine ungleich breitere textkritische Basis gestellt als Mignes Edition. Zweitens ist aus der von Heid

zugänglichen Handschriften kompiliert und einen eklektischen Text geschaffen,³ der eine „Grundschrift" des TSal abbilden sollte. Lässt man McCowns Vorentscheidung einer Rekonstruktion der „Grundschrift" (anstelle einer Paralleledition der beiden grundlegenden Rezensionen) gelten, so ist als einzige Schwäche bei McCowns Text die zu späte Entdeckung der Ms N zu nennen, durch deren konsequente Berücksichtigung sich die Eigenart und die Bewertung der Rec B noch an einigen Punkten verändert hätte.⁴

McCowns Entstehungsmodell des TSal ist wie folgt darstellbar:

1. Seiner Meinung nach existierte als Vorstufe zum TSal zuerst eine frühe, haggadische Rahmenerzählung, womöglich aus dem 1. nachchristlichen Jahrhundert (eine Art „Urschrift" d). Bestärkt durch ähnliche Überlegungen der Arbeiten von Istrin, sah er seine Handschrift D aus dem 16. Jahrhundert (Ms E wurde von ihm erst später entdeckt und in seiner Einleitung nicht mehr besprochen) als einen Niederschlag dieser typischen folkloristischen Salomoerzählung an, in der auch Dämonen eine nicht unwichtige Rolle spielten und edierte sie separat.⁵ Damit sind nach McCown Ms D und Ms E spätere Zeugen des frühen Typs einer biographieähnlichen Erzählung über Salomos Herkunft, seinen Tempelbau und seinen Umgang mit Dämonen („Urschrift" d).

2. Diese sei dann in einem zweiten Schritt mit „magisch-medizinischer" Zielrichtung zu einem Testament Salomos (t) erweitert worden, sei dabei, wie es in Rec B deutlich werde, um den biographischen Anfang von Salomos Herkunft gekürzt worden und setze beim Tempelbau und dem Dämon Ornias ein.⁶

3. Dieses hypothetische Testament, die „Grundschrift" t, wurde nach McCown in zwei unabhängigen Rezensionen revidiert, die uns als Rec

---

angeführten Darstellung Dulings keineswegs ersichtlich, dass dem Text von Migne ein Vorrang eingeräumt werden solle (obwohl bei Duling der Wunsch nach einer neuen Textedition durchaus laut wurde).

3   J. Jeremias, 1925c, attestierte McCown in seiner Buchbesprechung „großen Fleiß" und „vorbildliche Sorgfalt".

4   Nach McCowns Edition sind – neben den in dieser Studie berücksichtigten Editionen der Ms Nat.Bibl. Athen 2011 und des P.Vind. G 330 – inzwischen weitere, z.T. nichtgriechische Handschriften des TSal entdeckt worden, vgl. Duling, 1988, 97. Schon McCown nennt eine „διαθῆκαι Σολομῶντος" aus dem 16. Jahrhundert, die er als Titel im Bibliothekskatalog am Berg Athos entdeckte, die zugehörige Schrift jedoch nicht einsehen konnte (McCown, 1922, 27). Weiterhin ist zu nennen die arabische Handschrift Vat ar 448 ff 39r-54r (Graf, 1944, 210; Charlesworth, 1981, 197) und Ms Bibliothèque Nationale Fonds Syriaque 194 ff 153-156b, in syrischer Schrift geschrieben, jedoch nicht syrisch, sondern Karshuni (arab. Dialekt, vgl. Charlesworth, 1981, 197.201). Letztere konnten auch in dieser Studie nicht berücksichtigt werden.

5   McCown, 1922, 88-97.

6   McCown, 1922, 32-38.

A und Rec B vorliegen, wobei Rec A Priorität zukommt und Rec B
„später" und deutlich „verchristlicht" angesetzt wird.
4.   Noch später, wohl im Hochmittelalter, ist dann, abhängig von Rec B,
     Rec C entstanden.

Zusammenfassend ist also McCowns Textmodell zu beschreiben: Eine Geschichte von Salomos Tempelbau („Urschrift" d) wurde zu einem Testament
(„Grundschrift" t) erweitert, das in drei Rezensionen A, B und C vorliegt,
wobei A und B voneinander unabhängig sind und C als spätere Erweiterung
von B angesprochen werden kann.[7] McCowns Edition versuchte, den Text des
ursprünglichen Testaments t wieder zu rekonstruieren.[8]

2.1.2 Kritik am Postulat einer literarischen Vorstufe

Der Existenz einer „Grundschrift" des TSal (t) sowie deren Vorlage in drei
Rezensionen ist in der Forschung bislang nicht widersprochen worden, und
dies wird auch in dieser Studie bestätigt. Es gibt m.E. keinen Grund, an der
Unabhängigkeit der beiden Recc A und B voneinander sowie der Abhängigkeit
der Rec C von Rec B zu zweifeln. Auch die Existenz der drei Rezensionen
konnte durch die nach McCown edierten Wiener Papyri bestätigt werden, weil
diese in Rec B gut einzuordnen sind und McCowns Modell nicht in Frage
stellen.

Eine Modifikation des McCown'schen Textmodells ist allerdings dort angebracht, wo McCown eine literarische Vorstufe, die „Urschrift" (d) vermutet
hatte. Diese „Urschrift" liegt uns in drei Textzeugen vor und wurde von
McCown als Seitenstück zur Rahmenhandlung des TSal angesprochen:

– Ms D aus dem Dionysiuskloster, Berg Athos, Codex 132, Fol 367r-374v
   aus dem 16. Jahrhundert nach Christus.[9] Dieses Manuskript war für
   McCown der „Zeuge" einer vom TSal unabhängigen Rahmenhandlung,
   in die die Befragungskapitel eingearbeitet wurden.

– Ms E aus der Bibliothek des Griechischen Patriarchats, Sankt Saba
   Kloster, Jerusalem, Nr. 290, Fol 177v-191r aus dem 18. Jahrhundert. Dies
   wurde von McCown als christliches Seitenstück zu D angesehen und

---

7   Knappe Zusammenfassung des Textmodells auf der Grundlage von McCowns These, aller-
    dings durch die konkreten Datierungsvorschläge über diese noch hinausweisend, bei Prei-
    sendanz, 1956a, 689: das „Original", also die Grundschrift, aus dem 3. Jahrhundert, von Rec A
    textlich in etwa treu erhalten, Rec B aus einer Vorlage des 4./5. Jahrhundert, Rec C 12./13.
    Jahrhundert.
8   McCown, 1922, 36.
9   Erstpublikation bei Istrin, 1898, vgl. McCown, 1922, 10f.

geht zusammen mit D auf die Salomoerzählung d zurück.[10] Ms E wurde von McCown spät entdeckt und für das TSal kaum ausgewertet.

 – Fünf Jahre nach McCowns Edition gab A. Delatte in seinen „Anecdota Athenensia" ein „Testament Salomos" heraus (Nationalbibliothek Athen No 2011)[11], das mit McCowns Ms E in großen Zügen identisch ist. Auch diese Handschrift muss als Textzeuge von McCowns „Urschrift" berücksichtigt werden.

Diese drei Salomogeschichten sollen in unten stehender Tabelle in ihrem Erzählablauf mit dem TSal verglichen werden:

Perikope	MsD	MsE	Delatte[12]	TSal
David und Bathseba	1,1-3	1,1-3	19r	-
Nathans erster Versuch,				
David zurückzuhalten, schlägt fehl	1,4-6	-	-	-
Nathans erneute Sendung und Strafpredigt	1,6-11	1,4-10	19v-20v	-
Salomos Geburt und Weisheit	1,12f	2,1	20v-21r	-
Summarium zum Tempelbau	2,1	2,2f	21r	1,1
Der bevorzugte Arbeiter wird				
von einem Dämon gequält	2,2-4	2,3-8	21r-23r	1,1f
Salomos Gebet und Michaels				
Ringübergabe	2,5-8	2,9-11	23r-24r	1,5-8
Der bevorzugte Arbeiter				
überwindet den Dämon	2,9-13	2,12f	24r-24v	1,9-14
Die Befragung des Ornias	3,1-4	3	24v-25v	2,1-9
Ornias bringt den Dämonenfürsten				
Beelzebul zu Salomo	-	4,1-3	25v-26r	3
Befragung Beelzebuls		4,4-10	26r-27r	6
Ornias bringt alle Dämonen				
zu Salomo	3,5	-		-
Summarium: Befragung und				
Unterwerfung der Dämonen	3,6-8	4,11f	27r-27v	(4-18)
Streit zwischen Vater und Sohn				
und Ornias' Prophezeiung	4	5	27v-30r	20
Die Königin des Südens				
visitiert den Tempel	5	6[13]	30r	19.21

---

10   Vgl. McCown, 1922, 123ff.
11   Delatte, 1927a.
12   Delatte, 1927a, beginnt bei Nat.Bibl Athen 2011 fol. 19. Die Angaben richten sich nach den Folia des Manuskriptes.
13   In Ms E/Nat. Bibl. Athen 2011 ist es nicht die Königin des Südens, sondern „ἡ σοφὴ Σιβύλλα", die Salomo besucht.

Ein Brief aus Arabien	6,1f	7,1	30r-30v	22,1-6
Der problematische Schlussstein des Tempels	-	-		22,7f
Salomo entsendet einen Diener zur Überwindung Ephippas'	6,3-8	7,2-5	30v-31v	22,9-20
Ephippas setzt den Schlussstein	6,9-11	7,6-8	31v-32r	23
Ephippas, der Dämon aus dem roten Meer und die Luftsäule	6,12-14	8	32r-33r	24
Die Befragung des Dämons aus dem roten Meer	-	-		25
Ornias bringt den Dämonenfürsten Samael zu Salomo	7	9	33r-35r	-
Salomos Fall	-	-	-	26
Ruhm und Weisheit Salomos	8	10,1f	35r-35v	-
Ausstattung des Tempels	-	10,3-6	35v-37r	-
Tempelzerstörung der Babylonier, Befreiung der Dämonen	-	11	37r-38v	-
Das Kreuz überwindet die Dämonen	-	12	38v-40r	-

Tabelle 1: Erzählablauf der Salomogeschichten

Wie aus der Tabelle ersichtlich ist, variieren die Handlungsabläufe der Salomoerzählungen in Ms D und Mss E/Nat.Bibl. Athen 2011 nicht unerheblich. In Ms D ist in 1,4-6 die Geschichte von Nathan und David – über die biblische Grundlage – ausgeweitet, und Beelzebul ist in Ms D nicht der Dämonenfürst, dies ist Samael in Kap. 7. Schließlich fehlt im Erzählablauf von Ms D das Ende, die Notizen über die Ausstattung des Tempels, die Verwahrung der Dämonen in Gefäßen und ihre Freilassung bei der babylonischen Tempelzerstörung sowie ihre erneute Unterjochung unter das Kreuz. Schon dies sind – neben weiteren Unterschieden, die McCown bezüglich der Mss D und E nennt[14] – gewichtige Indizien gegen eine „feste" Salomoerzählung, die für das TSal den Rahmen bilden könnte.

Die Frage stellt sich nun, wie sich die in diesen drei Manuskripten vorliegenden Salomoerzählungen zum TSal verhalten. Schon auf der Ebene der Handlungsstruktur, wie sie in der Tabelle oben abgebildet ist, werden die grundsätzlichen Parallelen deutlich: Der Tempelbau mit Hilfe der Dämonen, der bevorzugte Vorarbeiter, Ornias, das Siegel, der Dämonenfürst, auch die Erzählungen von Vater und Sohn, der Brief aus Arabien und die Überwindung des Ephippas, die Luftsäule – all dies sind Elemente, die sogar in der gleichen Reihenfolge wie beim TSal vorkommen. Die Unterschiede liegen in der fehlenden Vorgeschichte beim TSal und bei dem im TSal exklusiv ausgestalteten Befragungscorpus (Kap. 4-18). McCown hatte, wie oben vermerkt, aufgrund

---

14   Vgl. McCown, 1922, 124ff.

der strukturellen Ähnlichkeiten – allerdings hauptsächlich auf der Grundlage von Ms D – angenommen, dass hier Seitenstücke einer literarischen Vorstufe („d") der Rahmenhandlung vorliegen könnten (eine Art „Urschrift"), in die bei der Entstehung der „Grundschrift" des TSal die Befragungskapitel eingearbeitet wurden.[15] Damit ist dieser Erzählkomplex nach McCown traditionsgeschichtlich älter als das TSal, und Ms D stellt eine spätere Überarbeitung der Handlungsstruktur „d" dar.

Dagegen erscheint es m.E. zwangloser, die Salomoerzählungen dieser Textzeugen nicht in die Vorgeschichte des TSal, sondern in dessen Wirkungsgeschichte einzuordnen. Ms D, Ms E und Ms Nat.Bibl. Athen 2011 bilden dann kein Vorstadium des TSal ab, sondern setzen das TSal voraus:

1. McCown hatte das Verhältnis zwischen seiner Handlungsstruktur, der „Urschrift" d und der „Grundschrift" t nur aufgrund seiner bei der Edition verwendeten Textzeugen, vornehmlich Ms D sowie den Zeugen der Rezensionen A und B des TSal skizziert. Dagegen wird in der vorliegenden Untersuchung versucht, die gesamte Überlieferung der exorzistischen Salomoliteratur mit einzubeziehen. Wie oben deutlich wurde, kursierten einige exorzistische Pseudosalomonica, in deren Kontext sowohl die Handlungsstruktur („Urschrift" d) als auch die „Grundschrift" des TSal zu sehen sind. Beide können zunächst als unabhängig entstandene Salomogeschichten angesprochen werden, wobei es mir, wie die weiteren Einzelheiten zeigen, sinnvoll erscheint, eine Kenntnis von t bei d anzunehmen.

2. Das Summarium der Befragung in Ms D ist eher als Zusammenfassung der Befragungskapitel TSal 4-18 zu lesen denn als literarische Vorstufe, zumal es genau diejenigen Fragen schildert, die Salomo im Befragungskapitel TSal 4-18 nennt:[16]

καὶ ἠρώτα ἐν ἕκαστον ὁ βασιλεὺς τῶν δαιμόνων τό τε ὄνομα καὶ τὴν ἐργασίαν καὶ ὑπὸ ποίου τῶν ἁγίων ἀγγέλων καταργεῖται. καὶ ὡμολόγουν τήν τε ἐργασίαν αὐτοῦ καὶ τὴν κλῆσιν καὶ τὸν καταργοῦντα ἄγγελον. ἐπέτρεπε δὲ αὐτὰ ἐργάζεσθαι εἰς τὴν τοῦ ναοῦ οἰκοδομήν. καὶ ἐνήργει ἐν ἕκαστον τὴν δουλείαν εἰς ἣν δὴ καὶ ἐτάχθη παρὰ τοῦ σοφοῦ Σολομῶντος.

Und der König befragte jeden einzelnen der Dämonen nach dem Namen, nach der Wirkweise und von welchem der heiligen Engel er unschädlich gemacht werde. Und sie bekannten ihre Wirkweise, ihren Namen und den sie unterwerfenden Engel.
Dann wies er sie an, beim Bau des Tempels zu arbeiten. Und jeder einzelne übte den Dienst aus, für den er von dem weisen Salomon zugeordnet worden war.

---

15 Vgl. McCown, 1922, 32f.

16 Text nach McCown, 1922, 91. Die Parallele in Mss E, 4,11f und Ms Nat.Bibl. Athen 2011 fol 27 nennt auch Wirkweisen und Werke der Dämonen.

3. Gerade Mss E/Nat.Bibl. Athen 2011 weisen Züge auf, die die Befragungs-
    kapitel des TSal voraussetzen: Die Erscheinungen der Dämonen werden
    dort auf Ornias konzentriert,[17] und deutliche Ähnlichkeiten zu TSal 2,3
    sind zu verzeichnen, etwa dass er wie ein Löwe ist, dass er „im Schlaf"
    wirkt (TSal 2,3 Recc BC) und dass er Flügel hat (TSal 2,3: „Aufschwingen
    zu den himmlischen Stätten"). Dass hier Züge von der Ausgestaltung des
    Dämons nachträglich verarbeitet werden, ist durchaus möglich, wenn auch
    nicht sicher. Doch verweist einiges in Ms Nat.Bibl. Athen 2011 auch auf die
    Befragungskapitel direkt: wenn der Dämon „wie eine Frau" erscheint, so
    setzt dies die explizite Nachfrage Salomos nach weiblichen Dämonen in
    TSal 4,1 voraus, das „Sägen von Marmor" auf die Arbeiten in TSal 6; 10; 14.
    Beelzebul als „Γαστὴρ θηλυμανίας" dürfte sich auf die „θηλυμανία" von
    TSal 5,8 beziehen, das Geständnis „μικρὰ παιδία πνίγομεν" auf TSal 13,3.
4. Die Tendenz zur Kürzung ist beim TSal auch in den einschlägigen Hand-
    schriften erkennbar. Gerade bei Ms Q (Rec B) fehlen die Befragungskapitel
    2,13-20,9 völlig. McCown vermutete, dass diese Passagen nachträglich aus
    einem vollständigen Manuskript entfernt wurden.[18] Diese Tendenz, die Be-
    fragungskapitel nachträglich zu omittieren, kann sich auch bei der Entste-
    hung der Mss D, E, Nat.Bibl. Athen 2011 niedergeschlagen haben.

Die o.a. Argumente zeigen, dass die drei einschlägigen Handschriften dahingehend lesbar sind, dass sie das TSal voraussetzen. Dies bedeutet nicht, dass
sie eine Epitome oder Kürzung des TSal vorgenommen haben, sondern es ist
eher vorstellbar, dass diese drei Handschriften Textzeugen einer Salomoerzählung sind, die aus der Kombination von Salomolegenden entstanden ist,
unter anderem auch durch Heranziehung des TSal. Womöglich hat sich der
Autor dieser durch die drei Textzeugen repräsentierten Salomoerzählung in
seinem Aufriss grob am TSal orientiert, wodurch die prinzipiell gleiche Reihenfolge des Stoffes erklärbar ist.

Conclusio: Die drei einschlägigen Handschriften zeugen von der Kombination von Salomogeschichten zu größeren Komplexen. Dass dabei die Vorgeschichte des TSal erhellt wird, ist nach den o.a. Diskussion eher unwahrscheinlich,
der hier vorliegende Komplex gehört eher in die Wirkungsgeschichte des TSal.

Im hier vorgelegten Aufriss wird damit die Tendenz deutlich, nicht mehr
mit einer „festen" haggadischen Rahmenhandlung zu rechnen, in die dann die
Befragungskapitel eingebaut wurden. Dagegen steht das TSal im Traditions-
strom gleichzeitig sich entfaltender Salomoerzählungen und Sammlungen
exorzistischen Materials unter Salomos Namen. Damit fällt auch McCown
literarische Vorstufe (d) dem Occam'schen Rasiermesser anheim, und das

---

17 Die folgende Paraphrase gründet auf Delatte, 1927, 216.
18 Dies notiert auch Klutz, 2003, 227f, dort freilich mit dem Impetus, die Zuweisung von Ms Q
    zur Rec B in Frage zu stellen.

Verhältnis des TSal zu den Salomogeschichten der Mss D, E und Nat.Bibl. Athen 2011 ist wie folgt vorstellbar:

Eine „Grundschrift" des TSal (t) wird in den drei Rezensionen A, B und später C ausgestaltet, die sich in der von McCown beschriebenen Weise zueinander verhalten. Bei Rec B wird im Ms Q eine Überlieferungstendenz deutlich, die Befragungskapitel des TSal nachträglich zu omittieren. Diese Tendenz hat sich in der durch die Mss D, E und Nat.Bibl. Athen 2011 repräsentierten Salomogeschichte niedergeschlagen, die beide in Kenntnis der bestehenden Überlieferung des TSal die Rahmenhandlung ohne Befragungskapitel, dafür aber mit der Geburtsgeschichte des Königs als Einleitung weiter tradierten („Urschrift" d).

2.2 Die „Grundschrift" des Testaments Salomos

2.2.1 Eigenheiten der „Grundschrift" des Testaments Salomos

Zur „Grundschrift" t lassen sich m.E. in erster Annäherung folgende Aussagen machen:

1. Die „Grundschrift" umfasste schon die Rahmenhandlung sowie die Befragungskapitel, da diese in den beiden maßgeblichen Rezensionen A und B gleichzeitig belegt sind.
2. Die „Grundschrift" hatte schon den Charakter eines „Testaments", wie aus dem Schluss Kap. 26 hervorgeht. Hier skizzieren beide Rezensionen A und B die vorliegende Schrift als Vermächtnis des Königs an Israel.
3. Die „Grundschrift" stellt Salomo als den „frommen Beter" heraus, dem jegliche magische Praxis abhold ist, und zeichnet damit ein „nichtmagisches Salomobild" (ausführlich begründet unten S. 42).
4. Die „Grundschrift" ist eine durchkomponierte Erzählung, deren Gliederungselemente gerade in den Befragungskapiteln (3-18) dem Leser immer die gleichen Informationen über die verschiedenen Dämonengestalten aufbereiten. Nach der Eingangsfrage („Wer bist du") erfolgt die Selbstidentifizierung des Dämons („Ich heiße ..."), gefolgt von der (manchmal auch mit einer Frage eingeleiteten) astrologischen Verortung. Auch die Selbstcharakterisierung des Dämons („Ich mache ...") ist oft durch eine Frage eingeleitet („Was ist deine Handlung?"), ebenso wie der Name des Überwinderengels oft die Antwort auf eine Frage Salomos darstellt („Von welchem Engel wirst du überwunden?"). Die Notiz der Siegelung des Dämons und dessen Verurteilung zu einer bestimmten Arbeit beim Tempelbau sind ebenso stereotyp wiederkehrende Informationen.[19] Die Abfolge dieser

---

19 Vgl. zum Fragemuster die (gemessen an der Variabilität der Erzählung zu starre) Schematik bei Torijano, 2002, 59ff.

Elemente erfolgt nicht ganz streng, sondern kann leicht variieren und zeigt damit eine gewisse erzählerische Flexibilität.

5. Salomo selbst wird in der „Grundschrift" dynamisch gezeichnet und macht eine Entwicklung durch. Wie im Kommentarteil an mehreren Stellen angemerkt wird (bes. 2.2.1.), erscheint der König zu Beginn der Befragung noch recht wenig souverän, muss auch noch einen Engel zu Hilfe holen, der den Dämon zu überwinden hilft. Am Ende besiegt Salomo in Kap. 18 selbständig die 36 Geister. Diese Entwicklung steht dann in Kontrast zu Kap. 26, wo der König – nun am Gipfelpunkt seiner Weisheit und Souveränität angelangt – heidnischen Frauen verfällt. Sein Sturz erscheint in der Erzähldynamik aufgrund dieser inneren Entwicklung umso tiefer.

6. Die „Grundschrift" war christlich, denn es mischen sich im TSal christliche Züge in die Geschichte des jüdischen Königs Salomo, wie beispielsweise das Kreuz und die Jungfrauengeburt. Zur Erklärung dessen sind zwei Ansätze möglich: Auf literarkritischem Wege könnte man eine jüdische „Urschrift" annehmen, die später christlich überarbeitet wurde.[20] Dabei steht seit Conybeares Ausführungen die These im Raum, dass die christlichen Überarbeiter orphianische Gnostiker waren.

„Die christlichen Stellen, die das testamentum aufweist, der Hinweis auf Immanuel, auf den Gekreuzigten u.a. zeigen, dass die ursprünglich jüdische Schrift zu Christen übergegangen und von diesen in ihrem Sinne verwertet und umgemodelt worden ist. Näher mag es die gnostische Sekte der Ophiani sein, [Verweis auf Conybeare, 8] da diese sich mit Vorliebe der Pflege solcher Bücher widmeten und ihre Dämonologie nach Origenes IV 30 eine auffallende Ähnlichkeit mit der des Testaments hat. In dieser Form scheint das Werk dem Ende des ersten nachchristlichen Jahrhunderts anzugehören."[21]

Ein anderer traditionsgeschichtlicher Weg geht von einem ursprünglich christlichen Werk auf deutlich jüdischem traditionsgeschichtlichem Boden aus.[22] Dies erscheint auch in der vorliegenden Untersuchung plausibel, da das TSal als Entfaltung und Kombination diverser Salomoerzählungen und pseudosalomonischer Sammlungen gewertet wird. Diese sind traditionsgeschichtlich aus jüdischem Kontext geprägt und dann von christlicher Seite zu einem „Testament Salomos" verbunden worden. Die christlichen Elemente sind wie folgt erkennbar:

a) Beelzebul ist der Fürst der Dämonen, wie auch in Mk 3,22. Asmodeus, der in der jüdischen Dämonologie eine bedeutende Rolle spielt, wird in Kap. 5 deutlich depotenziert und geringer als Beelzebul eingestuft. Die Position Beelzebuls als Fürst der Dämonen erklärt sich damit als Entfaltung von neutestamentlichen Beelzebultraditionen (s. Kap. 3).

---

20 Vgl. Conybeare, 1898, 11f, darauf aufbauend Salzberger, 1907, 10; Ginzberg VI, 1946³, 292.
21 Salzberger, 1907, 10.
22 McCown, 1922, 108f.

Gleichzeitig ist die Demontage des Asmodeus und dessen Unterordnung unter Beelzebul als Abweisung paralleler Salomo-Asmodeus-
Traditionen zu verstehen, die zur Zeit der „Grundschrift" wohl schon
kursierten (s. Kommentar zu Kap. 5).

b) Wir stoßen auf eindeutig christliche Stellen: In 6,8 wird Beelzebul von
„Emanuel" besiegt, in 11,3 kommt – parallel zu Mk 5 – der Dämon „Legion" vor, und in 11,6 drängt ein leidender Emanuel Dämonen ins
Wasser. In 12,3 haftet der „Engel des großen Rates" am Kreuz, und in
17,4 macht der „Heiland" den Totengeist unschädlich. Ephippas
schließlich wird in 22,20 von demjenigen überwunden, der von einer
Jungfrau geboren und von den Juden gekreuzigt wurde und den auch
die Engel anbeten. Diese Stellen sind in den Rezensionen A und B belegt und darum schon Teil der „Grundschrift" (t).

c) Die Reminiszenzen zum NT, etwa die Anspielung auf Mk 5,9 parr in
TSal 11,3, auf Eph 6,12 in TSal 8,2, oder auf Mt 8,29 in TSal 5,5, sind
ebenso in den beiden Rezensionen A und B belegt und damit Teil der
„Grundschrift".

2.2.2 Datierung der „Grundschrift" aufgrund textueller Bezüge

Das Testament Salomos ist im Laufe der historisch-kritischen Forschungsgeschichte seit Flecks Edition in mehreren Schüben immer früher datiert worden.
F. Fleck, der Herausgeber der ersten für die historisch-kritische Forschung
relevanten Textedition (McCowns Handschrift P, auch in Mignes PG 122 unverändert übernommen) gab noch eine mittelalterliche Entstehung des TSal
an.[23] H. Bornemann, der erste deutsche Übersetzer von Flecks Edition, weist
trotz der zahlreichen Hinweise zum Koran und der arabischen Folklore auf die
parallel entwickelte Engel- und Dämonenlehre bei Laktanz hin und tendiert
darum aus traditionsgeschichtlichen Gründen zu einer Datierung ins frühe
vierte nachchristliche Jahrhundert.

Der eklektische Text von McCown hat die Datierungsfragen von textkriti-
scher Seite eher erschwert denn erleichtert, wurde doch deutlich, dass einerseits die Handschriftenlage nicht über das 15. Jahrhundert hinausweist und
andererseits die vorliegende Textgeschichte der von McCown postulierten
Rezensionen A, B und C den Zeitraum zwischen dem 15. und 16. Jahrhundert
nicht verlässt. Damit ist McCowns Text als modernes Konstrukt anzusprechen,
dessen antike Fassung von McCown lediglich hypothetisch angenommen
wird.

---

23 Fleck, 1837.

Für eine antike Fassung sprechen allerdings mehrere Gründe:
- Erstens ist das TSal in die antike pseudosalomonische Literatur einordenbar, wie es im vorliegenden Aufriss versucht wurde, so dass es als antikes Werk plausibel ist.
- Zweitens kann seit der Diskussion um die separate Textrezension von TSal 18 in den Wiener Papyri[24] begründet angenommen werden, dass Teile des TSal in der Antike kursierten (vgl. hierzu die ausführlichere Diskussion im Kommentar zu Kapitel 18).
- Drittens gilt seit der Neigung, den Dialog des Timotheus mit Aquila (aus dem 5./6. Jahrhundert nach Christus), in dem auf TSal 26,5 angespielt wird,[25] als „terminus ad quem" anzusprechen, die Annahme einer mittelalterlichen Entstehung des TSal als unwahrscheinlich. Das TSal dürfte dann, wie noch unten ausführlicher zu begründen ist, als christliche Schrift im vierten Jahrhundert kursiert sein.

Damit gibt sich die „Grundschrift" des TSal mit großer Wahrscheinlichkeit als antikes christliches Werk. Wie unten noch darzustellen ist, spricht für eine Entstehungszeit im vierten Jahrhundert nach Christus (abgesehen von dem o.a. „terminus ad") m.E. das Lokalkolorit des frühnachkonstantinischen Jerusalem sowie die große traditionsgeschichtliche Nähe zur Dämonologie des mittleren und neuen Platonismus.

Die Traditionen des TSal weisen allerdings in noch frühere Zeiten. Schon Conybeare (1898), der erste englische Übersetzer von Flecks Edition, tendierte aus traditionsgeschichtlichen Gründen auf eine Frühdatierung um 100 nach Christus, gefolgt von Salzberger (1907). In das erste Jahrhundert datiert auch Gundel den Archetyp der Dekanliste in TSal 18,[26] und McCown die haggadische Rahmenerzählung. Duling urteilt etwas genereller: "there is general agreement that much of the testament reflects first-century Judaism in Palestine".[27] Damit bewahrt das TSal trotz seiner – gemessen an der Zeit des Neuen Testaments – recht späten Entstehung wichtige Traditionen, die für einen religionsgeschichtlichen Vergleich mit dem NT wichtige Erkenntnisse liefern.

2.2.3 Lokalkolorit der Grundschrift: Das Tempelgelände in Jerusalem

Bei den folgenden Überlegungen wird als neue Herangehensweise zur Datierung und Ermittlung der historischen Provenienz des TSal der Vorschlag skizziert, die „Grundschrift" zeitlich und räumlich im „Aelia Capitolina" des 4. Jahrhunderts zu verorten. Dies ist vor allem durch die Beobachtung motiviert,

---

24 Preisendanz, 1956.
25 Näheres unten S. 277.
26 Gundel, 1936, 45.
27 Duling 1983, 942.

dass zahlreiche Ortstraditionen aus dem frühnachkonstantinischen Jerusalem im TSal erkennbar sind, und hierfür wären grundsätzlich zwei Erklärungsmodelle möglich: Einmal könnte man annehmen, dass diese Ortstraditionen das TSal voraussetzen und damit in dessen Wirkungsgeschichte einzuordnen sind.[28] Dies kann nur unter der Voraussetzung geschehen, dass – wie in der älteren Forschung zum TSal durchweg angenommen – eine ältere jüdische „Urschrift", um das Jahr 100 nach Christus datierbar, – existiert habe, von der diese Ortstraditionen entlehnt sein könnten. Nun ist, wie oben deutlich wurde, die Existenz dieser jüdischen „Urschrift" lediglich dadurch gestützt, dass sie in der Forschungsgeschichte immer wieder auftaucht.

2.2.3.1 Der Tempel und die Dämonen

Der Pilger von Bordeaux nennt im Zusammenhang mit der Besichtigung des Tempelgeländes (um 333 nach Christus) ein Gewölbe, in dem Salomo die Dämonen quälte („est ibi et crepta, ubi Salomon daemones torquebat").[29] Dieses nicht mehr lokalisierbare Architekturstück[30] im Umfeld des Tempelgeländes lässt auf eine Jerusalemer Lokaltradition schließen, die ihm womöglich von einem Fremdenführer vermittelt worden war.[31] Für den vorliegenden Zusammenhang interessant ist die Notiz, dass Salomo die Dämonen „gequält" hätte. Hier wird eine Tradition im Jerusalem des frühen 4. Jahrhunderts greifbar, die uns auch im TSal begegnet: Salomo verurteilt die Dämonen passim zu Arbeiten am Tempel, was sie (so beispielsweise in TSal 6,9f) als entwürdigend empfinden. Besonders in 5,11f wird geschildert, wie Salomo Asmodeus mit Wasser quält.

2.2.3.2 Das Tempelgelände

Eine Vergegenwärtigung des Tempelgeländes im frühen 4. Jahrhundert könnte weiteren Aufschluss ermöglichen. Konkret stellt sich die Frage, was im 4. Jahrhundert – zur Zeit der hier vermuteten Abfassung des TSal – auf der Ortslage zu sehen war. Bekanntlich war der Herodianische Tempelbau 70 nach Christus zerstört worden, und das Gelände wurde von römischer Seite gemäß Jos Bell 6,316 noch während der anhaltenden Kämpfe in der Stadt durch den Vollzug

---

28 Hierzu tendiert Heid, 2001, 37.
29 Zitiert nach Baldi, 1982², 444f.
30 Vgl. Kaplony, 2002, 194; Donner, 2002², 54, Anm. 82. Eckardt, 1906, 77 denkt aufgrund von Hinweisen aus der arabischen Volksfrömmigkeit an die Südostecke des Haram und die „Ställe Salomos", vgl. auch Mommert, 1906, 180.
31 Zum Fremdenführer des Pilgers vgl. Donner, 2002², 38f.

der üblichen Opfer und der Ausrufung des Titus als Sieger für die römischen
Götter geweiht. Falls sich der Begriff „κόδρα", den das Chronicon Paschale
119[32] unter den öffentlichen Gebäuden Aelia Capitolinas nennt, auf den Tem-
pelplatz bezieht, so wird man diesen als „quadratische Fläche" wiedergeben
können und daraus schließen, dass der ehemalige Temenos für eine weitere
Nutzung von Trümmern in irgend einer Form gereinigt worden war.[33] Einige
Kirchenväter sprechen darüber hinaus explizit davon, dass man die Steine der
Tempelanlage zum Wiederaufbau der Stadt benutzt habe,[34] das Areal wird also
zu einem gewissen Grad abgetragen worden sein. Ungeklärt jedenfalls ist die
Frage, was sich dort genau befand. Falls sich dort seit Hadrianischer Zeit ein
Tempel des Jupiter Capitolinus erhob, von dem Cassius Dio 69,12 schreibt (was
in neuerer Forschung tendenziell zu Recht bezweifelt wird),[35] war von diesem
anscheinend beim Besuch des Pilgers von Bordeaux nichts mehr zu sehen,[36]
denn dieser berichtet nur, dass dort „statuae duae Hadriani" gestanden hätten.[37] Es handelt sich also nur um Statuen, deren eine Hadrian darstellen
könnte, die andere, wenn sich, wie mehrfach in der Forschung behauptet, eine
Inschrift des Antoninus Pius auf einer in der Stützmauer des Haram aufgefun-
denen Spolie darauf bezieht, Hadrians Adoptivsohn und Nachfolger Antoninus Pius.[38] Doch erweist sich die weitere Quellenlage zu diesen Statuen als
widersprüchlich. Hieronymus jedenfalls erwähnt im Comm in Jes 1,2,9 eine
„Hadriani statua et Iovis idolum"[39] an der Stelle des früheren Tempels und im
Comm in Matth 24,15 eine einzige „Hadriani equestri statua, quae in ipso
sancto loco usque in praesentem diem stetit".[40] Möglicherweise nennt er hier
die zweite Säule nicht explizit, weil er Beziehungen zu Dan 9,27 und dem (dort
nur im Singular erwähnten) „Gräuelbild der Verwüstung" knüpft, ähnlich wie
auch Joh Chrysostomus im Comm in Matth 24,15.[41] Origenes jedenfalls nennt

---

32 PG 92, 613.

33 Vgl. Zangenberg, 1992, 43; dagegen trennt Belayche, 2001, 135f die „kodra" vom Tempelberg.

34 So beispielsweise Euseb, Dem Ev 8,3.

35 Vgl. Kuhnen, 1990, 176f; skeptisch aufgrund der disparaten Quellenlage: Zangenberg, 1992,
    43f; Bieberstein/Bloedhorn 1994, Bd. I, 144; Belayche, 2001, 134-142 (mit ausführlicher Diskus-
    sion).

36 Zur Diskussion um den Begriff „aedes", der sich auf die Relikte eines Tempels beziehen
    könnte, vgl. Belayche, 2001, 138f.

37 Zum Besuch des Pilgers von Bordeaux und der Beschreibung des Tempelgeländes vgl.
    Eckardt, 1906; Mommert, 1906; Vogt, 1974, 44ff; Donner, 1977. Zusammenstellung der Quellen
    zu den beiden Statuen bei Kaplony, 2002, 205.

38 Die Inschrift bei Bieberstein/Bloedhorn, 1994, Bd. III, 148f, vgl. Donner, 2002², 55; Zangenberg,
    1992, 53.

39 CCL 73,33.

40 PL 26,184.

41 PG 58,689.

im Comm in Matth 24,15 in diesem Zusammenhang noch zwei Säulen, die des Hadrian und (wohl fälschlicherweise) des Gaius.[42]

Bei vorsichtiger Beurteilung der Quellenlage wird man davon ausgehen können, dass im Jerusalem des 4. Jahrhunderts auf dem Gelände des ehemaligen Herodianischen Tempels kaum mehr ein intaktes Gebäude erkennbar war, aber dafür ein Standbild oder deren zwei sichtbar waren – möglicherweise in der Funktion eines Tropaions.[43] Diese wird man sich wohl als Säulen mit einem Inschriftensockel vorzustellen haben,[44] auf denen sich eine Kaiserfigur befand. Es ist möglicherweise dieses Denkmal, das nach Ps-Cyrill, Hieros Ep de rest. 9 bei der Tempelrestitution unter Julian von jüdischer Seite zwar vom Sockel geholt, später allerdings von Christen wieder aufgestellt wurde.[45]

Es kann erwogen werden, dass diese auf dem Tempelberg sichtbaren Säulen (wenn es sich, wie beim Comm in Jes 1,2,9 des Hieronymus angegeben, tatsächlich um zwei Säulen handelte) TSal 24 plausibel machen. Dort wird berichtet, dass eine Säule aus dem Roten Meer geholt wird, die „bis heute" (TSal 24,5, Rec B) wie von Geistern getragen und in der Luft schwebend, bei genauem Hinsehen etwas schief dasteht. Gerade die Notiz „bis heute" weist auf die Lesersituation hin und lässt den Schluss zu, dass hier auf eine tatsächlich noch stehende Säule angespielt wird. Darum sei hier die These vorgeschlagen, dass sich dies auf den Säulenschaft einer der beiden „Hadrianstatuen" bezieht, von denen der Pilger von Bordeaux spricht. Die möglicherweise noch sichtbaren Standbilder des heidnischen Kaisers Hadrian machen es plausibel, die Säulen „den Dämonen" zuzuweisen, und damit wäre TSal 24 als eine Ätiologie dessen zu lesen, was sich im Jerusalem des 4. Jahrhunderts dem Betrachter des Tempelgeländes zeigte.[46]

Dieser Vorschlag widerspricht allerdings der Notiz in TSal 12,4, nach der diese Säule an der Kreuzigungsstelle positioniert ist. Falls diese Stelle keine nachträgliche christliche Interpolation darstellt, könnte sich diese Säule dann eher auf die bei Hieronymus, Ep ad Paul 58,3 erwähnte „statua ex marmore Veneris a gentibus posita" beziehen, die man seit Hadrianischer Zeit „in crucis rupe" errichtet habe und die Konstantin habe entfernen lassen. Nimmt man die

---

42 Belayche, 2001, 140.

43 Vgl. Heid, 2001, 121f.

44 Ähnlich der Rekonstruktion, die Meshorer, 1989, 18 für die Säule am Damaskustor vorgeschlagen hatte.

45 Vgl. Heid, 2001, 122f.

46 Ähnlich spricht auch Heid, 2001, 37 die Tradition in TSal 24f als eine Ätiologie an, die auf eine „besonders markante Säule" auf dem Tempelplatz in Jerusalem beziehbar sein könnte. Doch anders als in der vorliegenden Studie geht Heid von einer jüdischen Urschrift des TSal um 100 aus und bewertet den Zusammenhang zwischen den Pilgertraditionen Jerusalems und dem TSal dahingehend, dass diese als Nachwirkungen des TSal zu verstehen seien (ebd., Anm. 196). Hier dagegen wird in Ablehnung der Hypothese einer Urschrift um das Jahr 100 die These vertreten, dass die Pilgertraditionen dem TSal inhaltliche Anregungen gegeben haben.

Notiz aus TSal 24,5, Rec B hinzu (dort steht diese Säule noch „bis heute"), so wäre dieses „heute" dann auf die Zeit vor der Konstantinischen Basilika bezogen.

Hierbei ist allerdings aus mehreren Gründen Vorsicht geboten:

– Der Zeitbezug „bis heute" ist nur in einer Rezension überliefert und kann nicht pauschal auf die „Grundschrift" übertragen werden.

– Wie unten noch deutlich gemacht wird, ist nicht eindeutig klärbar, was in nachhadrianischer Zeit über der Kreuzigungsstelle tatsächlich stand. Die Überlieferung nennt Tempel und/oder Standbilder und tendiert zu einem Aphrodite-/Venusheiligtum. Darum sind Aussagen zum Lokalkolorit aus jener Zeit mit besonderer Vorsicht zu handhaben.

– Es müsste dann schon vor der Errichtung der Konstantinischen Anlage eine ausgeprägte Ortstradition von Golgatha bestanden haben, die allerdings, wie unten noch gezeigt wird, erst mit Betrieb der Anlage denkbar ist.

Folgende Lösung erscheint mir am ungezwungensten: Die dämonische „Säule" in TSal 12,4 bezieht sich auf die etwa bei Hieronymus berichtete Tradition, dass über der Kreuzigungsstelle eine Marmorsäule gestanden habe. In Rec B wird in TSal 24,5 dieser Bezug verändert und auf eine tatsächlich noch stehende Säule im Jerusalem des 4. Jahrhunderts – beispielsweise die der Hadrianstatue auf dem Tempel – verlagert.

2.2.3.3 Der Eckstein

TSal 22f berichtet von einem schweren Eckstein, der in einem letzten Arbeitsakt in das Gewölbe des Tempels eingefügt werden soll. Nun geht aus den frühen Pilgerberichten hervor, dass im Jerusalem des 4. Jahrhunderts einige besondere Steine des ehemaligen Tempels gezeigt wurden. Der Pilger von Bordeaux etwa berichtet von einem „lapis pertusus", der nicht weit von den Hadriansäulen gestanden hätte und an dem die Juden zu klagen pflegten. Die Frage ist, worum es sich hierbei konkret handelte. Hierbei kommt einerseits der „Heilige Felsen" (Eṣ-Ṣaḫra) selbst in Betracht, auf den die Beschreibung des Pilgers auch heute noch passen würde, andererseits – trotz der beim Pilger von Bordeaux angegebenen Nähe zu den Statuen – ein Felsen außerhalb des Haram, etwa eine Vorstufe zur Klagemauer.[47] Die Verehrung, die diesem Stein von jüdischer Seite zuteil wurde, rückt ihn in die Nähe des „Grundsteines" in mYoma 5,2.

---

47 Donner, 2002², 55, Anm. 87. Ders., 1977, 8, erwägt mit Vogt, 1974, bei der Frage nach der genauen Verortung des „lapis pertusus", den man dem Pilger vor Bordeaux zeigte, dass dieser sich auch außerhalb des Haram befunden haben könnte, ähnlich Kaplony, 2002, 203f.

Davon ist, wie J. Jeremias in einer ausführlichen Untersuchung belegen konnte, der „Eckstein" zu unterscheiden, der im Gegensatz zum Grundstein nicht das Fundament, sondern das Deckengewölbe stützt.[48] Der Pilger von Bordeaux erwähnt im Zusammenhang mit der Beschreibung der „Zinne" des Tempels (aus Mt 4,5) einen „lapis angularis magnus, de quo dictum est: *Lapidem, quem reprobaverunt aedificantes, hic factus est ad capud (sic!) anguli*".[49] Diesen Stein bringt er auffälligerweise mit Mt 21,42 (aus Ps 118,22) als „Stein, den die Bauleute verworfen haben" in Verbindung; hier drängt sich die Parallele zu TSal 23,4 auf, wo der Eckstein (der Pilger von Bordeaux nennt den ihm gezeigten Eckstein „magnus", der Stein in TSal ist zu schwer, als dass ihn ein Mensch heben könnte) schon in der „Grundschrift" mit dem gleichen kanonischen Verweis wie beim Pilger von Bordeaux bezeichnet wird. Es kann erwogen werden, ob sich hier in TSal 23 nicht eine Jerusalemer Lokaltradition wiederfindet, die man dem Pilger von Bordeaux in ähnlicher Form nahegebracht hatte und die man heute noch Besuchern des Haram es-Sharif vermittelt, indem man den Eckstein in den „Ställen Salomos" zeigt.[50]

2.2.4 Lokalkolorit der Grundschrift: Golgatha

Die Stellen der Kreuzigung und der Grablegung Jesu wurden bekanntlich zwischen 326 und 336 nach Christus von Konstantin mit einer Anlage überbaut, deren Zentren der (bis 614 nach Christus freistehende) Golgathafelsen mit Kreuz, die Anastasis und die Martyriumsbasilika bildeten.[51] Im Folgenden soll die These vorgeschlagen werden, dass sich das TSal in mehreren Punkten auf die sich entfaltende Theologie dieser Anlage bezieht.

2.2.4.1 Die Verunreinigung durch Dämonen

Nachrichten über die frühere Nutzung des Geländes seit Hadrian sind, wie die Ausführungen Eusebs in der „vita Constantini" bezeugen, im 4. Jahrhundert lebendig. Demnach wurde das Gelände durch Hadrian aufgeschüttet und mit einer heute noch an einigen Stellen nachgewiesenen Stützmauer umgeben. Die christlichen Ortstraditionen bezeugen eine heidnische Verehrungsstätte für Aphrodite/Venus, doch über die aufgehende Architektur lässt sich aufgrund widersprüchlicher Quellenanlagen einerseits und vager archäologischer Be-

---

48 Jeremias, 1925b.
49 Zitiert nach Baldi, 1982, 445.
50 Hierzu Donner, 2002², 54, Anm. 84.
51 Vgl. (auch zu den folgenden Ausführungen) J. Jeremias, 1925; Bieberstein/Bloedhorn, 1994, Bd. II, 183ff; Heid, 2001, 169ff.

funde andererseits nichts Sicheres sagen.[52] Was auch immer dort gestanden haben mag, ein Tempel, eine Statue oder beides, relevant für die vorliegende Untersuchung ist die lokale Erinnerung daran in konstantinischer Zeit, als die christliche Anlage Zentrum der Verehrung geworden war. Euseb äußert in Vit Const 3,26,3 an diesem Punkt deutliche Worte, wenn er „πᾶν τὸ δαιμόνων γένος" bezichtigt, die Grabesstätte Jesu durch die Aufschüttung des Geländes der Vergessenheit anheimfallen lassen zu wollen. Die christliche Stätte soll hier also – wie auch später bei Sozomenos, HE 2,1 – durch diese Bautätigkeit dem Vergessen preisgegeben werden. Euseb fährt fort (Vit Const 3,26,3):[53]

> εἶθ᾽ ὡς οὐδενὸς αὐτοῖς λειπομένου, τῆς γῆς ὕπερθε δεινὸν ὡς ἀληθῶς ταφεῶνα ψυχῶν ἐπισκευάζουσι νεκρῶν εἰδώλων, σκότιον Ἀφροδίτης ἀκολάστῳ δαίμονι μυχὸν οἰκοδομησάμενοι ... .

Als ob sie nichts unversucht lassen wollten, errichteten sie auf der Erde eine wirklich schreckliche Grabstätte für die Seelen der toten Götzen und bauten dem zügellosen Dämon der Aphrodite ein finsteres Schlupfloch ... .

Hier wird der theologische Reflex im 4. Jahrhundert als Jerusalemer Ortstradition deutlich: Die Grabesstätte Jesu, so Euseb, war demnach den Dämonen geweiht worden und, wie er explizit in Vit Const 3,27 meint, von Dämonen befleckt und besudelt. Die hadrianische und nachhadrianische Umgestaltung der Stadt wurde von den zeitgenössischen Christen sicherlich als feindliche Maßnahme interpretiert und in Eusebs späterem Reflex sogar dämonologisch gedeutet: an der besonderen Stätte waren also vor der Errichtung der konstantinischen Anlage Dämonen am Werk, und besonders die Liebesgöttin Aphrodite wird mit einem Tempel im Zusammenhang mit den dämonischen Mächten erwähnt.

An dieser Stelle kann erwogen werden, ob die expliziten Nennungen der weiblichen Dämonen in TSal 4,13 und 15 nicht einen Reflex auf diese Ortstraditionen bilden könnten. Aufgrund der Verunreinigung der heidnischen Stätten durch einen (weiblichen) Dämon ist das Leserinteresse für diese spezielle Gattung der Dämonen groß, und das TSal kommt diesem mit den Figuren der Onoskelis, der Enepsigos und der Obyzouth entgegen. Gerade Onoskelis zeigt hier auffallende Ähnlichkeiten zur Polemik Eusebs gegen Aphrodite: Sie pflegt in TSal 5,6 mit Menschen geschlechtlich Umgang, was eine sachliche Nähe zur Liebesgöttin darstellt, und haust überdies, ähnlich den oben wiedergegebenen Schilderungen des Aphroditetempels, in dunklen Höhlen.

---

52 Vgl. zur ausführlichen Diskussion Belayche, 1999, 142ff. Die antiken Quellen schwanken zwischen einem Venustempel (Euseb, Vita Const 3,26,3), einer Statue von Aphrodite und Jupiter (Hieron, Ep in Paul 58,3,5; Paulinus, Ep 31,3), einem Tempel mit Aphroditestatue (Socrates, HE 1,17) und lediglich einer Aphroditestatue (Rufin, HE 9,6).

53 GCS Eusebius 1,1, 89f; vgl. den Kommentar bei Cameron/Hall, 1999, 278f.

Einen konkreten Reflex auf die bei Hieronymus, Ep ad Paul 58,3 genannte Marmorsäule der Aphrodite, die über der Kreuzigungsstelle gestanden haben soll, könnte TSal 12,4 bilden: Dort ist von einer Purpursäule die Rede, die der Dämon Ephippas am Ort der Kreuzigung aufstellt.

2.2.4.2 Die Verlagerung der Traditionen

Zahlreiche Traditionen verlagern sich seit dem 4. Jahrhundert vom Tempelplatz nach Golgatha in den konstantinischen Komplex.[54] So wird beispielsweise der „Berg Moria", auf dem Abraham opferte, seit 2Chron 3,1 mit dem „heiligen Felsen" auf dem Tempelplatz identifiziert, doch im Reisebericht des Archidiakons Theodosius, im Jerusalembrevier und beim Pilger von Piacenza ist er nach Golgatha übertragen. Ebenso verhält es sich mit der Sterbestelle Adams.[55] Diese wurde vom Tempelgelände nach Golgatha verlagert und dort bis heute gezeigt. Die Anlage um Golgatha und die Grabesstelle gewinnt damit die Funktion eines „neuen Tempels" der Christenheit in einem „neuen Jerusalem" (so auch Euseb in Vit Const 3,33).[56]

Dies bietet einen nicht unwesentlichen Hintergrund für die frühe Wahrnehmung des TSal, sollte dieses tatsächlich, wie hier angenommen, im Jerusalem des 4. Jahrhunderts verortet sein:

Auch exorzistische Utensilien Salomos sind vom Ort des ursprünglichen Tempels auf die konstantinische Anlage übertragen worden. Wie oben angegeben, berichtet der Pilger von Bordeaux noch um 333 nach Christus von einem Gewölbe im Tempelgelände, an dem Salomo die Dämonen gequält hatte. Hier ist Salomos exorzistische Tätigkeit noch mit dem ursprünglichen Tempelgelände verbunden. Um 400 hören wir im Reisebericht Egerias, dass Reliquien aus der Zeit Salomos, auch solche exorzistischer Natur, im konstantinischen Martyrium gezeigt wurden. Bei der Schilderung der Karfreitagsliturgie schreibt Egeria in 37,3, dass das Volk nach dem Kuss aufs heilige Kreuz einen Diakon passiert, der „anulum Salomonis et cornu illud, de quo reges unguebantur" hält. Das Salbhorn (in der Tradition von 1Sam 16,1.13 und 1Kön 1,39) wird geküsst, der Ring allerdings lediglich betrachtet, was wohl auf eine ge-

---

54 Vgl. Donner, 2002², 196f Anm. 45, weiterhin Heid, 1989, 48f. Kretschmar nennt in Busse/Kretschmar, 1987, 99ff als „direkte Übernahmen" vom Tempel in die Grabeskirche das achttägige Kirchweihfest, die Blutspur des Zacharias sowie die Legenden von den zwölf silbernen Krügen mit den gebannten Dämonen, vom Salbhorn und Ring Salomos. Busse, a.a.O., 8 setzt die Tendenz dieser Traditionsverlagerung schon im Neuen Testament und bezieht sich dabei auf Joh 2,13-21 (Tempel des Leibes Christi im Zusammenhang mit Zerstörung und Wiederaufbau) und Mk 15,38 parr (Tempelvorhang zerreißt zur Sterbezeit Jesu).

55 Belege bei Jeremias, 1926, 38; vgl. Heid, 2001, 111.

56 Vgl. Heid, 1989, 64f; Busse/Kretschmar, 1987, 8-14.

wisse Scheu vor diesem Utensil schließen lässt. Das Jerusalembrevier im 6.
Jahrhundert bestätigt die Angaben Egerias und führt weiter aus:[57]

> Et inde intras in Golgotha ... ubi est illud cornu, quo David unctus est et Salomon et
> ille anulus ibidem, unde Salomon sigillavit demones, et est de electro.

> Und danach betrittst du Golgatha ... wo jenes Horn ist, mit dem David gesalbt
> wurde und Salomo, und ebenso jener Ring, mit dem Salomo die Dämonen versie-
> gelte, und er ist aus Bernstein.

Bei diesen Angaben wird eine wohl ins 4. Jahrhundert zurückreichende Jerusalemer Lokaltradition deutlich, bei der man im konstantinischen Komplex
salomonische Reliquien verehrt. Das Salbhorn scheint sich später von hier zu
lösen und taucht in der Schilderung des Pilgers von Piacenza 22 in der Zions-
basilika auf. Es kann erwogen werden, ob der „Edelstein, der aussieht wie ein
Horn" in der textkritisch schwierigen Stelle in TSal 10,9 hierauf Bezug nehmen
könnte – TSal 10 würde dann die Funktion einer Ätiologie des Salbhorns
haben; doch dies ist sehr hypothetisch. Entscheidender für den lokalen Hintergrund des TSal ist die Verehrung des exorzistischen Siegelringes. Dieser ist
also in der Ortstradition tatsächlich vorhanden und kann bestaunt werden,
und diese Tatsache macht die Bedeutung des Ringes im TSal plausibel. Verortet man diese Schrift ins Jerusalem des 4. Jahrhunderts, so ist der Ring dort eine
erfahrbare Größe, hat sogar eine liturgische Funktion und zählt damit zum
Erfahrungsbereich der frühen Rezipienten des TSal.

Gleiches gilt auch für die im Jerusalembrevier für die Apsis im Westen der
Konstantinischen Kirche erwähnten „duodecim columnae marmorae", über
denen „hudriae argentae duodecim" stünden, „ubi Salomon sigillavit daemones". Auch hier ist – wohl durch einen Fremdenführer des 6. Jahrhunderts
vermittelt – die Dämonenbeschwörung in der Grabeskirche verortet.[58] Dies hat
auch eine interessante Parallele in TSal 5,12: Dort fleht Asmodeus, nicht „zum
Wasser" verurteilt zu werden, worauf Salomo ihn mit zehn (!) Wasserkrügen
umstellen lässt. Trotz der differenten Zahlenangaben im TSal und im Jerusalembrevier ist hier der Reflex einer gemeinsamen Ortstradition möglich, die
zumindest schon so lange bestanden haben musste, dass sie von einem Frem-
denführt glaubhaft vermittelt werden konnte. Möglicherweise stellt TSal 5,12
einen ersten frühen Reflex aus dem 4. Jahrhundert dar.

---

57 CSEL 39, 153, zitiert nach Baldi, 1982, 636.
58 Vgl. die eindrucksvolle Rekonstruktion dieser Tradition bei Kretschmar in Busse/Kretschmar,
    1987, 102ff.

2.2.4.3 Der Taufexorzismus

Wie unten noch ausführlicher dargestellt ist,[59] ist für die Jerusalemer Liturgie des 4. Jahrhunderts der Taufexorzismus belegt, der nach Egeria 46,1 und Cyrill, Cat 4,10; 10,19 im Martyrium der Konstantinischen Anlage vollzogen wird. Damit ist das Thema Exorzismus und Überwindung dämonischer Besessenheit zentraler Gegenstand von Lehre und Liturgie, wird leiblich-sinnlich in Jerusalem von jedem Christen erfahren und macht eine Schrift wie das Testament Salomos in diesem Umfeld plausibel.

2.2.4.4 Die Theologie des Kreuzes Jesu auf Golgatha

Ein zentraler Gedenkort der konstantinischen Anlage war Golgatha, die Kreuzigungsstelle Jesu, auf der sich möglicherweise schon zur Zeit der vermuteten Abfassung der „Grundschrift" des TSal ein großes Kreuz befand;[60] besonders durch Egerias ausführlichen Bericht der Jerusalemer Liturgie und durch Cyrills Katechesen sind wir von der liturgischen Verehrung der Stelle unterrichtet.

Die Verehrung der Leidensstelle Christi könnte nun im Hintergrund stehen, wenn bei den Allusionen auf das Geschick Jesu im TSal immer wieder auf das Leiden Christi und das Kreuz hingewiesen wird. In TSal 11,6 werden die Dämonen nach der Aussage des „Löwenähnlichen" durch den Emanuel überwunden, „der bei den Menschen so viel Leid ertrug". In 12,3 wird der, der den dreiköpfigen Drachen überwindet, als „Engel des großen Rates" „am Kreuz haften". In 15,10 (ähnlich 22,20, beide Rec B) werden die Dämonen die Erde schädigen bis zu dem Zeitpunkt, an dem der Sohn Gottes ans Kreuz gespannt wird. Der Totengeist wird in 17,4 vom Zeichen des Kreuzes unschädlich gemacht, das ihm auf die Stirn geschrieben wird.

Wie S. Heid mit zahlreichen Belegen dargestellt hatte,[61] gilt das Kreuz über Golgotha als „φόβος δαιμόνων" und als Zeichen des Sieges Christi über Dämonen, speziell über die Luftdämonen, denen wir ab TSal 22 begegnen. Die besondere Bedeutung der Staurologie bei der Überwindung der Dämonen im TSal ist auf dem Hintergrund des Golgathakreuzes in Jerusalem durchaus plausibel.

---

59 Vgl. S. 74.
60 Zur Diskussion über die Existenz dieses Kreuzes vor dem 7. Jahrhundert nach Christus vgl. Heid, 2001, 229ff.
61 Heid, 2001, 220ff.

2.2.5 Zusammenfassung

Die obigen Ausführungen sollten den Vorschlag näher begründen, dass der zeitgeschichtliche Hintergrund der „Grundschrift" des TSal im Jerusalem des 4. Jahrhunderts und die theologische Verortung im Umfeld der konstantinischen Anlage über dem Sterbeort Jesu zu suchen ist (ein späterer Zeitpunkt ist aufgrund des oben genannten terminus ad quem, dem Dialog des Timotheus mit Aquila, auszuschließen). Ein Christ in Jerusalem besuchte den konstantinischen Komplex in dem Bewusstsein, hier den Tempel eines neuen, christlichen Jerusalem zu betreten – insofern liegt ihm eine Tempelbauerzählung wie das TSal nahe, er kann sie in allegorischer Form auf die konstantinische Kirche beziehen. Zudem sind schon Tempeltraditionen auf den zentralen Gedenkort verlagert, ein christlicher Rezipient kann das Siegel des TSal und den Ort, an dem die Dämonen gesiegelt wurden, in der Anlage wieder erkennen. Weiterhin wird er bei der Lektüre des TSal auf die heidnischen Götter schließen können, die mit dem Bau Konstantins ein für allemal überwunden waren.

Damit scheint mir das frühe nachkonstantinische Jerusalem als Bezugspunkt des TSal in vielerlei Hinsicht plausibel.

2.3 Die Rezensionen der Grundschrift

2.3.1 Rezension A

Von der „Grundschrift" ist eine (kürzere) Rezension A erhalten, die durch folgende Handschriften repräsentiert wird:

Ms H aus der Privatbibliothek des Earl of Leicester, Holkham Hall, England, Nr. 99, 15. Jahrhundert mit dem Titel διήγησις περὶ τῆς διαθήκης σολομῶντος. Obwohl McCown in seiner Edition zur Rekonstruktion des ursprünglichen Testamentes t sich vornehmlich auf Rec B stützt, räumt er doch H großes Gewicht ein: „When in doubt, follow H".[62]

Handschrift I aus der Bibliothèque Nationale, Paris, Supplément grec, Nr. 500, 16. Jahrhundert mit dem Titel (2. Hand: διαθήκη τοῦ) σολομῶντος. Die Handschrift bricht am Ende von Kap. 5 mitten im Satz ab, McCown interpretiert dies dahingehend, dass der Kopist der Dämonenaufzählungen müde geworden war.

Handschrift L aus dem British Museum, Nr. 5596, 15. Jahrhundert. Der Titel wurde von späterer Hand hinzugefügt: „Quomodo Solomon aedificaturus templum cum spiritibus colloquitus fuit, et multa edoctus",[63] und die Handschrift zeichnet sich

---

62 McCown, 1922, 38.
63 Der vulgärlateinische Titel dürfte wohl zu lesen sein als: „Quomodo Solomon aedificaturus templum cum spiritibus collocutus sit", und der Zusatz wäre aufgrund der weiteren Pseudosalomonica als „et multa edocta" zu verbessern.

durch zahlreiche magische Zusätze aus; auch ist die Ausmalung der Gebetshandlungen Salomos ein „typischer" Zug dieser Handschrift (diese werden in der folgenden Übersetzung nur vereinzelt berücksichtigt, beispielsweise in 2,1). Ebenso sind zahlreiche Textmarginalien und Hervorhebungen derjenigen Stellen, die zum Zwecke magischer Krankenheilungen geeignet sind, von späterer Hand angebracht. Hier wird deutlich, dass das TSal zumindest im Spätmittelalter in magischem Kontext gelesen wurde – McCown hält Ms L für die Kopie eines professionellen Magiers.[64] Die Handschrift bezeugt zwar nicht Kap. 14,3-16,1 und endet bei 18,41, doch bezeugt sie zusätzlich zahlreiche pseudosalomonische Fragmente, darunter auch die Hygromantie bzw. Clavicula Salomonis; drei Fragmente werden von McCown mit dem Siglum Ms T der Rezension C zugerechnet (s.u.).

Diese Rezension hat – sieht man von den mittelalterlichen Zusätzen in Ms L ab – wenige narrative Erweiterungen, so die Ausgestaltung der Geschichte des Jungen, der von Salomo gefördert und vom Dämon Ornias gequält wird.

Sie wurde von McCown gegenüber Rec B als „ursprünglicher" präferiert,[65] wobei McCown hierbei freilich implizit von der Maxime einer Ursprünglichkeit der „lectio brevior" geleitet wurde. Darüber hinausgehend wird die größere Nähe zur „Grundschrift" von Rec A m.E. auch noch von einigen Stellen gestützt, die als „lectio difficilior" zu lesen sind:

– In 2,4f ist in Rec A „Michael" der Überwinderengel (in Rec B: „Uriel"), wodurch eine Spannung zu 2,7 („Uriel") entsteht. Hat Rec B hier geglättet?
– In 13,1 hat die Dämonin Obyzouth in Rec A „etwas vom Aussehen eines Rindes", was, wie aus dem Kommentar zur Stelle belegt wird, einen Hinweis auf die Onokentaurentradition bzw. die Auslegungstradition von Jes 13,14 darstellen könnte, der in Rec B emendiert wurde.
– In 19,3 ist „Saba" ein Eigenname der Königin des Südens in Rec A. Wenn dies keine Eigenheit der Handschrift H ist (dem einzigen Textzeugen für Rec A in dieser Stelle), sondern der Rezension A ist, so könnte auch dies als „lectio difficilior" gewertet werden.

Weiterhin ist zu vermerken, dass Rec A die Tendenz zur Kürzung aufweist. So fehlt 14,3-16,1, und diese Textstelle ist, wie im Kommentar deutlich wird, eine Auslassung von Rec A und keine Ergänzung von Rec B. Ebenso kann ein Vaticinium der Dämonen in 26,7 auf keinen Texthinweis bezogen werden, und dies ist ein Indiz, dass eine Weissagung durch die Dämonen in den Befragungskapiteln in Rec A entfallen ist. Auch macht Kap. 25 in Rec A einen äußerst knappen Eindruck; man könnte spekulieren, dass Rec A hier die „Grundschrift" etwas verknappt hat, wogegen Rec B sie erweiterte.

---

64 McCown, 1922, 36: "physician's *vade mecum*, or book of prescriptions".
65 Vgl. McCown, 1922, 82: "As Rec. A is nearest the original, it has little matter that calls for comment."

2.3.2 Rezension B

Die (längere) Rezension B wird durch folgende Handschriften repräsentiert:

Ms P aus der Pariser Bibliothèque Nationale, anciens fonds grecs Nr. 38 aus dem 16. Jahrhundert mit dem Titel διαθήκη σολομῶντος wurde von F. Fleck 1837 erstpubliziert, in Mignes PG 122 unverändert übernommen. Da in der folgenden Übersetzung auch die (nicht in McCowns Apparat verzeichneten) Textvarianten von Ms N aufgenommen wurden, wird Ms P in seiner Bedeutung als einziger vollständiger Textzeuge für Rec B relativiert und es können die Eigentümlichkeiten diese Handschrift deutlicher herausgearbeitet werden (vgl. beispielsweise TSal 6,3-9). Hierbei fällt auf, dass in Ms P biblische Allusionen oft nicht mehr erkannt werden; etwa in TSal 3,5 wird eine Anspielung auf SapSal 9,4 nicht erkannt (wobei Ms N als Zeuge für Rec B die Anspielung stehen lässt), ebenso wird in 5,1 eine Anspielung auf Tob 3,8 übergangen.

Ms Q aus dem Andreaskonvent, Berg Athos Nr. 73 aus dem 15. Jahrhundert beinhaltet neben Titel und Eingangsdoxologie lediglich Wirken und Siegelung des Dämonen Ornias beim Tempelbau (bis Kap. 2,13) und dann wieder die Geschehnisse ab Kap. 20,9. Die Dämonenbefragungen fehlen damit völlig und sind nachträglich aus dem wohl ehemals vollständigen Manuskript entfernt worden, was auf eine spätere Zensur schließen lassen könnte.[66] Diese Handschrift diente neben Mss D und I Istrin 1898 als Grundlage einer griechischen Textausgabe.

Ms N aus der Bibliothek des griechischen Patriarchats, Mar Saba Kloster, Jerusalem Nr. 422 wurde von McCown 1920/21 durch Zufall als Textzeuge des TSal entdeckt und konnte, da die Textausgabe schon weitgehend druckreif war, nicht mehr in den kritischen Apparat aufgenommen werden, sondern die Textvarianten wurden in einem Anhang der McCown'schen Edition vermerkt[67] und trugen an einigen Stellen noch nachträglich zur Textemendation bei[68]. Der Text selbst beinhaltet zahlreiche orthographische Fehler, was nach McCown auf die philologische Unbedarftheit des Kopisten zurückzuführen ist; das Manuskript ist aber äußerst hilfreich für die Rekonstruktion von Rec B, zumal Ms Q in großen Teilen als Textzeuge ausfällt. An einigen Stellen scheint Ms N ein Vorzug gegenüber Ms P gegeben werden zu können, so etwa bei der nachfolgenden Übersetzung in 3,6; 5,2.8 gegen Ms P. In Kap. 15,3 ist der Ausdruck „ὡς γίνομαι" in Ms N ursprünglicher und in Ms P vertauscht worden. In 16,2 macht bei einer lediglich in Rec B belegten Passage nur die Lesart von Ms N Sinn, die von Ms P nicht. In 11,4.7 gilt Ms N als wichtiger Zeuge für den Namen des Dämons von Kap. 11; die Bezeichnung „λεοντοφόρος", von McCown als ursprünglich in seine Textausgabe aufgenommen, musste durch einen Vergleich mit Ms N und den Zeugen von Rec A als spezielle Lesart von Ms P angesprochen werden.

---

66 Diese Tatsache ist für Klutz, 2003, 227f Hauptargument dafür, McCowns Zuweisung von Ms Q zu Rec B in Frage zu stellen.

67 McCown, 1922, 112-123.

68 Mc Cowns „emendationes in textum" in ders., 1922, 121.

Die Angaben von Ms N wurden, soweit signifikant, bei der folgenden Übersetzung berücksichtigt. Leider ist aufgrund der angegebenen Varianten die Rekonstruktion von Rec B durch die gemeinsamen Lesarten von Ms N und Ms P nicht immer möglich. Vor allem erhebt sich die Frage, von welchem Text genau McCown die Abweichungen der Handschrift N verzeichnet hat: Handelt es sich um Ms P, wie aus McCowns Äußerung hervorgeht „Except where some other manuscript is specifically indicated, N has been collated with P"[69]? Einige Beobachtungen scheinen dafür zu sprechen. Beispielsweise hat McCown zu TSal 13,3 im Apparat zu S. 43*, Zeile 9 eine längere Variante von Ms P verzeichnet; diese scheint auch für Ms N zu gelten, da in der Auflistung der variae lectiones eine Variante von Ms N für speziell diese Lesart angegeben wurde, obwohl diese nicht explizit für Ms N verzeichnet war. Ebenso im gleichen Vers S. 44*, Zeilen 1-3. An diesen Stellen scheint Ms N mit Ms P kollationiert zu sein.

An anderen Stellen scheint McCown Ms N allerdings mit seiner vorliegenden Textedition und nicht mit Ms P kollationiert zu haben. Warum beispielsweise notiert er bei Kap. 19 (S. 120) explizit „N cum P" und stellt die Kollationierung mit P damit als Besonderheit heraus, wenn sie doch das „Übliche" sein soll? Weitere Beispiele: In 9,2 verzeichnet die Textedition Zeile 7 ποιήσασθαι, Ms P περιποιήσασθαι. Ms N liest „περιποιῆσαι", allerdings explizit als Alternative von „ποιήσασθαι", wie McCown angibt. Somit ist die Variante in Ms N explizit an der Textedition und nicht an Ms P orientiert. Ähnlich in 13,2: McCowns Text S. 43*, Zeile 5 liest mit Rec A „μαθεῖν" (gegen Ms P: ἀκοῦσαι), und die lectio varia von Ms N bezieht McCown S. 118 z.St. ausdrücklich auf „μαθεῖν", also auf seine rekonstruierte Textedition und nicht auf Ms P. Diese wenigen Beispiele zeigen, dass es nicht eindeutig ist, auf welchen Text die von McCown verzeichneten variae lectiones von Ms N bezogen sind, auf Ms P oder auf die eklektische Edition.[70] Darum wurden die Angaben McCowns für Ms N nur dann zur Rekonstruktion von Rec B herangezogen, wenn zur Übereinstimmung oder Abweichung von Ms P explizit Eindeutigkeit bestand. Dies war allerdings in der überwiegenden Mehrheit der Entscheidungsfälle gegeben.

P.Vind G 330 aus der Papyrussammlung Erzherzog Rainer der Österreichischen Nationalbibliothek Wien. Die beiden kleinen Fragmente von TSal 18,34-40 der Edition von K. Preisendanz[71] konnten später von R. Daniel[72] um zwei weitere Fragmente (Frgm a: G 29436 und Frgm b: G 35939), die TSal 18,27f bezeugen, ergänzt

---

69 McCown, 1922, 115. Auch die weitere Forschung geht anscheinend davon aus, dass Ms N mit Ms P kollationiert wurde und McCown in seinem Katalog der „variae lectiones N" nur die Varianten von Ms P verzeichnet hat, vgl. Daniel, 1983, 295. Auf die oben im Anschluss vermerkten Auffälligkeiten wird nicht eingegangen.

70 Darüber hinaus ergeben sich bei den aufgeführten Stellen von Ms N auch ungeklärte Detailfragen. Beispielsweise zu TSal 21,4 (McCown, 1922, 64*, Zeile 10) notiert McCown bei den Abweichungen von Ms N (S. 121): „N cum C". Ms N hätte dann also die gleiche Lesart wie Rec C, die aber für das betreffende Textstück überhaupt nicht belegt ist. Diese Notiz ist also sicherlich fehlerhaft.

71 Preisendanz, 1956.

72 Daniel, 1983.

werden. Daniel zählt damit vier Fragmente des P.Vind 330, und diese stellen die früheste Bezeugung des TSal überhaupt dar und weisen in das 5. oder 6. nachchristliche Jahrhundert zurück. Es handelt sich bei diesem Papyrus um die Reste eines *rotulus* (vertikal gerollte Rolle, üblicherweise offiziellen Inhalts bzw. Rechtsdokument) von ursprünglich etwa 1,5-2m Länge.[73] Der Papyrus war darum niemals Bestandteil einer Rolle oder eines Kodex, er überliefert allein die Unterhaltung eines „Kyrios Rex" mit den 36 Dekanen und schließt dies nach dem 36. Dekan durch eine Ornamentzeile von aneinandergehängten Halbkreisen ab. Damit lässt P.Vind G 330 nicht nur eine explizite Nennung des Namens Salomo vermissen (es könne sich also auch um eine Unterhaltung der Dekane mit einem beliebigen „Kyrios" handeln), sondern es fehlt auch jeglicher Bezug zu der Rahmenhandlung des TSal. Gerade die Ornamentzeilen belegen, dass die Verurteilung der Dämonen TSal18,41-44 nicht weggebrochen sind, sondern niemals Bestandteil des *rotulus* waren. Dies bezeugt, dass die Dekanlehre von TSal 18 separat überliefert wurde.[74] Die Frage dabei ist nur, ob es sich dabei um eine frühere oder eine spätere Überlieferungsstufe als die „Grundschrift" handelt. Haben wir es also hier mit einem Traditionsstück zu tun, das als eine Vorlage für die Abfassung von TSal 18 gesehen werden kann, oder bezeugt der *rotulus*, dass TSal 18 in seiner Wirkungsgeschichte separat überliefert werden konnte? Preisendanz nimmt letzteres an. Ihm zufolge wurde die Dekanlehre aus TSal 18 separat erzählt, die Streichungen aller Elemente der Rahmenhandlung erfolgte aus Gründen „praktischer Unverwertbarkeit".[75]

Inhaltlich zeigt der Papyrus große Nähe zu Ms P, hat allerdings mit Ms N die Einordnung der Dekane in den Zodiak gemeinsam.

Die Erweiterungen von Rec B werden von McCown in vier Gruppen systematisiert:[76]

1. Kenntnisse dämonologischer Traditionen (Anspielung auf den Gigantengeist in 17,1; die „Vielnamigkeit" von Obyzouth in 13,3 und Enepsigos in 15,2, die Anspielung auf einen „Legendenzirkel" in 9,7 betreffende „Elburion" und „die sieben Dämonen" und Zaubersprüche in 18,23.27f).

Doch hier ist fraglich, inwieweit dies als Charakteristikum von Rec B aufgefasst werden kann – schließlich ist es ja die Eigenheit schon der „Grundschrift", verschiedenartige dämonologische Traditionen zu präsentieren. Tatsächlich nennt Rec B Sondertraditionen, etwa das „Pentalpha" in 1,7, der „Kopfputz" der Dämonin in 4,2, der Totengeist als Dämon in 20,13, doch sind diese Stellen aus dem assoziativen Hintergrund der jeweiligen Dämonengestalt erklärbar, entfalten demnach eine Tradition und führen nichts eigentlich Neues ein.

---

73 Preisendanz, 1956, 164 nahm noch einen Meter als Längenangabe an, Daniel, 1983, 295, erwog dagegen nach Auffindung von Frgm. a und b 1,5-2 m.
74 Duling, 1988, 91ff.
75 Preisendanz 1956, 164.
76 McCown, 1922, 82f.

2. Zusätze gnostischen Charakters, wie „die elf Väter" (18,18) und „der elfte Äon" (18.31).

Dies ist allerdings m.E. anzuzweifeln: Die „elf Väter" in TSal 18,18 können als Dämonengestalten gelesen werden und verweisen keinesfalls zwingend auf gnostische Traditionen, und der „elfte Äon" ist m.E. eine Variante von Ms P, Ms N nennt hier eine Dämonengestalt, nämlich „den elften Eol" (s. Übersetzung der Stelle).

3. Zusätze mit kabbalistischer Tendenz, und hier nennt McCown die Gematrien χμδ für Emmanuel (6,8; 15,11) und χμ für Raphael (13,6). Dies ist allerdings als Eigenheit von Rec B zu nennen und findet sich in Rec A nicht.

4. Zusätze christlichen Charakters. Doch hier ist Vorsicht geboten, da die bei McCown aufgezählten Stellen auch allesamt bei Rec A belegt sind. Auch ist der ausgefeilte theologische Charakter, der nach McCown bei 17,4 (Rec B) zum Ausdruck kommt, eher eine Variante von Ms P als Eigentümlichkeit der Rezension, wie bei der Übersetzung der Stelle deutlich wird. Auch hier gerät McCowns Argumentation durch das (bei McCown in der Darstellung nicht mehr beachtete) Zeugnis von Ms N ins Wanken.

Über diese bei McCown vermerkten, teilweise einer kritische Nachprüfbarkeit wenig standhaltenden Eigenheiten von Rec B hinaus sei hier auf eine Eigenart eingegangen, die sich auf die narrative Ebene richtet: Die der Lesehilfen.

So haben die Zusätze in Rec B einmal die Tendenz, einen Sachverhalt besser zu erklären. Hierzu gehört beispielsweise die Ausweitung in 9,7 wie auch die Ausgestaltung von Kap. 25; auch die Tendenz, Salomos Frömmigkeit mit vielen Worten hervorzuheben (13,1) ist dieser Eigenart zuzurechnen. Womöglich haben auch die Gematrien hier eine entsprechende Funktion und sollen den Sachverhalt eindeutig machen – schließlich sind diese auf Textebene ja stets aufgelöst und werden sogar von modernen Exegeten erkannt, im Gegensatz etwa zu Apk 13,18, einer Gematrie, die allein auf der Textebene nicht selbsterklärend ist.

Zweitens hat Rec B auf kompositioneller Ebene die Tendenz, Textverweise einzuführen. Dies ist schon bei der „Grundschrift" erkennbar, etwa in 6,5 (Hinweis auf Ephippas), doch Rec B verweist in 16,5 auf Kap. 3, Beelzebul, zurück und in 8,11 auf Kap. 26 (und die „Heuschrecken") voraus. Auch hier bietet Rec B Lesehilfen, die dem Rezipienten die Erfassung der Gesamtkomposition erleichtern sollen.

Damit stellt sich Rec B als kompositionell verfeinertes und leserorientiertes literarisches Werk dar.

2.3.3 Rezension C

In späterer Zeit, so McCown, wird Rec B zu Rec C umgeprägt und mit magisch-medizinischem Material erweitert; McCown beschreibt die Vorstellung eines „student of demonological literature with a theological and scientific bent", der einige pseudosalomonische Fragmente auffindet und diese auf der Basis von Rec B neu herausgibt – damit ist Rezension C geschaffen, die durch die Handschriften V und W sowie die Fragmente S, T und U repräsentiert wird:

> Ms S aus Wien, codex philos graec 108 aus dem 16. Jahrhundert und ist nach McCowns Ansicht von MsV abhängig, ist allerdings durch spätes magisches Material angereichert.

> Ms T ist McCowns Bezeichnung für drei fragmentarische Zusätze zu Ms L (s.o.). Dabei beinhaltet T⁰ eine Variante der Onoskelislegende (Kap. 11^C) und Teile der Unterhaltung mit Beelzebul, dort Paltiel Tzamal genannt (Teile aus Kap. 12^C). T^r beinhaltet eine genaue Beschreibung von Salomos Siegel als Fragment der Clavicula, und T^d eine Liste der 51 Dämonen als Fragment der Clavicula.

> Ms U aus der Ambrosianischen Bibliothek in Mailand Nr. 1030 (16. Jahrhundert) wurde von McCown nicht vollständig eingesehen und beinhaltet verschiedenartige Fragmente magischen Inhalts, die nach McCowns Meinung als Zeilen- und Platzfüller aus verschiedenen Handschriften von einem Schreiber eingefügt worden sind. Zwei dieser Fragmente rechnet McCown Rec C des TSal zu.

> Ms V aus der Universitätsbibliothek Bologna Nr. 3632 (15. Jahrhundert) enthält unter dem Titel „Διαθήκη τοῦ σοφωτάτου σολομῶντος, κτλ." eine Erzählung von Salomos Tempelbau und der Siegelung der Dämonen bis Kap. 9,8 mit wenigen Auslassungen (5,6-6,11), mitsamt zusätzlichem Material besonders medizinisch-magischer Provenienz, zumal es gemäß der Subscriptio von einem Arzt Johannes, Sohn des Aro, bzw., wie es McCown annimmt,[77] aus dem Ort Aro, geschrieben wurde: „ἐγράφη παρ' ἐμοῦ ᾿Ιω<αννου> ἰατροῦ τοῦ αρο (sic!)".

> Ms W aus der Bibliothèque Nationale in Paris, Anciens fonds grecs Nr. 2419 (15. Jahrhundert) mit dem Titel „Διαθήκη τοῦ σοφωτάτου σολομῶντος, κτλ." beinhaltet die gleichen Passagen wie Ms V und ist nach McCown eng mit diesem verwandt, doch überwiegt das astronomische und alchemistische Zusatzmaterial.

Rec C ist in den Kapiteln 1-9 zu den beiden älteren Rezensionen A und B inhaltlich parallel, wobei sie in Kap. 4 eine etwas andere Fassung der Onoskelis-Passage bietet. Ab Kap. 9,7 weicht sie inhaltlich völlig von den Rec A und B ab, und dieser Teil wurde von McCown aufgrund seiner Eigentümlichkeit separat ediert, der Herausgeber hält sie für „secondary and late".[78] Hauptindiz dafür ist – neben zahlreichen Einzelbeobachtungen – die Notiz einer „καινή

---

77   Mc Cown, 1922, 24.
78   McCown, 1922, 34.

διαθήκη" in Rec C 13,2-4: Die vorliegende Fassung der Rec C wird damit als ursprüngliches, verborgenes Testament gewertet, eine andere Fassung (also Rec B) sei ein „neues Testament", von Salomo speziell für die Zeit der Herrschaft Hiskias angefertigt, der dann dies anstelle des originalen bei seinen Bücherverbrennungen vernichten werde. Damit sichert sich der Rezensent von Rec C gegen gleichzeitig konkurrierende Fassungen – Rec A und Rec B – ab, deren Verbreitung er für möglich hält.

2.4 Ergebnis

In diesem Abschnitt wurde versucht, das TSal traditionsgeschichtlich als christliche Kombination von Salomoerzählungen darzustellen. Die Diskussion der Textgeschichte hat ergeben, dass eine „Grundschrift" des TSal, die sich möglicherweise zeitlich und örtlich auf das frühnachkonstantinische Jerusalem eingrenzen lässt, in zwei erhaltenen unabhängigen Rezensionen A und B überarbeitet wurde; die längere Rezension B wurde, wahrscheinlich in nachantiker Zeit, in einer weiteren Rec C umgearbeitet.

Aufbauend auf diese Überlegungen soll nun im Folgenden eine literarische und traditionsgeschichtliche Einordnung des TSal skizziert werden. Wenn dabei nun einfach vom „TSal" die Rede ist, so ist die „Grundschrift" aus dem 4. Jahrhundert gemeint. Eine spezielle Ausprägung einer Rezension oder einer Handschrift ist extra benannt.

3 Literarische Einordnung des TSal

Im Folgenden sollen die Bezüge des TSal zum zeitgenössischen literarischen und traditionsgeschichtlichen Umfeld diskutiert werden. Ist die Nähe zum – schon in SapSal 7 ausgeführten – astrologisch-medizinisch-magisch-exorzistischen Bereich unbestritten, so ist in der Literatur eine rege Diskussion erkennbar, welchem Teilgebiet TSal nun am nächsten stehe; die Schrift selbst umfasst derart viele form- und traditionsgeschichtliche Anknüpfungspunkte, dass an einigen Stellen von der traditionsgeschichtlichen „Brückenfunktion" des TSal gesprochen wurde.[1]

3.1 Romanhafte Züge des TSal

Das Testament Salomos ist eine spannend anmutende Erzählung, die durch eine Rahmengeschichte und zahlreiche Sub-Handlungen geprägt ist: Der Tempelbau als historischer Rahmen des Geschehens, die Erlebnisse des königlichen Lieblingsarbeiters mit dem Dämon Ornias als Auftakt einer breit ausgeführten Befragungsszenerie bilden einen Handlungsstrang ab, in den weitere literarische Linien integriert werden konnten: Zahlreiche Vor- und Rückverweise (so etwa 6,2f), Reiseerzählungen (der Edelstein in 10,5-7; die Bannung des Winddämons in 22,13-16), eigenständige Erzählungen (die Geschichte vom Jüngling und seinem Vater in 20,1-11) und Briefzitate (der Adarkesbrief in 22,1-5) sind in die Handlung eingewoben, so dass schon in der „Grundschrift" ein komplexes literarisches Werk vorliegt.

Auffällige inhaltliche Bezüge lassen sich zu den Reiseerzählungen der Alexanderlegenden erkennen.[2] Wie auch in TSal 13 sind auch in zwei Rezensionen des PsKallisthenes mordende Frauen zu verzeichnen, deren Haare die

---

1 Salzberger, 1907, 12, sieht diesen traditionsgeschichtlichen Brückenschlag zwischen der jüdischen und christlichen Mythologie. und nach Vollenweider, 1988, 192f ist TSal 20 das „missing link" zwischen der jüdischen Tradition vom Fall des Morgenstern aus Jes 14 und der arabischen Überlieferung vom Dämonenfall im Koran und den Märchen von 1001 Nacht.

2 Vgl. zur breiten und komplizierten Textüberlieferung des Alexanderromans von PsKallisthenes das Stemma bei Mederer, 1936, X (die griechische und lateinische Überlieferung) und bei Pfrommer, 2001, 20f (nach J. Zeidler, der auch die breite orientalische Überlieferung bis in die Neuzeit berücksichtigt). Die Ausgaben des PsKallisthenes nach Rezensionen geordnet bei Merkelbach, 1977, 8f.

Gestalt verdecken,[3] und wie in TSal 4 bei der eselsbeinigen Onoskelis haben diese eselhafte Füße. Ist in TSal 10 ein hundsgestaltiger Dämon beschrieben, so gelangt Alexander in das Land der Hundsköpfigen, der Kynokephaloi, die ihm feindlich gegenüber stehen, und an einigen Stellen sind diese auch mit den Akephaloi (bzw. Stethokephaloi) verbunden, wie es in der Abfolge von TSal 9 und 10 sowie in TSal 10,8 vorliegt.[4] Es muss damit gerechnet werden, dass bei der Komposition der „Grundschrift" des TSal Mirabilia und Wundergestalten eingearbeitet wurden, die in zeitgenössischen Romanen – zuvörderst im Alexanderroman – verbreitet waren.[5] Dies macht eine Verbindung mit der antiken Profan- und Unterhaltungsliteratur deutlich, aus deren Repertoire wundersame Gestalten geschöpft und im TSal dämonisiert wurden.

3.2 Das TSal als medizinisches Manual

Schon McCown vermutet in der Einleitung seiner Textedition, das Hauptinteresse des TSal liege im medizinischen Bereich.[6] Tatsächlich ist auffällig, dass neben dem Namen die Funktion der Dämonen eine große Rolle spielt und diese zumeist menschliches Leiden bzw. Krankheiten und Unpässlichkeiten begründet. Dies ist aus der Salomotradition in jeder Hinsicht begründbar: Schon bei Josephus Ant 8,44f wird von Salomo gesagt, dass er durch Gottes Wirken Kunstfertigkeiten gegen Dämonen zur Heilung der Menschen erlernen durfte, und in der Suda ist unter dem Stichwort „Eleazar" eine „βίβλος ἰαμάτων πάθους πάντος" Salomos erwähnt, die von Eleazar im Tempel versteckt worden sei – Traditionen über medizinische Handbücher Salomos sind wie oben beschrieben sicherlich in byzantinischer Zeit kursiert.

Dennoch ist das TSal schwerlich als Handbuch einer medizinisch-magischen Heilungsmethode bestimmbar. Erstens begegnen uns in dieser Schrift vielerlei Züge, die durch die Annahme eines medizinischen Handbuches nicht erklärt werden können – warum etwa werden stereotyp immer wieder die Arbeiten miterzählt, die von den Dämonen am Tempelbau geleistet werden müssen.

---

3 Alexanderroman Rec g 2,29 ed Engelmann, 1963; deutsche Übersetzung bei Pfister, 1978, 93 und Rec e, 24 Hg. Trumpf, 1974.

4 Zur Verbindung von Kynokephaloi und Akephaloi vgl. im Alexanderroman Rec A 3,28 (ed Kroll, 1926); in Rec β 3,28 (ed Bergson, 1965) sind die Kynokephaloi mit den Stethokephaloi verschmolzen. Kynokephaloi allein in Rec γ 2,34.43 (Hg. Engelmann, 1963), Rec ε 29.34.39 (Hg. Trumpf, 1974).

5 Als Seitenstück hierzu kann das „Gebet des Kyriakos" genannt werden, indem – womöglich ebenso in der literarischen Tradition des Alexanderromans – die gleichen Fabelwesen genannt sind, vgl. Greßmann, 1921; Dillmann, 1887 (deutsche Übersetzung).

6 McCown, 1922, 4: „The writer's chief interest is medico-magical"; a.a.O., 47: „The main interest of the writer of the Test was medical".

Zweitens – und darauf hat in jüngerer Zeit R. Merkelbach hingewiesen –
gelten die Dämonen nicht allein als Verursacher von Krankheiten, sondern
auch von „Lastern" aller Art.[7] Damit spielt das medizinische Interesse wohl
eine gewisse Rolle, ist jedoch für die Konzeption der Schrift nicht allein be-
stimmend.

3.3 Das TSal und die Astrologie

Nach v. Stuckrads Studien zur antiken Astrologie kommt dieser im TSal eine
bedeutende Rolle zu.[8] So wiesen die astrologischen Inhalte des TSal nach
Ägypten, doch sei die „Haltung" zur Astrologie nicht allein aus Ägypten
heraus verständlich. Gemessen am wissenschaftlichen Niveau der Zeit trage
das TSal „alle Kennzeichen einer Laienastrologie".[9] An der literarischen Figur
Salomos hätten sich „Bedürfnisse und Ansichten verschiedenster Couleur"
angelagert, mit Ausnahme jedoch einer kultorientierten oder priesterlichen
Komponente, wie sie in der Henochastronomie zu finden ist – die Alltagsreli-
gion rücke in den Vordergrund.

Die theologische Grundposition des TSal liegt nach v. Stuckrad neben der
kritischen Haltung zu kultischen Vergehen (Kap. 26) in der Herausarbeitung
der prophetischen Möglichkeiten durch Astrologie: Die Entsprechung der
himmlischen mit der irdischen Welt werde als gegeben vorausgesetzt (TSal
20,14f), und v. Stuckrad erkennt hier eine Verbindung zu den prophetischen
Fähigkeiten der Dämonen. Die Astrologie sei dann ein Mittel, Einblick in die
Zukunft zu geben, und die Dämonen sind Übermittler dieses Wissens, sofern
sie unter Kontrolle gebracht werden.

Bei einer derartigen Charakterisierung der „Theologie" des TSal wird der
Astrologie eine bedeutende Rolle zugemessen. Tatsächlich werden die meisten
Dämonen von Salomo auch explizit auf ihre astrologische Komponente befragt
(„In welchem Sternbild wohnst Du?"). Doch liegt in dieser Information kaum
das Hauptinteresse der „Grundschrift": Beispielsweise der Dämon „Stab" in
Kap. 10 erwähnt wohl, dass er Menschen schädigt, die seinem Sternbild nachfolgen – doch bleibt der Name des Sternbildes ungesagt. Es scheint sich hier
um ein Stereotyp kultischen Abfalls zu handeln, das mit dem Handlungsstrang
von Kap. 10 nicht verbunden ist – sonst würden wir erfahren, welches Sternbild denn hier nun gemeint ist. Somit ist das TSal sicherlich in seiner Verbindung zur Astrologie zu würdigen, doch kaum in die zeitgenössische astrologische Literatur einzuordnen. Als Ausnahme ist hier allerdings Kap. 18

---

7   Merkelbach, 1996, 5.
8   Vgl. v. Stuckrad, 2000, 415-420.
9   V. Stuckrad, 2000, 417.

anzusprechen, das – wohl in Rec B – die einzelnen Dämonen den Sternzeichen bzw. ägyptischen Monatsnamen zuordnet. Doch ist aufgrund eines einzigen Kapitels nicht auf den Gesamtcharakter der Schrift zu schließen. Die lediglich relative Bedeutung der Astrologie im TSal tritt deutlich zutage, wenn zum Vergleich ein Pseudosalomonicum mit deutlich astrologischem Interesse herangezogen wird, nämlich die Hygromantie Salomos,[10] nach deren Einleitung Salomo seinem Sohn Rehobeam einschärft: „χρη προ παντων [...] επικρατειν τας επιτηρησεις των πλανητων και των ζῳδιων και μετ' αυτα μετερχεσθαι και ποιειν κατα το βουλετον".[11] Der in dieser Schrift massive Focus auf der Astrologie ist im TSal deutlich reduziert.

3.4 Das TSal und die Magie

Der Zusammenhang zwischen dem TSal und magischen Texten durchzieht die Forschungsgeschichte. McCown resümiert in der Einleitung seiner Edition die forschungsgeschichtliche Diskussion seiner Zeit und bemerkt, dass die herangezogenen magischen Texte und das TSal wohl der gleichen Welt angehörten, das TSal aber ein früheres Stadium der Magie abbilde.[12]

Nun ist in antikem Kontext die Verbindung von Dämonenbeschwörung und Magie gut belegbar. Origenes etwa berichtet in Cels 5,38 von einem gewissen Ptolemaios, der in Alexandria den Sarapis heraufbeschwor, um dem Publikum einen leibhaftigen Gott zu präsentieren. Origenes nimmt dies zum Anlass, um über die Entstehung des Götzendienstes zu räsonieren: Sarapis wird nicht nur durch bildende Künstler zum Gott gemacht, sondern auch durch das Werk der μάγοι und φαρμακοί sowie durch die durch ihre ἐπῳδαί herbeizitierten Dämonen. Dabei ist vorausgesetzt, dass Magier tatsächlich Dämonen herbeirufen können, und Dämonenbeschwörung ist eine Handlung der Magier. Für den frühchristlichen Kontext sei hier die Polemik des Celsus in Origenes, Cels 6,39 erwähnt, gemäß derer einige (wahrscheinlich Christen), „sich mit Magie und Goetie abgeben und dabei mit barbarischen Namen gewisse Dämonen anrufen".

Nimmt man diese Zeugnisse ernst, so könnte man als Trägergruppen der Dämonenbeschwörungen tatsächlich Magier annehmen und auch das TSal in magischem Kontext verorten. Doch muss – und dies ist gerade durch F. Grafs Studie zur antiken Magie deutlich geworden[13] – bei der Untersuchung der antiken Magie zwischen der Außen- und der Innenperspektive der Quellen

---

10 Übersetzung und kritischer Text bei Torijano, 2002, 231ff.

11 Cod Monacensis 70, zitiert nach Torijano, 2002, 254.

12 Vgl. McCown, 1922, 66. McCown zieht als Vergleichstexte vornehmlich die Sammlung frühmittelalterlicher aramäischer Beschwörungen bei Montgomery, 1913 heran.

13 Vgl. Graf, 1996.

unterschieden werden. Die beiden o.a. Zeugnisse beschreiben magisches
Handeln eindeutig aus der Außensicht, polemisch-abwertend, und nennen
Gegner polemisierend „Magier". Dies kann keinesfalls für die Innenperspektive der handelnden Personen genauso gelten. In Bezug zum TSal wäre zu
fragen, ob sich die Trägergruppen – unbeschadet neuzeitlichen Versuchen
einer Magiedefinition – auch „Magier" nennen würden, und dies ist m.E. stark
zu bezweifeln. Die vielbeschworene Verbindung zur Magie erscheint bei
näherer Betrachtung als sehr fraglich. Man sieht Salomo niemals eine magische
Handlung oder ein Ritual vollführen – er handelt ausschließlich mit dem
Siegelring Gottes und ergeht sich des Öfteren in Dankgebeten zu Gott, um
diesen für die verliehene exorzistische Kompetenz zu preisen. Salomo wird
nicht müde, Gott für die ihm verliehene Macht über die Dämonen zu danken.
kein einziges Mal erscheint er als Dämonenbeschwörer oder wendet magische
Formeln oder Techniken an.

Wohl wird auf magische Praktiken angespielt, etwa in 5,9: Asmodeus wird
durch geräucherten Fisch vertrieben; doch ist dies als Entfaltung von Tob 6 zu
verstehen und als magische Tradition vorgegeben. In 6,10 versucht Beelzebul
Salomo zu einer magischen Handlung zu verleiten, was dieser jedoch brüsk
ablehnt. In 13,6 wird auf eine magische Handlung Schwangerer angespielt, die
einen Dämonennamen zu apotropäischen Zwecken auf ein Pergament schreiben. Dies ist aber nicht Teil der Handlung in TSal und wird von Salomo auch
nicht betrieben – die Handlung wird lediglich als verbreitet vermerkt. In Kap.
18 wird an einigen Stellen auf magisches Material eingegangen – allerdings aus
dem Munde der Dämonen, nicht aus dem Salomos.

Somit ist auffällig, dass im TSal schon in der „Grundschrift" ein „magisches" Salomobild vermieden wird. Salomo ist als Exorzist ein frommer Beter,
der seine exorzistische Kraft allein aus der Gabe Gottes, dem Siegel, bezieht.
Dies ist im Horizont der spätantiken Salomoliteratur keineswegs selbstverständlich, sind uns doch Schriften erhalten, bei denen – verbunden mit Salomos Namen – Anleitungen zu konkreten magischen Ritualen überliefert werden und Salomo dadurch als magischer Lehrmeister dargestellt wird. Hier ist
als erstes das „Sepher Ha-Razim" zu erwähnen.[14] Dies Buch wurde seinem
Selbstverständnis nach vom Engel Raziel Noah übergeben und dann an Salomo weitertradiert, der dadurch die Dämonen und Geister überwinden konnte.
Die darin enthaltenen Listen der Engelnamen und die magischen Techniken
und Rituale sind durch den Leser wiederholbar und nicht, wie im TSal, an ein
einzigartiges Siegel gekoppelt.

---

14 Übersetzung bei Morgan, 1983 (dort Datierung ins 4. Jahrhundert nach Christus). Vgl. zum
     magischen Salomobild im Sepher Ha-Razim Torijano, 2002, 200ff.

Zweitens gehört auch die Hygromantie Salomos in diesen Kontext, dessen Engel- und Dämonenlisten Grundlage der exorzistischen Anrufung sein können und der konkrete und wiederholbare magische Ritualabläufe schildert.[15] Die Hinwendung Salomos zum Gebet und die damit verbundene implizite Ablehnung magischer Rituale bei der exorzistischen Tätigkeit ist darum keineswegs selbstverständlich und kann darum als Besonderheit des TSal angesprochen werden. Dieser Zug könnte mit einer in neuplatonischer Zeit belegbaren Diskussion über den Nutzen von Magie oder Theurgie in Zusammenhang stehen, die Augustin in De civ dei 10,9 nach einer Aufzählung alttestamentlicher Wunder folgendermaßen resümiert:

> Fiebant autem simplici fide atque fiducia pietatis, non incantationibus et carminibus nefariae curiositatis arte compositis, quam uel magian uel detestabiliore nomine goetian uel honorabiliore theurgian uocant.

> Sie [sc: die Wunder] geschahen aber durch einfachen Glauben und fromme Zuversicht, nicht durch Beschwörungen und Zaubersprüche, die aufgrund frevlerischen Vorwitzes erfunden wurden und die man Magie oder mit noch abscheulicherem Namen Goetie oder etwas ehrenvoller Theurgie nennt.

Es geht hier also um eine besondere Haltung, aufgrund derer Wunder bewirkt werden können: Nicht durch Magie, sondern durch Gebet. Im Anschluss an dieses Zitat resümiert Augustin Porphyrius (wohl aus De regressu animae, vgl. De civ dei 10,29), der den Phänomenen nach Augustins Einschätzung nicht distanziert genug gegenübersteht. Was hier über Wundertaten allgemein ausgesagt ist, wird in De civ dei 10,22 über den Exorzismus selbst gesagt:

> Vera pietate homines Dei aeriam potestatem inimicam contrariamque pietati exorcizando eiciunt, non placando, omnesque temptationes aduersitatis eius uincunt orando non ipsam, sed Deum suum aduersus ipsam.

> Gottesmänner von echter Frömmigkeit treiben die der Frömmigkeit feindlichen und gegnerischen Luftgeister durch Beschwörung, nicht durch gefälliges Treiben aus und besiegen ihre feindlichen Anfechtungen, indem sie beten, und zwar nicht an sie (die Geister), sondern gegen sie an Gott.

Aus diesem Zitat geht hervor, dass Augustin um eine werbende, die Dämonen ansprechende Begegnung mit dem Geisterreich weiß und diese verwirft. Diese Bemerkung im Umfeld eines längeren Porphyriusexzerptes legt es nahe, eine von Prophyrius in De abst 2,27 zitierte „allgemeine Meinung" über Dämonen als Folie für diese Art von Dämonenkontakt heranzuziehen:

> πεῖσμα δὲ περὶ πάντων τοιοῦτόν ἐστιν, ὡς ἄρα καὶ βλάπτοιεν ἄν εἰ χολωθεῖεν ἐπὶ τῷ παρορᾶσθαι καὶ μὴ τυγχάνειν τῆς νενομισμένης θεραπείας, καὶ πάλιν εὐεργετοῖεν ἄν τοὺς εὐχαῖς τε αὐτοὺς καὶ λιτανείαις θυσίαις τε καὶ τοῖς ἀκολούθοις ἐξευμενιζομένους.

---

15 Zum magischen Salomobild in der Hygromantie vgl. ders., 215ff.

Es ist aber eine allgemeine Überzeugung darüber [sc.: über die Dämonen] betreffend, dass sie Schaden stiften und Groll hegen gegen den, der sie übersieht und die normale Verehrung nicht leistet, dass sie aber denen Gutes tun, die sie mit Gebeten, Anrufungen, Opfern und so weiter wohlgesonnen stimmen.

Dieser Dämonen gegenüber devoten Attitüde, die Porphyrios als allgemeine Grundüberzeugung paraphrasiert, steht er selbst kritisch gegenüber und setzt in De abst 2,42 als Mittel gegen die bösen Dämonen etwas anderes, nämlich die philosophische Haltung, die auf die ἀπάθεια einerseits und auf die διάληψις des Seins und des demgemäß zu führenden Lebens zielt.

An ebendiese Kritik an der devoten, verehrenden Einstellung den Dämonen gegenüber knüpft Augustinus an, setzt diesem aber kein philosophisches Ideal, sondern ein exorzistisches Verhalten entgegen, das sich im Gebet an Gott stets versichert. Dies ist in christlicher Tradition schon vorbereitet, beispielsweise bei Origenes, Cels 6,41. Die Jünger Jesu seien weder durch Magie und Dämonen zu besiegen, weil sie dem „Christianismos" gemäß Gott verehrten, dem Evangelium gemäß lebten und die vorgeschriebenen Gebete ehrfürchtig und gebührend Tag und Nacht verrichteten. Auch hier sind Orthopraxis und vorschriftsmäßiges Gebet Voraussetzungen für Immunität gegen Dämonen und Magie. Auch in Cels 7,5 spielt Origenes auf „nicht wenige" christliche Exorzisten an, die ihre Tätigkeit ohne irgendetwas Periergisches, Magisches oder Pharmazeutisches betreiben.

Diese von christlicher Seite ablehnende Haltung magischer Praktiken ist im TSal durchweg erkennbar. Besonders Augustins geforderte Praxis in De civ dei 10,22 (s.o.), den Dämonen durch Beschwörung und Gebet zu begegnen, ist im TSal, in der oftmals zitierten Exorzismusformel Salomos einerseits und den zahlreichen Gebeten andererseits deutlich erkennbar. Damit steht das TSal in einer christlich-exorzistischen Tradition, die sich – möglicherweise in Entfaltung von Mk 9,29 – allein dem Exorzismus in Kombination mit dem Gebet an Gott ohne weitere (magische) Praktiken verpflichtet weiß.

3.5 Das TSal und der Exorzismus

Beherrschendes Thema im TSal ist Salomos Auseinandersetzung mit den Dämonen – und hier scheint das Hauptinteresse der Schrift zu liegen. Salomon führt, parallel etwa zur Praxis der Lamella Bernensis,[16] einen Machtzauber gegen die Dämonen aus. Wie ist dieser literarische Zug nun einzuordnen?

---

16 Zur „Lamella Bernensis" vgl. Gelzer, Th/Lurje, M./Schäublin, Chr. (Hg), 1999 und unten S.91f.

Wie es in jüngerer Zeit M. Wohlers vorgeschlagen hat, könnte TSal ein „rituelles Handbuch zur Dämonologie" darstellen.[17] Sinn und Zweck wäre es dann, Anleitung zur Exorzismuspraxis zu geben.

Dieser Vorschlag ist bedenkenswert, zumal er, wie beispielsweise Duling, 1975, bemerkt, Rückhalt in der Salomotradition findet – wenn man etwa die vielzitierte Stelle bei Josephus, Ant 8,44ff heranzieht (s. S. 89). Hier leitet Salomo die Nachwelt zum erfolgreichen Exorzismus an, indem er Beschwörungsformeln bereitstellt. Damit wäre das TSal – zumindest auf den ersten Blick – als Sammlung derartiger Formeln erklärbar.

Die Lesart des TSal als „exorzistisches Manual" ist von Gelzer, Lurje und Schäublin für einen ganz speziellen Kontext erwogen worden; diese hatten bei der Besprechung der Lamella Bernensis und verwandten Texten hervorgehoben, dass die Produktion des TSal und der byzantinischen Amulette praktisch identische Voraussetzungen hatten.[18] Weiterhin stünde im TSal genau das, was bei der Herstellung eines wirkmächtigen Zauberamuletts wichtig sei: Die Art der Dämonen, dessen Name, dessen Aufenthaltsort und schließlich dessen möglicher Bezwinger. Insofern sei das TSal ein „Lehrbuch der Zauberpraxis".

Dieser Gebrauch des TSal bei der Amulettherstellung ist m.E. bislang im antiken Kontext nicht sicher belegbar. Einen Hinweis hierzu könnte die Verbindung von TSal 15 (Enepsigos/Hekate) mit einer runden Bronzeplatte (CIJ 1,534) geben, doch wie im Kommentar zu TSal 15 deutlich gemacht wurde, handelt es sich bei dieser Bronzeplatte weniger um ein Zeugnis der direkten Wirkungsgeschichte von TSal 15, sondern um ein Seitenstück der gleichen Tradition. Erst in der späteren Wirkungsgeschichte ist erkennbar, dass auf der Grundlage des TSal tatsächlich Exorzismen formuliert wurden. Das von A. Delatte edierte Ms 825 der Nationalbibliothek von Athen[19] nimmt ab fol. 8 das TSal auf und beschwört die dort in den einzelnen Kapiteln beschriebenen Dämonen (sogar die Reihenfolge wird eingehalten) mit der üblichen Einleitungsformel „ἐξορκίζω σε ...".

---

17 Vgl. Wohlers, 1999, 71: „Da der Leser nach Lektüre dieser Schrift weiß, wie die einzelnen Dämonen heißen, auf welche Weise sie der Menschheit schaden und wie man sie bekämpfen kann, ist das Testamentum Salomonis ein rituelles Handbuch zur Dämonologie". Auch nach v. Stuckrads Studien ist der Text als Rezeptbuch zu verstehen, jeder Gläubige, der die Namen der Dämonen kenne und die Invokationen Salomos, „wird selbst zu Salomo" (v. Stuckrad, 2000, 418). Nach Torijano, 2002, 56.65 macht insbesondere die exorzistische Formel „Wer bist Du?" die Schrift zum "handbook of exorcism". Speziell für die Dämonenkataloge (bes. TSal 18) erwägt Greenfield, 1995, 140, dass diese zur Ermöglichung magischer Beschwörungen zusammengestellt wurden. Diese Ansicht hat forschungsgeschichtlich freilich Vorgänger; so urteilt schon Salzberger, 1907, 11 über TSal: „Dies also ist der Zweck des Buches; es soll eine Sammlung von Zaubermitteln und Beschwörungsformeln zur Abwehr der feindlichen Elemente sein."

18 Gelzer u.a., 1991, 150ff.

19 Delatte, 1927, 228ff.

Doch berücksichtigt diese Lesart des TSal als exorzistisches Vade-Mecum nicht, dass im TSal der Exorzist Salomo weitestgehend ohne technisch-nachahmbare Beschwörungen und Riten auskommt. Salomo beherrscht die Dämonen durch den Siegelring, der ihm von Gott durch Michael übergeben wurde – und dieser ist einzigartig. Zwar wird, wie Egeria in ihrem Reisebericht in 37,3 (als frühesten Beleg) schreibt, der Ring Salomos am Karfreitag im Martyrium der Konstantinischen Anlage zu Jerusalem den Gottesdienstteilnehmern gezeigt, doch diese berühren ihn noch nicht einmal, ahmen also damit keinesfalls die im TSal beschriebenen Exorzismen nach.

Erlernbare magische Praktiken wie bei den Zauberpapyri tauchen hier kaum auf; auch ist in diesem Zusammenhang zu beobachten, dass die magische Fachterminologie, die in den PGM für die magischen Praktiken verwendet wurde, sich im TSal nicht niedergeschlagen hat.

Um wie Salomo exorzisieren zu können, bräuchte der antike Leser das Siegel Salomos, und das TSal stellt keinerlei Riten und Zaubersprüche zur Verfügung, mittels derer allein Dämonen zur Raison zu bringen wären. Auch wenn man die Dämonologie im TSal auf die Amuletherstellung bezieht und diese – wie beispielsweise in der Sammlung von Bonner, 1950, breit bezeugt – als Salomosiegel versteht, kann die These vom TSal als exorzistisches Manual nur schwerlich aufrechterhalten werden: Das durch Michael überbrachte Siegel Salomos unterwirft jedweden Dämon, ohne dass eine Kenntnis des Namens und des Aufenthaltsortes notwendig ist. Darum dürfte es kaum in Bezug zu den Salomoamuletten mit der Aufschrift „Siegel Salomos" zu setzen sein, für deren Wirkmacht die Kenntnis dieser Dinge äußerst relevant ist.

Damit ist die These vom TSal als „exorzistisches Manual" anzuzweifeln. Das TSal vermittelt nicht die notwendigen Kenntnisse über exorzistische Rituale, die der Leser (ohne Hilfe des Siegels) nachahmen könnte, es überliefert lediglich die Dämonennamen und die der Überwinderengel. Nimmt man dann das im TSal vermittelte Bild Salomos als des großen Beters mit auf, so ist eher vorstellbar, dass das TSal Anleitung zu exorzistischen Gebeten an die entsprechenden Überwinderengel geben könnte. Doch eine „Siegelung" der Dämonen in der Nachfolge Salomos ist für den Nachahmer aufgrund des fehlenden Siegels nicht möglich.

3.6 Das TSal als systematische Dämonologie?

Die stets gleiche Abfolge der Dämonenbefragung bringt uns auf eine andere Spur. Nach jedem Kapitel ist deutlich, wie der Dämon heißt, mit welcher astralen Konjunktion er in Verbindung steht und von welchem Engel er unterworfen wird, kurz, eine gesamte systematische Dämonologie wird entfaltet.

Damit könnte mit dem Werk vornehmlich eine dämonologische Systematik intendiert sein.[20]

Damit hätte das TSal größte Nähe zu den seit dem Mittelplatonismus ausgeprägten Dämonologien, wie wir sie bei Albinus und bei Apuleius, bei Porphyrios und Jamblich kennen. Die entsprechende traditionsgeschichtliche Vorbereitung im jüdischen Milieu lässt sich aus dem Dämonenkatalog in äHen 60,16-21 gut erkennen, und dass eine systematische Dämonologie zur Entstehungszeit des TSal schon längst christlich rezipiert wurde, zeigen die durch Origenes erhaltenen Celsusfragmente (wobei der Dämonenkatalog bei Origenes, Cels 6,30 eine literarische Nähe zu TSal hat) sowie Augustins De civ dei 8,10. Besonders zu letzterem besteht große Nähe: Augustin setzt bei seiner Behandlung der Dämonen schon ausgeprägte Dämonologien – zuvörderst die des Apuleius – literarisch voraus. Das Ethos, mit dem er seine christliche Dämonenlehre entwickelt, lässt sich mit seinen oben zitierten Worten in De civ dei 10,9 ausdrücken, denen gemäß der schlichte Glaube und die frohe Zuversicht, keine Beschwörungen oder Magie, Wunder bewirken könnten.

Trotz dieser Nähe zu dämonologischen Systemen sperrt sich das TSal gegen eine Verortung in derartige literarische Versuche. Denn im Gegensatz zu den Dämonologien des Mittel- oder Neuplatonismus werden weder die Genealogie der Dämonen (wie sind diese entstanden?) noch eine Hierarchie noch eine Einordnung in die Kosmologie entfaltet (wenn auch diese Themen sachlich implizit sind und eine Systematik vorausgesetzt wird). Aus diesem Grund ist es kaum möglich, das TSal als systematische Dämonologie zu lesen. Wesentliche Themen und Überlegungen, denen wir in zeitgenössischen Dämonologien begegnen, werden hier nicht entwickelt.

3.7 Das TSal als Exemplar der Gattung „Physica"

In TSal 15,14 wird die Absicht der Schrift als „Testament" deutlich: Salomo schreibt die Geschehnisse auf und übergibt sie testamentarisch der Nachwelt, damit die Söhne Israels die „δυνάμεις" der Dämonen, deren „μορφαί" sowie die Namen der Engel kennen, durch die die Dämonen bezwungen werden. Die Motivation zu einer derartigen Schrift mag in der zur Zeit des beginnenden Neuplatonismus verwirrenden Vielfalt der kursierenden Traditionen über Dämonen gelegen haben, wie sie beispielsweise Porphyrius in De abst 2,37 in einem kosmologischen Exkurs beschreibt:

λοιπὸν οὖν ἡμῖν ἐστι τὸ τῶν ἀοράτων πλῆθος, οὓς δαίμονας ἀδιαστόλως εἴρηκε   Πλάτων. τούτων δὲ οἳ μὲν κατονομασθέντες ὑπὸ τῶν ἀνθρώπων παρ᾽

---

20   Vgl. Alexander, 1986, 373: "The TSol ... was intended as a sort of encyclopaedia of demonology."

ἑκάστοις τυγχάνουσι τιμῶν τ' ἰσοθέων καὶ τῆς ἄλλης θεραπείας, οἳ δὲ ὡς τὸ πολὺ μὲν οὐ πάνυ τι κατωνομάσθησαν, ὑπ' ἐνίων δὲ κατὰ κώμας ἤ τινας πόλεις ὀνόματός τε καὶ θρησκείας ἀφανῶς τυγχάνουσιν. τὸ δὲ ἄλλο πλῆθος οὕτω μὲν κοινῶς προσαγορεύεται τῷ τῶν δαιμόνων ὀνόματι.

So bleibt uns noch die Menge der unsichtbaren Geister übrig, die Platon ohne weitere Unterscheidung „Dämonen" nennt. Einige von diesen werden von den Menschen mit besonderem Namen belegt, ihnen läßt man den Göttern gleiche Ehre und auch die übrige Verehrung zuteil werden; die anderen aber haben zumeist in keinster Weise allgemein geltende Namen, sondern finden nur dorf- oder stadtweit lokale Namen und unbedeutende Verehrung. Die Masse der übrigen wird nur unter dem Sammelnamen „Dämonen" verehrt.

Hier wird die Vielfalt der Dämonennamen und deren Verehrung deutlich; wenn man berücksichtigt, dass die Dämonen – wie Porphyrius im Anschluss vermerkt – nach dem allgemeinen Volksglauben bei ungenügender Verehrung Schaden stiften, so erscheint die Notwendigkeit einer systematischen Auflistung der Dämonennamen und der Art ihrer Bändigung unabdingbar.

Das TSal offenbart damit die Beschaffenheiten (φύσεις) und die Mächte (δυνάμεις) der Dämonen und zeigt deswegen deutliche Nähe zur Gattung der „φυσικά", die uns beispielsweise in den Kyraniden, bei Bolos oder im Physiologus begegnet.[21] Bei diesen Vertretern der Gattung sind gehäufte Hinweise auf die Dämonologie üblich.

Bei den Kyraniden beispielsweise werden in den vier von Kaimakis herausgegebenen Büchern in alphabetischer Reihenfolge die Dinge einer Gattung („στοιχεῖα, bestehend aus Pflanze, Vogel, Fisch und Stein gleichen Anfangsbuchstabens in Buch 1, Vierfüßler in Buch 2, Vögel in Buch 3 und Fische in Buch 4) dargestellt und anschließend die medizinisch-magische Anwendung eines jeden beschrieben.[22] Dabei kommen Hinweise auf die Wirkung gegen Dämonen gehäuft vor. Folgendes wird mit dämonenabweisender Wirkung beschrieben:

In Buch 1 (die στοιχεῖα in alphabetischer Reihenfolge): die Wurzel der Pfingstrose (Kap. 3), die Galle der Eule (γλαῦκος πτηνόν) bzw. des Fisches Glaukos (γλαῦκος ἰχθύς, Kap. 3), die Wurzel des Eryngium (Kap. 7), der Nemesis-Stein (Kap. 13), das Wachtelauge (Kap. 15), der Skorpion (Jap 24);

in Buch 2 (über die Vierfüßler): das Esel-Hufeisen oder der Eselshuf (Kap. 31); der „Rhinozerosstein" (Kap. 34; auch 1,17), die Hyänenaugen (Kap. 40).

In Buch 3 (über die Vögel): der Genuss eines mit Flügeln gebratenen Sperlings (Kap. 1); die „Adlersteine", die hinter jedem Augenwulst eines Adlers

---

21 Zu den Physika und ihrem Träger, dem ἀνὴρ φυσικός, vgl. Wellmann, 1928, 1ff; auch Waegeman, 1987, 7ff.

22 Vgl. zur Diskussion um den Quellenwert der Kyraniden die kurze Zusammenfassung bei Bain, 2003, 208f. (mit zahlreicher Literatur).

befindlich sind (Kap. 1); der Geierschnabel sowie dessen Zunge (Kap. 9); Pfau-
enblut (Kap. 42); Gänsemist (Kap. 51); der Papageienschnabel (Kap. 52).

In Buch 4 (über die Fische): die Gräten des „Adlerfisches (ἀετὸς ἰχθύς), sofern diese auf Rebenholz verbrannt werden (Kap. 1); die verbrannten Gräten
des Flusswels (γλάνεος ἰχθύς, Kap. 13); die Zähne der coris iulis (ἴουλος, Kap.
26); das Maul des Hornhechtes (ραφίς belone arcus, Kap. 55; auch 1,17); das Fell
der Robbe (Kap. 67; auch 1, 21 zusammen mit der Kröte); die Haut des Schwei-
nefisches (χοῖρος, Kap. 68).

Zumindest die Befragungskapitel 4-18 des TSal haben zu dieser Gattung
der Physika eine gewisse Nähe, weil hier eine Aufzählung der Dämonen
verbunden wird mit einer stereotyp anmutenden Aufbereitung von Informationen zum Namen, des Dämons, seiner Wirk- und Arbeitsweise, seiner Eigenart und astrologischen Verbindung sowie zum Namen seines Überwinderengels.

Lesen wir das TSal als ein derartiges Werk, so bleibt die Frage offen, warum Christen des 3. oder 4. Jahrhunderts die Notwendigkeit sahen, eine Physika
der Dämonen in derart erzählendem Rahmen zu kompilieren.

Eine Notiz des Origenes in Cels 1,6 zum Zusammenhang von Exorzismen
und Erzähltradition scheint hier richtungsweisend zu sein. Gegen die Polemik
des Celsus notiert Origenes, die Christen verdankten ihre scheinbare Kraft
allein „dem Namen Jesu zugleich mit der Verkündigung der Geschichten von
ihm (τῷ ὀνόματι Ἰησοῦ μετὰ τῆς ἀπαγγελίας τῶν περὶ αὐτὸν ἱστοριῶν).
Wird dies gesagt, so ist oftmals die Trennung der Dämonen von den Menschen
bewirkt worden." Strukturparallel ist im TSal die stets vermerkte Anrufung
Gottes und der narrative Zug zu werten. Bei der Beschwörung von Dämonen
hat die Anrufung Gottes zugleich mit der Erzählung der Salomogeschichten
verstärkte exorzistische Wirkung. Hier könnte ein theologischer Grund vorliegen, warum die Aufzählung der Dämonen in der Art einer Physika mit einem
erzählerischen Rahmen verbunden ist. Gleichzeitig wird deutlich, dass aufgrund dieses Rahmens das TSal nicht vollständig als Physika anzusprechen ist.

3.8 Das TSal und die Testamentliteratur

Das TSal erweist sich an mehreren Stellen als Exemplar der Gattung „Testamentliteratur":
1. Schon die Titel der einzelnen Handschriften lassen diese Bezüge zu, so in
    Ms I (Rec A), MSS PQ (Rec B) und Mss VW (Rec C). Diese Titel können al-
    lerdings auch Redaktionen der einzelnen Kopisten bzw. Auflagen darstel-
    len und darum aus der Zeit der mittelalterlichen Abschriften stammen –
    dennoch geben sie davon Zeugnis, dass das TSal auch dann noch als „Te-
    stament" gelesen wurde.

2. Kap. 15 ist in Rec A ausgelassen und lediglich in Rec B überliefert. Dort wird in 15,14 berichtet, dass Salomo „in seiner Todesstunde" die vorliegende Schrift als Testament verfasste und sie „den Söhnen Israels" übergab. Sinn und Zweck ist die Vermittlung der dämonischen Kräfte und die Namen der Engel, die diese Dämonen unschädlich machen.

3. Am Ende in 26,8 ist in den beiden unabhängigen Rezensionen A und B ausgestaltet, dass die gesamte Schrift als Testament gelesen sein will. Rec B gibt hier allerdings eine von 15,14 differente Zielsetzung an: Schon unter dem Eindruck der Erzählung von Salomos Fall in Kap. 26 wird den Rezipienten das Gebet für die wirklich wichtigen Dinge nahegelegt.

Rec A dagegen wiederholt hier in der Substanz die Zielsetzung von 15,14 (Rec B): Das Testament ist an „die Juden" adressiert zur Kenntnis der dämonischen Wirkungen und der Namen der Überwinderengel. Der Zusatz in 26,9 verweist wie in 15,14 auf Salomos Todesstunde. Zusätzlich wird dieses Wissen als „arcanum" angesprochen und der „Umgang" mit den Dämonen explizit genannt – Rec A geht demnach von einer Umsetzung der Schrift in die Praxis aus, wie auch immer man sich dies vorstellen kann.

Demnach wird bei beiden Rezensionen das Berichtete als die „ultima verba" Salomos gedeutet, wodurch der belehrende Charakter der Schrift im Sinne der „Testamentliteratur" deutlich wird.[23] Salomo befindet sich, so das Lesersignal, auf dem Höhepunkt seiner Lebenserfahrung, und das letzendliche Bekenntnis seines Falls unterstreicht im Sinne eines abschreckenden Beispiels mit Mahnfunktion die Ehrlichkeit und Offenheit des Selbstberichtes.

Doch bleibt nicht verborgen, dass über die expliziten Hinweise zum Testamentcharakter der Schrift hinaus kaum Elemente dieser Gattung vorfindbar sind.[24] Wir haben zu Beginn keinen Hinweis auf den nahe bevorstehenden Tod des (pseudepigraphischen) Verfassers, auch die Sammlung der Hinterbliebenen bzw. Adressaten fehlt. Zukunftsweissagungen des Verfassers entfallen, werden allerdings ab und zu von den Dämonen übernommen. Die Mahnungen fallen spärlich aus, es geht vornehmlich um Kenntnis der Dämonen und die Namen der Überwinderengel. Damit liegt die Vermutung nahe, dass der Testamentcharakter (schon in der „Grundschrift") sekundär als Stilmittel an

---

23   Zu den Elementen der „Testamentliteratur" vgl. v. Nordheim, 1980; J.J. Collins, 1984. Analog zu den obigen Ausführungen wird dem TSal auch bei Torijano, 2002, 56 die Zugehörigkeit zu dieser Gattung per se abgesprochen.

24   Vgl. zu diesen Elementen Berger, 1984, 75ff.

die Schrift herangetragen, quasi interpoliert wurde, um ihr – über eine sinnfällige Erzählung hinaus – größere Gewichtung zu verleihen.

4 Die Plausibilität der Dämonologie im TSal

Im folgenden Abschnitt soll die Frage behandelt werden, inwieweit die Dämonenvorstellungen des TSal den ersten Lesern plausibel war. Es wird sich zeigen, dass die Dämonologie des TSal eingebunden ist in die Vorstellungen der Volksreligiosität, in die intellektuelle Diskussionen der Zeit, ebenso – speziell in christlichem Kontext – in die Wirkungsgeschichte des Neuen Testaments und in den Rahmen der persönlichen Erfahrungen als getaufter und damit exorkisierter Christ.

4.1 Plausibilität auf dem Hintergrund der Volksreligiosität

Die volksreligiösen Dämonenvorstellungen sind uns v.a. in den Zeugnissen der antiken magica erhalten, die im nachfolgenden Kommentarteil immer wieder herangezogen werden; dass derartige Konzepte keinesfalls von der antiken frühkirchlichen Praxis getrennt werden dürfen, ist spätestens seit Deissmanns „Licht vom Osten" hinreichend belegbar.[1] Die Dämonenvorstellungen gerade der Zauberpapyri weisen den gleichen Vorstellungskreis wie das TSal auf, doch ist bei der Frage nach traditionsgeschichtlichen oder gar literarischen Abhängigkeiten hier Vorsicht geboten. In der Forschungsgeschichte ist beispielsweise des Öfteren behauptet worden, dass die Salomotraditionen im TSal mit denen der magischen Zauberpapyri (PGM) vergleichbar seien. Die nachfolgenden Argumente erweisen sich jedoch bei näherer Prüfung als wenig stichhaltig:
1. Die (postulierte) ägyptische Provenienz des TSal wird damit begründet, dass auch die (nach Ägypten verortbaren) magischen Papyri die Salomotraditionen kennen.[2] So wird von Duling auf PGM 4,850ff und PGM 4,3035 und PGM 92,5-11 hingewiesen.[3]

---

1   Vgl. Deissmann, 1923[4], 255ff; explizit auch Engemann, 2000, 62f.

2   Duling, 1988, 96; auch ders., 1983, 943f: "The magic of the Testament is very much like the hellenistic magical papyri discovered in Egypt (which mention Solomon) …".

3   Duling, 1988, 109, Anm. 68,

– PGM 4,850 schildert eine Handlung (πραγματεία) Salomos, die Σολομῶνος κατάπτωσις, Salomos Niederfallen, genannt wird und bei Kindern wie bei Erwachsenen wirkt. Nach Geheimhaltungsgeboten folgen Anweisungen zur Durchführung und Logoi, die Handlung selbst (PGM 4,910ff) besteht darin, dem Medium etwas ins Ohr zu flüstern, worauf es niederfällt und auf Fragen „πάντα ἀληθῆ διηγεῖται".
Hierzu findet sich allerdings keinerlei Parallele im TSal. Salomo befragt die Dämonen, ohne Logoi oder eine Pragmateia anzuwenden.

– PGM 4,3040: „Ich beschwöre dich bei dem Siegel, das Salomo auf die Zunge des Jeremia legte, und er redete".
Obwohl hier ein Siegel Salomos genannt wird, kann keine Abhängigkeit postuliert werden, zumal die Tradition von Salomos (Siegel)ring schon bei Josephus belegt ist. Es ist fraglich, ob hier eine „precise tradition which relates Jeremiah to Solomon's seal" vorliegt, wie Duling es erwägt; 4 vielmehr ist – wie auch in PGM 8,450 – die Fähigkeit Salomos beschrieben, schwierige Gesprächspartner zum Reden zu bringen. Und Jeremia bezeichnet sich – nach Jer 1,6 – aufgrund seiner Jugend als unfähiger Redner.

– PGM 92 nennt eine Reihe mächtiger Namen, wobei auch „das Auge Salomos" genannt wird. Auch dies hat keine Parallele zum TSal.[5]

2. Der Akephalos in TSal 9 wird in Verbindung zu den PGM gebracht.

In Kap. 9 wird ein kopfloser Gott beschrieben; dieser könnte eine Anlehnung sein an PGM 5,145ff; PGM 7,233-241; PGM 8,91-101.[6] Doch im Unterschied zu diesen Stellen hat der Akephalos der Zauberpapyri den Kopf an den Füßen, nicht an den Brüsten. Darum ist es sehr unwahrscheinlich, dass eine enge traditionsgeschichtliche Verbindung besteht.

Es könnte allerdings sein, dass der Szene in TSal 9 ein Bild des Akephalos wie in PGM 2 vorliegt und die magischen Zeichen als Köpfe gedeutet werden.

3. Die Namen der Überwinderengel in TSal 18 sind ähnlich denen, die in den PGM angerufen werden.[7] Doch ist hieraus keine literarische Abhängigkeit ableitbar, zumal auch in gnostischen Texten ähnliche Götternamen auftauchen. Es verhält sich eher so, dass Namen wie „Iaoth", „Sabaoth", „Ieo" zum volkstümlichen Allgemeingut gehören (wie etwa das deutsche „Hokuspokus") und daher nicht auf die magische Spezialliteratur beschränkt sind.

---

4 Duling, 1983, 951. Schon Perdrizet, 1922, sah eine konkrete Haggada in Hintergrund dieser Stelle. Dagegen sieht Merkelbach, 1996, 39 hier eine originäre Verknüpfung von Jer 1,9 und der Salomotradition aus dem TSal ohne traditionsgeschichtliche Vorbereitung.
5 Vgl. Betz, 1986, 303.
6 So McCown, 1922, 67.
7 Vgl. Gundel, 1936, 60f.

Beschränken sich die o.a. Beispiele vor allem auf die Zauberpapyri, so kann die antike volksreligiöse Dämonenfrömmigkeit auch noch von anderer Seite dargestellt werden, nämlich durch die intellektuelle Polemik dagegen; so schreibt etwa Marc Aurel in seinen „Meditationes" 1,6 Ende des 2. Jahrhunderts nach Christus:

> Diognetus me monuit, ne studium in vanas res conferrem neque iis fidem haberem, quae a praestigiatoribus et impostoribus de incantationibus et daemonum expulsione aliisque ejus generis rebus narrantur

> Diognetos leitete mich an, mich nicht mit unwichtigen Dingen abzugeben und kein Vertrauen auf das zu setzen, was von Gauklern und Zauberern über Beschwörungen, Bannung von Dämonen und dergleichen mehr erzählt wird."

Die volksreligiösen Ausdrucksweisen, gegen die sich der Kaiser hier wendet, umfassen auch Exorzismen und Beschwörungen, referieren also die Gedankenwelt des TSal.

Auch Lukian ist eine Fundgrube für intellektuell-satirische Polemik gegen landläufige volksreligiöse Auffassungen. Als Beispiel sei eine Stelle aus dem „Lügenfreund" (Philops 31) zitiert, in der die allgemeine Beschwörungspraxis ins Lächerliche gezogen wird. Der Erzähler erfährt von einem Dämon, der in einem Haus sein Unwesen treibt, und verbringt mit einem ägyptischen Zauberbuch bewaffnet dort die Nacht:

> ἐφίσταται δὲ ὁ δαίμων ἐπί τινα τῶν πολλῶν ἥκειν νομίζων καὶ δεδίξεσθαι κἀμὲ ἐλπίζων ὥσπερ τοὺς ἄλλους, αὐχμηρὸς καὶ κομήτης καὶ μελάντερος τοῦ ζόφου. καὶ ὁ μὲν ἐπιστὰς ἐπειρᾶτό μου, πανταχόθεν προσβάλλων εἴ ποθεν κρατήσειεν, καὶ ἄρτι μὲν κύων ἄρτι δὲ ταῦρος γιγνόμενος ἢ λέων. ἐγὼ δὲ προχειρισάμενος τὴν φρικωδεστάτην ἐπίρρησιν αἰγυπτιάζων τῇ φωνῇ συνήλασα κατάδων αὐτὸν εἴς τινα γωνίαν σκοτεινοῦ οἰκήματος.

> Da kam der Dämon wie üblich und ist im Glauben, auch ich könne erschreckt werden und mich fürchten wie die anderen, finster und behaart und schwärzer als das Schattenreich. Er kam heran und versuchte es bei mir, von allen Seiten vorstoßend, wie er mich kriegen könnte und wird dabei bald zum Hund, bald zum Stier oder zum Löwen. Ich aber nehme die fürchterlichste von den Formeln zur Hand, rede ihn in ägyptischer Sprache an und beschwöre ihn zur finstersten Ecke des Hauses.

Auch hier kommt die volksreligiöse Praxis zum Tragen, wenn auch in polemischer Umkleidung: „Die anderen" lassen sich von einem Dämon erschrecken, dieser ist in der üblichen Vorstellung schwarz, behaart und schrecklich, kann durch Beschwörungen gebannt werden – und wird „in ägyptischer Sprache", also in der Zaubersprache, der „rhesis barbarike", angesprochen.

Wenn auch direkte Abhängigkeiten zwischen dem TSal und diesen Texten – seien es die echten Zeugnisse magischer Volksfrömmigkeit oder die Polemik dagegen – nicht angenommen werden können, so steht das TSal in der gleichen Gedankenwelt wie die magischen Zeugnisse: Die Anrufung von Dämonen, die wirkmächtigen Namen der Überwinderengel und die ausgesprochenen Be-

schwörungen des TSal sind in der volksreligiösen Umwelt plausibel. Das TSal
führt damit den antiken Leser in keine fremde Welt ein, sondern in eine bekannte, allerdings geheimnisvolle und schreckliche, die durch die exorzistische
Weisheit des legendären Königs und durch die Geschichte von Salomos Überwindung der Dämonen ihren Schrecken verliert.

4.2 Plausibilität auf dem Hintergrund platonischer Dämonologie

4.2.1 Entwicklungslinien

„Die Geschichte der griechischen Dämonologie ist noch nicht geschrieben" –
dieses von früheren Arbeiten aufgenommene Zitat von F. Andres in seinem
einschlägigen Artikel der PRE Suppl. 3 (1918) gilt heute immer noch. Obwohl
die einschlägigen Lexika entsprechende Abhandlungen bieten, wobei neben
dem oben genannten die von mehreren Autoren betriebenen Untersuchungen
unter dem Stichwort „Geister" in der RAC zu nennen ist, steht eine Geschichte
der antiken Dämonologie, die den Entwicklungsprozess ausführlich darlegt,
noch immer aus. Auch die folgenden Überlegungen können diese Lücke nicht
füllen, zumal sie sich aufgrund der vorgegebenen Linien des TSal vor allem auf
die Gedanken über die „bösen Dämonen" beschränken.

Tauchen „Dämonen" als eigenständige Wesensklasse in der Grazität erstmals bei Hesiods „Werken und Tagen" 120ff als die Seelen der im goldenen
Zeitalter Verstorbenen auf, so finden wir Ausführungen über „böse Dämonen"
erstmals ausführlich in der nachplatonischen Philosophie bei Xenokrates,[8] wie
Plutarch in De Iside 25f ausdrücklich betont.

Konzepte über Dämonen erfahren wir also in der antiken philosophischen
Diskussion, von Pythagoreern[9] und vor allem von eklektischen Platonikern des
ersten und zweiten nachchristlichen Jahrhunderts. Besonders die Platoniker
beschäftigen sich bei ontologischen Fragen in der Nachfolge des „Timaios" mit
Dämonen, und hier ist für die weitere Diskussion die Stelle bei Platon, Symp
202E grundlegend:

> τίνα ἦν δ' ἐγώ δύναμιν ἔχον· ἑρμηνεῦον καὶ διαπορθμεῦον θεοῖς τὰ παρ' ἀνθρώπων καὶ
> ἀνθρώποις τὰ παρὰ θεῶν, τῶν μὲν τὰς δεήσεις καὶ θυσίας, τῶν δὲ τὰς ἐπιτάξειςτε καὶ
> ἀμοιβὰς τῶν θυσιῶν

> Und welche Funktion, sprach ich, haben sie [=die Dämonen]? – Zu dolmetschen
> und den Göttern die Dinge der Menschen sowie den Menschen die der Götter zu

---

8   Vgl. die ausführlichen Erläuterungen bei Heinze, 1892, 79ff.
9   Origenes berichtet in Cels 7,6 von einem Pythagoreer, der eine dämonologische Homerexege-
     se betrieb und Homer in Il 1 ein Geheimwissen von bösen Dämonen unterstellte.

überbringen, von jenen die Gebete und Opfer, von diesen die Anweisungen und Belohnungen für die Opfer.

Hier (und öfter bei Plato, vgl. etwa Tim 40 D/E) sind die Dämonen Mittlerwesen,[10] die bei Plato und bei weiten Teilen seiner Rezipienten als bessere Wesen als die Menschen gelten (vgl. etwa Plato, Nom IV, 713D: τὸ γένος ἄμεινον). Sie werden zwischen Göttern und Menschen angesiedelt, haben etwa nach Plut, Def orac 13 (416D) die Leidenschaften der Sterblichen und die Kraft Gottes, und Maximus Tyrius meint in Dissert 26,8, die Dämonen seien schwächer als die Götter, aber stärker als die Menschen.

Bei diesen mittelplatonischen Konzepten ist es vor allem die Mittlerstellung der Dämonen, die von den einzelnen Autoren breit ausgeführt wird. Dämonen sind Wesen, die zwischen Gott und Mensch stehen (und daher auch die Eigenschaft der πάθη mit den Menschen teilen und dadurch auch gut oder böse sein können) und ihrer Funktion nach zwischen Göttern und der Welt vermitteln.

Quellen für diese Vorstellungen sind vor allem Plutarch (insbesondere De superst, Gen Socr, Fac lun, De Iside und Def orac),[11] Maximos von Tyros (insbesondere Diss 14f), Apuleius (insbesondere Socr) und Celsus, dessen Aussagen wir durch die Zitate des Origenes überliefert haben.

Die Frage ist nun die nach einer entfalteten christlichen Dämonologie zu dieser Zeit; lassen die wenigen Anmerkungen zu den Dämonen von Seiten des apologetischen Schrifttums kaum auf eine christlich-dämonologische Abhandlung schließen, stoßen wir spätestens durch Celsus auf deutliche Spuren. Celsus vermutet in Cels 5,2,4, dass Christen neben den Engeln auch Dämonen anbeten; in Cels 6,40 gibt er an, er habe bei einigen Presbyteroi Bücher gesehen, in denen βάρβαρα δαιμόνων ὀνόματα und τερατεῖαι verzeichnet gewesen wären. Hier scheinen also von christlicher Seite schriftlich fixierte Sammlungen von Dämonennamen und wundersame Effekte benutzt worden zu sein, wie es auch Origenes an anderer Stelle im Comm in Mt 26,63 von einigen heterodoxen Christen zugibt.[12]

Weiterhin greift Celsus in Cels 6,30 auf eine „Lehre von den sieben herrschenden Dämonen" (τὰ περὶ τῶν ἑπτὰ ἀρχόντων δαιμόνων) zurück. Die ist Origenes in christlichem Kontext unbekannt, er ordnet sie den Ophiten zu und stellt sie in einen Zusammenhang mit einem orphianischen „Diagramm". Aus den Zitaten des Celsus geht hervor, dass es sich um eine Reihung von Dämonen handelt, die ihrem Aussehen nach genannt werden, allerdings nicht namentlich (außer beim letzten) und auch nicht nach ihrer Wirkweise. Interessant ist die Beurteilung dieser christlichen magisch-dämonologischen Schrift. In Cels 6,32 bestreitet Origenes, dass die christlichen Trägergruppen Kenntnisse

---

10   Zu den Dämonen als Mittler vgl. Usener, 1913, 311f.

11   Die o.a. Reihenfolge dieser Schriften spiegelt nach Andres, 1918, 301f. die Entstehungszeit wider.

12   Vgl. S. 5.

von Magie oder ein Verständnis der „göttlichen Schriften" hätten, und betont, dass die den sieben Dämonen zugehörigen Gestirnenamen aus magischen und hebräischen Schriften entnommen seien. Trotz dieser Relativierung durch Origenes scheint Celsus mit der „Lehre von den sieben herrschenden Dämonen" auf eine christliche Dämonologie gestoßen zu sein.

Im Neuplatonismus werden die Gedanken der mittelplatonischen Dämonologien aufgenommen und weitergeführt. Als Quellen hierfür sind vor allem Plotins Schrift über den Eros (Enn 3,5), Porphyrios' De abstinentia, Jamblichs De mysteriis und Proclos' Timaioskommentar zu nennen. Auch die „Chaldäischen Orakel", eine Sammlung von hexametrischen Wahrsagungen eines Theurgen Julian, gelten den neuplatonischen Theologen von Porphyrios bis Damascius als autoritative Offenbarungen mit ähnlicher Relevanz wie Platons Timaios.[13] Die verstreuten Zeugnisse geben Hinweise auf eine ausgeprägte Dämonologie, die auch böse Dämonen behandelt.

In christlicher Rezeption werden Dämonen systematisch bei Laktanz in Div inst 2, in Augustins Schrift De divinatione daemonum und im 8.-10. Buch von De civitate dei behandelt. Auch in der pseudoclementinischen Literatur finden wir in Hom 8f par Recog 4 gebündelte Hinweise.[14]

Insbesondere die Eingliederung der Dämonen in die in der neuen akademischen Philosophie breit entfalteten himmlischen Hierarchie wird hier – neben der Frage nach der stofflichen Natur der Dämonen und der Diskussion nach der Klassifizierung der Dämonen – eines der bestimmenden Themen der neuplatonischen Dämonologie.

4.2.2 Dämonenvorstellungen im TSal

Wie lässt sich die Dämonologie des TSal erfassen? Salzberger versuchte eine systematische Kurzdarstellung, die jedoch verschiedene „Ansichten" unverbunden nebeneinander stehen lassen musste.[15] Dagegen soll hier anhand einiger thematischer Schlaglichter gezeigt werden, dass die Dämonenvorstellungen des TSal im Rahmen der mittel- und neuplatonischen Dämonologie durchaus plausibel waren. Die „ersten Leser" des TSal konnten dort das wiederfinden, was auch die zeitgenössischen Gelehrten über Dämonen sagten.

---

13 Vgl. Majercik, 1989, 2.
14 Grundlegend hierzu speziell zur Dämonologie der Pseudoklementinen Schoeps, 1950b, der wie auch bei der vorliegenden Darstellung mit einer allgemeinen Entfaltung der Dämonenvorstellungen ab dem 2. Jahrhundert rechnet und besonders die jüdischen Quellen hervorhob.
15 Salzberger, 1907, 94f.

4.2.2.1 Dämonen kommen von außen an den Menschen heran

Sind Dämonen in der platonischen Tradition Mittlerwesen zwischen Gott und Mensch, so stellen sie eine zum Menschen fremde Entität dar und treten gegebenenfalls von außen an ihn heran. Dies ist schon im NT breit aufgenommen (wenn beispielsweise bei Mk 5,13 vom „εἰσέρχεσθαι" der Dämonen die Rede ist) und im TSal passim zu beobachten: Ornias saugt am Daumen eines Arbeiters (Kap. 1), Onoskelis fällt Menschen an (Kap. 4); der Akephalos fährt als Geist durch die Stimme in zehntägige Kinder (9,5), Onoskelis sucht in 13,3 nach kreißenden Frauen und tritt heran, um das Neugeborene zu schädigen. Der Kynopegos steigt in 16,4 zu den Menschen hoch. Diese Vorstellungen spiegeln sich in der antiken christlichen Dämonendiskussion wider; dass Dämonen von außen an den Menschen herankommen, notiert Augustin in De civ dei 10,11 als explizite Aussage des Porphyrios; dieser spricht von bösen Geistern, „qui extrinsecus in animam ueniunt humanosque sensus sopitos uigilantesque deludunt." In den PsClem, Hom 9,10 benötigen Dämonen, die als Geister menschliche Begierden haben, die Organe der Menschen zur Bedürfnisbefriedigung, kommen von außen in sie hinein und bemächtigen sich allmählich auch ihrer Seele, quälen sie durch Krankheiten und treiben sie zum Bösen. In CH 16,14 ist diese Vorstellung intensiviert zu finden:

> Denn sie (sc: die Dämonen) formen unsere Seelen um und ermuntern sie in ihrem Sinne; dafür haben sie sich in unseren Nerven, in unserem Mark, unseren Venen und unseren Arterien und sogar in unserem Gehirn niedergelassen und durchdringen uns auch bis in unser Innerstes selbst.[16]

4.2.2.2 Dämonen schädigen die Menschen

Die Ansicht von Dämonen als Schadensstifter und Verursacher zahlreicher Leiden und Unbill ist Gemeingut der hellenistischen Antike und wird im Neuen Testament passim vorausgesetzt.[17] Der geistesgeschichtliche Hintergrund dürfte in der Tradition der „bösen Dämonen" zu suchen sein, die etwa seit Xenokrates verstärkt ins Gesichtsfeld der antiken Dämonologiedebatte gerückt ist. Neben der Behandlung der hilfreichen Dämonen bzw. Überlegungen zu Klassifizierungen der Dämonen im Verhältnis zu Heroen und Göttern

---

16 Übersetzung nach Colpe, 1997, Bd. 1, 210.
17 Vgl. Böcher, 1970, 117ff; ders., 1972, 54ff.

ist die Diskussion um die „bösen Dämonen" stets präsent. Plutarch etwa in
Dion 2 beruft sich auf „Berichte aus alten Zeiten", in denen φαῦλα δαιμόνια
καὶ βάσκανα Menschen beneidet und sich ihren Handlungen in den Weg
gestellt hätten. In den Pseudoclementinen werden in Hom 9,12 Krankheiten
auf das δαιμόνιον γένος zurückgeführt. Die Handlungen der bösen Dämonen
werden systematisch von Prophyrius in De abst 40 zusammengefasst:

> ἐν γὰρ δὴ καὶ τοῦτο τῆς μεγίστης βλάβης τῆς ἀπὸ τῶν κακοεργῶν δαιμόνων
> θετέον, ὅτι αὐτοὶ αἴτιοι γιγνόμενοι τῶν περὶ τὴν γῆν παθημάτων, οἷον λοιμῶν,
> ἀφοριῶν, σεισμῶν, αὐχμῶν καὶ τῶν ὁμοίων

> Auch dies eine der größten Schädigungen, die von den bösen Dämonen herrühren,
> ist festzustellen, dass sie nämlich die Urheber der Leiden auf Erden sind, welche
> sind Seuchen, Missernten, Erdbeben, Dürrezeiten und dergleichen.

Schon im Abschnitt vorher hatte sich Porphyrios in De abst 39 über das Wirken
der bösen Dämonen ausgelassen:

> οὐδὲν ὅτι τῶν κακῶν οὐκ ἐπιχειροῦσι δρᾶν. βίαιον γὰρ ὅλως καὶ ὕπουλον
> ἔχοντες ἦθος ἐστερημένον τε τῆς φυλακῆς τῆς ἀπὸ τοῦ κρείττονος δαιμονίου,
> σφοδρὰς καὶ αἰφνιδίους οἷον <ἐξ> ἐνέδρας ὡς τὸ πολὺ ποιοῦνται τὰς
> ἐμπτώσεις, πῇ μὲν λανθάνειν πειρώμενοι, πῇ δὲ βιαζόμενοι. ὅθεν ὀξέα μὲν τὰ
> ἀπ᾽ ἐκείνων πάθη.

> Es gibt nämlich nichts Schlimmes, was sie [sc: die bösen Dämonen] nicht in Angriff
> zu nehmen versuchen. Sie legen nämlich durchweg ein gewalttätiges und heimtük-
> kisches Verhalten an den Tag, und wenn sie nicht unter der Aufsicht eines besseren
> Dämons stehen, dann gestalten sie ihre Heimsuchungen zumeist nur aus dem
> Hinterhalt, heftig und plötzlich, bald subtil, bald brutal hervorbrechend. Daher sind
> die Leiden, die von ihnen kommen, akuter Art.

Hier ist eine große inhaltliche Nähe zu den Ausführungen in TSal erkennbar.
Dämonen brechen plötzlich hervor, sind heimtückisch und suchen den Menschen heim. Besonders bemerkenswert ist die Notiz, dass die Dämonen auch
unter einer bändigenden Aufsicht höherer Geister stehen können. Diese Funktion haben in TSal die Engel inne.

In der Dämonologie des TSal steht die schädigende Funktion der Dämonen
im Vordergrund, wobei feste Aufgabenbereiche der Dämonen deutlich erkennbar sind. Am eindeutigsten ist dies in dem Traditionsstück Kap. 18 zu
finden, wo die 36 Mächte ihren Aufgabenbereich jeweils schematisch vorstellen. Doch auch sonst, wenn auch in den einzelnen Kapiteln nicht als festes
Schema durchgehalten, wird ein Tätigkeitsschwerpunkt der Dämonen beschrieben: Onoskelis verführt und erstickt Menschen (4,5f), Asmodeus mordet
und schädigt vornehmlich Frauen (5,7f), Beelzebul schädigt das Staats- und
Kultwesen (6,4), Lix Tetrax stiftet Brände und Zwiste (7,5), die „sieben Geister"
in Kap. 8 sind Allegorien des Schadens, der Akephalos in Kap. 9 schlägt Menschen die Köpfe ab und legt Feuer, der „Stab" in Kap. 10 macht Menschen

dumm. Der „Kopf der Drachen" in Kap. 12 hat sich auf drei genau angegebene Schädigungen der Menschen spezialisiert, ebenso Obyzouth, die nach 13,3f speziell Neugeborene misshandelt. Der Meeresgeist schädigt in 16,2-4 Schiffbrüchige bzw. verursacht Seekrankheit.

Dabei steht die in der zeitgenössischen philosophischen Literatur immer wieder formulierte Ansicht im Hintergrund, die Dämonen herrschten über Einzeldinge bzw. über Teilgebiete der Schöpfung, nicht über das Ganze. Anknüpfungspunkt hierfür mögen Platos Notizen in Politikos 271D einerseits (Dämonen haben Aufsicht speziell über die Tiere) und Nom 4,712E-714A andererseits (Kronos setzt Dämonen als das bessere Geschlecht speziell über die Menschen, um archaische Zustände zu vermeiden) sein. Gerade in der philosophischen Diskussion der mittleren und neuen Akademie ist dann zu beobachten, dass immer wieder auf die Wirkweise der Dämonen auf Spezialgebiete hingewiesen wird. Celsus weist bei Cels 8,28 auf Dämonen hin, denen nach Bezirken die Sorge für Spezialdinge aufgetragen ist (vgl. auch die Ausführungen zur Dekanmelothesie in Cels 8,58). Apuleius führt in Socr 6 zu den Dämonen aus: „eorum quippe de numero praediti curant singuli [eorum], proinde ut est ciuque tributa provincia", und Plotin bemerkt in Enn 3,5,6, die Dämonen walten (gemeinsam mit dem All) über die Einzeldinge. Jamblichus führt in De myst 1,20 die Tatsache, dass Dämonen im Gegensatz zu den Göttern nur Teilgebiete des Kosmos regierten, als eines der gewichtigsten Unterscheidungskriterien zwischen Göttern und Dämonen an.

4.2.2.3 Dämonen sind menschenähnlich dargestellt

Mit einer einzigen Ausnahme, nämlich im Traditionsstück vom Luftgeist Ephippas Kap. 22, werden die Dämonen in Analogie zu einem körperhaften Lebewesen beschrieben; dabei sind (besonders bei den 36 Mächten in 18,1) oftmals Ähnlichkeiten zu Tieren notiert, was eine Parallele bei Porphyrius in einem bei Euseb, PE 4,23,1f erhaltenen Fragment seiner Schrift „περὶ τῆς ἐκ λογίων φιλοσοφίας" hat: die bösen Dämonen stehen unter Pluto und Sarapis, nähern sich dem Menschen in allerlei Tiergestalt und müssen von den Priestern mit Blutopfern vertrieben werden.

In TSal sind die Dämonen zumeist menschenähnlich dargestellt; so wird der Siegelring dem Dämon an die Brust gestoßen; die Dämonen hören und sprechen, sie zeigen Emotionen wie Entsetzen (1,12; 2,1; 5,11), Furcht (5,11: vor Wasser). Ebenso wird an einigen Stellen auf die Geschlechtlichkeit der Dämonen angespielt: der Ring Salomos soll männliche und weibliche Dämonen siegeln (1,7), Ornias kann sich in ein Mädchen verwandeln (2,3), Onoskelis verführt dezidiert durch ihre weiblichen Reize (4,6), Obyzouth wird in 13,1 wie

auch Enepsigos in 15,1 explizit als „Frau" vorgestellt, die sieben Geister in
Kap. 8 sind explizit als „schön" bezeichnet.

Als Mischwesen haben sie zumeist einen hohen menschlichen Gestaltanteil.
Ornias zeigt sich neben seiner Vogel- und Löwengestalt als Mensch (2), Onoskelis ist eine schöne Frau mit Eselsbeinen, Lix Tetrax hat trotz seiner Schnek-
kengestalt ein menschliches Gesicht (7,1), der Akephalos in Kap. 9 einen
menschlichen Rumpf, der Flügeldrache in Kap. 14 hat ein menschliches Antlitz
und menschliche Füße, Enepsigos in 15,1 ist trotz ihrer Eigentümlichkeiten
frauengestaltig. Der Luftgeist Ephippas schließlich gewinnt durch einen
Schlauch auch körperliche Gestalt, er stellt sich nämlich in 22,18 „auf seine
Füße".

Dabei können die Dämonen auch ihre Gestalt ändern (Enepsigos, 15,3-5).

Das Verhältnis der Dämonen zu den Menschen spielt in mehreren The-
menbereichen der platonischen Dämonendiskussion eine Rolle. Hier ist – in
kosmologischer Hinsicht – die Mittlerstellung der Dämonen zu nennen und die
Art, wie sich Dämonen von den Menschen einerseits und den Göttern andererseits abgrenzen.

Weiterhin ist die – seit Hesiod belegte – Vorstellung zu nennen, dass Dämonen die Seelen der verstorbenen Menschen seien. In Erga 120ff werden die
Seelen der im goldenen Zeitalter Verstorbenen „Dämonen" genannt, und
hierauf spielt Plato im Kratylos 398A an: die hießen „δαίμονες", weil sie
„φρόνιμοι καὶ δαήμονες" gewesen seien.

Die pythagoreische Dämonenlehre, die uns insbesondere bei Diogenes La-
ertios 830-33 durch ein Exzerpt des Alexander Polyhistor über „die Pythagoreer" überliefert ist, ist gänzlich mit der Seelenleere verbunden. Die vom Körper
getrennten Menschenseelen, die das gesamte Luftreich bevölkerten, seien die
Dämonen und Heroen. Bei Maximus von Tyros wird die Seele nach dem Tod
des Menschen zum Dämon (Diss 15,6). Tatian lehnt in Adv.Graec 16 explizit
die Lehre ab, Dämonen seien Menschenseelen, und Athenagoras nennt sie in
Apol 25 die Seelen der Giganten von Gen 6,1-4 LXX.

Apuleius dagegen erkennt zwar in den menschlichen Seelen auch Dämonen, doch nur solche einer niedrigeren Klasse, während die höhere Klasse nie
einen menschlichen Körper besessen hatte (Socr 15f). Nach Plutarch waren
Dämonen einmal Menschenseelen und sind nun Schutzgeister (Gen Socr 24),
und in Fac lun 29 spricht Plutarch davon, dass Menschen, die schon Dämonen
geworden seien, auf dem Mond ihre Buße empfingen.

Bei dieser hier kurz skizzierten Diskussion wird ein enges genealogisches
Verhältnis zwischen Menschen und Dämonen impliziert, das sich auch in den
anthropomorphen Dämonenvorstellungen des TSal ausdrücken könnte. Doch
ist hier dann der Aspekt der Körperlichkeit der Dämonen noch nicht hinreichend erklärt, und dies mag ein mythischer Reflex auf die zeitgenössische
neuplatonische Diskussion um das Verhältnis der Dämonen zur ὕλη und zum

σῶμα sein.[18] Schon vorbereitend spricht Tertullian in Apol 22,4f von der „sub-
tilitas et tenuitas" der Dämonen und davon, „ut invisibiles et insensibiles in
effectu potius quam in actu suo appareant". Wird hier auch das Dämonische
eher aus der Wirkung denn aus der Materie erschlossen, so ist doch in mittel-
und neuplatonischen Kreisen ein Konsens erkennbar, dass die Dämonen zur
stofflichen Materie in Beziehung stehen.[19] So hatte Apuleius in Socr 9 aufgrund
der Wohnstätte der Dämonen zwischen Äther und Erde erschlossen, dass ihre
Leiber ein commixtum aus Äther und Erde sein müssten. Origenes zitiert in
Princ 1, praef 8 ein aus der Petrustradition (und auch in Ign Smyrn 3) überlie-
fertes Agraphon: „οὐκ εἰμι δαιμόνιον ἀσώματον", bzw., in Rufins Übersetzung, „non sum daemonium incorporeum". In der Auslegung dieses Herren-
wortes wird eine nicht-stoffliche Deutung explizit abgelehnt, dagegen sei Jesu
Aussage so zu verstehen:

> Non se [sc.: Jesum] habere tale corpus quale habent daemones (quod et naturaliter
> subtile quoddam et velut aura tenue, et propter hoc vel putatur a multis vel dicitur
> incorporeum), sed habere se corpus solidum et palpabile.

> Er habe nicht einen solchen Leib, wie ihn die Dämonen haben – dieser ist von Natur
> etwas Feines und Hauchzartes und wird darum gewöhnlich als unkörperlich ange-
> sehen und bezeichnet –, sondern er habe einen festen und tastbaren Körper.[20]

Hier werden auch wieder die Termini „subtilis" und „tenuis" wie bei Tert,
Apol 22 aufgenommen, doch ist dabei nicht an eine nicht-stoffliche Beschaffen-
heit der Dämonen gedacht. Dieser Bezug zur ὕλη spiegelt sich ausführlich
beispielsweise in Plotins Schrift über den Eros (Enn 3,5,6f) wieder. Aufgrund
ihrer παθή, dem Unterscheidungskriterium zur ἀπαθία der Götter, müssen sie
eine Beziehung zur stofflichen Materie haben, auch wenn sie als Feuer- oder
Luftgeister erscheinen. Auch die Lufthaftigkeit der Dämonen (aerium corpus),
die – in Anlehnung an Apuleius, Socr – bei Augustins Dämonenlehre in De civ
dei 8-10 passim vorausgesetzt wird (beispielsweise 8,16; 9,18), definiert den *aer*
als Element zwischen Erde und Äther und ist darum als stoffliche Deutung zu
verstehen. Derartiges Gedankengut finden wir in der frühen nachplatonischen
Dämonenlehre in der Epinomis 984DE, wo fünf die Welt konstituierende
Elemente aufgezählt und die entsprechenden Lebewesen dazu genannt werden; die Äther- und Luftleiber sind den Dämonen zu eigen, zumal diese
„ἀέριον δὲ γένος" seien. In diesem Zusammenhang ist dann auch der Luftgeist
in Kap. 22 am zwanglosesten zu interpretieren.

Im Rahmen dieser Diskussion um die Körperhaftigkeit der Dämonen ist
besonders Porphyrius zu nennen, der, wie aus einem Zitat seines Briefes an
Anebo in Jambl, De myst 1,16 hervorgehen könnte, die „Körperhaftigkeit" und

---

18   Vgl. zur Sache Hager, 1977.
19   Vgl. Dexinger, 1966, 97f.
20   Text und Übersetzung nach Görgemanns/Karpp, 1985², 96f.

„Nichtkörperhaftigkeit" zum Unterscheidungskriterium zwischen Dämonen und Göttern zu erheben tendierte – wogegen Jamblichus in seinem Antwortschreiben heftig polemisierte. Bei Porphyrius' Ausführungen über böse Dämonen in De abst 2,39 beschreibt der Philosoph die mannigfachen Gestaltnuancen der Dämonen und zeitigt dabei eine besondere Nähe zu den Entfaltungen im TSal:

οὐ γὰρ στερεὸν σῶμα περιβέβληνται οὐδὲ μορφὴν πάντες μίαν, ἀλλ᾽ ἐν σχήμασι πλείοσιν ἐκτυπούμεναι αἱ χαρακτηρίζουσαι τὸ πνεῦμα αὐτῶν μορφαὶ τοτὲ μὲν ἐπιφαίνονται, τοτὲ δὲ ἀφανεῖς εἰσίν· ἐνίοτε δὲ καὶ μεταβάλλουσι τὰς μορφὰς οἵ γε χείρους.

Denn sie [sc: die Dämonen] sind nicht mit einem festen Körper umgeben und haben alle eine einzige Gestalt, sondern sie sind in den mannigfachsten Formen ausgeprägt. Ihre Formen, die dem Geist ein Gepräge geben, erscheinen bald, bald sind sie unsichtbar. Einige wechseln auch ihre Gestalt, nämlich die bösen [sc: Dämonen].

Eine gewisse Körperlichkeit der Dämonen, wenn auch keine „feste" ist hier vorausgesetzt, und es wird besonders auf den Gestaltwandel der Dämonen (wie Enepsigos in TSal 15) und auf die nicht greifbaren Formen eingegangen. Im Anschluss daran bemerkt Porphyrius, dass die bösen Dämonen durchweg missproportioniert seien (ἀσύμετρος). Dies mag als Dämonenvorstellung im Hintergrund stehen, wenn in TSal die Dämonen als phantastische Mischwesen vorgestellt werden.

4.2.2.4 Dämonen haben übermenschliches Wissen

Besonders die Dämonin Enepsigos überrascht durch ihr Vorwissen in 15,8-12: Die Reichsteilung sowie die Zerstörung von Stadt und Tempel, die Kreuzigung Jesu, dessen Name und dessen Versuchung durch den Teufel werden erwähnt.

Asmodeus weissagt die Reichsteilung (5,5), und ihm wird in 5,12 explizit Vorwissen bescheinigt. Der „Stab" in 10,6 weist den Weg zu einem verborgenen Edelstein. Der „Löwenträger" weist in 11,6 auf den kommenden Jesus und das Schweinewunder in Gerasa/Gadara (Mk 5 parr) hin, der „Kopf der Drachen" in 12,3f auf Jesu Kreuzestod in Golgatha, der riesige Geist in 17,4 auf Jesus als Heiland, Ephippas in 22,20 auf die Jungfrauengeburt und die Kreuzigung Jesu.

In Kap. 20 sagt der Dämon Ornias den baldigen Tod eines Menschen voraus und wird von Salomo darum speziell über das übermenschliche Vorwissen befragt. Daran schließt sich ein Traditionsstück als Antwort, in den die Dämonen als Bewohner des Zwischenbereiches zwischen Himmel und Erde Zutritt zu den himmlischen Geschehnissen und zum Ratschluss Gottes haben (20,12-15).

Spezielles Wissen wird den Dämonen in der mittel- und neuplatonischen Diskussion bei allen Vorbehalten zugesprochen. Die positive Mitwirkung der Dämonen bei den Orakeln, die beispielsweise Plutarch in Def orac, Fac lun 29 u.ö. breit ausführt,[21] wird von christlicher Seite polemisch aufgenommen: Orakelschau ist Dämonendienst. In der neuplatonischen Diskussion besonders zu erwähnen ist hier die Monographie De divinatione daemonum zum Thema aus der Feder Augustins, in der dieser die Wahrsagefähigkeit der Dämonen focussiert. Augustin leitet an anderer Stelle in De civ dei 9,20 das Wort „Daimon" vom griechischen δαῆναι ab (daemones enim dicuntur, quoniam uocabulum Graecum est, ab scientia nominati) und schreibt ihnen in Verknüpfung mit 1Kor 8,1 „scientia sine caritate" zu. Laktantius beruft sich in Div inst 2,15,6f auf „Grammatiker", die den Dämonen Wissen zuschreiben und räumt ihnen selbst bedingte Kenntnisse über die Zukunft ein.

4.2.2.5 Es gibt eine interne Hierarchie der Dämonen

Auffällig ist, dass im TSal eine Hierarchisierung der Dämonen impliziert wird, ohne ausführlich entfaltet zu werden. Diese ist eng mit der Vorstellung der Engelhierarchie verbunden (vgl. 6,2f). Die Vorstellung der Rebellion der Engel gegen Gott und der Engelsturz sind vorausgesetzt, aber nicht breit ausgestaltet. An der Spitze steht Beelzebul, der einer der „ersten Engel" Gottes war (6,2) und sich gegen Gott auflehnte. Er wurde mit seinen Anhängern, die in TSal als Dämonen gedacht sind, aus dem Himmel entfernt.

Die Beelzebul unterstehenden Dämonen sind nicht gleichrangig, sondern unterscheiden sich nach dem Grad ihrer menschlichen oder engelhaften Abstammung. Ornias, der im Erzählduktus des TSal als „Eingangspforte" zu den Dämonen dient, steht dabei relativ hoch im Rang, da er nach 2,4 einem Erzengel entstammt (und darum nur von einem Erzengel unterworfen werden kann). Auf ähnlich hoher Stufe steht wohl auch der Geist in 6,3 (Abezithobou aus Kap. 21-25), der nach 25,2 einstmals im 1. Himmel saß. Ein weiteres Indiz für eine implizite interne Hierarchisierung der Dämonen ist auch der „Löwenträger" aus 11,3, der Herr über den Dämon „Legion" (wohl nach Mk 5,9) ist.

Diese implizite Hierarchisierung ist traditionsgeschichtlich an verschiedene Stellen anknüpfbar, so bestehen Analogien zur Engelfalltradition oder auch zur Vorstellung der Himmelshierarchien. Auch in der platonischen Diskussion ist die Hierarchisierung der Dämonen plausibel, notiert doch Plutarch in De Iside 25, dass es wie bei den Menschen, so auch bei den Dämonen graduelle Unter-

---

21 Plutarch: Aufgrund ihrer Mittlerfunktion können Dämonen dem Menschen Wissen vermitteln (Def orac 38) und sind auch in den Orakeln zugegen (Def orac 38ff). Dämonen haben Aufsicht über Götterkult, Opfer, Mysterien (Def orac 13). – Apuleius: Durch die Dämonen kommt es zu Weissagungen (Socr 6).

schiede von Tugend und Laster gebe. Apuleius führt in Socr 15f aus, es gebe zwei Arten von Dämonen; die tieferstehenden seien zeitweilig mit Menschen verbunden und seien Seelen oder Lare, die höher stehenden hätten noch nie einen Körper gehabt (z.B. der Eros). Auch Porphyrius spricht in De abstinentia 2,42 von einer den Dämonen vorstehenden Kraft und geht damit von einer Hierarchie aus.

4.2.2.6 Dämonen sind oft mit Sternzeichen verbunden

Die Verbindung der Dämonen mit Sternzeichen ist in TSal aufgenommen: Ornias residiert im Wassermann (2,2). Asmodeus wohnt im Großen Wagen (5,4), Beelzebul im Abendstern (6,7), die „sieben Geister" in einem kleinen Stern (8,4), der „Stab" schädigt in 10,3 alle Menschen, die seinem Sternbild folgen, in 20,16 wird notiert, dass Menschen fallende Dämonen mit Sternschnuppen verwechseln.

Plato führt in Tim 40A ff die Wesensart des οὐράνιον θεῶν γένος aus, nach der die Himmelskörper göttlich seien. Diese werden in Tim 40D, gemeinsam mit den drei weiteren göttlichen Geschlechtern, „δαίμονες" genannt. Damit ist schon bei Plato eine enge Verbindung zwischen den Dämonen und den Sternen gegeben. Hierbei ragt besonders der Mond heraus, der in einem Xenokratesreferat bei Plutarch, Def orac 13 (416E) als μίμημα δαιμόνιον bezeichnet wird.[22] In Def orac 38 ist der Aufenthaltsort der Dämonen die Luft als Raum zwischen Mond und Erde, und bei Porphyrios laut Augustin, De civ dei 10,11 „sub luna atque in ipso lunae globo." Diese Tradition vom Mond als speziellem Wirkort der Dämonen, die besonders breit im Mythos des Sulla bei Plutarch, Fac lun 26ff (Moral 941Aff) ausgeführt ist, dürfte sich in TSal darin niederschlagen, dass Onoskelis im Mond (4,9), in dessen Nähe auch Enepsigos (15,4) und Lix Tetrax an der Spitze der Mondsichel (7,6) residiert.

4.2.2.7 Dämonen können durch die Himmelsmächte bezwungen werden.

Der Siegelring Gottes, in Kap. 1 Salomo von Michael gegeben, wirkt ex opere operato: Salomo kann diesen Ring auch einem Arbeiter (Kap. 1) zur Besiegung eines Dämons überlassen, dies wirkt. Also ist es nicht Salomos Macht, sondern die des göttlichen Rings, durch die die Dämonen überwunden werden.

Weiterhin hat jeder Dämon einen Gegenspieler aus dem Chor der himmlischen Engel, durch den er besiegt wird. Im Traditionsstück Kap. 18 wird der

---

22   Vgl. hierzu Johnston, 1990, 32ff (speziell zu Hekate).

bezwingende Engel passim mit Namen genannt und ansonsten auch zumeist von Salomo erfragt. Die Dämonen kennen demnach ihre Gegenspieler. Dabei ist an einigen Stellen auch eine Kenntnis der Engelhierarchien vorausgesetzt: Der Flügeldrache in 14,7 wird vom Engel Bazazath bezwungen, der sich im 2. Himmel aufhält, Enepsigos in 15,6 durch Rathanael im 3. Himmel.

Dies setzt die Vorstellung einer „τάξις" der Schöpfung voraus,[23] mit der zeitgenössische neuplatonische Hierarchisierung der Himmelsmächte in Gott/Götter – Engel – Dämonen zusammenhängt (diese ist nicht mit der internen Hierarchisierung der Dämonen untereinander zu verwechseln). Die Gleichsetzung der Dämonen mit Engeln, die uns bei Philo und auch bei Celsus in Cels 7,68 begegnet, wurde, wie Augustin in De civ dei 9,19 vermerkt, wohl ebenso von Cornelius Labeo erwogen, Augustin lehnt sie jedoch mit Hinweis auf das neutestamentliche Zeugnis ab. In die – seit Plato, Symp 202E klassische Dreiteilung Götter – Dämonen – Menschen[24] sind im Neuplatonismus neue Elemente eingebunden worden. Die Ausführungen darüber etwa bei Jamblichus in De myst 2 sind von einer dort zitierten Anfrage des Porphyrius motiviert, woran man erkenne, ob ein Gott, Erzengel, Engel, Dämon, ein bestimmter Archont oder endlich eine Seele (leibhaftig) erschienen sei.

Die Reihung dieser Mächte gibt die Hierarchie wieder, was aus den Ausführungen des Jamblichus ersichtlich wird:[25]

„Die Erscheinung der Götter ist eingestaltig (μονοειδή), die der Dämonen bunt (ποικίλα), die der Engel einfacher (ἁπλούστερα) als die der Dämonen, jedoch unvollkommener (ὑποδεέστερα) als der Götter, während sich die der Erzengel mehr den göttlichen Prinzipien nähern. Die Erscheinungen der Archonten wieder sind zwar mannigfach (ποικίλα), doch stets voll Wohlordnung, wenn man nämlich unter ihnen die Kosmosgebieter (κοσμοκράτορες) versteht, die die Elemente unter dem Monde verwalten; versteht man aber unter ihnen diejenigen (Geister), die der Materie (ὕλη) vorstehen, dann sind ihre Erscheinungen bunter (ποικιλώτερα), aber

---

23 Die τάξις der Engel/Dämonen hängt mit den Vorstellungen über die Ordnung des Kosmos zusammen, vgl. äHen 69,25 u.ö.; grHen 2,1 (τάξις); TNapht 3,2-5 (τάξις); 1QH 12,4-11; Jub 6,4; syrBar 48,9; 1Clem 20,1-4 (διαταγή); in diese werden die Engel/Dämonen eingegliedert). Die Ordnung von Dämonen klingt, womöglich unter Bezugnahme einer Dämonenordnung, wie sie bei Apuleius, Socr 14ff zum Ausdruck kommt, bei Clemens v.A. in Prot 2,40 an: „Nachdem mir scheint, dass ich geprüft habe, dass es keine Götter sind, die ihr verehrt, gibt es nun Dämonen, die in die zweite (wie ihr es nennt) Ordnung hineingerechnet werden?" (ἐπειδὴ οὐ θεοί, οὓς θρησκεύετε, αὖθις ἐπισκέψασθαί μοι δοκεῖ εἰ ὄντως εἶεν δαίμονες, δευτέρᾳ ταύτῃ, ὡς ὑμεῖς φατε, ἐγκαταλεγόμενοι τάξει; GCS 12,30). Auch Origenes spielt mehrmals auf die Ordnung der Dämonen an, wie in Hom in Jerem 10,7 (zu Jer 11,7:) „Das war sein Erbteil: Der Platz mit den Engeln, die Ordnung bei den heiligen Mächten" (ἐκείνη γὰρ ἦν ἡ κληρονομία αὐτοῦ, τὰ χωρία τὰ μετὰ τῶν ἀγγέλων, ἡ τάξις ἡ μετὰ τῶν ἁγίων δυνάμεων; GCS 6,77).

24 Vgl. hierzu auch die sich auf Hesiod, Erga 109ff beziehende mittelplatonische Dreiteilung in Götter, Dämonen, Heroen, Menschen, etwa bei Plut, Def orac 10.

25 Vgl. zu dieser Einbindung die Anmerkungen von Hopfner, 1987, 202.

dabei doch auch noch unvollkommener (ἀτελέστερα) als die Erscheinungen jener;
die Erscheinungen der Seelen endlich zeigen sich als von allerlei Art."

Bei dieser Reihung wird die Abfolge Götter – Erzengel – Engel – Dämon deutlich. Zu den Archonten skizziert Jamblichus eine Diskussion: Sind sie Herren
über den Kosmos (dann würden sie den Dämonen vorstehen) oder sind sie
Herren der Materie (dann stünden sie unter den Dämonen).

Die Dämonen haben ihren Platz unter den Engeln und über den Menschen;
dies ist schon in gnostischer Umprägung im ApocJoh, NHC 2,28,19 erkennbar,
wo ebendiese Reihung „Götter – Engel – Dämonen – menschliche Generatio-
nen" genannt ist.

Im TSal wird diese Reihung vorausgesetzt. Gott steht an höchster Stelle,
und sein Erzengel Michael übergibt Salomo den Ring zur Siegelung der Dämonen. Uriel hilft dem noch unerfahrenen Salomo in 2,7, den Dämon Ornias
zu bändigen, der selbst einem Erzengel entstammte. In 7,7 lässt sich Lix Tetrax
nur von Azael bändigen.

Bedeutend ist demnach, dass der Sieg über die Dämonen, die die Menschen schädigen, allein den Himmelsmächten zugetraut wird. Zentrale Stelle
ist TSal 5,5: Dort macht Asmodeus glaubhaft, dass die Dämonen nur aus einem
Grund wieder Boden gutmachen werden: Weil nämlich die Menschen nicht
mehr die Namen der über die gesetzten Engel kennen. Kenntnis der Engelnamen ist also hier Garantie für den Sieg über die Dämonen. Dieses Konzept
steht in Kontrast zu anderen, wenn wir beispielsweise die Dämonologie der
Pseudoclementinen zum Vergleich heranziehen. Dort wird, wie in Hom 9,10
deutlich gemacht, die Vertreibung der Dämonen allein durch Enthaltsamkeit,
Fasten und Demut erreicht. Auch die etwa in Hom 8,19 angegebenen Lustrationen sind in TSal – trotz der dämonischen Furcht vor Wasser, wie bei Asmodeus in TSal 5,11f – keine zu praktizierenden exorzistischen Mittel. Damit ist
das TSal deutlich an einer Ordnung der himmlischen Welt orientiert und gibt
nicht vor, dass Menschen die Dämonen aus eigener Kraft – etwa durch besondere Enthaltsamkeit – vertreiben zu können.

4.2.2.8 Dämonen verführen zum falschen Kult

Asmodeus prophezeit Salomo in 5,5, dass die Dämonen in naher Zukunft
wieder aufgrund der menschlichen Unkenntnis über die mächtigen Engel
Verehrung fänden. Beelzebul veranlasst in 6,4 Menschen zur Dämonenverehrung. Die fünfte der sieben Mächte der Finsternis, der „Irrtum", bringt in 8,9
die Seelen von jeglicher Frömmigkeit ab.

Dieser Zug der Dämonen steht in Zusammenhang mit den Diskussionen
um die Dämonenverehrung. Wie gerade Celsus mehrfach betont (vgl. Cels 5,6;
7,68; 8,22), sollen Menschen – entgegen der christlichen Auffassung – Dämonen

als Mittler verehren. Doch ist dies in paganem Kontext selbst keinesfalls unbestritten, wie etwa Porphyrius in De abst 2,40 ausführt:

ταῦτα δὲ καὶ τὰ ὅμοια ποιοῦσιν μεταστῆσαι ἡμᾶς ἐθέλοντες ἀπὸ τῆς ὀρθῆς ἐννοίας τῶν θεῶν καὶ ἐφ᾽ ἑαυτοὺς ἐπιστρέψαι.

Dies und ähnliches tun sie [sc.: die Dämonen], weil sie wollen, dass wir uns von der rechten Einsicht über die Götter abkehren und uns ihnen selbst zuwenden mögen.

Dämonenverehrung wird hier gerade abgelehnt.

Aus christlicher Sicht wird bei der Frage nach der Dämonenverehrung die Tradition aus Ps 95,5 LXX aufgegriffen, dass πάντες οἱ θεοὶ τῶν ἐθνῶν δαιμόνια seien, woran die zwischentestamentliche Apokalyptik, etwa in äHen 19,1; 99,7 oder Jub 1,11 anknüpft und was auch Paulus in 1Kor 10,19 aufnimmt. Zeitlich näher zum TSal seien die pseudoclementinischen Recognitiones 2,71 erwähnt; dort hat jeder, der die Heidengötter anbetet und ihnen opfert, einen spiritus immundus. In Hom 9,14 begehren die Dämonen Opferfleisch, nicht Gott, und in Recog 4,19 verführen Dämonen zum „cultum falsae religionis". Deutlich wird die Dämonenverehrung auch in Recog 4,30 ausgeführt:

quarta decima vero generatione ex maledicta progenie quidam, propter artem magicam, primus aram statuit daemonibus, honorem sanguinis litans

In der vierzehnten Generation errichtete einer aus dem verfluchten Geschlecht für die magische Kunst den ersten Altar für die Dämonen und brachte ihnen auf blutige Weise Ehre dar.

Wie man sieht, gehört die Anbetung der Dämonen zum polemischen Repertoire gegen suspekte religiöse Praxis, und, wie es etwa aus obiger Porphyriosstelle deutlich wird, wird die Anleitung zum Dämonenkult auch in platonischen Kreisen entsprechend diskutiert. Das TSal fügt sich hier in der Vorstellung ein, dass Dämonen zum Dämonenkult verleiten wollen.

4.2.3 Conclusio

Wie in obigen Ausführungen deutlich gemacht wurde, sind die grundlegenden Dämonenvorstellungen des TSal in der zeitgenössischen Dämonendiskussion erkennbar. Damit ist das TSal in seiner Dämonologie kein Einzelstück, das dem Rezipienten eine fremde Welt offenbart, sondern es gliedert sich in die übliche Gedankenwelt seiner Zeit ein und ist dadurch, dass es geläufige Vorstellungen teilt, in seiner Aussage plausibel und glaubhaft.

4.3 Plausibilität aus der Lektüre des NT

Wie in den obigen Abschnitten gezeigt wurde, ist die Vorstellung von Dämonen, deren Wirken und deren Austreibung ein nicht zu verachtender Teil des „kulturellen Lexikons" der ersten Leserinnen und Leser des TSal. Diese werden dann auch bei der Lektüre des Neuen Testaments bzw. dessen Rezeption im Gottesdienst an mehreren Stellen Plausibilität für das TSal gewinnen. Das Neue Testament steht damit nicht nur als traditionsspendendes Corpus in Relation zur vorliegenden Schrift, sondern auch als stabilisierendes Element, da die Dämonenaussagen des TSal in der kanonischen Schrift an vielerlei Stellen wiederentdeckt werden und dadurch an Plausibilität und „Wahrheit" gewinnen.

Was die Frage anbetrifft, welchen Stellen des NT hier besondere Gewichtung zugemessen werden muss, so kann darüber nur spekuliert werden. Bedingt durch den konstruktiven und kreativen Akt des Lesens kann potentiell jede Aussage des NT auf das TSal bezogen werden.[26] Die folgenden Vorschläge sind darum lediglich als Annäherung zu verstehen:

4.3.1 Die Figur Salomos

Zunächst wäre die Frage zu erörtern, inwieweit der Protagonist des TSal, der legendäre König selbst, in seiner exorzistischen Tätigkeit Plausibilität aus dem

---

26 Im Hintergrund der folgenden Ausführungen stehen Ansätze einer „Exegese aus der Perspektive der Leser", wie sie beispielsweise in neuerer Zeit in der Patmos-Kommentarreihe zum NT und dort speziell von Hubert Frankemölle in seinem Matthäuskommentar (1994) durchgeführt wurden. Derartige Ansätze können sich auf Theorien der Literaturwissenschaft beziehen, und dabei wird – neben Werken von G. Grimm, W. Iser und H. Weinrich zur Rezeptionstheorie und dem Akt des Lesens aus den siebziger Jahres des 20. Jahrhunderts – vor allem der Name Umberto Eco, vornehmlich mit seinem Werk „lector in fabula", 1987 und der Aufsatzsammlung „Die Grenzen der Interpretation" (ital 1990, dt 1992) genannt. Ganz lapidar gesagt geht es darum, wie die Texte – in unserem Fall das Neue Testament – auf ihre Leserinnen und Leser wirken und wie sie angeeignet werden. Der Text ist dabei keine ein-eindeutige Einheit, die nur in einer einzigen richtigen Interpretation rezipierbar ist. Texte sind hingegen – wie Eco es in den sechziger Jahren (1962) im gleichnamigen Buchtitel noch formulierte – ein „offenes Kunstwerk", das zu vielerlei Interpretationen Anregung bietet. Die Diskussion in diesem Zusammenhang, welche Interpretationen möglich und welche, im Hinblick auf die „intentio operis", weniger wahrscheinlich sind (Eco, 1999², 144: ein Text kann zwar unendlich viele Interpretationen anregen, aber nicht jede beliebige Interpretation), ist in unserem Zusammenhang weniger relevant. Es geht darum, wie gelesen wird. Und dies hängt einerseits vom Rezipienten in seiner Lebenswelt ab – dem kulturellen Lexikon des Rezipienten, wie Eco es nennt – und andererseits von dem, was der Text vorgibt.

NT gewinnt. Ein Leser der „Grundschrift" des TSal wird in seinem „kulturellen Lexikon" für Salomo mehrere Einträge haben, die in Richtung Exorzismus weisen – man beachte etwa die Siegel und Zaubersprüche unter Salomos Namen und die kursierende exorzistische Salomoliteratur; auch wird die Salomo-Christus-Typologie, die dem Leser der „Grundschrift möglicherweise geläufig war, ein exorzistisches Salomobild verstärken.[27]

Doch wird man bei den expliziten Salomostellen des NT selbst wenige Anknüpfungspunkte für das Salomobild des TSal finden. Salomo selbst ist im Neuen Testament nicht gerade oft belegt – gerade 12 Mal (zum Vergleich: Mose 80x, Abraham 73x, David 59x), und die Erwähnungen – sieht man mal vom Fachterminus der „Stoa Salomos" in Joh 10,23; Acta 3,11; 5,12 (3x) ab, verteilen sich auf die vier Erzählzusammenhänge:
– Salomos uneheliche Zeugung mit der Frau Urias in Mt 1,6f (2x)
– Salomos geringe Kleiderpracht gemessen an den Lilien auf dem Felde in Mt 6,28f par Lk 12,27f (2x),
– seine – gemessen an der Christi – geringe Weisheit, die dereinst von der Königin des Südens geschätzt wurde in Mt 12,41f par Lk 11,31f (4x),
– Salomo als Tempelbaumeister – wo doch der Allerhöchste nicht in Tempeln wohnt, die von Händen gemacht sind, in Acta 7,47 (1x)
Bei diesen Stellen wird deutlich, dass die Figur Salomos im NT stets in eher abwertendem Zusammenhang steht und keineswegs als Exorzist vorgestellt wurde. Darum wäre es besser vorstellbar, wenn ein exorzistisches Salomobild von anderer Seite her plausibel wird, nämlich an den „Sohn David"-Stellen (schließlich ist Salomo wie auch Jesus der Tradition nach Abkömmling Davids), zumal Salomo auch im TSal ausdrücklich als „Sohn Davids" apostrophiert ist (5,10; 20,1; 26,9 Rec A). Hier sind besonders diejenigen Texte interessant, an denen der Sohn Davids Dämonen besiegt: In Mt 12,22 beispielsweise; da treibt der – vom Volk so genannte – Sohn Davids von einem Blinden und Stummen die bösen Geister aus. Dies könnte für das TSal ein wichtiger Anknüpfungspunkt sein, durch den die Exorzistentätigkeit des legendären Königs auch durch das kanonische Zeugnis des NT belegbar ist.[28]

---

27 In ZNW 82, 1991, hatte Michael Lattke um Hinweise für frühe, vor das 4. Jahrhundert zurückreichende Belege für die Salomo-Christus-Allegorie gebeten. Lattke selbst nannte als seinen frühesten Beleg die syr. Fassung der Exp in Ps des Athanasius.
In einer Antwort in ZNW 84, 1993 versuchte Roman Hanig frühere Ansatzpunkte für die Existenz einer Salomotypologie aufzuweisen, die seiner Ansicht nach allerdings nicht weit verbreitet gewesen sei. Origenes beispielsweise sagt im Prolog zum Hoheliedkommentar: „Tum vero quis ita Salomon, id est pacificus, ut Dominus noster Jesus Christus" (GCS 33,84). Dabei wird auch die Weisheit Salomos nach Mt 12,42 als Beleg für die typologische Verbindung zwischen Christus und Salomo herangezogen.

28 Ob bei diesen Sohn-David-Stellen die Tradition vom Exorzisten Salomo vorliegt, war schon seit längerem Gegenstand kontroverser Diskussionen. Nach Berger, 1970 könnten die „Sohn-Davids"-Stellen der synoptischen Überlieferung direkt auf Traditionen des Exorzisten Salomo

4.3.2 Das Siegel Salomos

Im Testament Salomos ist das exorzistische Werkzeug durchweg als Siegelring dargestellt. Es wurde Salomo durch Michael übermittelt und wirkt praktisch aus sich selbst: Nur mit seiner Hilfe kann Salomo die Dämonen bannen; es kann auch an weitere Personen gegeben werden, die mit Hilfe des Siegels die Dämonen gefügig machen und vor Salomo bringen. Zur genaueren Ikonographie dieses besonderen Fingerrings schweigt die „Grundschrift" des Testament Salomos. Wie das Siegel aussah, scheint keine Rolle zu spielen und ist erst in späteren Zusätzen Gegenstand des Interesses. In Kap. 1,6 ist nur von einem „wertvollen, in Stein geschnittenen Siegel" die Rede – weiter nichts. Es ist eben der Fingerring Gottes, der die Dämonen bannt. Diese Funktion ist wichtig: Das Siegel bereitet keinen passiven Schutz gegen Dämonen, man trägt es nicht um den Hals, sondern es ist in einen Fingerring eingearbeitet, um damit aktiv Dämonen auszutreiben. Eine ähnliche Funktion hatte wohl auch die oben genannte Wurzel Eleasars bei Jos Ant 8,44f, die ebenso in einem Ring eingearbeitet war; in dieser Beziehung könnten der Ring Salomos im TSal und der Ring Eleasars bei Josephus Seitenstücke einer jüdisch-exorzistischen Tradition sein.

Diese Tradition christlich zu lesen wird unserem Rezipienten möglicherweise durch die Lektüre von Lk 11,20 erleichtert oder gar ermöglicht: Jesus treibt – in Aufnahme einer Mosetradition von Ex 8,15 – die Dämonen durch den δάκτυλος θεοῦ, den Finger Gottes aus; δάκτυλος θεοῦ – könnte hier der δακτύλιος θεοῦ, der Ring Gottes nicht als dessen Teil verstanden werden? Dann wäre also Salomo und sein exorzistischer Ring durch die Sohn-David-Tradition und die Notiz aus Lk 11 problemlos als Skizze des „Christus Exorcista" verstehbar.[29]

4.3.3 Beelzebul bringt die Dämonen herbei

Im Testament Salomos muss die erzählerische Aufgabe bewältigt werden, den legendären König mit einer großen Anzahl von Dämonen in Berührung zu bringen. Schon im erzählerischen Rahmen bedient man sich hier eines besonderen Handlungsfadens: Angelpunkt ist ein „normaler" Dämon, eben Ornias, mit dem Salomo wie zufällig in Berührung kommt. Dieser muss dem König

---

verweisen – eine These, deren Gegenstück drei Jahre später von Duling, 1973, bestritten wurde: Vor-neutestamentliche Zeugnisse für einen heilenden und Dämonen austreibenden Sohn Davids seien, so Duling, bislang nicht bekannt. Dagegen versuchte Charlesworth, 1996, nachzuweisen, dass die Episode vom „heilenden Sohn Davids" in Mk 10,46f ein älteres, vormarkinisches Traditionsstück darstellt, das auf vorliterarische Traditionen des NT verweist.

29 Vgl. hierzu Torijano, 2002, 116.

den Fürst der Dämonen zuspielen, und Beelzebul hat, von Salomo gesiegelt, seine Untergebenen herbeizuführen. Die Unterwerfung der Dämonen gelingt also nur mit Hilfe ihres Obersten, des Beelzebul, und die Nähe zum Beelzebul-vorwurf aus Mk 3,22; Mt 12,24; Lk 11,15 (Mt 12,24: Er treibt die Dämonen nicht anders aus als durch Beelzebul, den Archon der Dämonen) ist nicht zu überse-hen. Salomo macht im TSal genau das, was bei der eben zitierten Matthäus-stelle die Pharisäer Jesus vorwerfen.

Auch wenn wir annehmen, dass es sich bei dieser Erzählstruktur um ein zunächst unabhängiges Seitenstück zum Beelzebulvorwurf der synoptischen Tradition handelt,[30] dass die Rahmenhandlung des TSal also zuerst einmal jüdisch war und dann in christlichem Kontext gelesen wurde: Die enge traditi-onsgeschichtliche Nähe dieser Passagen im Testament Salomos zum NT ma-chen es unserem Rezipienten leicht, hier vertraut Christliches wiederzuentdek-ken. Schließlich ist hier genau das passiert, was Jesus als Antwort auf die Beezebulpolemik in Mt 12,25ff antwortet: Das Reich des Beelzebul ist in sich uneins geworden. Sein Reich kann nicht bestehen.

4.3.4 Die Vielzahl der Dämonen

Salomo ruft, wie schon oben erwähnt wurde, eine Vielzahl von Dämonen vor sich; die einzelnen Befragungskapitel scheinen den Zweck zu haben, für den Leser kursierende Dämonenlegenden zusammenfassend zu bieten. Schon in der Rahmenhandlung ist angelegt, was schließlich im gesamten TSal ausge-führt wird: Viele verschiedenartige Dämonen sollen vor Salomo erscheinen.

Diese Vielzahl der Dämonen wird von der neutestamentlichen Tradition gedeckt. Sind es nicht schon viele Dämonen beim Besessenen von Gadara in Mt 8,23 bzw. Gerasa nach Mk 5,1ff? Treibt Jesus nicht Maria Magdalena in Lk 8,2 sieben böse Geister aus? Natürlich rechnet man mit einer Vielzahl der Dämo-nen.

Auch die Verschiedenheit ihres Herkunftsortes und die Vielfalt der Tradi-tionen ist von der neutestamentlichen Lektüre gedeckt. Freilich nicht in der Rahmenhandlung, aber in den Befragungskapiteln wird deutlich, dass die Dämonen aus unerhört weiten Bereichen stammen; Asmodeus kommt aus Mesopotamien, Ephippas aus dem Roten Meer, viele Dämonen haben ihren Sitz in den Sternen und durchstreifen Bereiche zwischen den Sphären. Dies wird plausibel durch die Notizen aus Mt 12,43 und Lk 11,24-26, bei denen die unreinen Geister dürre Stätten durchstreifen. Auch die Auseinandersetzung Jesu mit dem „kanaanäischen Weib" in Mt 15,21-28 macht in diesem Zusam-menhang etwas deutlich: In dieser Geschichte hilft der Sohn Davids auch

---

30 Vgl. den Kommentar zu TSal 3.

Menschen fremder Herkunft und treibt einem wohl nichtjüdischen Mädchen aus Phönizien Dämonen aus – ein Anknüpfungspunkt dafür, dass der Sohn Davids auch Dämonen außerhalb seines eigenen Herkunftsbereiches erfolgreich zu begegnen weiß.

4.3.5 Exorzismus und Gebet

Woher stammt die exorzistische Befähigung des legendären Königs? Im TSal exorkisiert Salomo nicht aus eigener Kraft und nicht aufgrund der Kenntnis eines wirkmächtigen Rituals, obwohl eine derartige exorzistische Befähigung im kulturellen Lexikon der Rezipienten mit höchster Wahrscheinlichkeit verankert gewesen wäre, wie beispielsweise aus PGM 4,850ff hervorgeht: Dieser Papyrus schildert eine Handlung (πραγματεία) Salomos, die Σολομῶνος κατάπτωσις, Salomos Niederfallen, genannt wird und bei Kindern wie bei Erwachsenen wirkt. Nach Geheimhaltungsgeboten folgen Anweisungen zur Durchführung und Logoi, die Handlung selbst (PGM 4,910ff) besteht darin, dem Medium etwas ins Ohr zu flüstern, worauf er niederfällt und Fragen „ἀληθῆ διηγεῖται".

Hier ist also eine Handlung Salomos genannt, die als Ritual ex opere operato wirkt. Ritual und Zaubersprüche sind hier Voraussetzung für das gewünschte Ergebnis. Dies ist im TSal völlig anders. Salomo hat seine Kraft letztendlich durch die Siegelgabe von Gott und an keiner Stelle wird erzählt, dass er ein Ritual oder bestimmte, festgelegte Handlungsfolgen praktiziert. Dagegen wird stets der Eindruck vermittelt, dass der König sich immer wieder Gott im Gebet zuwendet. Zwar nicht durchgängig, aber in den allermeisten Fällen spricht Salomo nach jedem Exorzismus ein Dankgebet und wendet sich auch während der Dämonenbefragung betend und Hymnen singend an Gott.

Ein Rezipient des NT könnte dies in Mk 9,14ff wiederfinden. Hier exorzisieren einige vergeblich, und die Austreibung eines bösen Geistes ist nur durch Beten möglich. Die Verbindung „Exorzismus und Gebet" von Mk 9,14ff ist auch im TSal erkennbar, wenn der König auch nicht durch das Gebet exorzisiert, so doch das Gebet als wichtigen Bestandteil seines Exorzismus gelten lässt.

4.3.6 Conclusio

Wie aus den vorangegangenen Ausführung zu zeigen versucht wurde, können einige konstitutive Vorstellungen des TSal aus der kreativen Rezeption des Neuen Testaments affirmiert werden und gewinnen dadurch an Plausibilität. Das TSal ist dadurch nicht nur in der allgemeinen Volksfrömmigkeit und in der intellektuellen Diskussion seiner Zeit, sondern auch in der grundlegenden christlichen Urkunde, dem NT, verankert. Der nächste Abschnitt soll zeigen, dass sich diese Verankerung auch auf die kirchliche Orthopraxis erstreckt.

4.4 Plausibilität aus der Tauferfahrung

Gerade für heutige christliche Leser mit volkskirchlichem Hintergrund wird der Hinweis wichtig sein, dass die Christen der Antike und der alten Kirche selbst schon Exorzismen am eigenen Leibe erfahren haben, nämlich bei der Taufe. Darum müssen wir Heutigen damit rechnen, dass die exorzistische Terminologie und Praxis den Damaligen nicht nur aufgrund ihres geistesgeschichtlichen Kontextes, sondern auch aufgrund eigener Glaubenserfahrungen und der kirchlichen Praxis als wohltuend und befreiend plausibel waren.

Möglicherweise steht dies im Hintergrund, wenn einige Schlüsselbegriffe des TSal eine deutliche Nähe zur altkirchlichen Taufpraxis aufweisen:

a) Für die Taufe ist ab dem frühen 2. Jahrhundert der Begriff „σφραγίς" belegt; dieser Begriff, der im TSal eine zentrale Rolle spielt, bildet ein Verbindungsglied zwischen dieser Schrift und einem altkirchlichen Taufverständnis.[31]

Als frühester eindeutiger Beleg gilt – wenn man nicht 2Kor 1,22 auf die Taufe beziehen will[32] – Past Herm, Sim 9,16,4: „ἡ σφραγὶς οὖν τὸ ὕδωρ ἐστίν" (ähnlich auch Sim 8,6,3); weiterhin sind zu nennen: 2Clem 7,6 (τηρεῖν τὴν σφραγῖδα, parallel zu τηρεῖν τὸ βάπτισμα in 6,9), Clem Alex, Div 42,4 (Taufsiegel als φυλακτήριον) ActThom (mehrmals Bitte um die Taufe als Bitte um „das Siegel", ebenso wie in ActPaul et Thecl 25); TestVer 69 (Versiegelung der Gnostiker im Gegensatz zur abgelehnten Wassertaufe); 2. Buch Jeû 47f (Geisttaufe als Versiegelung wird von Jesus neben der Wasser- und der Feuertaufe eingesetzt) die Aberkios-Inschrift, Zeile 9 (Λαὸν δ᾽ εἶδον ἐκεῖ λαμπρὰν σφραγεῖδαν ἔχοντα),[33] in den Kirchenordnungen etwa syrDidasc 10.[34]

Trotz dieser terminologischen Nähe ist allerdings ein Bezug zur Herrschaft über die Dämonen, wie sie in TSal zu finden ist, nicht ersichtlich.

---

31 Vgl. zum Taufsiegel Fitzer; Dölger, 1911; Barth, 1981, 75-80.

32 Zur älteren Diskussion vgl. Dölger, 1911, 77ff (zusammen mit Eph 1,13; 4,30 mit differenzierter Einschätzung); deutliche Nähe des Paulus zur Taufvorstellung etwa bei G. Barth, 1981, 79f, dagegen etwa Delling, 1963, 105ff.

33 Zitiert nach Benoît, 1994, Nr. 216; die Deutung auf die Taufe ist umstritten, der Abschnitt „λαμπρὰν σφραγεῖδαν" wird jedoch, wie schon Dölger, 1911, 87f hervorhob, durch die Parallelen in ActPhil 38, Hippolyt, Antichr 59 und Hippolyt, Epiphan 9 als Hinweis auf die Taufe plausibel.

34 Achelis/Fleming, 1904, 54.

b) an dieser Stelle ist der kirchliche Taufexorzismus zu erwähnen,[35] bei dem allerdings zwischen einem (wiederholbaren) Exorzismus der Katechumenenzeit und einem einmaligen Exorzismus bei der Taufe unterschieden werden muss.

Die Exorzismen der Vorbereitungszeit sind beispielsweise für Jerusalem bei Egeria (46,1) und bei Cyrill (Cat 2,3) belegt:[36] Nach Egerias Bericht werden die Katechumenen während der Taufvorbereitungszeit allmorgendlich „a clericis" exorkisiert; über den genauen Ablauf erfahren wir hier nichts. Diese Praxis wird bei Cyrill von Jerusalem bestätigt; nach Cat 2,3 werden die Katechumenen mit exorkisierendem Öl gesalbt, es findet eine „Anhauchung der Heiligen" und eine „Anrufung des Namens Gottes" statt; dadurch sollen die Dämonen ausgebrannt und vertrieben werden.

Der Exorzismus der Katechumenen ist auch bei Hippolyt in TA 20 bezeugt; dort werden zuerst diese befragt „an vixerint in honestate, an honoraverint viduas, an visitaverint infirmos, an fererint omnem rem bonam"[37] und der Bischof übt bei näherrückendem Tauftag den Exorzismus selbst aus. Im Zusammenhang mit dem TSal ist wichtig, dass der Bischof am Abend vor dem Tauftag per Handauflegung exorkisiert mit dem Ziel, die Geister sollen den Täufling verlassen. Dann haucht er das Gesicht an und siegelt (σφραγίζειν) die Stirn.

Der Taufexorzismus selbst ist in TA 21 ausführlich dargestellt: Dabei wird der Täufling einer exorkisierenden Öltaufe unterzogen. Dem folgt die Wassertaufe, die mit dem Bekenntnis (Dialogform) einhergeht; mit einer Öltaufe zur Danksagung endet der Taufvorgang.

In der klassischen Untersuchung von Dölger sind die Thomasakten „das älteste ausdrückliche Zeugnis für die Existenz des Taufexorzismus in der morgenländischen Kirche".[38] So ist in den ActThom immer wieder von der „Versiegelung" mittels Öl die Rede, die der Wassertaufe vorangeht. Das 2. Buch Jeû 48 spricht von einem Mysterium, das die Bosheit der Archonten in den Jüngern beseitigt und von Jesus initiiert wird. Die Jünger werden von Jesus gesiegelt, worauf Jesus den Vater bittet, Sabaoth und seine Oberen zur Wegnahme der Bosheit von den Jüngern zu zwingen. Nach einem weiteren Siegel erfolgt dies.

---

35 Vgl. Dölger, 1906; Merkelbach, 1996, 9ff; zur sachlichen Nähe zwischen Taufe und Dämonenabwehr im NT und der Entfaltung in der alten Kirche: Böcher, 1972, 170ff.

36 Vgl. Röwekamp, 1992.

37 Geerlings, 1991, 252 (FC 1); vgl. dazu die „Canones Hippolyti" 19, 102: Catechumenus baptismo initiandus si ab iis, qui eum adducunt, bono testimonio commendatur, eum illo tempore, quo instruebatur, infirmos visitasse et debiles sustentasse seque ab omni perverso sermone custodisse, laudes cecinisse, numque oderit vanam gloriam, num contempserit superbiam, sibique elegerit humilitatem (Achelis, 1891, 91).

38 Dölger, 1905, 7.

Aufgrund dieses Befundes stellt sich die Frage, ob das in TSal passim ge-
gebene Motiv des Siegelns der Dämonen nicht als Chiffre für den Taufexorzismus zu verstehen sei. Das TSal würde dann eine kirchliche Handlung meta-
phorisch in die alttestamentliche Frühzeit, auf Salomo und den Tempelbau,
verlagern. Diese These, die m.W. noch nicht für das TSal vorgeschlagen
wurde, wird durch Überlegungen gestützt, die im Zusammenhang mit
Amuletten angestellt wurden: Die (möglicherweise laut rezitierten) Exorzismen mancher Amuletttexte könnten beim Ritus des Taufexorzismus verortbar
sein.[39]

Liest man TSal in dieser Weise, so eröffnet dies einen weiten Spielraum,
der auf mehrere Formen kirchlicher Praxis anwendbar wäre. Beispielsweise
wären auch Bezüge zur Bekreuzigungspraxis (σφραγίζειν) zu finden, die dem
TSal ebenso terminologisch und sachlich nahe steht. Ein bei Dölger als Beleg
für das Bekreuzigen angeführtes Beispiel ist eine Episode aus Gregor von
Nyssas Vita des Gregor Thaumaturgos:[40] Gregor überwindet einen „μέγας
δαίμον" in einem Badehaus und dessen Erscheinungen, indem er immer wieder „ἡ σφραγίς", manchmal verbunden mit dem Namen Christi, anwendet.
Auch hier wird, parallel zu TSal, ein Dämon und sein Unwesen durch ein
„Siegel" überwunden, wobei dieses Siegel sich auf eine bestimmte kirchliche
Praxis, nämlich das Kreuzschlagen, bezieht.[41]

Sind zwar hier sowohl sachliche und auch terminologische Parallelen zum
TSal gegeben, so sind auch die Unterschiede mit Händen zu greifen: Die Exorzismen der kirchlichen Taufpraxis richten sich auf den Täufling selbst mit dem
Ziel, ihn von bösen Geistern zu reinigen. Sie dienen nicht wie im TSal dazu, die
bösen Geister selbst dienstbar zu machen. Aus diesem Grund erscheint es
wenig tragbar, das TSal exklusiv als Metapher für exorzistische Praxis in der
Liturgie lesen zu wollen.

Allerdings sollte in diesem Zusammenhang eine Stelle aus den Pseudoclementinen erwähnt werden, die die Schnittmenge von Taufe und Exorzismus in
anderer Form beschreibt:

Hom 9,19: ἀενάῳ ποταμῷ ἢ πηγῇ ἐπεί γε κἂν θαλάσσῃ ἀπολουσάμενοι ἐπὶ τῇ
τρισμακαρίᾳ ἐπονομασίᾳ οὐ μόνον τὰ ἐνδομυχοῦντα ὑμῖν πνεύματα ἀπελάσαι
δυνήσεσθε, ἀλλ᾽ αὐτοὶ μηκέτι ἁμαρτάνοντες καὶ θεῷ ἀνενδοιάστως πιστεύοντες
τὰ ἄλλων κακὰ πνεύματα καὶ δαιμόνια χαλεπὰ σὺν τοῖς δεινοῖς πάθεσιν

---

39   Vgl. hierzu Gignoux, 1987, 24 für einen syr. Amuletttext und Gelzer u.a., 1999, 122f für die
     „Lamella Bernensis".

40   Vgl. Dölger, 1911, 171ff (zum Bekreuzigen); die Episode mit dem Dämon im Badehaus ist
     entnommen aus Migne PG 46, 952f.

41   Auch Winkler, 1931, 183f interpretiert die Bedeutung des „Siegels Salomos" im Zusammen-
     hang mit der apotropäischen Praxis des Kreuzschlagens: „Das Siegel Salomos ersetzt das Sie-
     gel Christi".

ἀπελάσετε. ἐνίοτε δὲ μόνον ἐνιδόντων ὑμῶν φεύξονται· ἴσασιν γὰρ τοὺς
ἀποδεδωκότας ἑαυτοὺς τῷ θεῷ

Als solche, die in einem steten Fluss, einer Quelle oder gar im Meer zusammen mit
der dreimalseligen Anrufung abgewaschen sind, könnt ihr nicht nur die in euch
verborgenen Geister vertreiben, sondern ihr werdet sogar – wenn ihr nicht mehr
sündigt und unbedingt an Gott glaubt – die bösen Geister und schlechten Dämonen
der anderen Menschen gemeinsam mit den schlimmen Leiden austreiben. Die werden manchmal schon fliehen, wenn ihr sie nur anschaut, denn sie kennen diejenigen, sie sich Gott hingegeben haben.

Parallel dazu Recog 4,32: et agatis gratias largitori omnium patri per eum quem po-
suit regem pacis et thesaurum ineffabilium honorum, ut in praesenti quidem tempore diluantur peccata vestra per aquam fontis aut fluminis aut etiam maris, invo-
cato super vos trino beatitudinis nomine, ut per hoc non solum fugentur si qui intra
vos habitant spiritus maligni, verum etiam cum destiteritis a peccatis et tota fide
totaque mentis puritate deo credideritis, etiam ex aliis vos malignos spiritus et
daemones effugetis atque a passionibus et languoribus alios liberare possitis.

Und dankt dem freigiebigen Vater aller Dinge durch den, den dieser zum Friedens-
könig eingesetzt hat und als Schatz unaussprechlicher Ehren, dass nämlich gerade
in der gegenwärtigen Zeit eure Sünden zerwaschen werden können durch das
Wasser einer Quelle, eines Flusses oder auch eines Meeres: indem über euch der
Name dreifacher Gnade angerufen wird, so dass dadurch nicht nur die bösen Geister vertrieben werden, wenn sie in euch wohnen, sondern ihr auch, so ihr euch von
den Sünden losgesagt und mit allem Glauben und aller Reinheit des Geistes Gott
vertraut habt, aus anderen böse Geister und Dämonen vertreibt und andere von
den Leiden und den Ermattungen befreien könnt.

In diesen beiden Fassungen einer Tradition ist die Verbindung zwischen (rei-
nigender) Taufe und Exorzismus deutlich: Wer derart getauft ist, an Gott
glaubt und weiterhin sündenfrei bleibt, kann exorkisieren. Die Taufe versiegelt
hier also nicht und wirkt exorzistisch, sondern sie befähigt zum Exorzismus.
Würde man diese Vorstellung als Interpretament für der TSal annehmen, so
könnte man sagen: Weil Salomo das (Tauf-)Siegel empfangen hat, kann er
exorkisieren.

Nun ist eine derartige Verbindung zu TSal hier aus terminologischen
Gründen nicht gegeben. Die Taufe befähigt wohl zum Exorzismus, wird hier
aber nicht „Siegel" genannt. Damit bleibt die liturgische oder katechetische
Verortung des TSal in der altkirchlichen Taufpraxis – trotz deutlicher Nähe der
Vorstellungswelten – lediglich eine Hypothese.

Damit ist feststellbar, dass wohl eine terminologische Nähe des TSal zur
kirchlichen Tauf- und Exorzismuspraxis besteht, dass das TSal aber kaum als
Allusion auf die kirchliche Taufpraxis gelesen werden kann. Dennoch ist zu
erwägen, ob das TSal nicht aufgrund der oben beschriebenen Tauferfahrung
bei christlichen Lesern zusätzlich an Plausibilität gewinnt. Vertreibung schädli-
cher Geister und Dämonen hat dann für die ersten Leser des TSal nicht nur

intellektuell-geistigen Charakter, sondern knüpft an eigene leibliche und rituelle Erfahrungen an.[42] Damit steht das TSal für die antiken christlichen Leser in einem Erlebniszusammenhang, der für uns Heutige kaum noch nachvollziehbar ist.

---

42 Vgl. Markschies, 1997, 133: „Jedes Glied der Gemeinde nahm mindestens einmal im Leben an einem Exorzismus teil, nämlich an dem, der – freilich stark ritualisiert – im Rahmen der Taufliturgie stattfand."

Teil II

Übersetzung und Kommentar

Anmerkungen zur Übersetzung

Die folgende Übersetzung richtet sich nach der eklektischen Textedition von McCown. Soweit es möglich war, wurden die Varianten im Apparat sowie von Ms N mit eingearbeitet und die signifikanten Lesarten der drei Rezensionen A, B und C durch Hervorhebungen besser kenntlich gemacht:

- Lesarten von Rec A (Mss HIL) stehen in KAPITÄLCHEN,
- Lesarten von Rec B (Mss PQN) sind *kursiv*,
- Lesarten von Rec C (STUVW), wenn nötig, IN GROSSBUCHSTABEN gedruckt.

Dabei kam den beiden älteren Rezensionen A und B größtes Gewicht zu, die von Rec B abhängige, wohl mittelalterliche Rezension C wurde in signifikanten Fällen berücksichtigt. Die neueren Texteditionen (P Vind G 330, Kap. 18) wurden eingearbeitet. Der normal gedruckte Text gibt im Idealfall die Übereinstimmungen der Rezensionen A und B wieder und bildet damit die „Grundschrift" des TSal ab. In denjenigen Passagen, bei denen Rec C intensiver beachtet werden musste, sind diese Übereinstimmungen zwischen Recc A und B, obschon in der Regel der „Grundschrift" zuordenbar, *IN KAPITÄLCHEN UND KURSIV GLEICHZEITIG* gesetzt (vgl. etwa TSal 1,11).

Die Übersetzung selbst berücksichtigt nicht ausnahmslos alle Textvarianten; beispielsweise wurden synonyme Ausdrücke im Regelfall nicht verzeichnet („ich" vs. „ich, Salomo", vs. „Ich, der König Salomo", vs. „ich, der König"). Auch syntaktische Abweichungen („Der Dämon sagte" vs. „Es sagte der Dämon") wurden in der Übersetzung geglättet wiedergegeben.

Die Anmerkungen beziehen sich im Übersetzungsteil bis auf wenige Ausnahmen auf die Textkritik, inhaltliche Erklärungen werden soweit möglich in den Kommentarteil verlagert. Lediglich in Kap. 18 wurden aufgrund der Länge des Kapitels Beobachtungen zu inhaltlichen Einzelheiten den einzelnen Versen in den Fußnoten zugeordnet.

Anmerkungen zum Kommentar

Die inhaltliche Erschließung des TSal ist weitgehend Neuland, und die folgende kommentierte Übersetzung kann nur zur weiteren, intensiven Diskussion anregen. Die Kommentierung hat zum Ziel, Vorschläge für den den traditionsgeschichtlichen Hintergrund und die religionsgeschichtlichen Bezüge jeden Kapitels zu präsentieren.

Eine Zusammenfassung dieser Vorschläge, verbunden mit Beobachtungen zur Komposition, Gestaltung und intertextuellen Bezugnahme, sind jedem Kommentarteil unter Punkt „x.2.1. Die Szene" vorangestellt.

Die Buchtitel [1]

TESTAMENT SALO-
MOS, DES SOHNES
DAVIDS, DER IN JE-
RUSALEM HERRSCH-
TE UND (DER BE-
RICHT) ÜBER DIE
DÄMONEN, DIE ER
BEHERRSCHTE UND
WELCHES DIE VOLL-
MACHTEN SIND, DIE
IHM VON GOTT
GEGEN DIE DÄMO-
NEN GEGEBEN SIND
UND (DER BERICHT),
VON WELCHEN EN-
GELN DIE DÄMO-
NEN UNSCHÄDLICH
GEMACHT WERDEN
UND (FERNER ÜBER)
DIE WERKE DES
TEMPELS, DIE ER
AUßERORDENTLI-
CHERWEISE GELEI-
STET HAT.

BERICHT ÜBER DAS
TESTAMENT SALO-
MOS UND ÜBER DIE
ANKUNFT DER DÄ-
MONEN UND ÜBER
DEN TEMPELBAU

*Testament Salomos,
des Sohnes David,
der in Jerusalem
herrschte und gebot
und alle Geister in
der Luft, auf der Erde
und unter der Erde
unterworfen hatte;
durch diese hat er
auch all die außeror-
dentlichen Werke, die
den Tempel betreffen,
geleistet.*

*Und was diese
ihre Mächte sind, die
sie gegen die Men-
schen wirken, und
durch welche Engel
diese Dämonen un-
schädlich gemacht
werden. Die Weisheit
Salomos betreffend.*

TESTAMENT DES
WEISESTEN SA-
LOMO MIT SEI-
NEN UNTEREIN-
ANDER AUFGE-
ZÄHLTEN NA-
MEN, DIE NACH
DEM TODE DES
KÖNIGS DAVID
VON HISKIA ALS
GEHEIMNIS BE-
HÜTET WORDEN
SIND.

Gelobt seist Du, Herr, Gott, der Du Salomo solche Vollmacht gabst. Dir sei
Ehre und Macht in Ewigkeit, amen.

---

1   Text bei McCown, 1922, 99, die Doxologie a.a.O., 5*.

1 Kapitel I: Das Siegel Salomos

1.1 Übersetzung

Mss HI = Rec A: 1. UND SIEHE, ALS JERUSALEM AUFGEBAUT WURDE UND DIE HAND-WERKER TÄTIG WAREN, DA BEWIRKTE EIN DIENER, DER SEHR GROßEN EIFER FÜR DEN TEMPELBAU VORBRACHTE, BEI DEN ARBEITERN VERSTÄRKTES ENGAGEMENT FÜR IHRE TÄTIGKEIT UND ALLE, DIE DAVON HÖRTEN, FREUTEN SICH ÜBER DIE BE-GEISTERUNG DES DIENERS.

ER WAR DAFÜR ÜBERAUS BELIEBT BEI MIR, SALOMO, UND ER NAHM IM VERHÄLTNIS ZU ALLEN ARBEITERN DOPPELT SO VIEL LOHN UND DIE DOPPELTE VERPFLEGUNG ENTGEGEN. UND ICH, SALOMO, BLIEB GLÜCKLICH UND FREUDIG UND LOBTE GOTT FÜR DEN TEMPELBAU.

2. ES WURDE ABER DER DÄMON NEIDISCH AUF DIE BEGEISTERUNG DES DIENERS, UND DER DÄMON KAM JEDEN TAG UND NAHM DIE HÄLFTE DER VERPFLEGUNG.[1]

Mss PQ = Rec B: *1. Und siehe, als der Tempel der Stadt Jerusalem gebaut wurde und die Arbeiter an ihm tätig waren, 2. Da kam Ornias, der Dämon bei Sonnenuntergang und nahm die Hälfte des Lohnes vom Diener des Vorarbeiters und die Hälfte der Verpflegung.*

Mss VW = Rec C: 1. ALS DIE ARBEITER TÄTIG WAREN, UM DEN TEMPEL AUF-ZUBAUEN, WAR DORT EIN DIENER, DER WAR EIN KRÄFTIGER JÜNG-LING, EIFRIG UND EIN VORARBEITER, DEN LIEBTE DER KÖNIG SEHR, WEIL ER VERSTÄNDIG UND TÜCHTIG WAR.

SO SCHICKTE IHM DER KÖNIG VON SEINER TAFEL REGELMÄßIG NAH-RUNGSMITTEL UND BEIM MAHL GAB ER IHM DEN DOPPELTEN LOHN.

---

1   Text bei McCown, 1922, 99ff. Die oben wiedergegebene Übersetzung richtet sich nach den Mss HI; Ms L liest: „Als Salomo, der Sohn Davids, den Zion errichten und aufbauen wollte, befahl er, aus Örtern und aus Gegenden Arbeiter zu versammeln, Männer, die den Tempel Gottes aufbauen sollten; unter den Arbeitern aber befand sich ein Diener, der sehr fähig war und großen Eifer für den Bau des Tempels Gottes hatte. Deshalb war er auch beim König sehr be-liebt und er nahm im Vergleich zu allen andern Arbeitern die Verpflegung und den Lohn doppelt entgegen.

Und der König freute sich über die Begeisterung des Dieners. Der Diener wurde aber beneidet von einem Dämon, der kam unsichtbar und nahm die Hälfte des Lohnes von dem Diener, wenn man ihn jeden Abend gerade überreichte."

2. DIESER DIENER WURDE BEI SONNENUNTERGANG VON EINEM WI-
DERWÄRTIGEN DÄMON NAMENS ORNIAS GEQUÄLT. DIESER DÄMON
NAHM NÄMLICH DEN HALBEN TEIL SEINES LOHNES AN SICH, DEN ER
JEDEN TAG VOM KÖNIG ERHIELT.

Mss HIPQ = Rec. AB: 3. Und er saugte am Daumen seiner rechten Hand an jedem Tag.
Da magerte der Diener, der von mir sehr geliebt wurde, ab.[2]

Ich aber, Salomo, untersuchte an einem der Tage den Jungen und sprach zu
ihm: Schätzte ich dich nicht mehr als alle Handwerker, die am Tempel Gottes
tätig sind und gab dir das Doppelte an Lohn und an Verpflegung? Wie kommt
es dann, dass du jeden Tag mehr abmagerst?

Mss VW = Rec C: 3. UND NICHT NUR DIESES TAT ER, SONDERN ER SCHNITT
AUCH IN DEN FINGER SEINER RECHTEN HAND UND SAUGTE DORT
AM DAUMEN, SO DASS DER JUNGE JEDEN TAG SCHWÄCHER WURDE
UND ABMAGERTE. UND AN EINEM DER TAGE (BLICKTE) DER KÖNIG
SALOMO (AUF) UND (STRECKTE) DIE HÄNDE ZUM HIMMEL UND
SPRACH: GOTT DER GÖTTER UND EINZIGER KÖNIG DER KÖNIGE,
ENTHÜLLE MIR DIE GESAMTE QUAL DES JUNGEN DURCH DEINEN
FÜRCHTERLICHEN UND ALLHEILIGSTEN NAMEN!

DA KAM EINE STIMME, DIE SPRACH: SPRICH IN DAS RECHTE OHR DES
JUNGEN FOLGENDERMAßEN: DAPHNON, MAGATA, PALIPUL! SCHREI-
BE DIES SODANN AUF EIN KÜMMERLICHES PAPYRUSBLATT. ÜBERGIB
ES DANN DEM FEUER UND LAß ES IN RAUCH AUFGEHEN, HALTE
ABER EIN GEWÄCHS, GENANNT EFEU, UND EINEN STEIN AUS JASPIS
IN DEINER HAND. UND IN DER FÜNFTEN STUNDE DER NACHT FRAGE
DEN JUNGEN, UND ER WIRD DIR ALLES SAGEN. SALOMO HÖRTE UND
BEFOLGE DIES, DARAUF BEFRAGTE ER SOGLEICH DEN JUNGEN.

Mss HILPQVW, Recc ABC: 4. Der Diener sprach dann +Rec B: *zu dem König*: Rec AB: *ICH BITTE
DICH, KÖNIG, HÖRE, WAS MIR WIDERFÄHRT* Rec C: *HÖRE, O GÖTTLICHER KÖNIG.*
Nachdem wir +Rec B: *alle* von der Arbeit am Tempel Gottes entlassen sind, nach-
dem die Sonne untergegangen ist und ich Feierabend habe, kommt ein böser
Dämon und nimmt von mir die Hälfte meines Lohnes und die Hälfte meiner
Verpflegung, und nimmt meine rechte Hand und saugt an meinem Daumen.

---

2   Ms L liest: „Nach der Bezahlung und Entlassung von der Arbeit kam der böse Geist und
[schreit der, sagt dann der Leser zum dritten Mal zu dem lauten Schreihals, der durch den ge-
füllten Raum schrie] nahm des Jungen Finger der rechten Hand und saugte an ihm." Bei der
Passage in eckiger Klammer handelt es sich wahrscheinlich um eine Randglosse, vgl. Duling,
1983, 961.

Und siehe, so ist meine Seele bedrückt und mein Körper magert jeden Tag mehr ab.

Mss HILPQNVW, Recc ABC: 5. Als ich, +Rec A: DER KÖNIG SALOMO, dies hörte, da ging ich in das Heiligtum Gottes und bat mit meiner ganzen Seele und pries ihn Nacht und Tag, auf dass der Dämon in meine Hände gegeben werde und ich ihn beherrschte.

6. Und es geschah, als ich +Recc AC: ZUM GOTT DES HIMMELS UND DER ERDE betete, wurde mir vom Herrn Zebaot durch Michael den Erzengel ein Ring gegeben, der ein in wertvollen Stein geschnittenes Siegel aufwies.

7. Und er sprach zu mir: Nimm, Salomo, Sohn Davids, das Geschenk, das dir der Herr, der höchste Gott Zebaot schickte, und du wirst alles Dämonische, weiblich oder männlich, einsperren und mit dessen Hilfe Jerusalem bauen – dabei ist dieses Siegel Gottes zu tragen.[3]

+Rec B: *Die Gravur des gesendeten Siegelringes besteht aus einem Wort mit fünf Buchstaben.*[4]

8. Da wurde ich über die Maßen froh, sang Hymnen und ehrte den Gott des Himmels und der Erde. Am folgenden Tag dann befahl ich, der Diener solle zu mir kommen und übergab ihm Rec A: DAS SIEGEL Recc BC: *DEN RING*

9. und sprach zu ihm: "In dem Moment, da sich der Dämon zu dir gesellt, stoße diesen Ring an die Brust des Dämons und sage zu ihm +Rec B: *im Namen Gottes*: ,Wohl an, es ruft dich Salomo', und komm dann eilends zu mir und verhandle keinesfalls, was auch immer er dir sagt![5] +Rec B: *Da nahm der Diener den*

---

3   Hier schließen sich nun die verschiedenen Siegelinschriften an, die von McCown als spätere Glossen ausgeschieden und separat in ders., 1922, 100f aufgeführt sind:
     Ms L: Das Siegel sagt folgendes: siehe, dies ist das Siegel: κ ô θ ρ̂ σ̂ β î ὦ ν̂ κ̂ α̂ ῶ α̂ ῶ ε̂ λ̂ î γ̂ ῶ î σ̂ ζ̂ γ̂ ῶ α̂ α̂ ε̂ σ̂ ρ̂ οὖ ρ̂;
     Ms HI: Seine Gravur war folgendermaßen zu lesen: Herr, unser Gott. leon. leon. sabaoth. bionix. aoa. eloi. aiao. aio. ioase. sugeoa. aie. aeniu. u. uniu. ero.
     Ms T: Was den Ring betrifft: Nimm reines Wachs und fertige einen Ring, wie wenn Du ihn am Finger Deiner rechten Hand zu tragen beabsichtigst. Umwickle ihn mit einem unbeschriebenen Blatt und beschreibe alles mit der Knotenkunst (?) mit diesen 12 (!) Worten: leon sabaoth bionia eloi aoa iao iasu suieoa aeniu u uniu iu iro.
     Ms Vʳ: [Siegel] des mächtigen Salomo: Lthlthi m Herr, unser Gott leon sabaoth aiao bioneka oaeloi ioase sugeo aaie ae niuphyune iaeso.
     Rec C: Dies ist die Inschrift des Siegels auf dem Ring selbst: (Abbildungen in Mss VW), und sie wurden Salomo gegeben. Sie selbst sind die elf Siegel, die der Engel mit den zwölf Steinen gab. Von diesen hat ein Siegel die Macht der Gnadengabe.
4   Bornemann, 1844, 21, denkt hierbei an „אלהים", allerdings noch auf der Datengrundlage einer einzigen Handschrift (Ms P) und damit ohne das Wissen um den sekundären Charakter dieser Notiz.
5   Vgl. hierzu die Emendation McCowns aus den Mss I und N in ders., 1922, 121*.

Ring und ging fort Rec C ("und sage ... sagt"): UND RUFE DAS GEGEN DEN DÄMON AUS: PHTHALA, PISTEPHUM, ALAKARTANAX, UND GEHE AUF NICHTS EIN, MIT DEM ER DIR FURCHT EINJAGEN WILL".

10. Und siehe, zur gewohnten Zeit kam Ornias, der widerwärtige Dämon, wie eine Feuerflamme,[6] um wie üblich den Lohn des Dieners zu nehmen.

11. Der Diener +Recc AB:, *WIE IHM VON SALOMO GESAGT WORDEN WAR*, stieß den Ring gegen die Brust des Dämons und sprach zu ihm: „Wohl an, es ruft dich Salomo" +Rec C: UND RIEF DIE IHM GESAGTEN WORTE, +Recc AB: *UND WOLLTE EILENDS ZU SALOMO GEHEN*.

12. Der Dämon aber schrie auf und sagte zu dem Diener: „Weswegen hast du das getan? Nimm den Ring weg +Rec A: , GIB IHN SALOMO ZURÜCK, und ich werde dir das Silber und das Gold der ganzen Erde geben! Nur führe mich nicht zu Salomo!"

13. Da sprach zu ihm der Diener: „So wahr der Herr, der Gott Israels lebt, ich werde dir nicht willfahren und dich zu Salomo führen!"

14. Da kam der Diener und sprach zu Salomo: „König Salomo, ich führte dir den Dämon zu, wie du es mir aufgetragen hast, und siehe, er steht gebunden draußen vor dem Eingangsportal und schreit mit lauter Stimme, mir das Silber und Gold der ganzen Erde zu geben, ich solle ihn bloß nicht vor dich bringen."

1.2 Kommentar

1.2.1 Die Szene

Das Testament Salomos beginnt mit der Geschichte vom Dämon Ornias,[7] der einen besonders fähigen Arbeiter und Diener Salomos beim Tempelbau quält. Bei den ersten drei Versen ist die Textüberlieferung noch recht disparat; Rec B überliefert eine äußerst knappe Form, und bei Rec C fällt besonders in V. 3 der magische Zusatz auf. Doch stimmt die Überlieferung sachlich insofern überein, als dass ein besonders bevorzugter junger Diener Salomos im Zentrum der Erzählperspektive steht, der vom König mit besonderer Aufmerksamkeit bedacht wird und trotz dieser optimalen Bedingungen körperlich verfällt. Die Erzählung reduziert dabei das Geschehen auf die beiden Hauptpersonen, den Diener und den König selbst und blendet alle anderen Akteure der Szenerie „Tempelbau" fast völlig aus. Somit kann auf dem Hintergrund der Tempel-

---

6   Vgl. hierzu die Emendation McCowns aus den Mss H,I und N in ders., 1922, 121*.
7   Zur Gestalt des Dämons Ornias s.u. Kap. 2.

baugeschichte die persönliche Aufmerksamkeit des Königs seinem Diener gegenüber den erzählerischen Auftakt zur Dämonenerzählung gestalten.

Bei der Überwindung des Ornias steht der Ring Salomos im Vordergrund, mit dessen Hilfe der König zu seinen Kenntnissen über die Dämonen kommt. Dieser Siegelring ordnet sich in eine breite Tradition exorzistischer Salomosiegel ein, die parallel zu einer Tradition apotropäischer Salomosiegel zu sehen ist. Die Tatsache, dass das „Siegel" in der „Grundschrift" des TSal nicht näher ausgeführt und beschrieben ist, dürfte mit dem nichtmagischen Charakter dieser „Grundschrift" zu tun haben. Salomo soll nicht als Magier, sondern als Beter präsentiert und sein Testament nicht als Anleitung zu (magischer) Herstellung wirkkräftiger Salomosiegel verwendet werden.

1.2.2 Der Ring Salomos

Der Ring Salomos ist Element einer breiten Salomotradition, die vom wunderhaftem Wirken des Königs mit Hilfe eines Ringes erzählt.[8] Wichtig ist an dieser Stelle die Beobachtung, dass Salomo den Ring aufgrund eines Bittgebetes direkt von Gott durch den Erzengel Michael bekommt. Salomo stellt diesen Ring nicht her – etwa durch magische Rituale.[9] Dadurch wird der König schon im Anfangskapitel der Schrift nicht als Magier vorgestellt, sondern als frommer Beter und Exorzist durch Gottes Gnaden. Der Ring scheint ex opere operato zu wirken und ist nicht an bestimmte begnadete Personen gebunden, sonst könnte er nicht vom König verliehen werden, wie es hier erzählt ist. Weiterhin ist auffällig, dass in der „Grundschrift" der Ring nicht genauer beschrieben ist, die beschreibenden Entfaltungen datieren wohl später. Der Ring selbst scheint auch gegenüber seinem Siegel zurückzustehen, da stereotyp immer wieder das Verb „σφραγίζειν" verwendet wird. Wo es um die Funktion des Ringes geht, wird man sich also bei der Analyse des Textes mehr auf das Siegel denn auf die in der Antike reichlich belegten Zauberringe[10] konzentrieren müssen. Die vielfältigen Notizen zur Inschrift und graphischen Darstellungen des Siegels sind eindeutig spätere Zusätze und Zeichen einer interpretatio magica der vorliegenden Erzählung.

Die Vielfalt der uns überkommenen Salomosiegel lassen nun eine Einteilung in zwei Kategorien zu: Einmal die der „exorzistischen Salomosiegel", bei der das Siegel progressiv gegen Dämonen gebraucht wird. Zum zweiten die der apotropäischen Salomosiegel, die lediglich passiven Schutz gegen Dämonenangriffe bieten.

---

8   Vgl. die Zusammenstellung bei Torijano, 2002, 76ff.
9   Vgl. Einleitung S. 42.
10 Vgl. hierzu die immer noch grundlegende Zusammenstellung bei Hopfner, 1921, 148 (§581).

1.2.3 Exorzistische Salomosiegel

Die Tradition von einem exorzistisch wirkenden Siegel Salomos ist schon seit der vielzitierten Eleasartradition bei Josephus, Ant 8,46f angelegt:

ἱστόρησα γάρ τινα Ἐλεάζαρον τῶν ὁμοφύλων Οὐεσπασιανοῦ παρόντος καὶ τῶν υἱῶν αὐτοῦ καὶ χιλιάρχων καὶ ἄλλου στρατιωτικοῦ πλήθους ὑπὸ τῶν δαιμονίων λαμβανομένους ἀπολύοντα τούτων. ὁ δὲ τρόπος τῆς θεραπείας τοιοῦτος ἦν· προσφέρων ταῖς ῥισὶ τοῦ δαιμονιζομένου τὸν δακτύλιον ἔχοντα ὑπὸ τῇ σφραγῖδι ῥίζαν ἐξ ὧν ὑπέδειξε Σολόμων ἔπειτα ἐξεῖλκεν ὀσφρομένῳ διὰ τῶν μυκτήρων τὸ δαιμόνιον, καὶ πεσόντος εὐθὺς τἀνθρώπου μηκέτ᾽ εἰς αὐτὸν ἐπανήξειν ὥρκου, Σολομωνός τε μεμνημένος καὶ τὰς ἐπῳδὰς ἃς συνέθηκεν ἐκεῖνος ἐπιλέγων.

Ich habe nämlich einmal einen Eleasar gesehen, einen meiner Stammesbrüder, der in Gegenwart Vespasians, seiner Söhne, Tausendschaftsführer und weiterer Soldaten eine Menge dämonisch Besessener von den Dämonen befreite. Die Art der Heilung war die folgende: Er hielt dem dämonisch Besessenen einen Ring unter die Nase, der unter seinem Siegel eine der Wurzeln enthielt, die Salomo angegeben hatte; dem daran Riechenden entriss er den Dämon durch das Nasenloch. Sofort brach der Mann zusammen, und jener (=Eleasar) fügte hinzu, der Dämon solle niemals mehr in ihn fahren, indem er (den Namen von) Salomo beschwor und die Formeln zitierte, die dieser zusammengestellt hatte.

In diesem Exorzismusbericht[11] wird mit einem Siegel und einer Wurzel ein Dämon aktiv beschworen. Zu beachten ist, wie schon Winkler treffend beobachtet hatte, dass der hier erwähnte Siegelring noch nichts mit Salomo zu tun hat; nur die Wurzel wird mit Salomo in Verbindung gebracht.[12] Dennoch ist der in der Eleasarepisode erwähnte Siegelring nur durch die verborgene Salomowurzel gebrauchsfähig, Siegel und Wurzel müssen hier also als bewusst kombiniertes exorzistisches Werkzeug gesehen werden.[13] Damit stellt diese Episode eine traditionsgeschichtliche Frühstufe der in TSal und in zahlreichen Amuletten belegbaren Tradition des „Salomonsiegels" dar. Das Siegel dient nicht, wie die unten vorgestellten Amulette, des passiven Schutzes gegen böse

---

11 Zur Gattungsbestimmung: Duling, 1985, analysierte die Eleasarperikope mit auf dem Boden der Studien zu neutestamentlichen Wundergeschichten von R. Funk und G. Theißen und stellte dabei eine deutliche formgeschichtliche Nähe zu den „Wundergeschichten" fest; vgl. auch Förster, 2001. Über das NT hinaus ist dabei auf das Austreiben der bösen Geister bei Saul durch David in Jos Ant 6.166-169 hinzuweisen, ebenso auf den Exorzismus Abrahams in Gen Apoc 20,16ff und auf Dämonenbeschwörungen des Apollonius von Tyana, beispielsweise in Philostrat, Vit 4,20.

12 Vgl. Winkler, 1931, 178; Die Tradition der „Wurzel" führt Winkler auf 1Kön 5,13 zurück („er redete über die Bäume, von der Zeder auf dem Libanon an bis zum Ysop"). Ein weiteres Stadium der Tradition von der „Wurzel" Salomos lässt sich in SapSal 7,17-20 finden: Gott gibt Erkenntnis über die Vielfalt der Pflanzen und die Macht der Wurzeln (δυνάμεις ῥιζῶν).

13 Gegen Winkler, ebd., der nur die Wurzel als exorzistisches Gut gelten lässt: „dass sie [sc.: die Wurzel] hier unter einem Siegelstein verborgen ist, ist ein Zufall."

Geister, sondern ist ein Werkzeug für den aktiven Exorzismus. In dieser Funktion ist es auch im aramäischen Text eines Silberamuletts aus Irbid erwähnt: „Beim Siegelring Salomos (בעזקתה דשלמה) ... Du sollst ausgetrieben sein (דיתגערון)... .[14] In PGM 4,3039ff wird ein πνεῦμα δαιμόνιον mit dem Siegel beschworen, das Salomo auf die Zunge Jeremias legte.

Das „Siegel Salomos" ist im Reigen antiker magica keineswegs exklusiv das einzige exorkisierende Siegel; beispielsweise der Nemesisstein in Kyran 1, 13,16-29 erfüllt weitgehend ähnliche Aufgaben wie das Siegel Salomos:

> „Der Nemesisstein (Νεμεσίτης) ist ein Stein, der dem Nemesisaltar entnommen wurde. In den Stein eingeschnitten ist Nemesis, die ihren Fuß auf einem Rad stehen hat. Ihr Anblick ist der einer Jungfrau, die mit der linken Hand ein Ellenmaß hält und mit der rechten einen Stab. Unter den Stein wirst du eine Entendaune und ein wenig von der Pflanze [sc.: der Königskerze] einschließen.

> Wenn du nun diesen Stein an einen Besessenen heranführst, wird der Dämon augenblicklich (seine Präsenz) bekennen und fliehen (ἐὰν οὖν τὸν δακτύλιον τοῦτον προσενέγκῃς δαιμονιζομένῳ, πάραυτα ὁ δαίμων ἐξομολογησάμενος ἑαυτὸν φεύξεται)."[15]

Bei den oben angeführten Belegen wurde deutlich, dass bestimmte besondere Gegenstände – vornehmlich in diesem Zusammenhang ein „Siegel Salomos" zum aktiven Exorzismus eingesetzt wurden. Es geht hier also um einen aktiven, exorzistischen Machtzauber, nicht um apotropäische Magie;[16] diese beiden Bereiche liegen allerdings eng beieinander, wie beispielsweise ein Vergleich von PGM 35 mit verwandten Amuletttexten zeigt. PGM 35 weist einen Amuletttext auf, der von einem gewissen Paulos Julianos benutzt und womöglich auch geschrieben worden ist.[17] Nach den mit „ἐπικαλοῦμαι ..." eingeleiteten Anrufungen der Himmelsmächte werden diese mit der Formel „ἐξορκίζω ..." beim Gott Abrahams, Isaaks und Jakobs beschworen. Der Zweck der Unterwerfungen besteht parallel zu TSal darin, die Himmelsmächte zu unterwerfen

---

14 Naveh/Shaked, 1993, Nr. 27. Man kann darüber spekulieren, ob hier die direkte Wirkungsgeschichte des TSal erkennbar ist.

15 Vgl. hierzu den Kommentar bei Waegeman, 1987, 103ff. Eine ähnliche Wirkung hat auch nach Kyran 2,31 ein Ring, der aus dem rechten Vorderhuf eines Esels gemacht ist bzw. das Hufeisen.

16 Gelzer u.a., 1999, 131 verwenden die Begrifflichkeit „Schutzzauber" und „Machtzauber" und orientieren sich damit teilweise an der Einteilung Hopfners, 1928, 378 in die vier Gattungen 1. Schutz- und Abwehrzauber, 2. Angriffs- und Schadenszauber, 3. Liebes- und Machtzauber, 4. Erkenntnis- und Offenbarungszauber. Der Vergleich von Gelzer u.a., 1999, 24f, Anm. 71 des Schutzamuletttextes in PGM 35 mit in den PGM öfter auftretenden νικήτικα (z.B. PGM 7,187.390.528.919; 13,339; 36,35, ist sachlich ungenau, weil es sich bei diesen Zaubersprüchen um Siegeszauber für Pferdewetten oder für Gerichtsverhandlungen (so auch beim Text des von Kotansky, 1991c, besprochenen Goldamuletts) und nicht um einen exorzistischen Zauber handelt.

17 Vgl. Engemann, 2000, 57.

und sie dienstbar zu machen: „ἐκορκίζω ὑμᾶς ... , ἵνα μου ὑπακούσητε ... καὶ δώηστέ [sic!, lege δώσητέ] μοι χάριταν καὶ δυναμίαν καὶ νίκην καὶ ἰσχύν ...". Vergleichbar mit dem TSal ist hier der positive Unterwerfungszauber.

Das in PGM 35 verwendete Formular ist – wenn auch womöglich in einer anderen Rezension[18] – von den Autoren der Lamella Bernensis (LB) und der „Tablette Magique de Beyrouth" (TMB) benutzt worden,[19] dort allerdings nicht als Unterwerfungszauber, sondern als Abwehrzauber. In der TMB und mit kleineren Abweichungen parallel dazu in der LB etwa ist nach der einleitenden Beschwörungsformel „ὀρκίζω ..." der Befehl „διαφύλαξον ... ἀπὸ πάντος δέμονος ..." (LB: „διαφύλαττε ... ἀπὸ πάντων δαιμονίων καὶ φαρμάκων καὶ καταδέσμων") verwendet. Es folgen dann die mit „ἐπικαλοῦμαι ..." eingeleiteten Anrufungen der jeweiligen Himmelsmächte.

Der Vergleich von PGM 35 mit LB und TMB zeigt, dass auf der Basis ein und des gleichen Formulars Amulette mit apotropäischer Richtung (LB, TMB) und als positiver Machtzauber hergestellt werden können; der positive Machtzauber, wie er im TSal fortlaufend begegnet, ist damit eine Variable, mit der sich vorgegebene Traditionen redaktionell neu interpretieren lassen. Damit sind wir hier einer besonderen redaktionellen Intention im TSal auf der Spur: Es geht darum, das Siegel Salomos trotz des unten dargestellten und im zeitgenössischen Umfeld sicherlich bekannten apotropäischen Materials nicht als Schutzmittel gegen dämonische Angriffe, sondern als Herrschaftsmittel über die Dämonen zu präsentieren.

1.2.4 Apotropäische Salomosiegel

Bemerkenswert ist, dass in der Lamella Bernensis 1 auch ein σφραγίς θεοῦ ζῶντος erwähnt ist, vgl. etwa parallel dazu PGM 7,580: φυλακτήριον σωματοφύλαξ πρὸς δαίμονας ... σφραγιστικῶς ἐστιν.

An dieser Stelle ist auf die zahlreichen Salomoamulette zu verweisen, die den Träger vor den Angriffen feindlicher Mächte zu schützen und in dieser Funktion nicht nur in Judentum und Christentum, sondern auch im Islam durch die Jahrhunderte belegt sind.[20] Als nur ein Beispiel sei das schutzspendende Amulett aus Anemurium angeführt, das auf einer Seite das Trishagion nach Jes 6,3 und auf der anderen die Worte: σφραγ[ὶς Σο]λομονος [ε]χι την

---

18   Vgl. hierzu das Stemma bei Gelzer u.a., 1991, 140. Zu PGM 35 und TMB vgl. auch Merkelbach, 1996, 71ff.

19   Vgl. Gelzer u.a., 1999.

20   Zu den islamischen Belegen vgl. Salzberger, 1907; Winkler, 1930, bes. S. 127ff.

βασκανιαν trägt.[21] Die apotropäische Verwendung des Namens Salomo ist übrigens nicht nur auf Amuletten belegbar, sondern auch auf magischen Schalen.[22] Doch sind gerade die Amulette als Schutz gegen dämonische Angriffe prädestiniert, weil man sie direkt am Körper tragen konnte. Weil Salomo Macht über die Dämonen hat, ermöglicht ein Amulett mit seinem Abbild diese Schutzfunktion. Ein breit belegbarer Typus dieser Siegel stellt Salomo als Reiter dar, der mit einer Lanze einen Dämon – oftmals dargestellt als weibliches Wesen oder auch als Löwe – aufspießt.[23] Die Rückseite dieser Amulette enthält oft die Wendung „σφραγις θεου" und/oder magische Namen. Damit wird Salomo in einer Szene dargestellt, in der er aktiv einen Dämon überwindet; dennoch ist die Funktion dieser Siegel apotropäischer Natur; sie wurden getragen, um gegen feindliche Dämonen Schutz zu bieten, worauf die auf manchen Siegeln erscheinende Formel „ΦΥΛΑΤΕ ΤΟΝ ΦΟΡΟΝΤΑ" hinweist. Ihre Benutzung zu aktiv exorzistischen Zwecken ist weniger denkbar.

Die Szenerie dieser Salomosiegel vom Typus „Salomo als Reiter" ist im TSal nicht ausgestaltet; an keiner einzigen Stelle wird Salomo als Reiter dargestellt, der einen Dämon mit einer Lanze besiegt. Die Bildhälfte dieser Tradition ist damit sicherlich unabhängig vom TSal.[24] Dies ist wohl darauf zurückzuführen, dass die Salomo-Reiter-Tradition als Ausprägung einer Legende um den Heiligen Sisinnios[25] erst nach der Entstehung der „Grundschrift" des TSal entstanden ist.

Dennoch sind die Traditionen, aus denen das TSal gespeist ist, sicherlich auch in die Siegeldarstellungen eingeflossen; Bonner etwa weist auf ein Siegel hin, auf dem „Salomo als Beter" dargestellt ist. Dabei ist eine namentlich als Salomo identifizierbare Figur gemeint, die ihre rechte Hand gen Himmel hebt und in der Linken einen schwer identifizierbaren Gegenstand hält (Bonner

---

21 Anamur-Museum Inv.no. AN 72/115, vgl. Russell, 1993, 39. Vgl. auch die fünf spätantiken Salomoamulette aus Sizilien bei Giannobile, 2002, 172ff sowie die (späten, z.T. neuzeitlichen) Belege, die Torijano, 2002, 78f aus dem Corpus bei Delatte, 1927, anführt.

22 Vgl. etwa den Spruch gegen den quälenden Geist auf Schale 18 bei Naveh/Shaked, 1993, 122ff (Lesart „Salomo" hierbei allerdings unsicher!); ebenso soll auf Schale 20 das Siegel Salomos Schutz für Mah-Adur-Gusnap und sein Haus bieten (vgl. auch Schale 26, S. 139ff).

23 Vgl. die Belege bei Schlumberger, 1892; Perdrizet, 1903; Bonner, 1950, 209f und die Abbildungen der Siegel D 294-326; vgl. ebenso die Bildbelege bei C.D.G. Müller, 1974 und die Darstellungen bei Goodenough, 1953ff, Bd. 3, 1046-1054 (Ausführungen in a.a.O., Bd. 2, 227ff) sowie bei Torijano, 2002, 129ff.

24 Vgl. Winkler, 1931, 175 zu den Amulettdarstellungen des Salomo als dämonentötender Reiter: „Es ist ... sehr merkwürdig, dass weder die muhammedanische, noch jüdische, noch christliche offizielle Literatur etwas von dieser Heldentat Salomos weiss." Nach Winkler ist Salomo sekundär in diese Rolle hineingeraten und ersetzt in nichtchristlichem („jüdischem") Umfeld einen christlichen Reiterheiligen, speziell Sisinnios.

25 Vgl. Winkler, 1931, 122ff; Peterson, 1926.

denkt an eine Schriftrolle). Auf der Rückseite sind die Worte Gabriel, Michael, Ouriel, Sabaoth eingraviert. Wenn die Interpretation dieser dargestellten Gestik als Gebetshaltung zutrifft, so ist hier eine gewisse traditionsgeschichtliche Nähe zum TSal zu verzeichnen, denn auch hier wird in immer wiederkehrenden Abschnitten Salomo als frommer Beter dargestellt.

2 Kapitel II: Die Befragung des Ornias

2.1 Übersetzung

Mss HILPQNVW, Recc ABC: 1. Als ich dies gehört hatte,[1] erhob ich, Salomo, mich von meinem Thron + Recc BC: *UND ER [= SALOMO] GING HINAUS AN DIE TÜR SEINES PALASTHOFES* und blickte den entsetzten und zitternden Dämon an[2] und sprach zu ihm: „Wer bist du +Rec A: UND WIE LAUTET DEINE BEZEICHNUNG?" Der Dämon antwortete: „Ich heiße Ornias."

2. Und ich sprach zu ihm: „Sage mir, +Rec A: BEVOR ICH DICH AUSTREIBE in welchem Tierkreiszeichen du liegst?", und der Dämon antwortete und sprach: „Im Wassermann, und ich erwürge diejenigen, die das Sternzeichen Wassermann haben wegen der Begierde nach den Frauen, die das Sternbild der Jungfrau anrufen.

3. +Rec BC: *ICH WIRKE AUCH EINSCHLÄFERND UND* ich kann mich in +Rec A: DIESE drei Gestaltweisen verwandeln; manchmal, wenn ein Mensch sexuelle Erregung verspürt, nehme ich das Aussehen eines unschuldigen +Rec B: *schönen* Mädchens an, und wenn ich dann berührt werde +Rec B: *zu nachtschlafender Zeit*, leiden sie heftige Qual (von „leiden ... Qual" Mss P,Q: *treibe ich mit ihnen mein Spiel*). Manchmal schwinge ich mich auf zu den himmlischen Stätten. Manchmal schließlich erscheine ich im Anblick eines Löwen Rec A: UND WERDE VON ALLEN DÄMONEN WAHRGENOMMEN, Rec B: *und werde von allen Dämonen gewünscht*.

4. Ich entstamme dem Erzengel Rec A: DER GEWALT GOTTES UND WERDE UNSCHÄDLICH GEMACHT VON Michael" Rec B: *Michael.*" Da sprach der König Salomo: *„Von welchem Engel wirst du unschädlich gemacht"? – „Von Uriel, dem Erzengel der Gewalt Gottes."*[3]

---

1 McCowns Text folgt hier der Erzählung in der 1. Person in Fortführung von 1,4-8, während die Rezensionen B und C aus der 3. Person erzählen („Als Salomo dies gehört hatte ...").

2 Ms L fügt ein: Als aber Salomo diesen sah, streckte er seine Hände aus zum Himmel; er dankte dem Herrn, dem Gott des Himmels und der Erde, dem Urheber des ganzen Besitzes. und der bewirkt, daß seine geschaffenen und erworbenen Dinge dies alles sind.

3 McCown, 1922, 14, richtet sich hier zwar nach den Handschriften H und I (also Rec A), emendiert aber „Michael" zu „Uriel" aus Rec B, wahrscheinlich aufgrund von TSal 2,7. Dabei berücksichtigt er allerdings Ms N noch nicht, das (obwohl Zeuge von Rec B) wie Rec A Michael notiert und in obiger Übersetzung als Zeuge von Rec B angenommen wurde. Mss P,Q (Rec B) lesen: „Ich entstamme dem Erzengel Uriel, der Macht Gottes".

5. Als ich, Salomo, den Namen des Erzengels [+Ms I: Michael] hörte, pries und lobte ich den Gott des Himmels und der Erde. Dann siegelte ich ihn (den Dämon) und wies ihn zur Arbeit in den Steinbruch, um die Steine für den Tempel zu schneiden, die, durch das Arabische Meer herbeigebracht, entlang der Küste lagen.

6. Weil er sich aber fürchtete, Eisen zu berühren, sagte er zu mir: „Ich bitte dich, König Salomo, lass mich in Ungebundenheit, und ich werde dir alle Dämonen zuführen."

7. Weil er sich mir nun nicht fügen wollte, bat ich den Erzengel Uriel, mir zu Hilfe zu kommen; und sogleich sah ich den Erzengel Uriel aus dem Himmel zu mir herabsteigen.

8. [Rec A:] UND ER BEFAHL SEEUNGEHEUERN, AUS DEM MEER HERAUFZUSTEIGEN [Rec B,C:] UND ER [+Rec B:] *der Erzengel* BEFAHL UNGEHEUER DES MEERES AUS DER TIEFE HERAUF [+Rec A:] UND ER DÖRRTE IHRE ART AUS AUF DER ERDE [+Rec B:] *und warf ihre Artgenossen auf die Erde*[4]; durch dieses Beispiel unterwarf er auch den großen Dämon Ornias, dass er Steine schlagen solle um den Bau des Tempels, den ich, Salomo, baute, zu vollenden.

9. Und wiederum lobte ich den Gott des Himmels und der Erde und befahl, dass Ornias zu seinen Artgenossen gehen solle, gab ihm das Siegel und sagte: „Geh und schaffe mir den Fürsten der Dämonen her!"

2.2 Kommentar

2.2.1 Die Szene

Das Kapitel beginnt mit der ersten großen Verhörszene, die sich von den anderen in mancherlei Hinsicht unterscheidet. Explizit wird gesagt, dass der König seinen Thron verlässt, um zu dem zitternden Dämon in den Hof zu treten. Wie auch aus TSal 13,3 deutlich wird, spielt das Verhör vor dem Thron des Königs, wobei dem „Thron" selbst – vergleicht man die wenigen Notizen zum „Thron" Salomos in dieser Schrift etwa mit der Ausgestaltung des Salomonischen Thrones in Targum Scheni zu Esther 1,2 – keine besondere Bedeutung zukommt.

Der König erweist sich hier, bei seinem ersten Dämonengespräch, als eigentümlich wenig souverän (ein Zug, der in Variationen auch bei den Folgekapiteln zu verzeichnen ist): Er muss sich noch selbst zu dem Dämon hinbe-

---

4   Diesen Zusatz der Mss PQ emendierte McCown, 1922, 121* nachträglich aus der „Grundschrift", da er nicht nur in Rec A, sondern auch in Ms N nicht notiert ist. Schon Bornemann, 1844, 14 (wie auch später Duing, 1983 z.St) in der Übersetzung von Ms P bemerkt, der Satz sei unklar. Er übersetzt: „Der Engel hieß Ungeheuer des Meeres aus der Tiefe kommen und warf seinen Teil auf die Erde, mit welchem er den großen Dämon bezwang".

wegen und am Ende sogar den Erzengel Uriel zu Hilfe rufen, um Ornias gefügig zu machen. Dieser Kontrast der vorliegenden Szene zu den folgenden
Kapiteln der Schrift könnte auf zweierlei Weise gedeutet werden: Setzt man ein
streng literarkritisches Modell voraus, so könnte man argumentieren, dass
Salomo in der vorliegenden Rahmenhandlung nicht so souverän dargestellt ist,
dagegen in den später hinzugekommenen Befragungskapiteln als unhinter-
fragter Herr über die Dämonen erscheint. Diese These krankt an der für die
strenge Literarkritik typischen exegetischen Arroganz den frühen Überarbei-
tern und Rezensenten gegenüber, denen man eine Glättung oder stilistische
Überarbeitung des Stoffes nicht zutraut. Mir erscheint darum ein Modell als
eher angebracht, das den oben benannten Kontrast bewusst einkalkuliert.
Salomo wird dann als Exorzist dargestellt, der bei dem erzählten Umgang mit
Dämonen eine Entwicklung durchmacht. Die mangelnde Souveränität der
ersten Befragung wird dann durch weiteren exorzistischen Kontakt mit anderen Dämonen aufgehoben.

Bei der Besprechung dieses Kapitels wird deutlich, dass den christlichen
Lesern viele der verwendeten Traditionen vertraut gewesen sein dürften. Die
Ausgestaltung des Ornias und des Uriel, sowie der Tempelbau Salomos waren
schon bekannte Geschichten. Es kann also bei der Zielsetzung des TSal nicht
darum gehen, hier eine völlig neue Geschichte zu erzählen; sondern es geht
darum, auf der Grundlage bekannter Geschichten und Traditionen den Sieg
über Dämonen auszuführen.

2.2.2 Der Dämon Ornias

Salomo hat es bei seinem ersten Dämon mit Ornias zu tun, der anscheinend
schon im Vorfeld von der Macht des Königs wusste und sich darum gegen ein
Treffen mit ihm sträubt. Wohl wird er als ängstlich und zitternd dargestellt und
antwortet ausführlich auf die Fragen des Königs, doch ist er in einer
Position, in der er mit dem König verhandeln zu können glaubt (V. 6).

Über die Herkunft des Namens Ornias kann nur spekuliert werden. Der
Davidsohn Adonja heißt in der LXX in 2Kön 3,4 Ornia; der gleichen Namen hat
in der LXX auch der Nathansohn Asarja in 1Kön 4,5. Ein Orneos wird in der
Äonenlehre des Zostrianos in NHC 8,127 genannt. Doch diese Gestalten gleichen oder ähnlichen Namens haben mit dem hier skizzierten Dämon nichts zu
tun.[5]

Bleibt damit die Vorgeschichte des Ornias weitgehend im Dunkeln, so sind
in der Wirkungsgeschichte des TSal aus den Quellen vereinzelt Angaben zu
finden. Der Dämon Ornias ist als „princeps demoniorum" in einem anonymen

---

5 Zu Ornias vgl. Preisendanz, 1939.

Namenslexikon aus dem 8. Jahrhundert erwähnt, höchstwahrscheinlich in Abhängigkeit zum TSal bzw. der in ihm verarbeiteten Tradition.[6] Dass Ornias an dieser Stelle (im Gegensatz zum TSal) als Fürst der Dämonen angesprochen wird, braucht nicht zu verwundern, da in späteren Versionen des TSal Ornias selbst „Satan" und auch „Diabolos" genannt wird und dabei, folgt man etwa den Traditionen aus Apk 12,7-9, in die Nähe eines Dämonenfürsten rückt.[7] Ebenso als späterer Reflex auf die Unterwerfung des Ornias durch Salomo dürfte das bei Delatte im „Traité de Magie" edierte Beschwörungsformular angesprochen werden,[8] das Ornias in einer Reihe von Dämonennamen erwähnt, deren Bezug zu Ornias selbst, wie schon Preisendanz z.St. bemerkte, unklar ist.[9] Auch in die „Lekanomantie" im Cod. Neapolit IIC33, f 233v dürfte in der Kombination Orneas und Onoskelis als späteres Echo des TSal aufzufassen sein.[10]

Der Dämon ist im Zeichen des Wassermanns und erwürgt die Menschen dieses Sternbildes wegen der Begierde nach Frauen, die das Sternbild der Jungfrau anrufen. Die in McCowns Text vorgeschlagene Lesart „καὶ τοὺς ἐν Ὑδροχόῳ κειμένους δι' ἐπιθυμίαν τῶν γυναίων ἐπὶ τὴν Παρθένον ζῴδιον κεκληκότας ἀποπνίγω" wird bei Riessler nicht und bei Duling „I strangle those who reside in Aquarius because of their passion for women whose zodiacal sign is Virgo"[11] übersetzt. Der Sinn dieser Aussage liegt wohl darin, dass der Dämon erstens die Menschen seines Sternzeichens erwürgt, und zweitens, wenn diese Frauen eines bestimmten anderen Sternzeichens begehren.

Diese Zuordnung von Jungfrau und Wassermann ist parallelenlos und rätselhaft.[12] Allerdings kann das Gebet „Kreis der Selene" in PGM 7, 284-300[13] möglicherweise den Hintergrund der Textstelle erhellen. In einer Liste sind dort die verschiedenartigen Wirkungen des Gebetes angegeben, je nach Position des Mondes („selene") im Zodiak; steht er im Wassermann, so wirkt das Gebet als „philtron", also als Liebesmittel; der Wassermann hat in diesem Gebet aphrodisierenden Einfluss. Dies wird auch durch ein Traditionsstück bei

---

6   So in den anonymi inventiones nominum ex codice Sangallensis 133, in: Miscellanea Cassinese, 1897, 10f: „Tres sunt Orniae, unus est Ornias Iebusaeus, in cuius area David obtullit sacrificium pro confraccione populi, in qua area iussit Salomone (sic!) filio suo aedificare templum in monte Amorra, secundum est Ornias filius David, quem voluit ursurpare, tercius est Ornias princeps demoniorum."
7   So in McCowns Ms E und dazu parallel in Ms 2011 Nat. Bibl. Athen, bei Delatte, 1927, 216.218.
8   Delatte, 1927, 98f.
9   Preisendanz, 1939, 1127.
10   Delatte, 1927, 617: „ὁι δαίμονες τοῦ μεγάλου Αιδου, ὧν πρῶτος καλούμενος Ὀρνέας, ... καὶ ἡ γέννα αὐτοῦ Ὀνοσκελίδα".
11   Duling, 1983, 963.
12   Vgl. v. Stuckrad, 2000, 409f: „So kann die Zusammenstellung von Wassermann und Jungfrau in TSal 2,2f ... aus dem antiken astrologischen Korpus nicht verifiziert werden."
13   Vgl. hierzu Merkelbach, 1996, 131ff

PsClem, Recog 9,22 (parallel Euseb, PE 6,10,20) gestützt: dort ist von der Ethnie
der Gelonen die Rede, deren Frauen ein nymphomanes und deren Männer ein
effeminisiertes Verhalten an den Tag legen – und dies wird bei den Frauen mit
der Kombination von Wassermann (oder Steinbock) und Venus in Verbindung
gebracht. Damit könnte man die Textstelle in TSal deuten: Ornias lauert in
diesem Sternzeichen den Menschen auf, die dessen wesensgemäßem Einfluss,
nämlich sinnlichem Begehren, folgen und vernichtet sie.

Dass Ornias sich zu den himmlischen Stätten aufschwingt, ist Anspielung
auf einen Mythos, der in Kap. 20,12ff breit ausgeführt ist (s. dort). Hierbei ist
noch die seit Plato, Symp 202E breit rezipierte Mittlerschaft der Dämonen
zwischen Göttern und Menschen grundlegend.

Der Dämon erscheint schließlich im „Anblick eines Löwen"; die bei Dulings Übersetzung als Randglosse vermerkte Parallele zu 1Petr 5,8 ist m.E.
wenig aussagekräftig, zumal es in 1Petr 5,8 – in Rezeption von Ps 22,14 LXX –
um einen „brüllenden Löwen" und nicht um den Anblick eines Löwen geht. Es
kann darüber spekuliert werden, ob hier auf den ersten der „sieben herrschenden Dämonen" angespielt wird, der in der (auch dem Origenes) unbekannten
Quelle des Celsus in Cels 6,30 genannt wird. Wir hören hier von einer apokryphen christlichen Quelle, die Origenes mit explizitem Fragezeichen den Ophiten zuweist und die wohl von sieben Archonten handelt:[14]

Dämon	Gestalt	Stern	Diagrammname
Jaldabaoth	Löwe	Phainon (Saturn)	Michael
Adonaios	Stier		Suriel
Jao	Schlange?/Drache?	Jupiter	Raphael
	Adler		Gabriel
	Bär		Thauthabaoth
	Hund		Erathaoth
Thaphabaoth / Onoel	Esel		Onoel/Thartharaoth

Der erste Dämon hat nach Celsus die Gestalt eines Löwen (Κέλσος ἔλεγε τὸν
πρῶτον ἰδέᾳ λέοντος μεμορφωμένον) und wird von den zitierten Christen interessanterweise auch mit dem Erzengel Michael in Verbindung gebracht. Auch
der siebte der dort zitierten Archonten mit dem Gesicht eines Esels (und dem
Namen Onoel) hat Parallelen zum TSal, wenn wir an Kap. 4 und an Onoskelis
denken. Celsus polemisiert heftig gegen die Trägergruppen dieser „Lehre",
die, wie aus Cels 7,40 hervorgeht, die Namen dieser Archonten zwecks Anrufung auswendig lernten – und auch Origenes distanziert sich davon.

Die Parallelen zu dieser Vorstellung in TSal 2 und der „Lehre von den sieben herrschenden Dämonen" sind also die folgenden: Ein Dämon erscheint in
der Gestalt eines Löwen (wie auch Ornias in TSal 2,3) und wird mit dem Erzengel Michael identifiziert (in TSal wird er von Michael unterworfen). Man

---

14   Vgl. hierzu und besonders zum Orphitendiagramm Witte, 1993.

könnte dann argumentieren, dass im TSal an dieser Stelle schon im Vorfeld christlich rezipierte Dämonenvorstellungen aufgenommen worden sind. In gewissen christlichen Zirkeln war ein löwengestaltiger Dämon bekannt und wird, wie bei den Trägergruppen der oben genannten „Lehre", sogar angerufen. Im TSal wird ein derartiger Dämon im Rahmen der Orniaserzählung als böse und als durch Salomo schon längst unterworfen identifiziert. Ähnlich und davon unabhängig wird auch im Apoc Joh gegen einen löwengestaltigen Dämon polemisiert, indem im Apoc Joh NHC 2,1,10,9 Jaldabaoth mit dem Angesicht einer Schlange und eines Löwen bezeichnet wird.

In TSal 2,6 fürchtet sich der Dämon, Eisen zu berühren. Dies verbindet ihn mit Asmodeus in Kap. 5,12. Die Furcht der Dämonen vor Eisen gehört, wie es schon Conybeare z.St. vermerkte,[15] zum zeitgenössischen volksreligiösen Gut, das sich in zahlreichen Zaubersprüchen abzeichnet. So wird auf einer mit Zaubersprüchen beschriebenen Schale eine „Wand aus Eisen" um den durch Dämonen gefährdeten Adressaten postuliert.[16] In PGM 61,31 ist – wohl als Schutz – bei allen Zauberhandlungen ein eiserner Ring zu tragen und soll beim Offenbarungszauber in PGM 7,629-641 gegen einen Täuschdämon wirken.[17]

2.2.3 Abstammung und Überwindung des Dämon

Ornias entstammt einem bedeutenden Engel und wird von einem bedeutenden Engel überwunden. Hier sind – ganz im Rahmen der Tradition – Michael und Uriel genannt, doch variieren diese Erzengel in ihren Funktionen.

In Rec A stammt Ornias einem nicht explizit Erzengel der „Gewalt Gottes" ab (so Ms H); hier könnte eine Engelhierarchie den Hintergrund bilden, deren Vorgeschichte beispielsweise in äHen 61,10 greifbar wird, denn auch hier ist von (mehreren) Engeln der Gewalt die Rede, die zum Heer des Himmels gehören. Weiterhin scheint die Vorstellung zugrunde zu liegen (ähnlich wie in TSal 5,3f, s. dort), dass der Stammvater des Ornias der „gefallene Engel" ist, der sich dereinst gegen Gott auflehnte und darum aus dem Himmel entfernt wurde – wie wir es etwas im Rahmen der Adamtradition in VitAd 12-14 kennen. Diese Tradition hat eine breite Nachwirkung und fließt in einer wohl vorislamischen Version mit Satan (und nicht Adam) als Zentralfigur mehrfach in den Koran ein.[18]

---

15 Conybeare, 1898, 18.

16 Bowl 1 bei Naveh/Shaked, 1987, 124ff; dies., 131f weisen auf weitere Schalen mit der gleichen Vorstellung von dämonenabwehrenden Eigenschaften von Eisen hin, darunter auch die von Duling, 1983, 967 zur Erklärung von TSal 5,12 herangezogene.

17 Zum Eisen als den Dämonen antipathisches Mittel vgl. Hopfner, 1921, 151f.

18 Vgl. Hultgard, 1978, 429.

In Rec A wird Ornias von Michael überwunden. Dieses Konzept liegt wohl auch Ms 825, Nationalbibl. Athen, f.9 zugrunde, wo es als Reminiszenz zu TSal heißt: „Ich beschwöre dich, böser Geist, genannt Ornias, der Liebesdämon (ἐρωτοδαίμων), der von Michael dem Erzengel unschädlich gemacht wird. Weiche von jedwedem Knecht Gottes."[19] Interessanterweise ist die einzige hier erinnerte Charakterisierung des Ornias erotischer Natur. Dieses Beispiel der Wirkungsgeschichte der Stelle stützt die o.a. Interpretation, wonach Ornias speziell erotische Attitüden der Menschen ausnutzt.

Als enge traditionsgeschichtliche Parallele zu TSal 2,4 (Rec A) kann das Verhör des Beliar durch Bartholomäus im EvBarthol 4,21ff genannt werden.[20] Christus ruft durch Michaels Hilfe Beliar aus der Tiefe hervor und macht diesen dem Bartholomäus untertan, so dass er befragt werden kann. Wie in TSal findet auch in EvBarthol eine Befragungsszene eines Widersachers statt, hier wie dort ist auch Michael ausführendes Organ des göttlichen Wortes, hier wie dort befragt ein Mensch aufgrund göttlicher Vollmacht den Widersacher, hier wie dort wird nach Namen und Handlungsweisen gefragt, hier wie dort spielt der unterwerfende Engel eine Rolle. Die zu TSal 2,4 traditionsgeschichtliche Vergleichsstelle in EvBarthol 4,24f lautet dabei folgendermaßen:

λέγει [Βαρθολωμαῖος] αὐτῷ Λέγε πάντα ἃ σὺ πέπραχας καὶ ὅσα πράττεις. ἀποκριθεὶς δὲ ὁ Βελίαρ λέγει Εἰ θέλεις μαθεῖν τὸ ὄνομά μου, πρῶτον ἐλεγόμην Σαταναήλ, ὃ ἑρμηνεύεται ἐξάγγελος θεοῦ· ὅτε δὲ ἀπέγνων ἀντίτυπον τοῦ θεοῦ [καὶ] ἐκλήθη τὸ ὄνομα μου Σατανᾶς, ὅ ἐστιν ἄγγελος ταρταροῦχος.

[Bartholomäus] sprach zu ihm: „Sag mir alles, was du getan hast und noch tust!" Beliar antwortete und sprach: „Wenn du meinen Namen kennenlernen willst: Zuerst wurde ich Satanael genannt, das übersetzt ‚Engel Gottes' heißt. Als ich aber das Abbild Gottes ablehnte, wurde ich mit dem Namen ‚Satan' gerufen, was ‚Engel des Tartaros' bedeutet."

Hier kommt – wie bei Ornias in einer Verhörszene – der engelhafte Ursprung des Widersachers deutlich zum Tragen. Möglicherweise ist die Rolle Michaels bei dieser Tradition (im EvBarthol wie auch bei VitAd, ebenso wohl auch in Apk 12) der Grund, warum in Rec A „Michael" als der Überwinderengel eingesetzt wurde. Dies steht deutlich in Spannung zu V. 8 und kann darum als eigenes Traditionsstück angesprochen werden, das in Rec B geglättet wurde.

In TSal 2,4 (Rec B) ist Uriel der Überwinderengel; Ms P setzt diesen auch als Abstammungsengel ein, wohl dadurch motiviert, dass der Engel, von dem der Dämon abstammt, diesen auch überwinden könne. Die im EvBarthol entfaltete Tradition, nach der der Widersacher vom „gefallenen Erzengel"

---

19 Delatte 1927, 233.
20 Nach F. Scheidweiler in Schneemelcher I, 1990⁶, 426, ins 3. Jahrhundert datierbar; nachfolgendes Zitat aus N. Bonwetsch, 1897.

abstammt und von Michael überwunden wird, ist hier nicht mehr wahrgenommen worden.

Nach V. 8 wird Ornias von Uriel zum Gehorsam gezwungen, und zwar
durch eine gigantische Tat: Uriel demonstriert seine Macht an Meeresungeheu-
ern, die er aus der Tiefe holt und besiegt. Wie ist dieser Zug traditionsgeschichtlich plausibel? Dies soll die folgende kurze Untersuchung klären.[21]

Uriel, im „astronomischen Buch" äHen 72-82 als Herr über die Him-
mellichter und als Deuteengel vorgestellt, ist im „Wächterbuch" in grHen 20
einer der ἄγγελοι τῶν δυναμέων (was eine lexikalische Nähe zu TSal 2,4 darstellt) und herrscht dort über Kosmos und Tartaros. Hier dürfte sich der Anknüpfungspunkt für seine Tat in V. 8 liegen, besonders wenn er nach Rec B die
Ungeheuer aus dem Abyssos holt. Diese Vorstellung ist in christlicher Rezeption breiter ausgeführt in Sib 2,227ff: Uriel zerreißt die Tore des Hades und führt
Titanen und Giganten zum letzten Gericht. Wenn also Uriel in TSal 2,8 archaische Wesen aus der Tiefe holt, so nimmt er eine futurische Gerichtshandlung
vorweg, mit der er traditionsgeschichtlich verknüpft ist. Dieses endzeitliche
Geschehen hat – ähnlich wie beispielsweise in Apk 9 – pädagogischen Zweck
und soll dem Dämon Furcht lehren, was auch tatsächlich erreicht wird.

2.2.4 Der Tempelbau mit Hilfe von Dämonen

In V. 5 weist Salomo den Dämon an, ihm beim Tempelbau zu helfen; damit
wird ein Stereotyp eingeleitet, das in den weiteren Kapiteln immer wieder
begegnet und in jüdischer Tradition schon breit vorbereitet ist. Die Hilfe der
Dämonen beim Tempelbau ist in bGiṭ 68a in der Kombination von Koh 2,8
(sidda und siddoth, wobei dies in Anlehnung zu sed = Dämon gelesen wird)
und 1Kön 6,7 (die Steine waren bereits zugerichtet).[22] Diese Tradition ist schon
vor der Entstehung des TSal verchristlicht, wie folgende beiden Beispiele
belegen:

> TestVer, NHC 9,29,6ff: „Er (sc: David ist es, der den Grundstein zu Jerusalem legte,
> und [sein Sohn] Salomo ist es, den er in [Ehebruch] zeugte. Dieser nun hat Jerusa-
> lem mit Hilfe der Dämonen erbaut ... Als er aber [zuende gebaut hatte, sperrte er]
> die Dämonen [im Tempel ein]."[23]

Dieses Zitat könnte als programmatische Kurzfassung für die Handlung des
TSal gelten; spätestens hier wird deutlich, dass die Handlung des TSal prinzi-
piell nicht Neues erzählt – die Geschichte von Salomo, der den Tempel mit
Hilfe der Dämonen baute, kann bei den Lesern des TSal als bekannt vorausge-

---

21 Zu Uriel vgl. Mach, Art. Uriel, in: DDD 1999², 884f.
22 Vgl. hierzu auch Hanig, 1993, 117; Döpp, 1998, 279.
23 Übersetzung nach Koschorke, 1978.

setzt werden. Die ausdrückliche Erwähnung „Jerusalems" (und nicht des Tempels) steht hier parallel zu TSal 1,7: auch dort ist vom Bau Jerusalems die Rede, obwohl in den Folgekapiteln passim der Tempelbau gemeint ist.

> Origenes, Hom Num 6,3: „Quid vero etiam de Salomone commemorem? quem utrique nemo dicet aut sine sancto Spiritu iudicasse iudicia vel templum Domino construxisse aut rursus in sancto Spiritu daemonibus templa fecisse aut impiis mulieribus flexisse latera sua.[24]

> Was also soll ich noch von Salomo anführen? Niemand behauptet, dass dieser von beiden ohne den heiligen Geist Recht gesprochen oder dem Herrn einen Tempel gebaut habe, dass er aber andererseits mit dem Heiligen Geist mit Hilfe der Dämonen die Tempel gebaut und unfrommen Frauen seine Zuneigung gegeben habe.

Auch hier ist der Tempelbau mit Hilfe der Dämonen als bekannt vorausgesetzt. Bei den christlichen Lesern kann man demnach das Wissen um den durch Dämonenhilfe bewirkten Tempelbau voraussetzen.

---

24   GCS 30, 35.

3 Kapitel III: Erscheinung Beelzebuls

3.1 Übersetzung

_{Mss HILPNVW = Recc ABC1} 1. Ornias nahm daraufhin den Ring und machte sich auf zu Beelzebul +Recc BC: *DEN HERRSCHER DER DÄMONEN* und +Rec C: ORNIAS sprach zu ihm: „Auf geht's, Salomo ruft Dich!"

2. Beelzebul sagt zu ihm: „Sage mir, wer ist dieser Salomo, von dem du redest?"

3. Ornias stiess dann den Ring an die Brust Beelzebuls und sagte: „ +Rec A: AUF GEHT'S, der König Salomo ruft dich."

4. Da schrie Beelzebul + Rec B: *laut*, wie von einer großen lodernden Feuerflamme (versengt) auf ^{statt wie ... auf: Ms P: *und warf eine gewaltige Feuerflamme aus*; Rec C: UND SAGTE:} „ICH BRENNE AUF WIE EINE GEWALTIGE FEUERFLAMME", erhob sich und folgte ihm Recc AC: MIT WIDERSTREBEN und kam zu mir.

5. Und als ich den Fürsten der Dämonen + Recc AC: KOMMEN sah, lobte ich Gott und sprach: „Gelobt seist du, Herr, Gott, des Himmels und der Erde,[2] der Allmächtige, der du deinem Knecht Salomo die Weisheit gibst, die deinem Thron beisitzt[3] und mir die gesamte Macht Rec. A: DER DÄMONEN; Recc BC: *DES TEUFELS* unterwirfst."

6. Dann fragte ich ihn und sprach: „Sage mir wer du bist!"; der Dämon sagte: „Ich bin Beelzebul, der Anführer der Dämonen +Rec B: *Ich werde alle unablässig sichtbar machen, einen jeden gemäß seiner Wirkweise[4].*"

7. Recc AC: ICH WIES IHN AN, UNABLÄSSIG NAHE BEI MIR ZU SITZEN UND MIR EINEN EINDRUCK ÜBER DIE DÄMONEN ZU VERMITTELN. Er gelobte mir dann, alle unreinen Geister gebunden vor mich zu führen.

Ich aber lobte wiederum den Gott des Himmels und der Erde und pries ihn über alles.

---

1 Ms Q ist für Kap. 3,1-20,9 kein Textzeuge. Darum ist die von McCown angenommene Rec B in den Folgekapiteln im textkritischen Apparat lediglich durch Ms P und Ms N belegt.

2 „Des Himmels und der Erde" in Mss LN.

3 Ms P: „die Weisheit gibst, die deinen Weisen beisteht".

4 Nach Ms N. Ms P (die Rede Beelzebuls fortführen): „Alle Dämonen stehen mir sehr nahe, und ich bewirke das Erscheinen eines jeden Dämons".

3.2 Kommentar

3.2.1 Die Szene

Im Gegensatz zu Ornias in Kap. 1 kann Beelzebul mit dem Namen Salomo nichts anfangen und wird erst durch die Siegelung mit dem Ring unterworfen. Entscheidend ist, dass bei dieser Szene jegliche Anklänge an magische Formeln – etwa durch das Nachsprechen der Formel „Auf geht's, Salomo ruft dich" – vermieden werden. Die Formel bleibt ohne Siegelring wirkungslos. Dem Leser wird suggeriert, dass eine magische Beschwörungsformel ohne die Gabe Gottes, den Ring, nichts wert ist; erst durch die Siegelung Beelzebuls wird dieser gefügig gemacht, und die Wortwahl weicht dabei trotz deutlicher Angleichungstendenzen der Mss H und I an die erstgenannte Formel davon ab.

Ornias siegelt Beelzebul, worauf dieser (wir folgen den Rec A und C) wie eine Feuerflamme brennt. Möglicherweise spielt hier die christliche Vorstellung mit hinein, die Beelzebul – etwa im EvBarthol, Kap. 1, mit dem Fürsten der Hölle identifiziert; in diesem Zusammenhang kann er auch in ActPilat 23 als „κληρονόμος τοῦ πυρός"[5] bezeichnet werden.

Salomo lobt Gott beim Anblick Beelzebuls und bezieht sich mit den Worten in 3,5: „die Weisheit, die deinen Thronen beisitzt" als wörtliches Zitat des Weisheitsgebetes Salomos aus SapSal 9,4 auf die in 1Kön 4,29-43 LXX (5,9-14) notierte Weisheit Gottes (Ms P erkennt dieses Zitat nicht). Diese Weisheit wird als Macht über die Dämonen identifiziert. Damit ist die exorzistische Befähigung Salomos hier deutlich an die biblische Tradition angebunden und als Ausprägung der legendären Weisheit des Königs hervorgehoben, wie es schon früh in SapSal 7,17-21 oder Jos Ant 8,44 angelegt ist.

Gemäß Salomos Anweisung soll Beelzebul den König in die Welt der Dämonen einführen. Beelzebul wird nicht – wie vor ihm Ornias – mit der Siegelung der Dämonen beauftragt, sondern dient lediglich dazu, die Gesprächssituation der folgenden Kapitel vorzubereiten. In diesem Sinne ist er Gehilfe für alle Dämonenverhöre, die stets mit der Siegelung und Unterwerfung der Dämonen einhergehen.

3.2.2 Bezug zur neutestamentlichen Beelzebultradition

Ornias ruft Beelzebul mit Hilfe des Siegelringes herbei, wobei Beelzebul wie auch in Mk 3,22 als Fürst der Dämonen fungiert, was in Ms N und auch Rec C zur Eingangsszene in Kap. 1 explizit zugesetzt, in V. 5 erzählerisch und in V. 6 durch die Selbstäußerung des Dämons mitgeteilt wird. Aufgrund der Über-

---

5   Tischendorf, 1853, 307.

einstimmung dieser hohen Position Beelzebuls in allen drei Rezensionen kann davon ausgegangen werden, dass schon in der „Grundschrift" des TSal Beelzebul als Fürst der Dämonen fungierte. Nun standen dem Autor der „Grundschrift" rein traditionsgeschichtlich gesehen mehrere Alternativen für den Dämonenherrscher zur Disposition[6] – neben Sammael oder Beliar käme hier besonders Asmodeus in Frage, wie es im Kommentar zum folgenden Kapitel 4 noch ausgeführt werden wird.

Warum wird also gerade Beelzebul entsprechend als Dämonenfürst bevorzugt?

Wir nähern uns der Antwort auf diese Frage mit einem Blick auf die Komposition des TSal. Beelzebul wird in der vorliegenden Szene gar nicht befragt, er wird hier lediglich in seiner Funktion für die Gesamthandlung des TSal eingeführt. Die eigentliche Befragung findet erst in Kap. 6 statt, und da macht Beelzebul über weite Züge den Eindruck eines „normalen" Dämon. Damit ist die Aufsplittung der Beelzebulgeschichte sicherlich ein sekundäres erzählerisches Element, um die Bedeutung des Dämons herauszustreichen: Nur durch Beelzebuls Hilfe kommen die anderen Dämonen zu Salomo.

Es wird im Weiteren die These vertreten, dass die Schlüsselposition Beelzebuls in TSal in der Wirkungsgeschichte des Neuen Testaments gründet, in dem Beelzebul selbst in einer breiten Überlieferung auf uns kommt. Beelzebul hat in mehreren Schichten der synoptischen Tradition als Dämonenfürst fungiert, wie es der folgende Exkurs zur literarkritischen Debatte um die Beelzebulkontroverse deutlich macht:

3.2.3 Exkurs: die literarkritische Debatte um die Beelzebul-Kontroverse in Mk 3,22-26 parr

Die Beelzebul-Kontroverse liegt bei den Seitenreferenten mit erheblichen Materialzusätzen vor. Erstens wird der Beelzebulvorwurf im Rahmen einer Krankenheilung geschildert (Mt 9,32-34; 12,22-24 par. Lk 11,14ff), und zweitens werden die beiden markinischen Gleichnisse durch eine Frage Jesu und ein weiteres Gleichnis erweitert (Mt 12,27-30 par Lk 11,19-23).

Weiterhin ist ein minor agreement von Mt 12,24 und Lk 11,16 (ἐβάλλει) „ἐν ... Βεελζεβοὺλ ... ἄρχοντι τῶν δαιμονίων" gegen Mk: „Βεελζεβοὺλ ἔχει ... ἐν τῷ ἄρχοντι τῶν δαιμονίων ἐκβάλλει" zu verzeichnen, wobei Mt 9,33 mit Mk gleichlautend ist.

---

6   Vgl. Reitzenstein, 1904 (1966), 75: „Man hat mehrfach betont, dass der Name Beelzebul für den obersten der Dämonen in der apokryphen jüdischen Literatur nicht vorkommt." Reitzenstein, ebd., wies allerdings auf eine jüdische Verortung Beelzebuls als Dämonenherrscher in den Planetengebeten Cod. Paris 2419 hin, bei denen den Planeten jeweils Engel und Dämonen zugeordnet sind. Dem Saturn als obersten und mächtigsten Planeten ist neben dem Engel Ktetoel (wohl von κτάομαι) der Beelzebul zugeordnet.

Zur Deutung dieses Befundes wurden einerseits die Dt-Mk-Hypothese und andererseits eine Doppelüberlieferung des Stoffes in Mk und Q vorgeschlagen:
– Deutet man den vorliegenden Befund als „minor agreement" im Rahmen einer
Deutero-Markushypothese,[7] dem die in den Seitenreferenten überlieferte Krankenheilung zugesetzt war, so müsste man annehmen, dass die Gesamtkomposition von
Dt-Mk und Mk stark differiert, da sich die vorliegende Perikope im Rahmen des
vorliegenden mk Spannungsbogens kompositionell fugenlos einfügt; dies wäre allerdings eine weittragende Zusatzhypothese.
– Zwangloser erklärt sich die Perikope als Doppelüberlieferung von Mk und Q.[8]
Dabei ist anzunehmen, dass die Beelzebulperikope bei Mt und Lk nicht dem markinischen Stoff, sondern der Logienquelle entnommen wurden. Damit ist der Tra-
ditionsüberschuss gegen Mk in Mt 12,27-30 par Lk 11,19-23 als Gut der Logienquelle deutbar; weiterhin lässt sich beim Beelzebulvorwurf einerseits die von Mk
abweichende Formulierung in Mt 12,24 par Lk 11,17 „Βεελζεβοὺλ, (τῷ) ἄρχοντι τῶν
δαιμονίων" als auch die bei Mk fehlende Exposition erklären.
Ob diese Exposition der Logienquelle auch Mk so vorlag und emendiert wurde,
weil Mk im Rahmen des Kompositionsgefüges nur gegnerische Kommentare zu Jesu Exorzismen aneinanderreihen wollte, ist zu erwägen.[9] Diese Überlegung kann
durch die Beobachtung gestützt werden, dass bei Mt 9,32-34, die Dublette zu Mt
12,22-24, in der Formulierung „ἐν τῷ ἄρχοντι τῶν δαιμονίων ἐκβάλλει τὰ δαιμόνια"
mit Mk 3,22 übereinstimmt und eine entsprechende Exposition hat. Dieser Befund
ist möglicherweise so zu erklären, dass in Mt 9,32-34 eine von Mk unabhängige,
traditionsgeschichtlich ältere Version der Beelzebulgeschichte aus dem Mt-
Sondergut verarbeitet wurde, bei der in Mk 3,22 die Exposition aus kompositori-
schen Gründen obsolet wurde und darum emendiert werden konnte. Stimmen diese Überlegungen, liegt der Beelzebulvorwurf in drei Überlieferungssträngen vor: In
der Überlieferung der Logienquelle (Mt 12,22-24 par Lk 11,14f) in der Überlieferung bei Mk 3,22 und in hierzu traditionsgeschichtlich älterer Form in Mt 9,32-34.
Hieran schon kann die breite traditionsgeschichtliche Entfaltung des Beelzebulstof-
fes von Anfang an angenommen werden. Beelzebul ist von der ältesten Überlieferung an vielschichtig und in vielen christlichen Theologien als Fürst der Dämonen
kursiert.

Besonders richtungsweisend erscheint mir hier die Tatsache, dass Beelzebul
genau das tut, was im Jesuslogion nach dem Beelzebulvorwurf in Mk 3,23-27
gleichnishaft dargestellt ist: Mit Beelzebul werden die Dämonen ausgetrieben;
damit ist das Reich des Bösen gespalten und kann nicht bestehen. Kap. 3 des
TSal könnte damit als Entfaltung dieses jesuanischen Gleichnisses gelesen
werden und dem frühen Rezipienten die Gewissheit geben, dass durch die

---

7   So Fuchs, 1980. Dieser nimmt eine „relative Ursprünglichkeit" von Mt 9,32-34 gegen Mt 12,22-
    24 an (a.a.O., 26) und deutet die Übereinstimmungen zwischen Mt und Lk dann konsequent
    als Deuteromarkus-Text.
8   So in jüngerer Zeit Weiß, 1989, 162ff; Twelftree, 1993, 98ff; Kollmann, 1996, 174ff; in der
    "critical edition of Q" von Robinson u.a., 2000, 224f, ist das Logion entsprechend aufgenom-
    men.
9   Dagegen: Fuller, 1963, 25. der die Heilungsgeschichte in Lk und Mt als redaktionell deutet.

Inanspruchnahme Beelzebuls – wie von Jesus gleichnishaft vorgeprägt – das Reich der Dämonen tatsächlich dem Untergang geweiht ist.

Damit wäre die Beelzebulperikope des TSal quasi als relecture einer neutestamentlichen Tradition zu verstehen: In TSal 3ff wird nun erzählerisch ausgestaltet, was in Mk 3,22-27 angelegt ist. Beelzebul wird dann aufgrund der christlichen Tradition als Fürst der Dämonen platziert: Es ist der neutestamentliche Dämonenherrscher, der hier, gemäß der Weissagung Jesu, die Dämonen zu unterwerfen hilft. Schon aufgrund dieses erzählerischen Zuges ist es m.E. mit Händen zu greifen, dass wir es beim TSal – schon in der „Grundschrift" – mit einem christlichen Werk zu tun haben.

4 Kapitel IV: Die Dämonin Onoskelis

4.5 Übersetzung

1. Ich erkundigte mich dann bei dem Dämon, ob es auch weibliche Dämonen gebe. Als er sagte, es gebe sie, wollte ich das kennenlernen.

Rec C°: BEELZEBOUL, AUCH ENTZIANTIPHEL GENANNT, WURDE VON MIR GEFRAGT, OB ES AUCH WEIBLICHE DÄMONEN GEBE, UND ALS ER SAGTE ES GEBE DIESE, WOLLTE ICH SIE SEHEN.

2. Da ging Beelzebul und Rec A: ZEIGTE Rec B: *brachte* mir Onoskelis, die eine sehr schöne Gestalt hatte; +Rec B: *sie hatte den Kopfputz einer schönen Frau*[2] +Ms P: *und Hörner an ihrem Kopf*.

Rec C°: DA GING DIESER HINWEG UND BRACHTE VOR MICH DIE, DIE ONOSKELIS GENANNT WURDE; DIESE HATTE EINE SEHR SCHÖNE GESTALT UND DEN KÖRPER EINER GUTGEBAUTEN FRAU, VON DEN BEINEN AB WAR SIE ABER EIN HALBESEL.

3. Als sie nun + Rec A: VOR MICH gekommen war, sprach ich zu ihr: „Sage mir wer du bist".

Rec C°: ALS SIE NUN HERGEKOMMEN WAR, DA SPRACH ICH ZU IHR UND SAGTE: "WER BIST DU?"

4. Sie sagte: „Ich heiße Onoskelis, ein Geist, dem ein Körper geschaffen wurde;[3] auf der Erde verkrieche ich mich, ich habe meine Wohnstätte in Höhlen ich ... Höhle Ms P: *Ich habe eine goldene Höhle, in der ich liege*. Ich gebe mich in schillernder Weise:

Rec C°: SIE SAGTE ZU MIR: „ICH HEIßE ONOSKELIS, EIN GEIST, DEM EIN KÖR-PER GESCHAFFEN WURDE;. AUF DER ERDE VERKRIECHE ICH MICH, IN GROT-

---

1   Die Onoskelislegende ist zusätzlich in den Mss TVW (bei McCown Rec C° genannt) in einer derart unterschiedlichen Form überliefert, dass sie hier nach der Textkompilation von McCown, 1922, 83*f separat übersetzt wurde und stets am Ende eines Verses notiert ist. Die den Rec A und B ähnlichere Variante der Rec C ist aus dem kritischen Apparat von Kap. 4 S. 18*-21* in signifikanten Fällen berücksichtigt.

2   McCown konjiziert in seiner Edition statt „δεσμὰ" = „Band" aus Ms P („δεπεὶε" aus Ms N ist offensichtlich ein Schreibfehler) „δέμας" = „Gestalt" und ergänzt mit Rec C: „sie hatte die Gestalt einer schönen Frau und war von den Beinen ab zur Hälfte ein Esel".

3   In Flecks Edition steht fälschlich statt „σεσωματωπεποιημένον" (Ms P) „σεβωματωπεποιημένον", was Bornemann, 1844 z.St. zu „σεβαστικῶς πεποιημένον" („geschaffen, um Furcht einzuflö-ßen") konjiziert.

TEN HAUSE ICH, IN DENEN GOLD LIEGT. ICH GEBE MICH IN SCHILLERNDER WEISE.

5. Mal ersticke ich einen Menschen ^{+Ms P: durch Erdrosseln}, mal bringe ich sie von ihrem natürlichen Dasein ^{Rec A:} AB ^{Rec B:} *auf Umwege*. Meistens sind meine Behausungen Abgründe, Höhlen und Schluchten.

^{Rec C°:} MAL ERSTICKE ICH MENSCHEN DURCH ERWÜRGEN, MAL VERKRÜMME ICH SIE IM HANDUMDREHEN GEGEN IHRE NATUR.

6. Oft aber habe ich Umgang mit Menschen, die mich dann für eine Frau halten, vor allem mit dunkelhäutigen ^{Ms P: *honighäutigen*}, denn diese teilen mit mir das Sternzeichen und beten nämlich meinen Stern verborgen und öffentlich an und sie wissen nicht, dass sie sich selbst schaden und mich anregen, umso mehr Böses zu tun.

^{Rec C°:} DIE MEISTEN STÄTTEN SIND MEINE BEHAUSUNGEN. OFT ABER HABE ICH UMGANG MIT MENSCHEN, UND ICH BIN DABEI WIE EINE FRAU. VOR ALLEM MIT HONIGHÄUTIGEN, DENN DIESE TEILEN MIT MIR DAS STERNZEICHEN UND BETEN NÄMLICH MEINEN STERN VERBORGEN UND ÖFFENTLICH AN.

7. Sie wollen sich nämlich durch dies Gedenken Gold verschaffen. Ich aber gebe nur denen ein wenig, die mich auch schön verehren."

8. Daraufhin fragte ich sie, woher sie stamme. Die sprach: „^{Rec A:} VOM HÖRBAREN KLANG DES SOGENANNTEN „WIDERHALL DES HIMMELS", WENN DAS BLEI EINEN KLANG ABGIBT[4] ^{Rec B:} *Vom unzeitgemäßen Klang des sogenannten „Widerhall des Menschen", den das Blei abgibt[5]* habe ich Gestalt angenommen."[6]

^{Rec C°:} ICH, SALOMON, FRAGTE SIE: "WOHER ENTSTAMMST DU?" SIE ANTWORTETE DARAUF: "VOM KLANG DES PFERDEREICHEN BERSABES".

9. Ich sprach zu ihr: „In welchem Himmelskörper ziehst du dahin?"; sie sagte: „^{Rec A:} IM VOLLMOND ^{Rec B:} *Im Gestirn des Vollmondes*, denn gerade im Mond durchwandere ich das meiste ^{Ms P: *denn gerade der Mond durchwandert das meiste*}."

10. Ich aber sprach ^{+Rec B: *zu ihr*}: „Welcher Engel ist es, der dich unschädlich macht?", da sprach sie: „Der auch in dir herrscht ^{statt der … herrscht Ms N: Du, König}."

---

4   Ms H: ἀπὸ φωνῆς ἀκροατῆς καλουμένης ἦχου οὐρανοῦ μολύβδου φωνῆς ἀφιέντες (die Stelle ist möglicherweise korrupt, lies eher φωνὴν ἀφιέντος?).

5   Die Stelle ist korrupt: „ἀπὸ φωνῆς ἀκαίρου τοῦ καλουμένου ἦχου ἀνθρώπου μολύβδου [+Ms P: ἀφέντος]".

6   Bei der Edition dieses Verses scheint McCown die lectio difficilior aus den zahlreichen Varianten gewählt zu haben und behalf sich dabei oft genug auch mit Rec C. Die Lesart von P wird bei Bornemann, 1843, 55 noch in seinen „Conjectanea" als unverständlich durch einen heftigen Texteingriff verändert und von dems., 1844 übersetzt mit „Ich bin von einem nichtigen Schalle, der sogenannten Echo, welchen ein Mensch verursachte, als er Bleikugeln abschoß, im Walde geboren". Doch die oben wiedergegebene Lesart wird von Ms N gestützt, so dass sie Rec B zuzurechnen ist. Bei Rec A liest Ms H „μολύγδου" statt „μολύβδου", was als Schreibfehler interpretiert werden kann.

11. Ich fasste dies nun als Spott auf und befahl einem Soldaten, sie zu ver-
prügeln. Sie schrie aber auf und sagte: „^{Rec A:} ICH SAGE ES DIR DOCH, KÖNIG, VON
DER DIR GEGEBENEN WEISHEIT GOTTES"
12. ^{Rec A:} ICH SPRACH DEN NAMEN DES HEILIGEN ISRAELS ^{Ms N, Rec C:} *Ioel*[7] statt Ich spre-
che, V. 11...Iel Ms P: *Ich bin dein, König wegen der dir gegebenen Weisheit Gottes und wegen des Engels Ioel!"* und befahl ihr
den Hanf zu spinnen für die Stricke zur Arbeit am Tempel Gottes. Und so war
sie gesiegelt und gebunden, unschädlich gemacht, so dass man sie dazu einset-
zen konnte, Tag und Nacht Hanf zu spinnen.
^{Rec C°:} DA SCHLOSS ICH SIE UNTER VIER GEWALTIGE STEINE EIN. SIE ABER
SCHRIE: "ERBARME DICH MEINER, ERBARME DICH MEINER, ICH WERDE DIR
AUCH EINEN TISCH MIT SCHALEN UND BECHERN BRINGEN; NIMMST DU
DIESEN UND SCHLÄGST MIT EINER PEITSCHE, DANN IST DIR DAS GE-
WÜNSCHTE ESSEN UND TRINKEN BEREITET.
DA BEFAHL ICH, DASS ER GEBRACHT WERDE, UND DIES BRACHTE MIR EI-
NEN STEINERNEN TISCH AUS IASPISSTEIN. SEINE LÄNGE WAR VIER ELLEN
UND SEINE BREITE VIER ELLEN. AN SEINEN ECKEN HATTE ER VIER AMEISEN-
BÄREN[8], DIE FÜR MICH AUSSPRACHEN, WAS AUCH IMMER ICH BEGEHRTE.
ALS ICH BEFAHL, DASS EIN TISCH HINEINGEBRACHT WERDE, FORDERTEN
SIE SOFORT EINEN BECHER – FREILICH NUR DEN MARMORSTEIN[9] DES BE-
CHERS UND GABEN IHM DIE UMFASSENDE FORM – UND WELCHE SPEISEN
AUF DEM TISCH UND WELCHE GETRÄNKE IM BECHER GEWÜNSCHT WAREN.

4.1 Kommentar

4.1.1 Die Szene

Die hier entfaltete Szene ist in Rec C deutlich eigen überliefert. Trotz des sekundären Charakters der Rec C soll diese Fassung hier auch geboten werden,
zumal sie am Ende ein interessantes Traditionsstück liefert, das gerade dem
deutschsprachigen Leser mit Grundkenntnissen der Grimm'schen Kinder- und
Hausmärchen nicht unbekannt sein dürfte.[10] Salomo, der zuvor den beiden
(wohl männlich vorgestellten) Dämonen Ornias und Beelzebul begegnet war,
fragt nun nach explizit weiblichen Dämoninnen. Hier (wie auch später in Kap.
15 bei Enepsigos) kann eine Entfaltung des Versprechens von Michael in 1,7
gesehen werden: Salomo werde alle männlichen und weiblichen Dämonen
einsperren und mit deren Hilfe sein Bauvorhaben umsetzen. Dieses Wort des

---

7   Der Text „ἁγίου Ἰήλ" wird von Mc Cown ergänzt zu „ἁγίου Ισραήλ", dagegen von Rec B in
     den Mss P und N und von Rec C zu „Ιωήλ" verändert.
8   „μυρμηκολέων", auch in Hi 4,11.
9   Zu „λίθος λυχνίτης" vgl. Varro bei Plin NH 36,14.
10   Zum Märchen „Tischlein deck dich" vgl. Grimm 2002, 253ff.

Erzengels wird in Kap. 4 in der Sache erfüllt: Salomo befragt die Dämonin und setzt sie als Hanfspinnerin für die Arbeit am Tempel ein.

Die Beschreibung der Dämonin Onoskelis setzt hier eine pagane Legende voraus, die für die „ersten Leser" der „Grundschrift" als bekannt vorausgesetzt werden kann. Dies ist ein deutliches Indiz, dass das TSal in traditionsgeschichtlicher Hinsicht auf eine breite Überlieferung gründet, die über die Wirkungsgeschichte der antiken jüdischen Bibel und des Neuen Testaments hinausweist.

4.1.2 Die Dämonin Onoskelis

Die Dämonin, die nun durch Beelzebul vorgestellt wird, ist wohl in der „Grundschrift" (und in Rec A) lediglich als „schön" charakterisiert, erst in Rec B wird eine Ausgestaltung erkennbar, in Rec C auch eine Erklärung des Namens: Onoskelis, die Eselsbeinige, halb Frau, halb Eselin. Es ist zu vermuten, dass von Rec A (und von der „Grundschrift") Kenntnisse über diese mythische Gestalt vorausgesetzt wurden, sonst wäre eine Ausgestaltung oder Namenserklärung wie in Rec C erfolgt.

Dieses Kapitel setzt die Vertrautheit mit der breit belegbaren Onoskelislegende voraus[11]. Die frühesten Erwähnungen gehen zurück auf die Paradoxa des Aristokles, auf die sich Plutarch in den Parallela minora, 29 (Mor 312D) beruft: Als Aristonymos von Ephesos sich aufgrund seiner Abneigung gegenüber Frauen in sodomitischer Weise einer Eselin näherte, brachte diese daraufhin ein schönes Mädchen namens Onoskelis zur Welt, das halb aus Mensch und halb aus Esel bestand. Diese Geburtsgeschichte der Onoskelis, von der Aristokles berichtet, wird auch später weiter rezipiert, so bei Stobaios und im Mittelalter bei Apostolius (Paroem Graec 2,566). Von einer dämonischen Ausgestaltung dieses Zwitterwesens ist bei Plutarch allerdings nicht die Rede, verbindende Elemente dieses Mythos mit der Ausgestaltung bei Plutarch sind einerseits die Schönheit und andererseits ihre Eigenschaft als Menschenfrau mit Eselsbeinen.

Im 2. Jahrhundert nach Christus ist Onoskelis als bösartiges Wesen bekannt. Lukian führt in VH 2,46f einen ausgestalteten Mythos breit aus: Der Erzähler berichtet, er und seine Gefährten seien auf der Insel Kabalusa gelandet, die von schönen, griechischsprechenden (also nicht barbarischen) Frauen bewohnt worden sei. Spät bemerkt der Erzähler, dass es sich bei den Bewohnerinnen um Onoskeliden handelte, die Fremde betrunken machen, sie verführen, dann aber Hand an die Eingeschlafenen legen und sie letztendlich verspeisen. Vom Erzähler überführt, zerfließen die Onoskeliden zu Wasser.

---

11 So auch McCown, 1922, 67; zu Onoskelis vgl. den gleichnamigen Artikel von Preisendanz in PRE.

Bei Lukian ist aus einem Mischwesen demnach ein ganze Gattung („Ono-skeliden") geworden – ein Zeichen für die weitere Ausgestaltung des Mythos. Die Onoskeliden tragen in dieser Erzählung nun deutlich mehr Züge, die mit dem TSal vergleichbar sind: Sie verführen Männer und schaden ihnen. Auch der Gestaltwechsel (Verwandlung in Wasser) ist vergleichbar zu TSal 4,4.

Onoskelis ist auch im Christentum als bekannt belegt. Im 5. Jahrhundert wird von Sozomenos in Hist 8,6 geschildert, wie der (spätere) Bischof Geronti-os als Diakon unter Ambrosius eine nächtliche Begegnung mit Onoskelis hat, ihr das Haar schneidet und sie in eine Mühle wirft. In dieser Geschichte gehört Onoskelis klar zu den Dämonen. Ihr Platz in der Reihe der Unterweltsdämo-nen wird im Zuge der Rezeptionsgeschichte der „Ranae" des Aristophanes. 288-296 erkennbar. In Aristophanes' Werk wird bei der Schilderung einer Unterweltsreise ein „θηρίον μέγα" erwähnt, das „δεινόν" sei und die Gestalt zwischen einem Rind, einem Maulesel und einer anmutigen Frau wechselt; die Beine seien aus Erz. Dieses Tier mit Namen Empusa wird von Aristophanes mit Hekate gleichgesetzt, doch wird in der Auslegungsgeschichte spekuliert, ob es sich nicht um Onoskelis handelt. Die Suda nennt beispielsweise unter dem Eintrag „Ἔμπουσα" mögliche Gleichsetzungen mit Οἰνοπώλη und mit Ονοκώλη ὅτι Ὄνου πόδα ἔχει). Auch Theodoret bemerkt im Comm in Jes 13,21 (δαιμόνια ἐκεῖ ὀρχήσονται) zu den Tieren, die in den Ruinen Babylons hausen: Was man früher als Empusen bezeichnete, nenne Jesaja Onokentauren, die Zeitgenossen aber Onoskeliden. Thedoret kennt damit die Diskussion um die Gleichsetzung der (Aristophaneischen) Empuse mit Onoskelis ebenso wie die „Gattung" der Onoskeliden und geht selbstverständlich davon aus, dass es sich bei den Onoskeliden um Dämonen handelt. In diesem Zusammenhang ist interessant, dass die Onoskeliden in Ruinen hausen. Hier ist eine inhaltliche Nähe zu TSal 4,4f erkennbar.[12]

Damit sind hier die wesentlichen Elemente der Onoskelislegende außer-halb des TSal – teilweise in christlicher Rezeption – belegbar: Die Eselsbeinige, die Männer verführt, in Höhlen wohnt und Böses tut. Das Motiv der Verfüh-rung ist hier nicht nur in sexueller Hinsicht ausgeführt: Die Dämonin bringt Menschen auch moralisch und religiös auf die falsche Bahn – so lesen wir 4,5 (möglicherweise liegt hier ein lexikalischer Anklang an Prov 14,2 aufgrund des Verbs σκολιάζειν vor) und vor allem 4,6f. Dabei ist das Motiv aufgegriffen, dass Dämonen zum falschen Glauben verleiten.[13]

Der Verweis auf deren Geist-Körperlichkeit in 4,4 kann als Reflex der neu-platonischen Diskussionen um die Körperhaftigkeit der Dämonen gesehen werden. Wohl ist Onoskelis ein – in neutestamentlichem Sinne – „böser Geist",

---

12 In der Auslegungsgeschichte von TSal 4 wies M.R. James, 1899, auf die Nähe zur Empuse in den „Fröschen" des Aristophanes hin, ohne aber auf die Onoskelis-Tradition einzugehen.

13 Zur Abgötterei durch Dämonen vgl. S. 66.

doch ihre Körperlichkeit muss aufgrund der Diskussionen um die „hyle" der Dämonen einen Bezug zum Körper haben.[14]

Bei der Selbstvorstellung der Onoskelis häufen sich die astrologischen Bezüge. Die Dämonin hat Umgang mit Dunkelhäutigen, die ihr Sternzeichen anbeten, sie entstammt einem Echo, das durch Zusammenschlagen von Blei entsteht und sie residiert auf dem Monde.

Die Herkunft der astrologischen Elemente in TSal 4 wurde bei v. Stuckrad durch Verknüpfung von zwei mythischen Traditionssträngen erklärt:[15]

a)   ein astrologischer Strang, der von einer Verbindung Pan-Steinbock-Blei-Judentum ausgeht. Diese Verbindung wird folgendermaßen geschaffen: Mit Bezug auf frühere Ausleger wird aufgrund der Eselsbeinigkeit einen Bezug zum Steinbock eruiert und über diese Kombination an den Panmythos angeknüpft, wodurch sich das Wohnen in Höhlen erklären ließe.[16] In einem weiteren assoziativen Schritt wird auch eine Verbindung zum rätselhaften Gebrauch von „molybdos" in 4,8 vorgeschlagen, da die Verknüpfung von Steinbock, Blei und Saturn astrologisch belegbar ist.[17] Daraus könne dann eine Polemik gegen eine Saturnverehrung im Judentum abgeleitet werden.

b)   Nach 4,9 wohnt die Dämonin im Monde, und dies sei ein Reflex auf einen archaischen Mythos vom Mondgott und der Göttin, deren Attribut ein Ziegenbock sei.

Dieser Verweis auf rein astrologische Phänomene einerseits und archaische Mythen und Assoziationen andererseits erscheint sehr hypothetisch. Meines Erachtens sind wir auf sichererem traditionsgeschichtlichem Boden, wenn wir die Diskussionen der mittel- und neuplatonischen Dämonologie als interpretativen Hintergrund nehmen (die sicherlich auch astrologisch beeinflusst ist). Was jedoch weder bei v. Stuckrad durch astrologische noch hier durch dämonologische Parallelen geklärt werden kann, ist die Kombination der „Dunkelhäutigen" mit dem von diesen verehrten Stern. Möglicherweise ist auch der Handschriftenbefund bezüglich der Variationen von μελαχρόος, μελαντοχρόος und μελιχρόος ein Hinweis auf die Rätselhaftigkeit der Passage schon zur Zeit der Entstehung der Rezensionen. Gegen McCowns Version aus Ms P wurde in der vorliegenden Übersetzung mit den Mss HN „dunkelhäutig" als ursprünglichere Variante angenommen.

Onoskelis entstammt dem Klang des Bleis. Die oben angegebenen Übersetzungen sind vom Versuch geprägt, den rätselhaften und sicherlich korrupten Textstellen in V. 8 Sinn zu entlocken. Es geht wohl um den dumpfen Klang von Bleiplatten oder -kugeln, die aneinander geschlagen werden. Ob in Rec A auf

---

14   Vgl. hierzu die Ausführungen zur Körperlichkeit der Dämonen S. 59.

15   V. Stuckrad, 2000, 411-415.

16   Duling, 1983, 964f; v. Stuckrad, 2000, 411ff.

17   Vgl. v. Stuckrad, 2000, 412f.

ein uns unbekanntes magisches Ritual, genannt „Widerhall des Himmels"
angespielt wird, ist möglich, bleibt aber Spekulation. Bei der Interpretation
wird des Öfteren – beispielsweise bei Duling z.St. – LAB 60,3 herangezogen;
dort singt David in einem exorzistischen Psalm über die bösen Geister: „de
resultatione in chaomato nata est vestra creatura." Das bei A. Dieterich[18] erwähnte Stück aus dem Leidener Papyrus beschreibt das Entstehen des Pythischen Drachen aus einem Echo – nämlich dem eines Gelächters Gottes – und
wird in der neueren Edition bei Merkelbach wie folgt notiert:[19]

εἶτα νεύσας εἰς τὴν Γῆν ἐσύρισε μέγα, καὶ ἡ Γῆ ἐκύρτανεν καὶ ἠνοίγη λαβοῦσα τὸν
ἦχον. ἐγέννησεν ἴδιον ζῷον, δράκοντα Πύθιον, ὃς προῄδει τὰ πάντα, διὰ τὸν φλόγγον
τοῦ θεοῦ.

Dann blickte er zur Erde nieder und sprach ein lautes Sch und die Erde krümmte
und öffnete sich, als sie den Ton empfing und gebar aus dem Laut des Gottes ihr
eigenes Lebewesen, den Pythischen Drachen, der alles im voraus wusste.

Dies könnte im Hintergrund stehen, wenn die Entstehung der Dämonin als ein
„Echo" angegeben wird. Rätselhaft ist die Erwähnung von Blei, das, aufgrund
seines ständigen Gebrauchs bei der antiken Defixionspraxis, magische Konnotationen hervorruft. Zu beachten ist der Hinweis von Hopfner[20] zur besonderen Zueignung von Blei an böse Dämonen, nicht zuletzt aufgrund seines
dumpfen Klangs.

Die Variante in Rec C unterscheidet sich erheblich hiervon: Osnoskelis
stamme „ἀπὸ φωνῆς βηρσαβεὲ ἱππικῆς χρηματικῆς", was oben mit „vom Klang
des pferdereichen Bersabes" übersetzt wurde. Der Sinn dieses Ausdruckes
bleibt rätselhaft. Mit „Barsabes" ist weniger an eine Person – wie etwa Bathse-
ba, die Mutter Salomos nach der Septuaginta – als vielmehr an einen Ort zu
denken, ähnlich wie bei einem von Audollent, 1904, Nr. 187 edierten Beschwörungsformular „ἱππικός" sich auf einen Ort (nämlich Rom) bezieht. In der LXX
ist die Bezeichnung für Beersheba[21] gesetzt (vgl. Euseb, Onom 50), bei Jos in
Bell 2,579; 3,39 das galiläische Hirbet Abu Shiba zwischen Jotapata und
Gischala,[22] doch gibt bei beiden der Bezug zum Pferdereichtum Rätsel auf.

Die Dämonin residiert im Mond. In der mittel- und neuplatonischen Diskussion spielt der Mond bei der Einordnung der Dämonen in die überirdischen
Lebensbereiche eine große Rolle, wie oben schon kurz skizziert wurde. TSal 4,9
ist in diesem Zusammenhang am besten erklärbar: Der Mond als Aufenthalts-

---

18   Dieterich, 1891, 17-19.
19   Text nach PLeid J395 in der Fassung von Z 530-533 und Übersetzung bei Merkelbach/Totti,
     1992, 122.
20   Art. Mageia in PRE 14,327 z.St.; vgl. auch ders., 1921, 155 mit seiner Übersetzung: „Ich ent-
     stand in dem Metall, da ein Mensch einen schlimmen Klang aus Blei hören ließ, den soge-
     nannten Widerhall".
21   Vgl. Reeg, 1989, 74.
22   Michel/Bauernfeind, 1982³, Bd. 1, 455 Anm. 15.

ort der Dämonen kann aufgrund der entsprechenden Notizen in Plut, Gen Socr 591C, Lukian, Icar 13,11 (σεληναῖος δαίμων) und Porphyrios bei Aug, De civ dei 10,11 als allgemeines Wissen angenommen werden.

In der Szene 4,10-12 wandelt sich die Gesprächssituation aufgrund eines Missverständnisses. Nach dem Engel befragt, der sie besiegt, rekurriert die Dämonin auf die Weisheit Salomos, was der König zunächst nicht versteht. Damit weist die Dämonin darauf hin, dass sie nur durch die von Gott geschenkte Weisheit besiegt worden sei. Dies führt Salomos Gebet in 3,5 in eigentümlicher Weise fort: Salomos geschenkte Weisheit, für die er in 3,5 noch mit einem Reflex auf die biblische Tradition dankt, wird von dämonischer Seite in 4,10f bestätigt. Salomo erkennt diese Anspielung zunächst nicht, und die Dämonin muss deutlicher werden. Die Anrufung des „Heiligen Iel" durch den König als letztes Element der Szene gibt nicht nur modernen Interpreten Rätsel auf, wie der Handschriftenbefund zeigt. Rec B und Rec C erweitern wohl in Anlehnung an die Folgekapitel zu „Ioel" und lassen dabei an einen Engelnamen denken; wir nehmen – wie auch McCown – die Fassung „Iel" aus Rec A als ursprünglichere „lectio brevior"; man könnte an eine Ligatur denken, die Rec A zugrunde lag und diese genau wie McCown in „Heiliger Israels" auflösen. Salomo ruft dann – wie etwa der Psalmist im Danklied Jes 12,6 – den Heiligen Israels zum Dank für überstandene Gefahr an. Auch hier wird deutlich, dass der König eine Entwicklung durchmacht. Obwohl er die exorzistische Weisheit Gottes erhalten hat, ist er damit noch nicht völlig souverän, wie schon der Hilferuf an Uriel in 2,7 und das Missverständnis mit Onoskelis in 4,10-12 zeigt.

Rec C° fügt noch eine „Tischlein-Deck-Dich"-Erzählung an; diese ist interessanterweise völlig unabhängig von der Tempelbauerzählung, und dies kann als Anzeichen für ihre sekundäre Einbindung in das TSal gelten. Möglicherweise hat Rec C hier in einigen Handschriften eine sekundäre Geschichte zugesetzt, die zwingend weder mit dem Tempelbau noch mit Salomo überhaupt etwas zu tun haben muss. Die Frage ist nun, woher diese sekundäre Geschichte stammt. Die Fähigkeit, den Tisch zu Hause wie von selbst decken zu lassen wird in PsClem, Hom 2,32,2 Simon Magus in einem Summarium seiner magischen Fähigkeiten bescheinigt (τὰ ἐν οἰκίᾳ σκεύη ὡς αὐτόματα φερόμενα πρὸς ὑπηρεσίαν βλέπεσθαι ποιεῖ τῶν φερόντων οὐ βλεπομένων[23]). Dieses Motiv dürfte neben den anderen in PsClem, Hom 2,32 beschriebenen Fähigkeiten (Eisen schmelzen, verschlossene Türen öffnen u.Ä.) als das anzusprechen sein, was man Magiern im peiorativen Sinne nachsagte, jedenfalls wird es nach Plut, De prov.Alex. auch von Apion in seiner Schrift „περὶ μάγου" erwähnt.[24] Celsus polemisiert in Orig, Cels 1,68 gegen die synop-

---

23 GCS 42.
24 Hg. Crusius, 1887.

tischen Speisungswunder Jesu, auch ägyptische Gaukler leiteten Dämonen dazu an, reichhaltige Mahlzeiten und Tische, die es gar nicht gebe, zu zeigen. Hier ist diese Fähigkeit schon deutlich dämonisiert, obwohl immer noch den Magiern zugeschrieben. Bei Philostrat, VA 4,25 wird von einem Menippus erzählt, der von einem „φάσμα" einer Frau, die im Verlauf der Geschichte auch als Empuse und Lamia bezeichnet wird, durch sexuelle Reize verführt und in Wirklichkeit nur darauf aus ist, Menschenfleisch zu essen, eingeladen wird. Diese wartet mit Speisen, Geschirr und Dienerschaft auf, was aber alles in dem Moment verschwindet, in dem sie als Geist überführt wird. Hier sind mehrere Züge mit TSal 4 vergleichbar, zumal die Handlung der Onoskelis in V. 6 auch ein sexuelles Element einschließt und zweitens die Dämonin ebenso darauf aus ist, Menschen zu töten. Die dämonisierte Version dieser Tischlein-Deck-Dich-Geschichte dürfte demnach in Rec C aufgenommen und der Onoskelis als Fähigkeit zugeschrieben worden sein.

5 Kapitel V: Der Dämon Asmodeus

5.1 Übersetzung

Mss HILPNVW, Recc ABC: 1. Und ich befahl, dass ein anderer Dämon zu mir gebracht werde; und er führte mir Rec A: DEN BÖSEN DÄMON ASMODEUS gebunden zu.

2. Und ich fragte ihn: „Wer bist Du?", Rec A: ER WARF MIR EINEN NACH FREIHEIT BUHLENDEN BLICK ZU; Rec B: *Er warf mir einen drohenden Blick zu*[1] Rec C: ER WARF MIR EINEN UNVERSCHÄMTEN BLICK ZU[2] +Recc BC: *UND FRAGTE: „UND WER BIST DU?"* [3]

3. Da sprach ich zu ihm: „Antwortest du immer noch so, Rec A: WENN DU EINGESPERRT WORDEN BIST Recc BC: *WENN DU GEZÜCHTIGT WORDEN BIST?"* Er aber behielt den gleichen Blick bei und sagte mir +Ms P: *mit Zorn*: „Wie sollte ich dir schon antworten? Du bist ein Abkömmling eines Menschen, Rec A: ICH BIN EIN ENGEL Recc BC: *ICH ABER EINES ENGELS*, wenn auch durch eine Menschentochter geboren; somit kann ein Wort eines himmlischen Wesens, das zu einem Erdling gerichtet ist, keinesfalls hochmütig sein.[4]"

4. Mein Sternbild liegt im Himmel, und die Menschen nennen mich den Wagen, manche aber auch den Drachenfüßler; dadurch umgeben auch geringere Sternbilder mein Sternbild *dadurch... Sternbild* Ms P: *Ich nähere mich seinem Sternbild*, und der Rang meines Vaters und der Thron +Ms N: *Gottes,* sind ja bis zum heutigen Tag am Himmel.

5. Frag mich doch nicht so viel, denn in kommender Zeit wird dein Königreich ja doch geteilt werden – diese deine Herrlichkeit ist nur vorübergehend; wohl hast du ein wenig Zeit, Recc BC: *UNS* Rec A: MICH zu quälen, aber bald werden wir wieder das Feld über die Menschheit behaupten, so dass wir wie Götter verehrt werden, weil die Menschen die Namen der über uns gesetzten Engel nicht kennen.

---

1   So Ms N; Ms P liest: er blickte mich mit Zorn und Wut an.

2   McCown las ἀπειλητοκὸν βλέμμα ῥίψας, wie auch Ms N; „ἀπηλικὸν ὄμμα" (verblühtes Antlitz) in Rec C ist wohl zu „ἀπηλεγέον ὄμμα" (rücksichtsloser bzw. unverschämter Blick) zu konjizieren.

3   Wie der kritische Apparat von McCown notiert, scheint in Rec A die patzige Antwort des Dämons („Und wer bist du?") nicht vorzukommen, doch ist dies aus den von McCown gemachten Angaben nicht genau rekonstruierbar.

4   „Wenn ... sein": fehlt in Rec C.

Mss HILPN, Recc AB5 6 Als ich, Salomo, dies hörte, fesselte ich ihn noch sorgfältiger und befahl, dass er +Ms P: *mit einer Ochsenpeitsche* gegeißelt werde und darüber Rechenschaft ablege, wie er heiße und was seine Tätigkeit sei.

7 Der Dämon sprach: „Ich heiße +Rec B: *bei den Sterblichen* Asmodeus +Rec A: DER BERÜHMTE6. Wenn ich nicht bei den schlimmen Taten in der ganzen Welt zugegen bin, 7 stelle ich den jungverheirateten Frauen nach; ich Wenn...ich Ms P: *und meine Tätigkeit besteht darin, dass Jungverheiratete durch hinterlistiges Wirken nicht miteinander schlafen können; ich trenne sie durch vielerlei Unfälle voneinander und* entstelle die Schönheit der Jungfrauen und verwandle die Herzen.

8. Ich sprach zu ihm: „Ist das dein einziges Betätigungsfeld?" Er aber erwiderte: Rec A: "DURCH DIE STERNE VERBREITE ICH MANISCHE GIER NACH FRAUEN, UND ICH MORDE OFT IM RAUSCH"8 Rec B: *Größtenteils durch die Sterne verursache ich dreifaches und bis zu siebenfaches Eheschließen, morde und vergewaltige.*9

9. So beschwor ich ihn im Namen des Herrn Sabaoth: „Fürchte Gott, Asmodeus, und sage mir, durch welchen Engel du unschädlich gemacht wirst!" Der Dämon sagte: „Raphael, der vor Gott Ms P: *Vor Gottes Thron* steht; es vertreibt mich aber auch eine Leber, mit der Galle eines Fisches Ms P: *Fischleber und Galle*, geräuchert über Rec A: WEIßGLÜHENDER Tamariskenkohle geräuchert...kohle Ms N: *der genannt wird Flusswels, der über Tamariskenkohle geräuchert ist oder unter* [ἀσμόδιον = ein wenig?] *einer Styraxstaude verbrannt wird* .

10. Ich fragte ihn weiter und sagte: „Verheimliche mir nicht auch nur ein Wörtchen, denn ich bin Salomo, der Sohn Davids! Sage mir den Namen des Fisches, den du fürchtest." Er sagte: „Er heißt Flusswels (Glanis), in den Flüssen der Assyrer ist er zu finden. Rec A: ER KANN NUR DORT AUFWACHSEN, weil man auch mich in diesen Gegenden findet."

11. Ich sagte zu ihm: „Mehr gibt es nicht über dich, Asmodeus?" Er sagte mir: „Die Kraft Gottes, die mich durch sein Siegel mit unzerreißbaren Banden fesselt, weiß es: Alles, was ich dir gesagt habe, ist wahr. Ich bitte, dich aber, König Salomo: Verurteile mich nicht zum Wasser!"

---

5   Kap. 5,6-6,10 fehlt in Rec C, McCown schließt auf ein Homoioarkton („Als ich, Salomo dies hörte ..." in 5,6 und 6,11).

6   McCown konjiziert noch ein Attribut in Rec A aus Ms I (περίκρυτος), Ms H (περύκρυτος), Ms L (περικρίτην): περικλυτός („hochberühmt") oder περι-κριτός („excellentissimus").

7   Ich lese mit Ms N (möglicherweise Rec B, die Passage fehlt in Ms P): εἰ δὲ μὴ παρὰ κακούργων ἀνθρώπων als ursprüngliche Variante, teilweise noch bewahrt in Ms H: εἰ δαὶ νε μαι; McCown hatte (wohl noch ohne Berücksichtigung von Ms N) zu οἰδαίνομαι κακουργίαν ἀνθρώπων ... konjiziert.

8   Wörtlich: „Ich habe oft wie eine Welle mit drei Gipfeln bis zu sieben gemordet", als Bild für das Töten im Blutrausch. Dabei ist „στρώνω" (= „ich verbreite") von McCown konjiziert. Dies kann als Entfaltung von Tob 3,24 gelesen werden, wo Asmodeus die sieben Männer Saras tötet.

9   So Ms N. Ms P liest: Ich versetze Menschen in Raserei und Gier, und wenn sie bereits ihre eigenen Frauen haben, gehen sie dadurch doch wieder Tag und Nacht zu den anderen Frauen ihrer Nächsten, so dass sie sich zur Sünde verleiten und sogar zu Mordtaten hinreißen lassen.

12. Ich aber lächelte und sprach: „So wahr der Herr, der Gott meiner Väter lebt, du sollst Eisen tragen und für alle Gefäße des Tempels Ton machen, ^{Rec A:} WOBEI DU DEN ÜBERFLUSS HIER IM UMFELD ABBAUST ^{Rec B:} *und ihn mit deinen Füßen zerknetet.*" Dann befahl ich, zehn Wassergefäße herbeizubringen und sie rund um ihn aufzustellen. Der Dämon stöhnte vor Entsetzen auf und führte das ihm Befohlene aus. Asmodeus tat es auch, weil er Vorwissen hatte ^{Ms P:} *weil er die Zukunft kannte und Vorwissen hatte, der böse Dämon*.

13. Und ich, Salomo, lobte Gott, der mir ^{Rec A:} DIESE MACHT ^{Rec B:}, *seinem Knecht, diese Weisheit* gegeben hat. Die Leber des Fisches und die Galle ^{Rec B:} *löste ich mit einem Styraxrohr und verbrannte sie unter Asmodeus,*[10] denn er war immer noch mächtig, und sein Reden und sein mit Bitterkeit voller Zahn wurden unschädlich gemacht.

5.2 Kommentar

5.2.1 Die Szene

Der hier auftretende erste männliche Dämon, der vom „Fürst der Dämonen" vor den König gebracht wird, ist Asmodeus. Dieser Dämon ist schon aus der zwischentestamentlichen Literatur, aus dem Buch Tobit, wohl bekannt, und TSal 5 kann in weiten Strecken als Midrasch zu Tobit gelesen werden.

Doch wird zu zeigen sein, dass Asmodeus im vorliegenden TSal deutlich depotenziert wird: Gemessen am traditionsgeschichtlichen Seitenstück in bGiṭ 68 ist hier nicht Asmodeus, sondern Beelzebul der Fürst der Dämonen, Asmodeus ist diesem untergeordnet. Zweitens erweist sich Asmodeus im Zusammenhang mit der Auslegungstradition von Gen 6,1-4 als nachgeordneter Engel, der nicht zu den Ersterschaffenen gehört. Hier dürfte die christliche Redaktion schon der Grundschrift zum Ausdruck kommen, durch die der neutestamentliche Dämonenfürst Beelzebul dem Asmodeus übergeordnet wurde. Auch durch diesen redaktionellen Eingriff zeigt sich TSal als christliches Werk, in dem die eigene synoptische Tradition entfaltet wurde.

---

10 McCown konjiziert in seiner Textausgabe zunächst: „Ich verbrannte die Leber des Fisches und die Galle mit einem weißen Styraxrohr unter Asmodeus", korrigiert sich aber mit Ms N nachträglich in seinen „Emendationes in textum", 121.

5.2.2 Der Dämon Asmodeus

Wie Strack-Billerbeck schon in ihrem Exkurs zur jüdischen Dämonologie ausführten, ist Asmodeus in jüdischen Texten mehrfach als Fürst der Dämonen belegt,[11] und dies oft genug auch in Verbindung mit Salomo.

Als Beispiel sei ein Amuletttext aus der Kairoer Geniza angeführt: [12] Es ist dort von sieben Geistern die Rede, über die Asmodeus, der Fürst der Dämonen, Salomo unterrichtet hatte. Unabhängig vom TSal ist hier eine Unterhaltung des Dämonenfürsten Asmodeus mit Salomo vorausgesetzt, bei der Asmodeus als Fürst der Dämonen die Rolle einnimmt, die Beelzebul im TSal innehat: Er klärt Salomo über Dämonen auf. Dies mag als erster Hinweis dafür gelten, dass im TSal Asmodeus zugunsten Beelzebuls redaktionell depotenziert wurde.

Besonders die Salomogeschichte in bGiṭ 68 hat deutliche Parallelen zu TSal 5: Salomo wird von anderen Dämoninnen und Dämonen im Rahmen des Tempelbaus auf Asmodeus, den „König der Schedim" (nach Koh 2,8) aufmerksam gemacht und lässt diesen von Benaja ben Jehojada zu sich bringen, der ihn mit Wein betrunken macht und mit einer Kette fesselt. Asmodeus hat wie in TSal 5,4f die Fähigkeit, Zukünftiges zu sagen (dies wird in bGiṭ 68a haggadisch ausgeschmückt), zumal er – wie die Dämonen in TSal 20 es tun – täglich zum Himmel aufsteigt und das himmlische Kollegium besucht. Diese Asmodeuslegende kann aufgrund der Vielzahl der Vergleichspunkte als Seitenstück zu TSal und besonders zu TSal 5 dienen. Die im TSal erkennbare Einordnung des Asmodeus in die Reihe der Dämonen (und nicht als Dämonenfürst) und die Unterordnung unter den in neutestamentlichen Texten als Dämonenfürst bekannten Beelzebul, die in allen drei Rezensionen des TSal deutlich wird und damit sicherlich zur „Grundschrift" gehört, spricht m.E. für den christlichen Charakter schon dieser „Grundschrift". Deutlich ist hier die Tendenz zu verzeichnen, Asmodeus in seiner Bedeutung als Dämonenfürst zu demontieren und ihn dem Dämonenfürsten der christlichen Tradition unterzuordnen.

Die Charakterisierung des Asmodeus als πονηρὸς δαίμων in Rec A kann als direkte Allusion an Tob 3,8 verstanden werden, die in den Textzeugen N und P nicht aufgenommen wird. In Ms N wird gar kein Name genannt, sondern die Identifikation erfolgt hier aufgrund einer anderen narrativen Dynamik erst in 5,7.

Salomo fragt wie üblich als erstes nach dem Namen und gerät damit schon in Konfrontation mit dem Dämon, die er aber meistert, ohne dass der den Dämon besiegende Engel hier eingreifen muss. Dies kann als Hinweis auf die

---

11 Strack-Billerbeck IV.1, 501-535, bes. S. 509-513. Vgl. weiterhin M. Hutter, Art. Asmodeus in DDD, 1998², 106-108.

12 שבעה רוחין די אוליף {אשׁ} אשׁמדי מלכא דשׁידין לשׁלמה מלכא bei Schiffman/Swartz, 1992, 71 und auch Naveh/Shaked, 1993, 153ff.

Entwicklung gesehen werden, die Salomo bei den Verhörszenen durchmacht:
Er wirkt hier deutlich souveräner und zeigt durch seine Drohung, dass er den
Dämon in der Gewalt hat. Dabei blickt ihn Asmodeus konfrontativ an, wobei
die Handschriften hier variieren und die zugrunde liegende Tradition undeut-
lich ist. Man könnte besonders bei Ms P auf die parsistische Herkunft des
Dämons verweisen, der dort als Wut- und Zornesengel charakterisiert ist.[13]

Die Antwort des Dämons zeigt, dass er sich als Engelwesen dem Menschen
überlegen fühlt und darum Salomo keinerlei Respekt zollen zu müssen glaubt.
Man könnte hier an die Position Satans dem Menschen gegenüber denken, wie
sie in VitAd 14 deutlich wird:[14] Satan weigert sich, den Menschen anzubeten,
weil dieser geringer und später erschaffen ist als er (non habeo ego adorare
Adam ... non adorabo deteriorem et posteriorem meum. in creatura illius prius
sum). In TSal ist nicht der Zeitpunkt des Erschaffenseins, sondern der geringere Status der Menschen im Vergleich zu den Engeln (der auch in VitAd 14
durch das Stichwort „deterior" anklingt) der Reizpunkt. Diese Tradition vom
Neid des Teufels bezüglich Adams, spätestens seit SapSal 2,23f in die Salomotradition aufgenommen, zeigt sich jedoch bei näherer Betrachtung als
traditionsgeschichtlich fernstehend, denn Asmodeus charakterisiert sich nicht
als ein Engelwesen, das im Umfeld Adams erschaffen wurde, sondern als ein
Wesen, das von menschlichen Frauen gezeugt wurde. Im Unterschied zur
traditionsgeschichtlichen Ausprägung von VitAd 12-14 scheint in TSal 5,3 Gen
6,1-4 vorausgesetzt und auch lexikalisch eingeflossen zu sein. Asmodeus ist
also keiner der Engel, die sich mit himmlischen Frauen eingelassen haben (wie
in der Auslegungstradition von Gen 6,1-4, beispielsweise äHen breit entfaltet),[15] sondern ist ein Abkömmling dieser Verbindung. Besonders Laktanz, Div
inst 2,15 kann hier als traditionsgeschichtliches Seitenstück angeführt werden:
[16]

Itaque illos cum hominibus commorantes dominator ille terrae fallacissimus con-
suetudine ipsa paulatim ad vitia pellexit, et mulierum congressibus inquinavit.
Tum in coelum ob peccata, quibus se immerserant, non recepti, ceciderunt in
terram. Sic eos diabolus ex angeli Dei suos fecit satellites, ac ministros. Qui autem
sunt ex his procreati, quia neque angeli, neque homines fuerunt, sed mediam
quandam naturam gerentes, non sunt ad inferos recepti, sicut in coelum parentes

---

13   Vgl. dazu S. Pines, 1982.
14   Vgl. hierzu mit Lit. Merk/Meiser, JSHJZ II,5,797. Folgende Zitate der lateinischen VitAd aus
     Anderson /Stone, 1999².
15   Duling, 966, verweist hier auf die Tradition der gefallenen Engel, ohne allerdings genaue
     Stellen anzugeben; im Wächterbuch in äHen 12 ist zwar – als Rezeption von Gen 6,1-4 – von
     den Wächtern die Rede, die ihre himmlische Wohnstatt verlassen und sich mit den Menschen-
     frauen eingelassen haben, doch werden diese nicht mit „Sternen" identifiziert (vgl. zum Zu-
     sammenhang von Engelfall und Schändung der Frauen in Apk 14,4 und äHen 12 K.A.Olson,
     1997).
16   PL 6,330f.

eorum. Ita duo genera daemonum facta sunt, unum coeleste, alterum terrenum. Hi
sunt immundi spiritus, malorum quae gerentur, auctores, quorum idem diabolus
est princeps...

Deshalb hat dieser verschlagenste Beherrscher der Erde jene, die bei den Menschen
verweilten, nach seiner Gewohnheit allmählich zum Laster verleitet und hat sie
durch den Verkehr mit den Frauen befleckt. Da sie im Himmel aufgrund der Sünden, in die sie verstrickt waren, nicht mehr aufgenommen wurden, sind sie auf die
Erde gefallen. So hat der Teufel diese aus den Engeln Gottes zu seinen eigenen Ge-
folgsleuten und Dienern gemacht. Die aber aus diesen hervorgegangen sind – zumal sie weder Engel noch Menschen, sondern irgendeine Mischgattung waren –
sind nicht bei den Irdischen aufgenommen worden, so wie deren Eltern nicht in
den Himmel. So sind also zwei Arten von Dämonen entstanden, die erste ist himm-
lisch, die andere irdisch. Diese sind befleckte Geister, des Bösen, das geschieht, An-
stifter, deren Fürst der Teufel ist... (es folgt eine Anspielung auf Hesiod, Op 122f).

Diese Ausführungen von Laktanz führen den Hintergrund der Asmodeuscha-
rakterisierungen recht deutlich aus. Auf dem Hintergrund, dass die Dämonen
seit der mittelplatonischen Diskussion – wie bei Augustin, De civ dei 8,15
ausführlich beschrieben – eine Mischgattung darstellen, wird Gen 6,1-4 entsprechend ausgelegt. Die Abkömmlinge der frevelhaften Verbindung zwischen
Engelwesen und Menschenfrauen sind eine besondere Klasse von Mischwesen,
und in diese wird Asmodeus in TSal 5 eingeordnet. Damit wird deutlich, dass
in TSal – und schon in der „Grundschrift" – die bei Laktanz ausgeführte dämonische Deutung von Gen 6,1-4 vorausgesetzt wird.[17]

Asmodeus ist dann also einer der „γίγαντες" der Septuagintafassung von
Gen 6,4, die das Einfallstor für eine Kompilation des Engelfallmythos mit
griechischen Gigantomachien bildete.[18] Die dämonologische Deutung dieser
Wesen, im Mittelplatonismus schon vorbereitet,[19] wurde seit Justin, 2Apol 4(5)f
und dann bei Athenag, Apol 24f von christlicher Seite vermittelt.

Wenn Asmodeus nun als ein derartiges dämonisches Mischwesen auf dem
Hintergrund von Gen 6,1-4 beschrieben wird, so ist dies ein deutliches Zeugnis
für die Engeldeutung von Gen 6, die – nimmt man die erste bekannte Erwähnung bei Julius Africanus aus dem 3. Jahrhundert einmal heraus – gegen die im
4. Jahrhundert sich durchsetzende Sethitendeutung steht: Die „Himmelssöhne"
sind danach keine Engel, sondern die Söhne Seths, die sich mit den Töchtern
Kains verbinden.[20] Deren Abkömmlinge können dann keine himmlischen
Mischwesen sein. Diese beiden Deutungen schlagen sich wohl gleichzeitig in
den Pseudoclementinen nieder, die nach Dexinger „ein Kampffeld zwischen

---

17   Vgl. hierzu auch TSal 17,1 Rec B und Kommentar z.St.
18   Vgl. Hengel, 1988, 347f.
19   Plutarch referiert in Def orac 21 (Moral 421C) eine Deutung der Typhon- und Titanenkämpfe:
     Es seien Kämpfe zwischen Dämonen gewesen.
20   Vgl. zur Geschichte der Sethitendeutung von Gen 6,1-4 Dexinger, 1966, 106ff.

der alten Engeldeutung und der neuen Sethitendeutung darstellen":[21] In PsClem, Hom 8,15 wird die Vermischung der Engel mit den Menschenfrauen in ihrer Konsequenz beschrieben:

ἐκ δὲ τῆς νόθου μίξεως αὐτῶν ἄνθρωποι ἐγένοντο νόθοι, πολλῷ γε τῶν ἀνθρώπων κατὰ κορυφὴν μείζους, οὓς οἱ μετὰ ταῦτα γίγαντας ὠνόμασαν, οὐ δρακοντόποδες ὄντες καὶ πρὸς θεὸν πόλεμον ἀράμενοι, ὡς οἱ βλάσφημοι τῶν Ἑλλήνων ᾄδουσιν μῦθοι, ἀλλὰ θηριώδεις τὸν τρόπον καὶ μείζους μὲν ἀνθρώπων τὰ μεγέθη, ἐπείπερ ἐξ ἀγγέλων ἐγένοντο, ἀγγέλων δὲ ἐλάττους, ἐπείπερ ἐκ γυναικῶν γεγέννηντο.

Aus dem unehelichen Verkehr mit ihnen entsprangen uneheliche Menschen, an Körpergröße um vieles höher als die Menschen, die danach „Giganten" hießen – allerdings keine Drachenfüßler, die mit Gott Krieg zu führen begehrten, wie es die gottlosen Mythen der Griechen besingen, sondern bestialischer in ihrem Wesen und den Menschen an Körpergröße überlegen, da sie von Engeln abstammten, kleiner aber als Engel, da sie auch menschlichen Frauen entstammten.

Wohl liegt hier noch die Engeldeutung des Mythos vor,[22] doch die Abkömmlinge werden depotenziert, indem ihnen die (wohl landläufige) Verbindung zu den griechischen Titanen abgesprochen wird. Die Abkömmlinge der menschlichen Frauen werden hier zwischen die „Engel" und die Menschen eingeordnet. Bezeichnenderweise ist hier auch der Begriff „Drachenfüßler" erwähnt, mit denen im heidnischen Umfeld diese Giganten bezeichnet wurden. Der Hintergrund dieses Begriffs dürfte in die griechische mythologische Bilderwelt verweisen, wo die Giganten mit Schlangenfüßen dargestellt wurden, und der Zusammenhang von Gigantenkampf und Drachenfüßlern, der in PsClem nur angedeutet wurde, ist von Gregor von Nazianz in seiner Streitschrift gegen Julian deutlich gemacht:[23]

Καλὸν προσάδεσθαι τὴν Ἡσιόδου Θεογονίαν αὐτοῖς καὶ τοὺς ἐκεῖ πολέμους καὶ κλόνους, τοὺς Τιτᾶνας, τοὺς Γίγαντας, μετὰ τῶν φοβερῶν ὀνομάτων τε καὶ πραγμάτων· Κότος, Βριάρεως, Γύγης, Ἐγκέλαδος, οἱ δρακοντόποδες ὑμῶν ...

Hübsch ist es, Hesiods Theogonie vorgesungen zu bekommen mit ihren Kämpfen dort und Wirren, Titanen und Giganten mit schrecklichen Namen und Taten: Krotos, Briaros, Gyges, Egkelados, eure Drachenfüßler ...

Die Giganten aus Hesiods Theogonie werden, wie diese christliche Rezeption griechischer Mythologie deutlich macht, als Drachenfüßler bezeichnet.[24] In den

---

21 Dexinger, 1966, 119.

22 In der Parallele Recog 1,29 (eine synoptische Zusammenstellung genau dieser Tradition in den Hom und Recog mit literarkritischer Besprechung bei Waitz, 1940, 323f) wurden „homines iusti qui angelorum vixerant vitam, inlecti pulchrudine mulierum"; hier liegt die Sethianische Deutung nahe, zumal es sich ja um „Menschen" handelt; vgl. Schoeps, 1950a, 11f.

23 Vgl. hierzu mit Belegen den Kommentar zu Greg Naz, Or 4 §115 (PG 35,653) von Kurmann, 1988, 388.

24 Vgl. auch die Erwähnung der Drachenfüßler zusammen mit Figuren aus der griechischen Mythologie bei Joh Chrysost, Ep ad Coll 3,4 (PG 62,348).

Pseudoclementinen wird die Gleichsetzung der Drachenfüßler respektive Giganten dann mit den „Riesen" aus Gen 6,1-4 vorausgesetzt und abgelehnt.[25] Wenn also der Dämon in TSal seinen Namen als Drachenfüßler kundtut, so ist damit eine Anspielung auf Gen 6,1-4 zu verstehen. Die dabei bei PsClem vorausgesetzte (und abgelehnte) und bei Gregor Naz in Or 4 entfalteten Bezüge zu den griechischen Gigantomachien müssen nicht verwundern, liegen sie doch schon seit mittelplatonischer Zeit in dämonologischer Deutung vor.[26]

Möglicherweise gibt dieses Traditionsstück aus PsClem auch darüber Auskunft, inwiefern sich der Dämon Salomo gegenüber überlegen fühlt – wie aus einem Vergleich mit VitAd oben deutlich wurde, ist dies ja nicht durch den Schöpfungszeitpunkt begründet. Hier scheinen zwei Anknüpfungspunkte vorzuliegen:

Einmal scheint es, dass es die rein physische Überlegenheit ist, die Asmodeus zur Überheblichkeit verleitet. In PsClem, Hom 8 ist dies nicht anders vermerkt, und dies wird auch noch durch die in V. 4 notierte astrale Konnotation gestützt. Die astrale Verbindung des Drachenfüßlers mit dem Wagen in TSal 5,4 kann durch die Sternbilder erklärt werden: Schon in Hom Il 18,487; Od 5,273 ist der Wagen mit dem Bären gleichgesetzt, und, wie beispielsweise bei Geminus, Elem 3,8 deutlich wird, durchzieht das Sternbild des Drachen den großen und kleinen Bär („δράκων ὁ διὰ τῶν ἄρκτων"). Damit ist der Drache das ausgedehnteste der nördlichen Sternbilder, und wird von kleineren umgeben. Es geht also um die Ausmaße, die physische Konstitution, aufgrund derer Asmodeus als sich überlegen fühlend dargestellt wird. Man könnte dies mit der Salomotradition in SapSal 7 kontrastieren, wo Salomo sich als kleiner Mensch darstellt, dessen Besonderheit allerdings in der von Gott gegebenen Weisheit gründet. Schwingt dies assoziativ für den ersten Leser bei der Lektüre von TSal 5 mit, so stoßen hier zwei Charaktere zusammen: Salomo, der durch göttliche Weisheit überlegene, und ein tumber Asmodeus, der sich allein aufgrund seiner physischen Konstitution für überlegen hält.

Zweitens ist Asmodeus stolz auf seine engelhafte Abstammung (V. 3), die in astraler Umformung auch daran erkennbar ist, dass sich der Rang (τὸ ἀξίωμα) seines Vaters und der Thron am Himmel zeigt. Hierbei scheint es vornehmlich um die Genealogie zu gehen: Asmodeus ist stolz auf seine besondere Abstammung, die in V. 4 durch seine Anspielung auf den „Rang seines Vaters" näher ausgeführt wird; hiermit dürfte die Spezies der Giganten gemeint sein. Die Erwähnung des Thrones wirkt im Kontext zunächst rätselhaft. Duling z.St. vermutete eine Allusion an den Polarstern, bleibt aber weiter Erklärungen

---

25 Die Vorstellung von den Giganten sind in Hom nicht einheitlich. In 8,17 sind Giganten θηιώδεις δαίμονες, in Hom 8,18 sterben die Giganten in der Sintflut, aber ihre Seelen, gewaltiger als die der Menschen, leben weiter und werden mit neuem Namen benannt – wohl den Dämonennamen (vgl. Schoeps, 1950b, 44f.).

26 Vgl. Busch, 1996, 147f.

schuldig. Wahrscheinlich ist im gegebenen Kontext damit zu rechnen, dass sich der „Thron" auf Engelmächte bezieht, von denen Asmodeus sich abstammend weiß. Der „Thron" in V. 4 würde dann die „Engel" in V. 3 traditionsgeschichtlich näher beschreiben. In diesem Zusammenhang wäre auf die „Throne" hinzuweisen, die im Christusenkomion in Kol 1,16 neben den Herrschaften, Mächten und Gewalten wohl Himmelsmächte bedeuten.[27] Dies ist im Rahmen einer breiten jüdischen Tradition belegbar (z.B. slHen 20,1: leiblose Kräfte, Herrschaften, Prinzipe und Mächte, Throne und Vieläugige im siebten Himmel; TLevi 3,8: Throne und Gewalten im vierten Himmel). Während diese Stellen auf „Throne" als gute Engelmächte hinweisen, sind in Apk Elia 21 die „Throne" deutlich im pejorativen Sinne verwendet, sogar als „Throne des Todes" (Apk Elia 21,10). Diese Tradition von den „bösen" Thronen als schädigende Himmelsmächte könnte in TSal 5,4 aufgenommen worden sein als Bezeichnung für schädigende Himmelsmächte, von denen sich Asmodeus herleitet. Der Hinweis darauf, dass dies „im Himmel" ist, könnte sich auf ein nicht näher bezeichnetes Sternbild beziehen.

Fazit: Liest man TSal 5,1-4 wie oben beschrieben, so kommt der sekundäre Charakter des Asmodeus zum Tragen: Es ist keiner der ursprünglich geschaffenen Engel, sondern ein Dämon, der erst sekundär aus der frevelhaften Verbindung von Dämonen und Menschen hervorging. Damit wird er, trotz der Verwendung ähnlicher Vorstellungen bei der Charakterisierung des Ornias in TSal 2 (s. dort), sogar geringer als Ornias eingestuft, der ja immerhin einem Erzengel selbst entsprang. Zusätzlich gründet sich sein Überlegenheitsgefühl vor allem auf seine (gigantenhafte) Körpergröße, sei es als Mischwesen zwischen Engel und Menschen, sei es als astrales Gebilde im Himmel. Diese Notiz zur Genealogie des Asmodeus in TSal 5,3 dürfte neben der Unterordnung unter Beelzebul (Beelzebul ist Fürst der Dämonen) und unter Ornias (Ornias entstammt einem Erzengel) ein weiteres Element in der Tendenz sein, Asmodeus in seiner Bedeutung zu demontieren und ihn als „üblichen" Dämon neben den anderen einzuordnen. Da dies in den Rezensionen A und B übereinstimmend geschieht, dürfte diese Tendenz auch für die „Grundschrift" vorausgesetzt werden. An dieser Stelle wird m.E. plakativ deutlich, wie eine ursprünglich jüdische Tradition christlich umgeprägt wurde: der in der christlichen Tradition entscheidende Beelzebul ist Herr über die Dämonen. Asmodeus ist eindeutig von sekundärer Bedeutung, so die Botschaft schon in der „Grundschrift".

---

27 Vgl. Wolter, 1993, 78f.

5.2.3 Asmodeus als Prophet

V. 5 erweist sich Asmodeus als Prophet, was auch in V. 12 explizit vermerkt wird. Dies ist schon in der oben angegebenen Salomohaggada in bGit 68a vorgegeben. Weil Asmodeus täglich zum Himmel fliegt, vernimmt er dort das kommende Weltgeschehen – dies wird in TSal 20 breiter ausgeführt. Seine prophetische Leistung zeigt Asmodeus in bGit 68a, indem er auf seinem Weg zu Salomo zunächst unverständliche Dinge tut; von Benaja im Nachhinein befragt, begründet er dies mit seinem Vorwissen. Beispielsweise bringt er einen Blinden auf den rechten Weg, weil dieser im Himmel als vollkommen Gerechter genannt wurde und wer ihm beisteht, solle Heil erfahren.

Auch hier weissagt Asmodeus und man kann annehmen, dass diese Fähigkeit parallel zu bGit 68a zum ursprünglichen Traditionsstück gehört. Er prophezeit die Reichsteilung gemäß 1Kön 11f und weist damit gleichzeitig auch auf das Ende der Schrift hin. Der Hinweis des Dämon, Salomo verfüge noch über etwas Zeit, ihn (Rec A) zu quälen, könnte eine Allusion an Mt 8,29 sein, die durch die Version in den Rezensionen B und C durch eine wörtliche Anspielung („βασανίσαι ἡμᾶς") noch verstärkt wurde. Auch erfährt der Leser hier implizit den Sinn des TSal: Die Dämonen gewinnen Macht über die Menschen (wobei hier wieder das Motiv der kultischen Verehrung der Dämonen wie auch in 1Kor 10,20-22 aufgegriffen wird), wenn diese nicht mehr die Namen der Engel kennen, die über die Dämonen gesetzt sind. Und genau diese Engelnamen werden dem Leser ja nach Lektüre der Schrift vertraut sein. Damit ist dieser Zug als redaktionelles Element schon der „Grundschrift" zu werten, die sich dadurch selbst legitimiert: Die Kenntnis der Engelnamen bedeutet, dass sich die Menschen von der Dämonenverehrung abwenden. Hier wird wohl ein polemischer Charakter der „Grundschrift" gegen übertriebene Hinwendung zu Dämonen erkennbar.

5.2.4 Bezüge zum Buch Tobit

Ab V. 6 wird nach der Geißelung des Dämons, die wohl erzählerisch auf V. 3 rekurriert, ein neuer Gesprächsgang eingeleitet, und dieser kann gänzlich auf dem Hintergrund von Tob 3-8 gelesen werden. Zieht man nun Tob als traditionsgeschichtlichen Bezug heran, so sind hier gewichtige Problemfelder zu berücksichtigen, die weniger die literarkritischen[28] als vielmehr die textkriti-

---

28 Das Tobitbuch ist in den letzten Jahren Gegenstand weitreichender literarkritischer Forschungen gewesen; seit dem Kommentar von Deselaers, 1982 ist ein dreistufiges Redaktionsmodell vorgeschlagen worden (mit der kürzeren Tobitfassung als der ursprünglichen), das von Rabenau, 1994 in modifizierter Form grundsätzlich bestätigt wurde. Explizit für die Einheitlichkeit votiert Moore, 1996, 22; gegenüber den ausgeprägten literarkritischen Ansätzen zurück-

schen Fragen des Tobitbuches betreffen. Mit der bei Ego aufgezeigten Forschungstendenz[29] wird hier auch die u.a. vom Codex Sinaiticus bezeugte längere Septuagintafassung (S2) als ältere angesehen, die von der kürzeren (S1) geglättet und paraphrasiert wurde.

In V. 6 lässt Salomo den Dämon noch sorgfältiger fesseln, was ein Reflex auf Tob 3,17 (S1)[30] sein könnte. Was Gott dort Raphael befiehlt (und dieser dann in Tob 8,3 vollbringt), das weist Salomo in TSal seinen Dienern an. V. 7 ist sicherlich eine Allusion zu Tob 3,8f: Dort verhindert Asmodeus die Hochzeitsnacht der jungen Sara, indem er ihre Männer vor dem Beischlaf tötet. Dies ist wohl der Hintergrund, wenn Asmodeus speziell den Jungverheirateten nachstellt. Hinzu kommen redaktionelle Passagen, wie das „Entstellen der Schönheit" (möglicherweise Reflex auf die Schönheit Saras in Tob 6,12) und das „Verwandeln der Herzen" (καρδίας ἀλλοιῶ); letzteres ist – anders als in Sir 13,25 LXX (das Herz verwandelt das Angesicht) – hier so zu verstehen, dass das Herz sich ändert; dies ist ein medizinischer Terminus, vgl. Galen, praesagit. ex puls. IV, 388f Hippolyt kommentiert im Comm in Dan 3,9,4 zu Nebukadnezars Wahnsinn in Dan 4,35 LXX, dass sich „sein Herz geändert habe" (ἡ καρδία αὐτοῦ ἀλλοιωθεῖσα); darum kann die „Veränderung der Herzen" – wie auch in TSal 18,30, wo φρήν und καρδία parallel stehen – eher als Sinnesänderung interpretiert werden und muss sich nicht – wie es Duling z.St. vorschlägt – auf Frigidität beziehen.

Der Dämon verbreitet nach Rec A θηλυμανία, was in der vom TSal unabhängigen Salomodiegese aus dem Sabakloster Kap. 4,5 dem Beelzebul zugesprochen wird.[31] Der als „manische Gier nach Frauen" übersetzte Begriff könnte eine Anspielung an die Schimpfrede in Jer 5,8 LXX sein, die von den Zeugen der Rec B so nicht wiedergegeben wurde. Der Begriff wird bei Philo, Abr 135 als übliche Praxis der Einwohner Sodoms bezeichnet. Nonnos attribuiert damit in Dionys 17,184; 36,469 Bachus, in 31,278 Zeus, jeweils in abwertendem Kontext. Das Morden des Dämons im Rausch dürfte sich auf Tob 3,8f; 6,14 beziehen, wo Asmodeus die sieben Männer Saras tötet. Dies kommt in Ms N besonders deutlich heraus, da dort der Terminus „trigamos" auf das Eheschließen anspielt. Die Trigamie steht in christlicher Rezeption für sexuelle Unmäßigkeit. Er erscheint beispielsweise in der Ketzerpolemik des Hippolyt in

haltend ist Ego, 1999, 889f. Diese Fragen können hier in den Hintergrund treten, da aufgrund der beispielsweise bei Rabenau, 1994, 175ff diskutierten Datierungen der einzelnen Schichten die Endgestalt etwa um 140 vor Christus vorgelegen haben musste und darum für die „Grundschrift" des TSal vorausgesetzt werden kann.

29   Vgl. B. Ego, 1999, 875f, die sich in ihrer Analyse v.a. auf die Untersuchungen von Hanhart, 1987 stützt. Auch die neuere Übersetzung von Schüngel-Straumann, 2000, übersetzt S2, allerdings anscheinend durch das Bedürfnis motiviert, einen „Ausgleich" zur Einheitsübersetzung der Bibel zu präsentieren (a.a.O., 40).

30   Textgrundlage und Verszählung im Folgenden nach Ego, 1999.

31   McCown, 1922, 108 (Ms E).

Ref 9,12: Kallist erlaube es, dass bis zu dreimal verheiratete Männer ein Kirchenamt übernehmen. Ebenso wird in den Apostolischen Konstitutionen 3,2 die Trigamie als Zeichen mangelnder Selbstbeherrschung abgelehnt (τριγαμία δὲ ἀκρασίας σημεῖον).

Insgesamt wirkt, trotz der Unterschiedlichkeit der Überlieferung in den einzelnen Textzeugen, der Dämon im sexuellen Bereich und dabei unbändig und rauschhaft. Dies ist sicherlich durch die Tradition in Tob vorgegeben, da Asmodeus dort gerade in der Hochzeitsnacht wirkt und dies in siebenfacher Wiederholung.

In V. 9f sind zahlreiche Anspielungen an Tob 6-9 zu finden. Raphael steht dem jungen Tobias mit magischem Wissen gegen den Anschlag des Asmodeus bei und ist damit traditioneller Gegenspieler dieses speziellen Dämons. Weiterhin wird ein Dämon in Tob 6,7-9.17f; 8,2f durch den Rauch gegrillter Fischinnereien (Herz, Leber; Galle wird auf die Augen gestrichen, in TSal nur Leber und Galle) bezwungen;[32] diese Rezeptur ist hier aufgenommen. In Tob ist der Fisch ein namenloser Flussfisch,[33] in TSal wird der Fisch redaktionell (und auf spezielle Nachfrage durch Salomo in V. 10) Flusswels (γλάνις) genannt, der nach Aelian, Hist anim 12,14 am Mäander und Lykus, den Flüssen Asiens und in Europa am Strymon beheimatet sein soll. Die Notiz über diesen Fisch in TSal hat eine bemerkenswerte Parallele in den Kyraniden, Buch 4,13: Γλάνεος ἰχθύς, ἐστι ποτάμιος καὶ λιμναῖος. τούτου τὰ ὀστᾶ καιόμενα δαίμονας ἀποδιώκουσιν. Aufgrund dieses in Kyran deutlich erkennbaren apotropäischen Charakters des γλάνις wurde dieser wohl mit dem (anonymen) Flussfisch in Tob identifiziert

Auch die Platzierung in Assyrien ist traditionell vorgegeben, da die Tobitgeschichte dort verortet ist.[34]

In 5,11f wird der traditionell vorgegebene Rahmen der Tobitgeschichte verlassen und zur Erzählung des Testamentes übergegangen. Asmodeus beteuert auf Anfrage die Wahrheit des Gesagten – eine auf der Leserebene wichtige Information, die durch den Hinweis des Dämons auf das Siegel unterstrichen wird. Der Leser kann sich darauf verlassen, dass durch das Siegel die erfahrenen Informationen über Dämonen und die sie unterjochenden Engel richtig sind.

Neben der Furcht vor Eisen, die schon in TSal 2,6 für Ornias beschrieben wurde (s. dort), fürchtet sich der Dämon vor Wasser. Obwohl Wasser auch im zeitgenössischen Umfeld des TSal – man denke an die Systematisierung der Wasserdämonen des Porphyrius in AntrNymph – durchaus als Element gedacht ist, in dem sich Dämonen heimisch fühlen,[35] schreckt Asmodeus hier vor

---

32 Vgl. Kollmann, 1994.
33 Vgl. zu Überlegungen nach der Spezies des Fisches Moore, 1996, 198.
34 Interessanterweise verführt der Satan in Gestalt eines Lichtengels in VitAd 9,1 Eva am Tigris.
35 Vgl. Böcher, 1970, 50ff.

Wasser zurück. An die Taufe ist an dieser Stelle wohl kaum zu denken (wie bei den PsClem, Recog 4,17), weil der weitere Text (Wasserkrüge, Tonherstellung) kaum Hinweise hierauf bietet. Im Hintergrund steht wohl die Vorstellung, dass das Element der Dämonen und des Teufels das Feuer ist, wie es in der neuplatonischen Diskussion beispielsweise Plotin in En 111,5,6 bezeugt (Luft- und Feuernatur der Dämonen). In christlicher Rezeption wird dies beispielsweise in den PsClem, Hom 20,9 deutlich: τὸ σκότος, darum auch der Tartaros, ist der Lebensraum des Bösen und seiner ihm dienenden Engel, φίλον γὰρ πυρὶ τὸ σκότος. In Hom 8,19 heißt es, dass Dämonen νόθοι τῷ γένει ἐκ πυρὸς ἀγγέλων καὶ αἵματος γυναικῶν seien; Lustrationen sind dann ein dämonenabwehrendes Mittel. In diesem Zusammenhang wird dann auch die Tradition plausibel, in der die Dämonen in Wasserkrüge eingesperrt wurden (Test Ver, NHC 9,70,2-24). Auf die Parallele zu TSal 5,12, die uns im Lokalkolorit der Jerusalemer Grabeskirche des 6. Jahrhunderts begegnet, wurde oben (vgl. S. 28) schon hingewiesen. Diese Geschichte wurde wohl als Ortstradition dem Autor des Jerusalembreviers von einem Fremdenführer vermittelt. Es ist keineswegs auszuschließen, dass sie schon etwa zwei Jahrhunderte früher als Jerusalemer Ortstradition ins TSal aufgenommen wurde.

Der Dämon wird, zusammen mit den von ihm gefürchteten Elementen Eisen und Wasser zusammengebracht und soll Ton kneten; diese Tätigkeit, zu der man wohl Wasser braucht, dürfte ihm speziell aufgrund seiner Wasserangst aufgetragen sein. Der Beisatz in V. 12 zur Tätigkeit der Tonherstellung ist den verschiedenen Handschriften unterschiedlich überliefert. Rec A liest „ἀνατρίβων τὴν χορηγίαν τῆς κώμης", und so hat McCown auch den Text der „Grundschrift" rekonstruiert. Diese Passage ist an sich schon rätselhaft; Duling z.St. übersetzt: „eliminating the cost of the mold". In der o.a. Übersetzung wird „χορηγία" wie auch beispielsweise bei Lukian, Anach 35 als „reichliche Menge, Überfluss" verstanden, was zur o.a. Übersetzung führt. Rec B hatte wohl „ἀνατρίβων τοῖς ποσί σου" verzeichnet – diese Lesart ist bei der von McCown nicht berücksichtigten Ms N zu finden; wie es zu diesen unterschiedlichen Varianten kommt, bleibt rätselhaft.

V. 13 nimmt wieder Elemente aus der Tobitgeschichte auf, indem auf Leber und Galle des Fisches hingewiesen wird (Tob 6,17; 8,2). Der Hinweis auf die Stimme des Dämons und die scharfen Zähne ist hierzu redaktionell.

6 Kapitel VI: Die Befragung Beelzebuls

6.1 Übersetzung

Mss HLPN, Recc AB: 1. Dann befahl ich wieder Beelzebul vor mich, und als er vor mir Platz genommen hatte, hielt ich es für angebracht, ihn zu befragen: „Warum bist du allein Herr über die Dämonen?"

2. Er sagte mir: Weil ich von den himmlischen Engeln +Ms P: *die herabgekommen sind* als einziger übrig geblieben bin. Ich war nämlich ein himmlischer Engel von der allerersten Art[1] und wurde Beelzebul genannt.

Mss HLN, Recc AB:[2] 3. Und bei mir war ein zweiter gottloser (Engel), den Gott geringer machte;[3] so wie ich nun hier gefangen bin, hält er (Gott) im Tartaros mein Geschlecht in Fesseln. Er reift im Erythräischen Meere heran; wenn seine Zeit anbricht, wird er im Triumph einziehen.[4]

4. Da sprach ich zu ihm: „Was sind deine Handlungen?" Er sagte mir: „Ich sorge für Umstürze[5] durch Tyrannen; ich veranlasse, dass Dämonen bei den Menschen verehrt werden und ich erwecke Begehren in den Heiligen und in den herausragenden Priestern. Und Missgunst sende ich in die Städte und Mord und ich zettele Kriege an.[6]

---

1   Ms P: im ersten Himmel der erste Engel.

2   In den Versen 3-9 bietet P einen erweiterten Text, um die Dämonologie zu entfalten, und McCown hatte darum noch auf Unterschiede in den Rezensionen geschlossen und somit seine Rec A von Ms P abgesetzt. Seit der Entdeckung von Ms N ändert sich aber das Bild, da Ms N, obwohl deutlich der Rec B angehörig (vgl. McCown, 1922, 113f), in gerade diesen Versen eher mit Rec A geht und wir dadurch die Zusätze in P nicht als Ausdruck von Rec B, sondern als Eigenheit von Ms P deuten können.

3   McCown konjiziert hier aus unverständlichen Textzeugen H und L (ähnlich auch N): „(δεύτερος) ἄθεος ὃν ἐπέταμε".

4   Ms P: Und nun herrsche ich über alle, die im Tartaros gefesselt sind. Ich habe auch einen Abkömmling, der im Erythräischen Meer sein Unwesen treibt. Und wenn seine Zeit gekommen ist, dann wird er, der mir dann untergeben ist, zu mir kommen, und er wird mir seine Untaten offenbaren, und ich werde ihn darin bestärken.

5   Wir folgen hier McCown bei der Konjektur von „καθαίρω" zu „καθαιρῶ"

6   Ms P: Ich, Salomo, sagte zu ihm und sprach: „Beelzebul, was ist deine Handlung?" Er sprach daraufhin: „Ich vernichte Könige. Ich kämpfe zusammen mit fremden Tyrannen; meine Dämonen hetze ich auf die Menschen, damit diese an sie glauben und vernichtet werden. Bei den auserwählten Knechten Gottes, Priestern und gläubigen Menschen, erwecke ich Begehren nach schlimmen Sünden, bösen Neigungen und gesetzeswidrigen Handlungen; sie folgen mir

5. Und ich sprach zu ihm: „Bring mir das Wesen aus dem Erythräischen Meer, von dem du gesagt hast, es reife dort heran!"[7]" Er aber sprach: „Ich bringe ihn nicht zu dir hinauf!"[8] Es wird aber einer kommen mit Namen Ms H: Ephippos; Ms L: Epheptas; Ms N: Ephepas, der jenen binden wird und aus der Tiefe emporholt."[9]

6. Und ich sprach zu ihm: „Sage mir, warum jener in der Tiefe des Erythräischen Meeres ist und wie sein Name ist." Er antwortete: „Frag mich das nicht. Von mir kannst du das nicht lernen. Er wird zu dir kommen, weil auch ich bei dir bin."[10]

7. Ich sprach aber zu ihm: „Sage mir, in welchem Sternbild du wohnst!" Er antwortete: „In dem, der bei den Menschen ‚Hesperia' (Abendstern) genannt wird."[11]

8. Ich sage: „Sage mir: Von welchem Engel wirst du unschädlich gemacht?", er darauf: Rec A: „VOM ALLMÄCHTIGEN GOTT. ER WIRD VON DEN HEBRÄERN ‚PATIKE' GENANNT, ‚DER VON DEN HÖHEN HERABSTEIGT'. ER IST BEI DEN GRIECHEN ‚EMMANUEL', VOR DEM ICH MICH FÜRCHTE UND ERBEBE. Mss PN = Rec B: Vom Heiligen und ehrenwerten Namen des allmächtigen Gottes, von den Hebräern Peuteke genannt, dessen Summe 644 ist. Er ist bei den Griechen Emmanuel. Wenn jemand mich bei ‚Eloi' beschwört, dem großen Namen seiner Macht,[12] dann werde ich zu einer ganz blassen Erscheinung."[13]

9. Als ich, Salomo, aber dies hörte, befahl ich ihm, Thebäischen Marmor zu sägen. Als er zu sägen begann, schrieen alle Dämonen mit lauter Stimme auf wegen ihres Königs Beelzebul.[14]

Mss LHNP, Recc AB: 10. Ich aber, Salomo, fragte ihn und sagte: „Willst Du Straferlass erhalten, so setze mir die himmlischen Dinge auseinander." Darauf sagte Beelzebul: „Höre, König. Wenn du Myrrhenöl, Weihrauch und Meereszwie-

---

und ich führe sie zur Vernichtung. Missgunst, Mord, Kriege, Homosexualität und weitere schlechte Dinge bewirke ich bei den Menschen, und ich zerstöre die Welt."

7 Vgl. hierzu die nachträgliche Emendation bei McCown, 1922, 121.

8 Vgl. hierzu die nachträgliche Emendation bei McCown, 1922, 121.

9 MS P: Ich sprach nun zu ihm: „Bring mir nun deinen Abkömmling, von dem du erzählt hast, dass er im Erythräischen Meer hause." Er aber sprach: „Ich bringe ihn nicht zu dir. Es wird aber zu mir ein anderer Dämon mit Namen Ephippas kommen, den wirst du binden und er wird ihn zu mir aus der Tiefe emporholen."

10 MS P: Ich aber sage zu ihm: „Warum ist dein Sohn in der Tiefe des Meeres und was ist sein Name?" Er aber sagt: „Frag mich das nicht! Denn von mir kannst du das nicht lernen; er wird aber, durch meinen Befehl, zu dir kommen und kann dir dann offen antworten."

11 V. 7 fehlt in Ms P.

12 Vgl. hierzu die nachträgliche Emendation bei McCown, 1922, 121. „Wenn...Macht" Ms P: Und wenn einer von dem Römern mich beim großen Namen der Macht ‚Eleeth' beschwört.

13 „ἀφανὴς γίνομαι", im Sinne von „verunsichert werden", „die Souveränität verlieren".

14 Ms P: Als ich, Salomon, die hörte, war ich bestürzt und befahl ihm, Thebäischen Marmor zu sägen. Als er nun anfing, den Marmor zu sägen, schrieen die übrigen Dämonen mit lauter Stimme auf, und heulten wegen ihres Königs Beelzebul.

beln verbrennst, Nardenöl und Safran und sieben Leuchter bei einem Erdbeben anzündest, wirst du dein Haus errichten.

Wenn du sie in reinem Zustand früh morgens bei Sonnenaufgang anzündest, wirst du die himmlischen Drachen sehen, wie sie kommen und den Wagen der Sonne ziehen."

Mss HLNPVW, Recc ABC: 15 11. Als ich, Salomo, dies hörte, bedrohte ich ihn und sprach: „Schweig und säge den Marmor, so wie ich dir aufgetragen habe!"

6.2 Kommentar

6.2.1 Die Szene

Kap. 6 zeigt aufgrund der Rück- und Vorverweise Spuren redaktioneller Züge im Rahmen der Gesamtkomposition. Die Rückbezüge werden in 6,1 durch πάλιν lexikalisch vorbereitet und rufen dem Leser Kap. 3 ins Gedächtnis, wo Beelzebul erzählerisch in allen drei Rezensionen als ἄρχων der Dämonen eingeführt wird und sich in V. 7 als ἔξαρχος der Dämonen zu erkennen gab. Er wird in Verbindung hierzu in 6,1 von Salomo als ἄρχων der Dämonen angesprochen.

Die Vorverweise schlagen eine Brücke zu den Geschehnissen in Kap. 21-25. Der „zweite gottlose Engel" in 6,3 bezieht sich auf Abezithobou, der, wie es 6,5f vorbereitet, durch den arabischen Dämon Ephippas aus dem Erythräischen Meer geholt wird. Beelzebuls Weigerung, ins Meer hinabzusteigen, findet ein Echo in 16,3: Auch dort steigt Beelzebul nicht ins Meer, um einen Meeresdämon zu Salomo zu holen, sondern passt eine Gelegenheit ab, bei der dieser Wasserdämon aus dem Meer herauskommt.

Diese Bezüge stärken auf der Kompositionsebene die Stellung Beelzebuls als herausragenden Dämon. Durch seine Weissagungen schlägt er eine Klammer zu Handlungsabläufen, die der Leser künftig noch erfahren wird und kann darum als äußerst vertrauenswürdig in seinen Aussagen angesehen werden. Damit dürfte also – neben der Technik, Beelzebul nochmals als Fürsten der Dämonen in Erinnerung zu rufen – der narrative Vorverweis davon motiviert zu sein, diesem speziellen Dämon eine herausragende Stellung einzuräumen. Wie schon zu Kap. 3 ausgeführt wurde, ist hier deutlich die Wirkungsgeschichte des Neuen Testaments spürbar, die zu dieser Platzierung Beelzebuls führte.

---

15   Hier setzt Rec C wieder ein (vgl. die Anmerkung zu TSal 5,6).

6.2.2 Die Charakterisierung Beelzebuls

Beelzebul als Fürst der Dämonen stellt sich in V. 2 als ehemals höchstrangigen Engel vor. Damit wird für den Leser ein erneutes Signal für seine Positionierung über Asmodeus gegeben, der gerade zuvor in 5,3f als Mischwesen zwischen Engel und Mensch beschrieben wurde.

Wenn der Fall Beelzebuls in 6,2f geschildert wird, so ist eigentümlich, dass hierbei auch gleichzeitig auf einen anderen, mitgefallenen Dämon verwiesen wird, der Beelzebul unterstellt ist. Dies wird auch in der Notiz „ἐμοῦ γένος" in V. 3 deutlich, das im Tartaros gefesselt ist. All dies deutet darauf hin, dass nicht Beelzebul allein, sondern er zusammen mit seinesgleichen aus dem Himmel entfernt und im Tartaros gefangengehalten wurde. Dies weist auf die Tradition vom Fall Satans mit seinen Engeln hin, wie sie beispielsweise in Apk 12, 9 verwendet wurde.[16]

Die hinter dieser in V. 3 liegende Vorstellung sind also folgendermaßen beschreibbar: Beelzebul ist als Dämon ein ehemaliger hochrangiger Engel Gottes, der zusammen mit Gleichgesinnten aus dem Himmel entfernt wurde. Seine Anhänger liegen in der Unterwelt gefesselt.

Diese Vorstellungen in christlicher Form werden ganz ähnlich, freilich aber in polemischem Kontext, von Celsus in Orig Cels 6,42 referiert. Auch hier geht es um den extrapolierten Widersacher Gottes (bei Celsus Teufel bzw. Satan, nicht Beelzebul) im Zusammenhang mit dem (aus der griechischen Mythologie referierten) Kampf um die Vorherrschaft im Himmel. Die von Celsus referierte Ansicht der (wohl gnostischen) Christen ist aus der Homerexegese von Il 15,18-24 angeregt und enthält den Sturz der Dämonen vom Himmel; auch der – wohl aus Hesiods Theogonie, 868 entlehnte Begriff des Tartaros ist hier aufgenommen.

Die entsprechenden Vorstellungen vom Sturz des göttlichen Widersachers und der Dämonen vom Himmel und deren Bestrafung im Tartaros ist damit schon längst traditionsgeschichtlich im Christentum vorbereitet und konnte im TSal aufgenommen werden, wobei als der Dämonenfürst der Beelzebul aus neutestamentlicher Tradition gilt.

In V. 4 wirkt Beelzebul im kultischen Bereich, indem er zum Dämonendienst veranlasst und Priester zu sündigem Handeln verleitet und in politischer Hinsicht, indem er den Frieden bricht. Dieser Zusammenhang von Abwendung von Gott und politisch-kultureller Verrohung ist in Röm 1,19ff christlich ausgeführt, und auch im Peristasenkatalog in Röm 1,29 ist die Paarung von φθόνος und φόνος belegt. In TSal 6,4 ist dieser Zusammenhang dämonologisch gedeutet und als Wirkweise eines Dämons beschrieben. Die kultisch bezogene Wirksamkeit Beelzebuls dürfte dabei in die nachplatonische Diskus-

---

16 Vgl. zu dieser Tradition Busch, 1996, 155ff.

sion um die „Dämonenverehrung" eingebunden sein, wie sie uns etwa in Porphyr, De abst 2,40 und Augustin, De civ dei 8,16ff und De divinatione daemonum begegnet. Als traditionsgeschichtlicher Vorläufer ist hier besonders auf die Asclepius-Apokalypse zu verweisen;[17] in dieser Apokalypse gilt Ägypten als das „Abbild des Himmels" und „Tempel der Welt"; nachdem aber durch Fremdvölker der rechte Kult unmöglich gemacht worden ist, bricht das kulturelle und staatliche System zusammen, was durch eine Chaosbeschreibung breit ausgeführt wird. Diese Apokalypse wurde im zeitlich nahen Umfeld des TSal eingehend rezipiert: Bei Augustin, De civ dei 8,23 wird der lateinische Asclepius in dämonologischer Deutung zitiert,[18] und von Laktanz, Div inst 7,18,3 ist das einzige Zitat der griechischen Urfassung (entspricht dem koptischen NHC 6,73,23-74,4) überliefert. Damit wäre es durchaus erwägenswert, dass in TSal 6,4 bei der Charakterisierung Beelzebuls Elemente der apokalyptischen Chaosbeschreibung aufgenommen wurden.

Die Verbindung mit Beelzebul ist im Rahmen des TSal redaktionell, doch traditionsgeschichtlich schon vorbereitet: Im Zusammenhang der Dämonenverehrung ist bei Orig, Cels 8,26 auch Beelzebul als Herr der Dämonen positioniert worden: Origenes polemisiert hier gegen ein Celsuszitat, man könne doch nicht Dämonen opfern, da deren Herr nicht Gott, sondern Beelzebul sei.

Die Variante in MsP zielt auf die Vernichtung der Menschen aufgrund ihrer durch die Dämonen erwirkten Taten: Beelzebul hetzt die Dämonen auf die Menschen, damit diese von Gott abfallen und (zur Strafe) vernichtet werden. Dies hat eine direkte Parallele in CH 1,23, wo Poimandres ausführt:

> „Den Unvernünftigen, Schlechten, Bösen, Neidern (φθονεροῖς), Habsüchtigen, Mördern (φονεῦσι) und Gottlosen bin ich fern und gebe dem strafenden Dämon Raum, der die Glut des Feuers (auf den Schlechten) niederschleudert und ihn durch seine Wahrnehmungen verwundet und zu weiteren Ungesetzlichkeiten anstiftet, damit er noch mehr Strafe erhält."[19]

Auch hier wird ein Dämon auf Menschen gehetzt, um diese zu (zusätzlichen) schlechten Taten zu verleiten, um sie der Strafe zuzuführen.

In V. 7 residiert der Dämon in der ἑσπερία, was wohl synonym mit ἑσπέρα als Abendstern übersetzt werden dürfte. Dieser kann sich auf den Hades beziehen, wie etwa bei Sophokles, Oidip Tyr 178, oder auch auf die Venus, wie bei Cicero, De nat deorum 2,53. Diese Bezüge sind in TSal allerdings nicht eindeutig. Möglicherweise wird hier auf das Wirken des Dämons speziell des abends angespielt, wie es etwa – wohl schon zur Zeit des TSal – von Gregor Thaumaturgos erzählt wurde, der einen Abenddämon im Bade mit dem Zeichen des Kreuzes vertrieben haben soll.[20]

---

17 Koptische Version in NHC 6,70,10ff bei Krause/Labib, 1971.
18 Lateinische Version bei Nock/Festugiere, 1945, Bd. II, 326-332.
19 Übersetzung nach Colpe, 1997, Bd. 1, 18.
20 Greg Naz, De Vit Greg Thaum, in PG 44,592 oder Heil, 1990, 51.

V. 10 macht deutlich, von welchem Engel der Dämonenfürst unschädlich gemacht wird, und dies ist der allmächtige Gott selbst. Dies kommt deutlich mit dem Namen „Eloi" zum Ausdruck, der an „Elohim" erinnert. Ob dies, wie Duling z.St. vermerkt, als Allusion an Ps 22,1 bzw. den Schrei Jesu am Kreuz nach Mt 27,46; Mk 15,34 zu werten ist, erscheint mir angesichts der zahlreichen Vorkommnisse des wirkmächtigen Namens Ελωαι (oder lautlicher Derivate) in der magischen Literatur – beispielsweise in PGM 4,1577; 5,481; 7,400.564; 36,42 u.a. – als fragwürdig. An dieser Stelle ist auch aus der Wirkungsgeschichte ein Hinweis überliefert, dass das TSal zu Beschwörungszwecken benutzt wurde, denn das folgende bei Delatte edierte Stück dürfte wohl aufgrund der engen lexikalischen und thematischen Übereinstimmungen zu TSal 6,8 im direkten Abhängigkeitsverhältnis hierzu stehen; über Beelzebul wird gesagt:

> „Ich beschwöre dich, Beelzebul, den Anführer der Dämonen, der bewirkt, dass die Menschen an die Dämonen glauben, der im Abendstern wohnt, der von Gott, dem Allherrscher mit Eloith, dem großen Namen seiner Macht unschädlich gemacht wird: Weiche von jedwedem Knecht Gottes!"[21]

Gott wird hier mit weiteren Namen der Tradition belegt, einmal mit dem (rätselhaften und bislang unerklärten) Patike, dann mit Emanuel, was in Rec B noch durch eine Gematrie verstärkt wird, die zwar zu „Emmanuel" passt, wenn man ε (5), μ (40), μ (40), α (1), ν (50), ο (70), υ (400), η (8), λ (30) addiert, aber nicht zu „Patike". Diese Gematrie kommt auch in Ms P in 11,6 und in 15,11 vor und dürfte ein Reflex auf Jes 7,14 sein. In der vorliegenden Form ist dies als Echo von Mt 1,23 ein Hinweis auf Christus und unterstreicht den christlichen Charakter schon der „Grundschrift" des TSal. Die Identifikation Gottes mit Emmanuel muss nicht verwundern, ist sie doch auch parallel zu TSal in den pseudoclementinischen Homilien 16,14 belegt: Dort wird die biblische Gleichsetzung von Engeln mit Gott in einer Petrusrede explizit verteidigt und Emanuel wird als Beispiel angeführt. Rätselhaft ist, warum der entsprechende Engel nur bei den Griechen Emanuel genannt wird, schließlich ist dieser Name doch hebräischer Herkunft; möglicherweise ist dies ein Hinweis auf die Verwendung des wirkmächtigen Namens im griechischsprechenden Bereich, wie es etwa in PGM 43 deutlich wird; dort soll der Name „Εμανουηλ" mit anderen Engelnamen auf einem Amulett (spätestens Anfang 5. Jahrhundert, wie die Einleitung in Preisendanz' Ausgabe besagt) eine Sophia, die Tochter Theonillas, vor Fieber bewahren.

---

21 Ms 825 der Nat.Bibl. Athen, fol 9 bei Delatte, 1927, 233.

6.2.3 Beelzebuls magisches Wissen

Beelzebuls Verurteilung zum Marmorsägen ruft bei den weiteren Dämonen Entsetzen hervor. Die Vorstellung ist wohl die, dass die Dämonen die Szenerie mitverfolgen und nun erfahren, dass ihr Oberster zu herabwürdigender Arbeit verurteilt wurde. Dabei wurde das Verb ἀλαλάζειν – etwa parallel zu Mk 5,38 – als Klage- und Entsetzensschrei verstanden; Bornemann, 1844, dachte dagegen an einen Jubelruf und übersetzte mit „jauchzen", wobei diese Interpretationsmöglichkeit jedoch von keinem weiteren Textsignal gestützt wird; es erscheint dagegen ungezwungener, die lautlichen Äußerungen der Dämonen als Entsetzen über eine weitere Dimension der Unterwerfung ihrer Spezies zu verstehen. Auf Salomos Angebot nach Straferlass reagiert der Dämon willfährig und erweist sich damit als ein Wesen, das, wie in TSal 20 entsprechend ausgeführt, am himmlischem Wissen Anteil hat. Der Dämon antwortet mit einer magischen πρᾶξις,[22] deren Ziel der Tempelbau zu sein scheint. Die Zutaten gehören zum Repertoire der Zauberliteratur, sieben Leuchter etwa müssen in PGM 3,22 zur Ausführung eines Fluchzaubers über den Leichnam einer Katze gesprochen werden. In PGM 7,593ff sind ein siebenschnäuziger Leuchter und Myrrhenöl Elemente einer Agoge eines Dämon. In diesem Zusammenhang können auch die rätselhaften Worte über die Drachen und den Sonnenwagen gesehen werden. Die Angabe zur Zeit der Ausführung ist in der Zauberliteratur üblich (etwa: „früh am Morgen"). Die Ankündigung einer Erscheinung bei erfolgreichem Vollzug der Praxis ist ebenso üblich, beispielsweise wird im Rahmen der in PGM 1,43ff beschriebenen Zeremonie (auch bei Sonnenaufgang) ein Habicht erscheinen. Welche Bedeutung hat hier nun der von Drachen gezogene Sonnenwagen? In der Mythologie der griechisch-römischen Welt wird der Wagen der Ceres/Demeter – wie es etwa Ovid, Fasti 3,497 belegt – von Drachen gezogen, ebenso der Wagen des säenden Triptolemos (Paus, Perieg 7,18,3). Doch in V. 10 ist von einem Sonnenwagen die Rede, der von Drachen gezogen wird, und dies ist im Rahmen der antiken Ikonographie unüblich, denn hier verrichten diese Arbeit Rosse (die in Ovid, Met 2,153 oder Hygin, Fab 183 auch mit Namen genannt werden). Doch nach Apollodor, Bibl 1,146 erhält die Zauberin Medea nach der Tötung Glaukes von Helios einen mit geflügelten Drachen bespannten Wagen, mit dem sie aus Athen fliehen kann. Es liegt nun nahe, dass Beelzebul bei der Ausbreitung seiner magischen Praxis auf ein Attribut der mythischen Magierin Medea anspielt. Dadurch könnte die gesamte Beelzebulrede in V. 10 als Vorschlag einer magischen Praxis verstanden werden, die dem König unterbreitet wird. Beelzebul

---

22 Die Reihung „θυμιάζειν στακτὴν καὶ λίβανον καὶ βολβοὺς θαλάσσης" erinnert an die Produkte der ismaelitischen Karawane in Gen 37,25, die Joseph nach Ägypten mitnimmt: αἱ κάμηλοι αὐτῶν ἔγεμον θυμιαμάτων καὶ ῥητίνης καὶ στάκτης, doch eine Allusion an diese Genesisstelle scheint aus dem Kontext kaum hervorzugehen.

antwortet auf die Aufforderung des Königs nicht mit seinem Vorwissen, das er aufgrund himmlischer Abstammung den Menschen voraushat, sondern er will den König zur Magie verleiten.

Salomo lehnt dies ab und gebietet dem Dämon zu schweigen. Das wichtige Lesersignal an dieser Stelle zielt auf die Ablehnung der Magie durch Salomo, und damit wird das nichtmagische Salomobild unterstrichen.

7 Kapitel VII: Lix Tephras

7.1 Übersetzung

1. <small>Mss HLNPVW = Recc ABC:</small> Und ich, Salomo, lobte Gott und befahl, dass ein weiterer Dämon bei mir vorstellig zu sein habe; da kam auch einer vor mein Angesicht. Und sein Gesicht trug er in der Luft hoch droben und der unten verbliebene Teil <small>Rec A:</small> DES KÖRPERS <small>Recc BC:</small> *DES GEISTES* war gewunden wie eine Schnecke.

2. Und er brach durch <small>Rec A:</small> NICHT wenige Soldaten, wirbelte eine gewaltige Staubwolke von der Erde auf, trieb sie in die Höhe und warf sie oftmals gegen mich, um mein Entsetzen zu erregen; ich sprach: „Wen soll ich befragen?"[1]; dies ging eine Zeitlang so.[2]

3. Dann stand ich auf, spuckte nach jener Stelle hin und siegelte ihn mit dem Ring Gottes; sogleich legte sich dieser Wirbel.[3] Dann fragte ich ihn und sprach: „Wer bist Du?", und er wirbelte wieder eine Staubwolke auf und antwortete mir: „Was willst du, König Salomo?"

4. <small>Recc BC:</small> *DA ANTWORTETE ICH IHM: „SAGE MIR, WAS DU ZU SAGEN HAST, DANN WILL ICH DICH BEFRAGEN!" DABEI DANKTE ICH GOTT, DER MIR DAS WISSEN GAB, AUF DEREN ANSINNEN REAGIEREN ZU KÖNNEN.* <small>Rec A:</small> ICH ABER SAGTE: ICH DANKE GOTT, DER MIR DAS WISSEN GAB ÜBER DAS ANSINNEN AN UNS, DAS MIR DURCH DIESE ANTWORT ENTGEGENSCHLÄGT.[4] Da antwortete mir <small>Rec A:</small> DER DÄMON <small>Rec C:</small> DER GEIST: „Ich heiße <small>Ms H:</small> LIX TEPHRAS; <small>Rec C:</small> THLIX TEPHRAX <small>Ms P:</small> *Der Geist der Einäscherung*".

5. <small>Recc BC:</small> *ICH SPRACH ZU IHM: „WAS IST DEINE HANDLUNG?", ER ANTWORTETE: „Ich* <small>Recc AB:</small> BLENDE <small>Rec C:</small> SPALTE <small>Recc ABC:</small> Menschen, verursache Koliken,[5] lege Feuer, entzünde Äcker und beseitige Häuser. Meistens aber übe

---

1 „Wen...befragen" fehlt in Rec C.

2 „Dies ging eine Zeitlang so": der Ausdruck ἕως ἐπὶ πόλυ wurde aus mehreren Varianten von McCown ausgewählt und bleibt inhaltlich unscharf; er wird hier wie bei Duling z.St. auf die Zeitdauer bezogen; Bornemann, 1844, z.St. bezieht es in seiner Übersetzung von Ms P auf die Unterhaltung zwischen Salomo und dem Dämon und übersetzt: „um ihn so viel wie möglich zu befragen".

3 Vgl. hierzu die nachträgliche Emendation bei McCown, 1922, 121.

4 Ms L, rekonstruiert nach McCowns Apparat z.St.: ἐγὼ δὲ εἶπον: εὐχαριστῶ τῷ θεῷ τῷ σοφίσαντί με πρὸς τὰς βουλὰς ἡμῶν, ἂς ἀποκρίνεσθαί μοι.

5 Der Begriff „στρόφος" wird hier, analog etwa zu Soran, Gyn 2,25, mit „Kolik" wiedergegeben. Duling übersetzt ihn mit „whirlwinds".

ich mein Tun im Sommer aus. Wenn ich den Zeitpunkt für günstig halte, schlüpfe ich unter die Mauerecken bei Nacht und Tag. Ich bin nämlich ein Abkömmling des Mächtigen."

6. Ich sprach aber zu ihm: „In welchem Sternbild wohnst du?" Er sagte: „An der Spitze der ^{Recc BC:} *MONDSICHEL* ^{Rec A:} ERDE, die sich im Süden befindet: dort ist mein Stern. Mir ist aufgetragen, die Anfälle des halbdreitägig auftretenden Fiebers zu verstärken.[6] Darum, wenn sie es sehen, beten viele Menschen ^{Ms P, Rec C:} VÖLKER zum halbdreitägigen Fieber mit folgenden drei Namen: ^{Ms P:} ‚Boultala, Thallal, Melchal' ^{Ms H:} Bul, thal, thalal ^{Ms V:} bul, tagithaman, melchagi; ^{Ms L:} und er hält die zwei Finger des Belästigten und spricht so siebenmal in das rechte Ohr: busthai, thalal und ich lasse sie gesund werden."

7. Da sprach ich, Salomo, zu ihnen: „Wenn du nun Böses tun willst, von wem wirst du unschädlich?", ^{Recc BC:} ER ANTWORTETE: „VON DEM ENGEL, DER AUCH DAS DREITÄGIGE FIEBER AUFHÄLT". DA FRAGTE ICH IHN: „MIT WELCHEM NAMEN WIRST DU UNSCHÄDLICH?" Er sagte: ^{+Rec A:} „IM NAMEN DES ERZENGELS ^{Recc ABC:} Azael".

8. Und ich siegelte den Dämon und befahl, dass er Steine heben und sie den Arbeitern auf die höheren Ebenen des Tempels zuwerfen solle. Und so gezwungen, tat der Dämon das ihm Aufgetragene.

7.2 Kommentar

7.2.1 Die Szene

Der Dämon tritt in einer großen Staubwolke auf, die ab V. 4 durch seinen Namen, der sein Wesen als Verbindung von Erde und Asche offenbart, plausibel wird. Bei der Namensgebung bilden die tradierten „ephesia grammata" den traditionsgeschichtlichen Hintergrund.

Der Dämon leistet gegen seine Befragung einigen Widerstand: In Rec A bricht er durch „nicht wenige" Soldaten, was in Rec B und C abgemildert ist (er bricht durch wenige Soldaten hindurch) und versucht Salomo durch seine Staubwolke zu beeindrucken. Salomo benötigt zur Siegelung des Dämons noch eine weitere Handlung und spuckt an die Stelle, an der der Dämon steht. Hierbei ist wohl weniger an die ntl. Heilungsgeschichten durch Speichel in Joh 9,6, Mk 7,33; 8,23 gedacht, sondern m.E. ist hier die Vorstellung grundlegend, den Staub symbolisch durch Feuchtigkeit zu binden.

Der Dämon leistet auch hier Salomo durch eine Gegenfrage Widerstand, doch Salomo kann ihn selbst bezwingen. In V. 4 wird wiederum, wie vorher schon in 5,13, auf die göttliche Herkunft des exorzistischen Wissens hingewiesen. Die weiteren Fragen Salomos und die Antworten des Dämons der kurzen

---

6   Mit Duling z.St. wird ἡμιτριταῖος hier – etwa mit Hippokrat, Epid 1,2 – als Fieber, das halb-
    dreitägig auftritt verstanden.

Szenerie sind stereotyp. Der Auftrag in V. 8, der Dämon solle Steine auf die höheren Ebenen des Tempels befördern, ist wohl durch V. 1 begründbar, da dort der Dämon als aufrecht in die Höhe ragend vorgestellt wird.

7.2.2 Die Identität des Dämon

In 7,4 gibt sich der Dämon namentlich zu erkennen, doch variieren die verschiedenen Handschriften bei der genauen Namensgebung. McCowns Textgestaltung und darüberhinaus die spärliche Literatur zum Thema interpretieren die Identität des Dämons als „Lix Tetrax", ein Ausdruck, dessen zwei Elemente im Rahmen der Magica lange Tradition haben: Beide Teile dieses Doppelnamens sind doch den mythischen „ephesia grammata" zugehörig, die der Sage nach am Kultbild der Ephesinischen Artemis prangten.[7] Der Lexigraph Hesych benennt im Lexikoneintrag zu „Ἐφέσια γράμματα" die Namen der ursprünglichen sechs Lettern als „ἄσκιον, κατάσκιον, λίξ, τετράξ, δαμναμενεύς, αἴσιον" und versucht eine Etymologie, wohl auf der Grundlage von Clemens Alexandrinus in Strom 5,8,45:

> Ἀνδροκύδης γοῦν ὁ Πυθαγορικὸς τὰ Ἐφέσια καλούμενα γράμματα ἐν πολλοῖς δὴ πολυθρύλητα ὄντα συμβόλων ἔχειν φησὶ τάξιν, σημαίνειν δὲ Ἄσκιον μὲν τὸ σκότος, μὴ γὰρ ἔχειν τοῦτο σκιάν· φῶς δὲ Κατάσκιον, ἐπεὶ καταυγάζει τὴν σκιάν· Λίξ τέ ἐστιν ἡ γῆ κατὰ ἀρχαίαν ἐπωνυμίαν καὶ Τετρὰξ ὁ ἐνιαυτὸς διὰ τὰς ὥρας, Δαμναμενεὺς δὲ ὁ ἥλιος ὁ δαμάζων, τὰ Αἰσιά τε ἡ ἀληθὴς φωνή. σημαίνει δ' ἄρα τὸ σύμβολον ὡς κεκόσμηται τὰ θεῖα, οἷον σκότος πρὸς φῶς καὶ ἥλιος πρὸς ἐνιαυτὸν καὶ γῆ πρὸς παντοίαν φύσεως γένεσιν.[8]

> Androkydes der Pythagoräer aber sagt, die sogenannten Ephesinischen Lettern, bei vielen wohlbekannt, hätten in ihrer Anordnung einen inneren Zusammenhang: Askion bedeute Finsternis, denn diese hat keinen Schatten, Kataskion bedeute Licht, da es den Schatten durchstrahlt. Lix aber bedeute nach einem altertümlichen Namen Erde und Tetrax das Jahr wegen der (vier) Jahreszeiten; Damnameneus aber die Sonne, die Bezwingende, und Aisia die wahre Stimme. Dieser innere Zusammenhang heißt dann, dass das Göttliche geordnet ist: Finsternis zum Licht, Sonne zum Jahr und Erde zu jeglicher Zeugung der Natur.

Damit scheint es, dass in TSal 7 zwei der ehemals magischen Termini der Ephesinischen Lettern als Dämonengestalt auftauchen, wobei der ursprünglich apotropäische Charakter dieser Namen verschwunden, sogar ins Gegenteil verkehrt wurde.[9] Diese Bedeutungsverschiebung könnte durch den Gebrauch

---

7   Vgl. McCown, 1923; Faraone/Obbink, 1991, 111.

8   GCS 52.

9   Zur dieser Herleitung des Dämons aus den „Ephesinischen Lettern" vgl. McCown, 1923, 136f; Preisendanz, 1962, 519: „Aus den zwei Namen ist hier Ein (sic!) Dämon geworden ... So hat

dieser Lettern in der magischen Paxis[10] – beispielsweise auf einer Bleidefixio aus Phalasarna/Kreta,[11] wo sie Teil der „Rhesis barbarike" zur Abwehr von Krankheit und Übel sind – angeregt worden sein. Als zaubermächtige Namen waren sie im kulturellen Zeichensystem präsent und wurden im TSal als mächtige Dämonennamen aufgenommen. Diese These, dass der Dämon in TSal 7 eine Dämonisierung zaubermächtiger Namen darstellt, die in magischen Praxeis zirkulierten, kann auch durch 7,6 gestützt werden. Dieses Stück kann man als Zitat einer Praxis verstehen, bei der auch die rhesis barbarike in verschiedener Ausformulierung überliefert wurde. Dies macht deutlich, dass TSal 7 mit hoher Wahrscheinlichkeit eine Defixion als Vorlage diente, die sich auf das „halbdreitägige Fieber" richtet.[12] Dieser Terminus „ἡμιτριταῖος" ist auch bei der stark fragmentierten Praxis in PGM 3,441-467 zu finden, ebenso im Zusammenhang mit einer Nennung der Ephesinischen Lettern (Damnameneus),[13] doch als Konsequenz einer falschen Durchführung des Zaubers. Obwohl der (nicht mehr genau rekonstruierbare) Sinnzusammenhang in PGM 3 ein anderer zu sein scheint als die für TSal 7,6 zugrundeliegende Praxis, erhöht jedoch die gemeinsame Erwähnung einer „Ephesinischen Letter" und des ἡμιτριταῖος die Wahrscheinlichkeit, dass TSal 7,6 tatsächlich eine Vorlage hatte, die „Lix Tetrax" und ἡμιτριταῖος kombinierte. Möglicherweise wurde in dieser Vorlage auch der „Erzengel" Azael – in hebrHen 4,6 als einer der drei „Dienstengel" Gottes genannt[14] – zur Vertreibung des ἡμιτριταῖος angerufen und wird darum in 7,7 als Unterwerfer des Dämons entsprechend genannt.

Bei der Beschreibung des Dämons kann auch noch die bei Clem Alex notierte Kenntnis der „ursprünglichen" Etymologie von „Lix" als „Erde" vorausgesetzt werden. Zumindest in Rec A ist in 7,6 ein Bezug des Dämons zur Erde erkennbar, was dann in Rec B und C in astraler Umprägung vorliegt.

Weiterhin macht das in den meisten Textzeugen notierte Namenselement „Tephras" aufgrund der griechischen Wortbedeutung deutlich, dass der Dämon etwas mit Asche zu tun hat. Man könnte hier eine volksetymologische Umprägung vom ursprünglichen „τέτραξ" zu „τέφρα" (=Asche) vermuten, und dieses Namenselement erklärt, warum das Feuerlegen bei der Charakterisierung der dämonischen Handlung in 7,5 eine derart große Rolle spielt. Beim

---

sich die ursprünglich heilbringende, apotropäische Eigenschaft von Lix Tetrax als Schutzgeistern zu der eines Schadendämons verschlechtert".

10 Vgl. Kotansky, 1991d.
11 Vgl. Jordan, 1992.
12 Zum „halbdreitägigen Fieber" vgl. etwa Celsus, Med. 3,8: „At ubi id genus tertianae est, quod emitritaeon medici appellant, magna cura opus est, ne id fallat: habet enim plerumque frequentes accessiones decessionesque, ut aliud genus morbi videri possit porrigique febris inter horas XXIIII et XXXVI, ut quod idem est, non idem esse videatur."
13 Zur weiteren Nennung der „Ephesinischen Lettern" in den Zauberpapyri vgl. Preisendanz, 1962, Sp. 516f.
14 Zu Asael vgl. Michl, 1962, 206.

Namen „Lix Tephras" – folgt man wieder der bei Clemens angegebenen Be-
deutung von „Lix" – liegt dann also eine Assoziation von Erde und Asche vor.
Hierzu passt dann die Eingangszene, in der der Dämon durch eine große
(Erd-)Staubwolke versucht, Eindruck zu machen.

Der Dämon wurde in 7,1 als schneckengestaltig vorgestellt, und hier sind
mehrere Deutungsmöglichkeiten zu erwägen.

Einmal könnte hier die Vorstellung mit hineinspielen (wie etwa Galenus in
De simplicium medicamentorum 11,33[15] vermerkt), dass die Asche der Schnek-
ke heilkräftig sei, und auch in unverbranntem Zustande wirke die Schnecke
gegen Magenbeschwerden. Hier könnte auch der Grund für die Koliken in 7,5
liegen: Wie der schneckengestaltige Dämon Koliken verursacht, so werden
diese durch Schnecken medizinisch gelindert.

Zum anderen könnte die in 7,1 vermerkte bildhafte Vorstellung des Dä-
mons ähnlichen Abbildungen der magica entsprechen; hier ist weniger an die
Chnubis-Schlange zu denken, deren gewundener Körper auf vielen antiken
magischen Gemmen schneckenförmig aufgerollt ist,[16] sondern vielmehr an die
Gestalt des Agathodaimon, der (wie etwa in PGM 4,2428) mit einer Schlange in
Verbindung gebracht wird. Diese Dämonengestalt kann mit Rettergottheiten
wie Serapis und Asclepius identifiziert werden, wie etwa ein im Umfeld des
Asclepions in Jerusalem gefundene Relief zeigt.[17] Es kann spekuliert werden,
ob nicht ein derartiges Bild im Zusammenhang mit einer heilenden Gottheit im
Umfeld der Entstehungsgeschichte des TSal sinnlich präsent war und in dä-
monisierter Form zusammen mit den „ephesia grammata" in Kap. 7 aufgenommen wurde

---

15   Bei Knobloch, 1965, Bd. 12,355.
16   Vgl. hierzu besonders die einschlägigen Abbildungen bei Michel, 2001.
17   Abbildung von Duprèz, 1970, pl.XVIII fig. 3, vgl. Belayche, 2001, 162.164f.

8 Kapitel VIII: Die sieben Geister

8.1 Übersetzung

Mss HLPNVW, Recc ABC: 1. Da lobte ich wieder Gott, der mir eine derartige Macht gab und befahl, dass ein weiterer Dämon vor mir erscheinen sollte. Da kamen sieben +Ms P: weibliche Geister, aneinandergebunden und zusammengewunden, von Aussehen in schöner Gestalt Rec A: UND UNSCHICKLICH Ms P: und in schöner Form.

2. Als ich, Salomo, diese sah, war ich verwundert und fragte sie: „Wer seid ihr?", sie sprachen +Recc BC: ÜBEREINSTIMMEND MIT EINER STIMME: „Wir sind die +Rec B: dreiunddreißig Mächte,[1] weltweit herrschend in der Finsternis".

3. Und es sprach die erste: Ich bin der Betrug (ἡ ἀπάτη)", die zweite: „ich bin der Streit (ἡ ἔρις)" (statt „Eris" Ms H: die Luft (ἀήρ)), die dritte: „ich bin Klotho" +Rec B: das ist der Kampf, die vierte: „Ich bin Rec A: DER KAMPF Recc BC: DIE MISSGUNST (ἡ ζάλη)[2]", die fünfte: „Ich bin die Täuschung (ἡ πλάνη)", die sechste: „Ich bin die Macht (ἡ δύναμις)"[3], die siebte: „ich bin die schlimmste (ἡ κακίστη).

4. Und unsere Sterne am Himmel scheinen wenig, und doch werden wir gleich den Rec A: GÖTTERN Rec B: Göttinnen[4] angerufen. Wir verändern uns + Recc BC: GEMEINSAM und wohnen zusammen, mal in Lydien, mal auf dem Olymp, mal auf dem großen Berg."

5. Ich, Salomo, fragte sie bei der ersten beginnend[5]: „Sage mir, was ist deine Tätigkeit", und sie sprach: „Ich bin der Betrug; Betrügereien fädle ich ein und die schlimmsten Vorsätze rege ich an. Allerdings gibt es einen Engel, der mich unwirksam macht, nämlich Rec A: GLAMECHIEL Rec B: Lamechalal Rec C: LA-MECHIEL."

6. Die zweite sagte: „Ich bin der Streit. Ich rege die Streitlust an und trage Speer, Schleudersteine und Schwert als meine üblichen Waffen; aber auch ich habe einen Engel, der mich unwirksam macht, nämlich Baruchiel."

---

1 Duling z.St. interpretiert „στοιχεῖα" als Himmelskörper, vgl auch TSal 14,5; 18,2-4.

2 „ζάλη" (Sturm) steht hier wohl (gerade wenn man den Ausführungen in V. 8 folgt) für „ζῆλος" und wurde möglicherweise zur Angleichung an die Feminina der Reihung gesetzt.

3 Ms P vertauscht sowohl hier als auch in den Versen 9 und 10 die Reihenfolge von „Macht" und „Täuschung".

4 Vgl. hierzu die nachträgliche Emendation bei McCown, 1922, 121.

5 Vgl. hierzu die nachträgliche Emendation bei McCown, 1922, 121 (feminines Genus).

7. Da sprach auch die Dritte: „Rec A: ICH BIN KLOTHO, ICH UMGARNE[6] Rec B: *Ich heiße Klotho, das ist Kampf* Rec A: UND ICH SORGE DAFÜR, DASS ALLENTHALBEN GEKÄMPFT WIRD UND DASS DIE IN NACHBARSCHAFT LEBENDEN NICHT EHRENVOLL FRIEDEN HALTEN. + Recc BC: *ABER WAS REDE ICH SO VIEL?* Es gibt einen Engel, der mich unschädlich macht, nämlich Marmaroth.[7]"

8. Und die vierte sagte: „Ich bewirke, dass die Menschen Rec A: SCHLECHT WERDEN Recc BC *KEIN EINSEHEN HABEN.* Ich spalte sie und trenne sie. Wenn mir Eris, der Streit, nachfolgt, Rec A: SPALTE ICH SELBST BRÜDER UND MACHE VIELE ANDERE UND DERGLEICHEN ÄHNLICHE DINGE. Recc BC: *SPALTE ICH MÄNNER VON IHREN FRAUEN, ELTERN VON KINDERN, BRÜDERN VON SCHWE- STERN. ABER WAS REDE ICH SO VIEL?* Auch ich habe einen Engel, der mich unschädlich macht, den großen Rec A: MELCHU(EL) Rec B: *Balthiul* Rec C: MA- CHITHIUM.

9. Und die fünfte sagte: „Ich bin die Täuschung, König Salomon, ich täu- sche dich und täuschte dich schon damals, als ich dich dazu verleitete, deine Brüder zu töten (und täuschte ... töten Rec C: BIS ZUM LETZTEN DEINER LEBENSTA- GE).[8] Ich täusche euch, +Recc BC: *UND LEHRE, GRÄBER AUFZUSPÜREN UND ZU DURCHWÜHLEN. UND ICH FÜHRE SEELEN IN DIE IRRE, WEG VON JEGLICHER FRÖMMIGKEIT* und mache weitere und viele schlimme Dinge. Ich habe einen Engel, der mich unschädlich macht, Rec A: URUEL Ms P: Ouriel Ms N: Reoel Rec C: URIKA."

10. Gleichsam sprach auch die sechste: Rec A: „ICH KANN TYRANNEN ENT- STEHEN LASSEN Recc BC: "*ICH BIN DIE GEWALT. ICH LASSE TYRANNEN ER- STEHEN* und Könige vergehen, allen Aufrührern gebe ich Gewalt. Auch ich habe einen Engel, der mich unschädlich macht, Rec A: PERAOTH Recc BC: *ASTERAOTH."*

11. Gleichsam sprach die siebte: Rec AB: „Ich bin die schlimmste, und dir, König, werde ich sogar Schaden zufügen, wenn für mich die Fesselung nach Art der Artemis befohlen würde +Rec B: *die Heuschrecke wird mich aber befreien.*[9] Somit wirst du nämlich deine Begierde ausleben +Rec A: WIE EIN LIEBESTOLLER, die für mich aber der Weisheit entgegengesetzt ist,[10] und wenn jemand weise ist, wird er seinen Fuß nicht zu mir wenden.

---

6   „κυκλίζω" wird von McCown, 1922 z.St. zu „κικλήσκομαι" (ich heiße) konjiziert, und dem folgt auch Duling z.St.

7   Vgl. TSal 18, 28 mit Anm.

8   Möglicherweise ist hier eine Anspielung auf 1Kön 2,25 und den Tod Adonijas gegeben.

9   An diesem Ausdruck ist vieles rätselhaft. Zu den Vorschlägen zur Konjektur von „κελευθῶ" zu „κελεύσω" vgl. Duling z.St.; Bornemann, 1844, 31 konjiziert zu „κέκλεισμαι" und übersetzt „weil ich mit den Banden der Artemis gefesselt bin"; m.E. muss das Passiv nicht auf diese Weise emendiert werden. Die „Heuschrecken" beziehen sich auf TSal 26,4ff.

10 Vgl. hierzu die nachträgliche Emendation bei McCown, 1922, 121.

Ich bin ... wenden Rec C: ICH BIN DIE MISSGUNST. ICH MISSGÜNSTIGE. ICH VERDUNKLE ALLE MENSCHEN (UND BRINGE SIE AB) VOM WEG DER FRÖMMIGKEIT, UND NICHT WENIGE WEITERE BÖSE WERKE VERÜBE ICH. ICH HABE AUCH EINEN ENGEL, DER MICH UNSCHÄDLICH MACHT, DEN GROßEN KANONEL."

12. Als ich, Salomon, dies hörte, siegelte ich sie mit dem Ring Gottes und befahl, dass sie die Fundamente des Tempels graben sollten; die Länge erstreckte sich über 250 Ellen, Rec A: UND ALLES, WAS IHNEN BEFOHLEN WURDE, TATEN SIE. Rec B: *Ich hieß sie eifrig zu sein, und sie vollbrachten gemeinsam und unter Protest das ihnen Aufgetragene.*

8.2 Kommentar

8.2.1 Die Szene

Schon in der „Grundschrift" ist von sieben Geistern die Rede, die, wie es Rec B in V. 1 explizit darstellt, aus sieben weiblichen Allegorien bestehen. Die besondere Betonung des Weiblich-Aufreizenden und männliches Begehren Anregenden in diesem Kapitel ist in Kombination mit dem Hinweis auf Salomos Hinwendung zu heidnischen Frauen in 8,11 deutliches Indiz für die Dämonisierung des Sexuellen und damit für den sexualfeindlichen Zug schon der „Grundschrift". Die Geister, obwohl auch namentlich differenzierbar, treten untrennbar gemeinsam auf, was in den Recc B und C in V. 2 durch die Allusion an Röm 15,6 („übereinstimmend mit einer Stimme") noch verstärkt wird. Die sieben Geister können als Traditionsstück angesprochen werden, zu dem wir, wie unten ausgeführt, Seitenstücke in gnostischen Texten finden. Diese Traditionsstück wurde schon in der „Grundschrift" des TSal als Entfaltung der „Kosmokratoren der Finsternis" in Eph 6,12 verwendet, wodurch sich der christliche Charakter der „Grundschrift" deutlich zeigt.

8.2.2 Die Sieben Geister als astrale Größen?

Schon in V. 1 wird eine Siebenzahl der Dämonen vorgestellt, die durch das Zusammengebundensein als untrennbar gedacht sind. Eine derartige Siebenheit der Geister, die wohl aufgrund der Übereinstimmung in den drei vorliegenden Rezensionen schon in der „Grundschrift" entsprechend vorlag, ist traditionsgeschichtlich vorbereitet. So wird eine Siebenheit von Dämonen häufig genannt, im NT etwa in der Logienquelle Q 7,26: Ein in den Körper rückkehrender unreiner Geist nimmt sieben andere noch schlimmere mit; nach Lk 8,2 sind aus Maria Magdalena sieben Dämonen ausgefahren. Dies dürfte schon im zwischentestamentlichen Judentum vorgegeben sein, etwa in TRuben 3; dort ist (einleitend in TRuben 2,1) von ἑπτὰ πνεύματα τῆς πλάνης die Rede, die in Folge aufgezählt werden, allerdings zu den sieben Geistern in TSal unterschiedlich sind. Eine Siebenheit der Geister wird demnach schon in der „Grundschrift" des TSal als bekannt vorausgesetzt, nicht begründet und auch so als Siebenheit in der Wirkungsgeschichte weiter tradiert.[11]

Die sieben stoicheiai wurden von Auslegern des Textes zumeist in astrologischer Umformung interpretiert und mit Himmelsmächten in Verbindung gebracht, seien es die Pleiaden[12] oder die Tradition der gefangenen Sterne in äHen 18-21[13]:

> äHen 18,13-16: Ich sah dort sieben Sterne wie große, brennende Berge. Als ich danach fragte, sprach ein Engel: „Das ist der Ort, wo Himmel und Erde zu Ende sind; ein Gefängnis wird er für die Sterne und der Heer des Himmels sein. Und die Sterne, die über dem Feuer rollen, sie sind es, die das Gebot Gottes übertreten haben vom Anfang ihres Aufgehens an, weil sie nicht zu ihrer Zeit hervorkamen.[14]

Die Verbindung von den Engeln mit Sternen wird hier vorausgesetzt und auf der Bildebene der Planeten gedacht: Die Sterne wurden bestraft, weil sie zur unrechten Zeit hervorkamen. In äHen 18,3 („Und ich sah dort sieben Sterne des Himmels an ihm [=dem Ort] zusammengebunden, wie große Berge und im Feuer flammend") sind nach Auskunft Uriels diese Sterne gebunden, weil sie das Gebot Gottes übertreten hatten.

An dieser Stelle könnte man auch an die „Lehre der sieben herrschenden Dämonen" denken, die Celsus im Zusammenhang mit dem „Ophitendiagramm" in Cels 6,22-38 entwickelt und die Origenes als christliche Konventikellehre verwirft – auch hier sind die sieben theriomorphen Dämonen mit Himmelsmächten verbunden worden.[15]

Weiterhin wären die „sieben Polwächter des Himmels" zu nennen, die in den Zauberpapyri begegnen:

> PGM 4,674ff: Hervor kommen aber auch sieben andere Götter mit den Gesichtern schwarzer Stiere, in linnenen Schürzen, sieben goldene Diademe haltend. Das sind die sogenannten „Polwächter des Himmels" (πολοκράτορες τοῦ οὐρανοῦ).

In die Nähe dieser Tradition rückt auch folgende Text:

> PGM 7,161ff: Da lachte der Gott siebenmal: Cha, Cha, Cha, Cha, Cha, Cha, Cha. Und als der Gott lachte, entstanden sieben Götter, die das Weltall umfassen.

---

11 Vgl. etwa die frühe Rezeption der Stelle in Ms 825, Nat.Bibl. Athen, fol. 9 (Delatte, 1927, 234): ὁρκίζω ὑμᾶς, τὰ ἑπτὰ δαιμόνια τὰ ἑλλαδικά.
12 M.R. James, 1899; McCown, 1922, 70.
13 Vgl. v. Stuckrad, 2000, 403.
14 Text nach Uhlig, 1984, 550.
15 Zum Ophitendiagramm vgl. bes. den Kommentar von Witte, 1993.

An dieser Stelle wäre, wie es schon von v. Stuckrad im Zusammenhang mit der „astralen Auslegung" des Kapitels vorgeschlagen wurde,[16] der gnostisch-hermetischen Tradition von der Erschaffung des Schicksals, der Heimarmene, Beachtung zu schenken:

> CH 1,9: Der Geist Gottes, der mannweiblich und der Leben und Licht ist, gebar durch das Wort einen zweiten Geist, den Demiurgen, der als Gott des Feuers und des Pneumas eine Art von Verwaltern, sieben an der Zahl, schuf, die in Kreisen den sichtbaren Kosmos umgeben; und ihre Verwaltungstätigkeit wird Schicksal (Heimarmene) genannt.[17]

Über die Herkunft dieser Tradition wurde kontrovers diskutiert. Reitzenstein vermutete sie aus Judentum, Christentum und Gnosis,[18] während Dodd für die himmlischen Verwalter einen stoischen Hintergrund annahm.[19] Jedenfalls liegt im gnostischen Traktat „über den Ursprung der Welt" in NHC 2,5,123,2ff diese Tradition in gnostischer Ausprägung vor:

> Wir wollen wieder (πάλιν) zu den Archonten (zurück)kommen, von denen wir gesprochen haben, um ihre Darstellung (ἀπόδειξις) zu bieten (παριστάναι). Denn (γάρ) als diese sieben Archonten aus ihren Himmeln auf die Erde hinabgeworfen worden waren, (da) schufen sie sich Engel (ἄγγελος), d.i. viele Dämonen (δαίμων), um ihnen zu dienen (ὑπηρετεῖν). Diese aber (δέ) lehrten die Menschen viele Irrtümer (πλάνη) und Magie (μαγεία) und Zauberei (φαρμακεία) und Götzendienst (εἴδωλον) und Blutvergießen und Altäre und Tempel und Opfer (θυσία) und Trankopfer (σπονδή) für alle Dämonen (δαίμων) der Erde, wobei sie als ihre Mitarbeiterin die Heimarmene haben, die geschaffen worden ist in Übereinstimmung (κατά, συμφωνία) von den Göttern der Ungerechtigkeit (ἀδικία) und Gerechtigkeit (δικαιοσύνη).[20]

Hier sind die sieben Archonten die Quellen der Dämonen, deren Mitarbeiterin die Heimarmene ist. Sowohl in der hermetischen Tradition in CH 1,9 als auch in gnostischer Ausprägung haben die sieben Mächte astralen Charakter.

Diese traditionsgeschichtlichen Verknüpfungen mit siebenzahligen Himmelsmächten erklären m.E. den traditionsgeschichtlichen Hintergrund von TSal 8 nicht gänzlich hinreichend, denn es ist auffällig, dass die Astrologie in 8,4 deutlich zurückgenommen ist. Die Sterne „φαίνονται μικρά", und als Wohnort der Geister wird die Erde angegeben. Wohl wird (außer beim letzten Geist in den früheren Rezensionen A und B) immer wieder der Überwinderengel genannt, doch die astrologische Verknüpfung wird deutlich zurückge-

---

16   V. Stuckrad, 2000, 403f.

17   Colpe, 1997, 12.

18   Reitzenstein, 1904 (1966), 69ff.

19   Dodd, 1935, 138ff. Zur Diskussion vgl. Copenhaver, 1992, 105f. Auf jeden Fall liegt, wie v. Stuckrad, 2000, 282f richtig bemerkt, diese Tradition im TSal längst in jüdischer Aufnahme vor.

20   Böhlig/Labib, 1962, 97.99 bieten die griechischen Schlüsselworte, weshalb deren deutsche Übersetzung hier zitiert ist und nicht die neuere nach H. Bethge in Schenke u.a., 2001, 259f.

nommen.[21] Im Gegenteil, die Notiz in V. 4 verweist auf Griechenland (Olympos) und Kleinasien (Lydien), der hohe Berg wird nicht genauer benannt – jedenfalls haben die Geister ihren Wohnort auf der Erde und nicht in den Sternen. Aufgrund dieses Befundes in V. 4 scheint schon die „Grundschrift" des TSal eine astrologische Tradition redaktionell von ihrem ehemals astrologischen Kontext zu distanzieren: Die sieben Mächte werden als dämonische Kosmokratoren bezeichnet.

8.2.3 Die Mächte als Kosmokratoren der Finsternis

Der Begriff „στοιχεῖα" begegnet im TSal in 8,2 und in 18,1-4 in der Pluralform.[22] Damit sind an beiden Stellen numinose Mächte gemeint, die Einfluss auf das Weltgeschehen ausüben. Bei der Lektüre dieser beiden Stellen erhebt sich die Frage nach der Beziehung zu den neutestamentlichen στοιχεῖα-Aussagen, insbesondere Gal 4,1-10 und Kol 2,8-22. Bei der Diskussion dieser Stellen tendieren die jüngeren Beiträge dazu, die στοιχεῖα in Gal und in Kol weniger als numinose Größen, sondern eher als „physische Grundstoffe" der Welt anzusehen.[23] Gerade dies ist nun in TSal 8 und 18 mitnichten der Fall, da dort die στοιχεῖα explizit dämonisiert sind.

Die sieben Mächte sind weltweit herrschend (kosmokratores) in der Finsternis (skotia). Dies dürfte eine Allusion an Eph 6,12 darstellen, wo die bösen Geister als „Weltenherrscher in dieser Finsternis" genannt werden.[24] In der christlichen Literatur hat Eph 6,12 Nachwirkungen in einer Beschwörungsformel in ActJoh 23, wo die Macht des Kosmokrators vor dem Namen Christi zittert und in einem Bittgebet an Christus in den ActPhil 144, wo die Kosmokratores (aus Eph 6) zusammen mit dem bösen Drachen (wohl aus Apk 12) und dem Antikeimenos (wohl aus 2Thess 2) genannt werden. Die Verbindung der „Kosmokratoren der Finsternis" aus Eph 6,2 und dem Antikeimenos aus 2Thess 2 ist auch in christlicher Rezeption in PGM 13,15ff belegbar.[25] Doch

---

21 Diese Beobachtung steht in direkter Opposition zu v. Stuckrad, 2000, 403: „Allerdings wird im TSal nicht von einer ‚Siebenheit' gesprochen, sondern von einzelnen dämonisierten Gestirnen, die von je unterschiedlichen Engeln kontrolliert werden." Ich kann hier keinen Hinweis auf „Gestirne" finden.

22 Als Singular ist in TSal 15,5 vom unbegrenzten und unüberwindlichen „μέτρον τοῦ στοιχείου" die Rede; in 17,4 ist τὸ στοιχεῖον des Retters auf der Stirn – στοιχεῖον hat hier die Bedeutung von Zeichen oder Machtmal.

23 Vgl. ergänzend zu J. Blinzler, 1963: D. Rusam, 1992; E. Faust, 1993, jeweils mit älterer Literatur. Gerade Faust bezieht die Polemik in Gal auf die jüdische Kalenderfrömmigkeit.

24 Schon M.R. James, 1899, nennt diesen Ausdruck „a Pauline expression". Zu weiteren Aspekten dieses Titels im religiös-astralen und im politisch-herrschaftlichen Bereich vgl. v. Stuckrad, 2000, 404ff.

25 Preisendanz Bd. II, 1974², 221f.

auch ganz unabhängig von Eph 6,12 ist das Wortfeld „kosmokrator" und „stoicheiai" in der neuplatonischen Dämonendiskussion belegbar. Bei Jamblichus, De myst 2,3 werden die Archonten (als Teil der Reihung Gott-Erzengel-Engel-Dämon-Archont) als „οἱ κοσμοκράτορες οἱ τὰ ὑπὸ σελήνην στοιχεῖα διοικοῦντες" bezeichnet. Die Archonten sind also Weltherrscher, die die Mächte unter dem Monde verwalten. Diese Vorstellung ist demnach in der neuplatonischen Diskussion präsent und könnte der Grund dafür sein, warum die astrologische Konnotation der „sieben Geister" an dieser Stelle zurückgenommen wird. Diese Geister werden als Mächte gesehen, die sich als Kosmokratoren in Erdnähe aufhalten – und dies wird in V. 4 entsprechend angegeben.

8.2.4 Die Wirkweise der sieben Geister

Die sieben Geister repräsentieren jeweils in allegorischer Weise eine Widrigkeit. Die Kombination dieser Allegorien – es handelt sich durchweg um weibliche – ist zu einem großen Teil in Hesiods Theogonie 211ff angelegt, wo die „Geschöpfe der Nacht" beschrieben werden. Die Nacht gebiert in diesem Stück die ἀπάτη und die φιλότητα, die Liebesleidenschaft, in deren Farben in TSal 8,11 der siebte und „schlimmste" Geist gezeichnet ist. Ebenso die ἔρις und μάχαι (man beachte den gleichnamigen Zusatz zu Klotho in V. 3 von Rec B!). Zu Hesiods ἀνδρικτασία ist in V. 9 das Werk der Täuschung, das „Töten der Brüder" parallel, und es ist bezeichnend, dass – wohl in späteren Zusätzen zur Theogonie – auch die drei Moiren und vornweg Klotho als Geschöpf der Nacht verzeichnet sind. Damit ist diese Kombination der Allegorien als Geschöpfe der Nacht als Traditionsstück schon angelegt und konnte sich in TSal 8 in spezieller Ausgestaltung niederschlagen, wobei die „Nacht" in Hesiods Theogonie die Verbindung zur „Finsternis" in Eph 6,12 darstellen könnte.

Auffällig ist, dass die sieben Allegorien in ihrer Entfaltung ab V. 5 mit Ausnahme der Dynamis vor allem auf die Affekte der Menschen, also ihre Gemütsregungen, einwirken.

Die Apate als „Betrug" bewirkt schlimme Vorsätze. Die Wirkweise auf menschliche Gemütsregungen – den Vorsatz, eine schlimme Handlung zu begehen – ist hier deutlich zu vermerken. Die Eris regt Streit an, Zale/Zelos wirkt in Rec A auf den Charakter, in Recc BC auf die Einsicht des Menschen ein, die Plane täuscht und der siebte Geist regt die „epithymia" an.

Zusätzlich zu der Wirkung auf die Gemütsregungen wirken einige der Geister auf kriegerische Auseinandersetzungen hin, wobei allerdings auch die Affekte des Menschen angesprochen werden können, wie sich in V. 6 bei der „Eris" das Verb „ἐρίζω" auf die Entfachung der Streitlust im Menschen richtet. Während sich die Dynamis in V. 10 auf innenpolitische Umstürze und Tyrannei bezieht, so scheint Klotho in V. 7 wieder auf die Gemütsregung der Kampfbereitschaft einzuwirken „Κλωθώ" als dritter Geist ist der Tradition nach die älteste der drei Moiren und wird bei Aufzählungen als erste genannt (etwa bei Hes Theog 905; Apollod Bibl 1,13; Hygin Fab 171.277, in den Magica beispielsweise in PGM 2,100ff im Rahmen einer ἀοιδὴ ἱερά, zusammen mit Atropos und Lachis); möglicherweise wird sie hier pars pro toto als Vertreterin der (spinnenden) Moiren, des „zuteilenden Schicksals" gesehen, wie es wohl auch in V. 7 durch „umgarnen" anklingt.

Auf den letzten der Geister muss noch gesondert eingegangen werden. Dieser hat keinen eigentlichen Namen, das Attribut „κακίστη" etikettiert sie lediglich als die schlimmste von allen. Ihre Tätigkeit bezieht sich auf die sexuelle Begierde, wobei in Rec B durch die Erwähnung der „Heuschrecken" ein Vorverweis auf die in TSal 26,4ff entfaltete Tradition eingefügt wurde. Dieser Geist erweist sich in der direkten Anrede an Salomo und in dem Hinweis auf seine (sexuelle) Hinwendung zu heidnischen Frauen als prophetisch; damit wird schon in der „Grundschrift" Salomos exorzistische Befähigung in einem Spannungsbogen mit seinem späteren Versagen gesetzt. Da dieses Versagen hier auf sexueller Begierde gründet, könnte es den sexualfeindlichen Charakter der „Grundschrift" verraten.

Die „Fesseln der Artemis" könnten sich auf die verbreitete Darstellungsweise beziehen; danach ist entweder der Leib der Göttin verschnürt[26] oder Stricke fallen von beiden Handgelenken bis zum Boden und laufen dort meist in ein dreigliedriges Zierstück aus.[27] Die Interpretation letzterer Darstellung ist in der Forschung noch strittig,[28] doch scheint es sich dabei weniger um Ketten zur Fesselung der Göttin zu handeln denn um Wollbinden, die das Götterbild in den Zustand der Konsekration versetzen sollten. Wie jedenfalls der Kontext in V. 11 nahelegt, ist bei der Fesselung in TSal an eine Bändigung der gefährlichen Gottheit gedacht, schließlich verweist Rec B auf das Heuschreckenopfer in Kap. 26, das die „fremde" Gottheit wieder befreit. Damit dürfte in V. 11 mit dem Verweis auf die heidnische Artemis die Aussage unterstrichen worden sein, dass sich die „siebte Macht" keinesfalls bändigen lassen wird.

---

26 Eine Fesselung weisen die erhaltenen Darstellungen der Artemis Kindyas von Bargylia auf (vgl, R. Fleischer, 1973, 223ff), bei der die Arme vor der Brust angewinkelt und mit gekreuzten Bändern gefesselt sind. Im Mythos nachgewiesen ist die Fesselung der Götter (bei Athenaios nach Menodotos von Samos 15,11-15p.671E-674A, Jacoby FGH IIIB541) durch die Überlieferung vom „Weglaufen" des Kultbildes und der alljährlichen Fesselung durch Lygoszweige.

27 Zahlreiche Abbildungen der Darstellungen auf Münzen und bei erhaltenen Statuen bei R. Fleischer, 1973; Bammer/Muss, 1996.

28 Vgl. die Diskussion bei R. Fleischer, a.a.O., 102-111; Merkelbach, 1971, 557ff.

8.2.5 Die Verbindung mit Affekten

Nicht nur die Verbindung von „kosmokrator und stoicheia", sondern auch die Verknüpfung mit den Affekten ist traditionsgeschichtlich vorbereitet. Interessanterweise sind die Kosmokratoren aus Eph 6,12 in der neutestamentlichen Wirkungsgeschichte recht früh mit menschlichen Affekten verbunden worden; Clemens Alex, der sich mehrfach auf Eph 6,12 bezieht (vgl. Strom 3,16 und 5,14), schreibt in Div 29 über das Erlösungswerk Christi:

> Oder wer hat sich mehr als jener erbarmt über uns, die wir von den Weltherrschern der Finsternis fast getötet wurden durch die vielen Verwundungen (τραύμασι), Ängste (φόβοις), Begierden (ἐπιθυμίαις), Zorn- und Traueranfälle (ὀργαῖς, λύπαις), Täuschungen (ἀπάταις) und Lüste (ἡδοναῖς)?

Interessant ist hier die Siebenzahl der Affekte, die parallel zur Siebenzahl der Geister in TSal vorliegt; auch die apate ist gleich und ist im TSal dämonisiert.

Im gnostischen Traktat „Über den Ursprung der Welt" NHC 2,5,106,19ff ist eine interessante Parallele zu TSal zu finden. Dabei geht es um eine zweifache Siebenerkette von dämonisierten Affekten, und bei deren Ausgestaltung wird schon auf den Namen Salomo verwiesen:

> „Als nun der Archigenetor des Chaos seinen Sohn Sabaoth sah und die Herrlichkeit, in der er sich befand, daß er vorzüglicher ist als alle Mächte (ἐξουσία) des Chaos, beneidete er ihn. Und als er zornig wurde, erzeugte er den Tod aus seinem Tod. Er wurde über den sechsten Himmel gesetzt (καθιστάναι). Sabaoth war von jenem Ort entführt worden. Und so wurde die Zahl (ἀριθμός) der sechs Mächte (ἐξουσία) des Chaos vervollständigt. Dann (τότε) vermischte sich der Tod, da er mannweiblich war, mit seiner Natur (φύσις) (und) erzeugte sieben mannweibliche Söhne. Dies sind die Namen der Männlichen: der Neid, der Zorn, das Weinen, das Seufzen, die Klage (πένθος), das Jammern, das Stöhnen. Dies aber (δέ) sind die Namen der Weiblichen: der Zorn (ὀργή), das Leid (λύπη), die Lust (ἡδονή), das Seufzen, der Fluch, die Bitterkeit (πικρία), der Streit. Sie vereinigten (κοινωνεῖν) sich miteinander. Jeder [einzelne] erzeugte sieben, so daß (ὥστε) sie (zusammen) machen neunundvierzig mannweibliche Dämonen (δαίμων). Ihre Namen und ihre Wirkungsweise (ἐνέργεια) wirst du finden im Buche des Salomon.[29]

Nach diesem System entstehen zwei Siebenerreihen von Affekten durch die Vereinigung des Todes mit der physis und bringen ihrerseits durch Vermischung neunundvierzig Dämonen hervor.

Dieser gnostische Text ist in der Frage nach der Entstehung der Affekte sicherlich unabhängig vom System der Barbelo-Gnostiker, wie es bei Irenäus, Haer 1,29,4 begegnet. Dort hatte sich der Demiurg mit der Authadeia (Anmaßung) vereinigt und die Kakia (Schlechtigkeit), den Zelos (Eifersucht), den Phthonos (Neid), die Eris (Streit)[30] und die Epithymia (Begier) gezeugt. In

---

29   Text nach Böhlig/Labib, 1962, 57. Vgl. auch die neuere Übersetzung nach Schenke u.a., 2001.

30   Interessanterweise kann statt „Erin" auch Erinnyn" gelesen werden, vgl. G. Zuntz 1955.

diesem Referat des Irenäus ist die Nähe zu TSal 8 aufgrund der Kombination von „Kakia", „Zelos", „Eris" und, verweist man wiederum auf den siebten Geist, „Epithymia" evident. Dennoch handelt es sich hier ebenso wie in NHC 2,5 um eine eigene Ausprägung einer Tradition, zumal nicht nur die einzelnen Affekte zu NHC 2,5 unterschiedlich sind, sondern auch deren Genealogie anders dargestellt wird.

Nun beruft sich der Text in NHC 2,5 bei der Frage nach der Dämonisierung der Affekte ausdrücklich auf eine Salomoschrift. Dabei ist – neben dem TSal – von Doresse die „Epistel an Rehobeam" bzw. die Hygromantie Salomos als mögliche literarische Vorlage erwogen worden.[31] Eine eindeutige literarische Abhängigkeit ist nun hier wie dort nicht zu erkennen, und wir müssen damit rechnen, dass sich NHC 2,5 auf ein uns unbekanntes Seitenstück zu TSal 8 bezieht; wie v. Stuckrad richtig bemerkte, ist hier nicht mit einer wörtlichen Übernahme einer uns bekannten Salomoschrift zu rechnen, da die Legendenbildung schon sehr weit fortgeschritten war.[32] Wir haben es bei NHC 2,5, TSal 8 und der Epistel an Rehobeam eher mit Seitenstücken einer Tradition zu tun, die eine Siebenzahl von Dämonen mit Affekten verband.

Doch wohin auch immer eine literarische Abhängigkeit führen mag, die traditionsgeschichtliche Verwandtschaft ist evident: Die Dämonisierung von sieben Affekten ist hier deutlich ausgestaltet und liegt in einem gnostischen Umfeld vor.

Nun ist hier zu fragen nach dem traditionsgeschichtlichen Verhältnis von TSal und dem Textabschnitt in NHC 2,5. Hierbei sind folgende Entwicklungsstufen möglich:

1. NHC 2,5 weist auf eine Salomoschrift hin, die Affekte mit Dämonen verbunden hatte und eine Reihe von 49 Dämonen mit Namen und Wirkweise auflistete. Dies könnte der früheste Ansatzpunkt der Tradition sein.

2. Diese Tradition wurde gnostisch rezipiert und in NHC 2,5 mit einer Genealogie der Affekte verbunden; diese Genealogie ist selbst wieder Tradition, wie aus der Notiz des Irenäus in Haer 1,29,4 zu ersehen. Damit ist die Genealogie der Affekte eine gnostische Weiterentwicklung der dämonisierten Affekte, wie sie in einem (nicht erhaltenen) Salomoapokryphon niedergelegt ist.

3. In TSal 8 wird die Tradition der dämonisierten Affekte vorausgesetzt, wobei die „Mächte" nun keine Affekte mehr sind, sondern als Dämonen auf menschliche Affekte einwirken, wie ab V. 5 beschrieben.[33] Die in der Tradition bei NHC 2,5 vorkommende „Eris" (der Streit) kann als Anknüpfungspunkt für die Wirkung im kriegerischen Kontext dienen. Zusätzlich wurde diese Tradition in der Wirkungsgeschichte von Eph 6,12 entfaltet. Die Verbindung der

---

31   Doresse, 1960, 170ff.

32   V. Stuckrad, 2000, 409.

33   Hierauf wird besonders unten im Epilog S. 288 nochmals hingewiesen als Absetzung von der Achterliste der Affektdämonen im Antirrheticus des Evagrius Ponticus.

„Weltherrscher der Finsternis" aus Eph 6,12 mit sieben Affekten und die Einfügung in eine Dämonologie sind bei Clemens Alex, Div 29 und bei Origenes,
Cels 8,34 getrennt nachweisbar. Damit ist eine Identifikation von sieben dämonischen Affekten mit den „Mächten der Finsternis" aus Eph 6,12 durchaus
plausibel.

9 Kapitel IX: Der Kopflose

9.1 Übersetzung

<small>Mss HLPNVW, Recc ABC:</small> 1. Und ich <small>+Recc BC:</small> , *SALOMO, LOBTE GOTT UND* forderte <small>+Recc AC:</small> WIEDER, dass <small>Rec A:</small> WEITERE DÄMONEN <small>Recc BC:</small> *EIN WEITERER DÄMON* vor mich treten sollten; da kam ein Dämon zu mir, ein Mensch mit all seinen Gliedern, doch ohne Kopf.

2. Und ich sprach zu ihm: „Sage mir wer du bist und wie du heißt!" <small>Rec A:</small> DER DÄMON <small>Recc BC:</small> *ER* sagte: „<small>+Rec C:</small> ICH BIN EIN DÄMON UND Ich heiße Mord (φόνος). Ich verschlinge nämlich Köpfe, weil ich möchte, dass auch mir ein Kopf zu eigen ist, und ich werde nie satt. Ich begehre einen Kopf wie den deinen zu haben <small>+Rec A:</small> O KÖNIG.

3. Als ich dies hörte, siegelte ich ihn, indem ich meine Hand nach seiner Brust ausstreckte. Da sprang der Dämon auf und erregte sich und sagte murrend: „Weh mir! Wo finde ich den Abweichler Ornias? Ich sehe ihn nicht!"

4. Da sprach ich zu ihm: „Woher kommt es, dass du (überhaupt) sehen kannst?" Er aber antwortete: „Durch meine Brüste."

5. Als ich, Salomo, <small>Rec A:</small> DEN WOHLKLANG SEINER STIMME <small>Recc BC:</small> *SEINE HERVORGEBRACHTE STIMME* hörte, wollte ich mehr erfahren und fragte ihn: „Woher kommt es, dass du sprechen kannst?" Er antwortete: „Meine Stimme hat die Stimmen vieler Menschen beerbt, denn wie viele unter den Menschen werden ‚stumm' genannt! <small>+Recc BC:</small> *DENEN HABE ICH DIE KÖPFE VERSCHLOSSEN. WENN KINDER ZEHN TAGE ALT SIND UND* Wenn ein Kind des Nachts schreit, dann werde ich zum Geist und fahre durch seine Stimme in es ein.

6. Zur Mitternacht ist die Begegnung mit mir meist schädlich. <small>Rec A:</small> MEINE KRAFT: ICH NEHME MIT MEINEN HÄNDEN KÖPFE, <small>Recc BC:</small> *MEINE KRAFT BÜNDELT SICH IN MEINEN HÄNDEN, UND SO WIE ES AUF EINEM RICHTBLOCK GESCHIEHT, NEHME ICH MIT MEINEN HÄNDEN KÖPFE,* <small>Recc ABC:</small> schlage sie ab und setze sie mir auf, und so verzehre ich sie durch den Hals mit dem Feuer, das in mir ist. Ich bin der, <small>Rec A:</small> DER DIE GLIEDER FIEBRIG HEIß WERDEN LÄSST UND DIES <small>Recc BC:</small> *DER GEWALTIGE UND UNHEILBARE FIEBERGLUT* <small>Recc ABC:</small> bis zu den Füßen sendet und Wunden zufügt.

7. <small>Rec A:</small> UND ICH WERDE UNSCHÄDLICH GEMACHT DURCH DEN EINSCHLAGENDEN BLITZ".

V. 7 Rec B: *Als ich, Salomo, dies hörte, sprach ich zu ihm: „Sag mir nun, wie du Feuer legst, wovon entnimmst du es?" Der Geist antwortete mir: „Vom Sonnenaufgang. Dadurch hat sich dann jener Elbourion noch nicht gezeigt, der sich derselben Tat rühmt. Und die Menschen verehren ihn, indem sie ihm Lichter anzünden, und die sieben Dämonen rufen in meiner Gegenwart seinen Namen an und er heilt sie." Da sprach ich zu ihm: „Sag mir seinen Namen!" Er aber sagte: „Ich kann ihn dir nicht sagen! Denn wenn ich seinen Namen verrate, mache ich mich selbst unheilbar. Denn er kommt auf diesen Namen hin."*

Recc BC: *ALS ICH, SALOMO, DIES HÖRTE, SAGTE ICH: „SAGE MIR NUN, VON WELCHEM ENGEL WIRST DU UNSCHÄDLICH GEMACHT?" ER SAGTE: „DURCH DEN EINSCHLAGENDEN BLITZ."*[1]

8. Und ich befahl ihm, bei Beelzebul zu sein Rec A: BIS DASS DESSEN FREUND EINTREFFE Rec B: *bis dass ich ihn wieder zu mir rufen würde.*[2]

9.2 Kommentar

9.2.1 Die Szene

Salomo fordert von Beelzebul, der, wie aus V. 8 hervorgeht, wohl als stummer Zeuge bei der gesamten Szenerie als gegenwärtig gedacht ist, einen weiteren Dämon. Es tritt in Folge ein kopfloser Geist auf, dessen Gestalt wohl der Figur des „Akephalos" entlehnt ist, wie es auch in der frühen Wirkungsgeschichte explizit erwähnt ist.[3] Auffällig ist, dass in diesem Kapitel zu mehreren Dämonengestalten Bezüge geschaffen werden. Als der Kopflose gesiegelt wird, erregt er sich und nennt Ornias. Dies erscheint rätselhaft und wird innerhalb der Erzählung nicht erklärt. In TSal 20,6 scheint Ornias der Befragungsszene wie auch Beelzebul als stummer Zeuge beizuwohnen. Das Attribut „προδότης" für Ornias in V. 3 bezieht sich wohl darauf, dass Ornias in Kap. 3 den Dämonenfürsten siegelte und damit die Vernehmung der Dämonen ermöglichte. Neben Ornias in V. 3 wird in V. 8 auf Beelzebul als weiteren Dämon angespielt, ebenso in Rec A in V. 8 auf dessen Freund, was gleichzeitig einen Rückverweis auf die Worte des Beelzebul in Kap. 6,5 und einen Vorverweis auf Kap. 22–25

---

1   An dieser Stelle endet die Übereinstimmung von Rec C mit den beiden älteren Rezensionen A und B. Die sehr stark abweichende Rezension ist von McCown, 1922, 76–87 separat ediert worden, die weiteren hier übersetzten Kapitel des TSal orientieren sich an den Rezensionen A und B.

2   Rec B wird hier nach Ms N wiedergegeben (μεχρίου πάλιν ἀνάξω πρός με παραγένηται), weil Ms P dubios erscheint (μέχρις ὅτου ιαξ παραγένηται); Ms P wurde von Bornemann, 1844 z.St. zu μέχρις ὅτου ὁ φύλαξ παραγένηται konjiziert und mit „bis der Wächter komme" übersetzt.

3   In Ms 825 Nat.Bibl. Athen, fol. 10 (Delatte, 1927, 234) ist ein Exorzismus gegen den „bösen Dämon, der ‚Mord' genannt wird, der wohl alle Glieder eines Menschen hat, aber kopflos ist (ἀκέφαλος δὲ ὀν)".

darstellt: Der arabische Dämon Ephippas wird Abezithobou aus dem Roten
Meer holen. Dies ist wohl der „Freund" des Beelzebul in V. 8. Möglicherweise
ist dieser Bezug in Rec B nicht mehr gesehen worden, weswegen die Stelle
entsprechend korrigiert worden ist. Rec B referiert dagegen in einem Zusatz in
V. 7 auf eine weitere rätselhafte Dämonengestalt, der von den sieben Dämonen
angerufen wird und wohl Dämonen heilt. Auch scheint der Kopflose der
Heilung zu bedürfen – ein Textsignal, das in der vorliegenden textuellen
Umgebung überrascht und neu ist. Obwohl dieser Dämon, der die gleichen
Wirkweisen wie der Akephalos an den Tag zu legen scheint, mit „Elburion"
bezeichnet wird, weigert sich der Kopflose seinen Namen zu nennen. An
diesen Stellen sind deutliche semantische Brüche zu verzeichnen, die die
Annahme nahe legen, dass das vorliegende Traditionsstück in Rec B nur frag-
mentarisch aufgenommen wurde und darum seine Rätselhaftigkeit bewahrt.

9.2.2 Akephalos und Stethokephalos

Der Akephalos spielt in den Magica als wirkmächtiger Dämon eine bedeutende Rolle.[4] Im Gegensatz zur vorliegenden Tradition in TSal 9 dient der Akephalos im volkstümlich-magischen Kontext auch dazu, böse Dämonen zu
bannen. Die Charakterisierung des Akephalos als böser Dämon kann darum
nicht ungebrochen aus der magischen Tradition erklärt werden.

Aus der „Stele des Jeu" in PGM 5,96-173 wird deutlich, dass er als (in PGM
5 ausdrücklich guter, von Besessenheit befreiender) Dämon in die jüdisch
geprägte Magie eingeflossen ist, denn das dort vorliegende Formular stellt ein
Mosespseudepigraphon dar und bezieht sich ausgiebig auf die Traditionen der
antik-jüdischen Bibel.[5] In ihm wie auch in den beiden Oneiraitien in PGM
7,223ff und 8,65ff tauchen mehrere Bezugspunkte zur in TSal 9 vorliegenden
Akephalostradition auf: Der Akephalos hat trotz seiner Kopflosigkeit ein
Gesicht, er trägt es an den Füßen (in TSal 9,4 sieht der Geist durch die Brüste).
Er wird in PGM 5,150; 7,235; 8,92f als Blitzender und Donnernder vorgestellt
was traditionsgeschichtlich mit TSal 9,7, Rec A verwandt sein könnte (der
Akephalos ist in den PGM ein guter Geist!).

Der Akephalos als böser Geist ist in christlichem Kontext in den beiden von
Preisendanz als P15a und P15b edierten praxeis zu erkennen,[6] wobei der Autor
dieser Texte mit den „Akephaloi" einen Rechtshändel zu haben scheint und

---

4   Grundlegend ist immer noch die Monographie zum Thema von Preisendanz, 1926 und der
     Artikel von ders., 1950.
5   Vgl. Preisendanz, 1926, 43: „Die ägyptischen Teile mag er [= der Kompilator des Zaubertextes]
     aus einem religiösen Buch genommen haben und in sie legt er seine jüdischen ein, die mit Mo-
     ses, Isaks und Jahwehs Namen operieren".
6   Preisendanz II, 1974², 223f.

hier durch Magie Einfluss zu nehmen versucht. Preisendanz denkt in seiner Einleitung zu den Texten an die Abwehr von Mitgliedern der als Sekte empfundenen A(uto)kephaloi, doch dies ist durch keinen Texthinweis belegbar. Der Kontext in P15ab legt keinen theologischen, sondern einen juristischen Privatstreit nahe, und die Benennung der gegnerischen Partei als „Akephaloi" dürfte eine übliche Dämonisierung von Personen im byzantinischen Reich gewesen sein. Prominentes Beispiel aus dem 6. Jahrhundert – in die gleiche Zeit datieren auch nach den Herausgebern P15a und P15b – ist Kaiser Justinian. Prokop schildert in seinen „Anekdota" Justinian als Dämon oder sogar als „ἀρχῶν δαιμόνων" und belegt dies in Anekd 12 mit einem „Augenzeugenbericht" eines Dieners, der verbreitete, dass sich der Kaiser des Nachts von seinem Kopf trennte und kurzzeitig kopflos herumwandle. Die Akephalie wird hier deutlich als Zeichen des Dämonischen gesehen und der Kaiser wird dadurch dämonisiert. In ähnlicher Weise dürfte auch die gegnerische Prozesspartei in P15 als „Akephaloi" dämonisiert worden sein.

Dies zeigt, wie präsent der Akephalos im Volksmund gewesen sein dürfte. Man sah ihn nicht nur auf den Erzeugnissen der Magier (wie in PGM 2,11 explizit beschrieben: dort soll der Akephalos auf ein Lorbeerblatt gezeichnet werden), sondern man dämonisiert durch den Akephalos auch im Volksmund missliebige Personen. Eine Rezeption dieser Figur im TSal ist auf diesem Hintergrund höchst plausibel.

Der Akephalos in TSal 9 hat, wie aus V. 4 hervorgeht, seine visuellen Sinnesorgane auf der Brust; darum ist hier an eine besondere Klasse der Kopflosen, an den Brustgesichtigen, den Stethokephalos, zu denken, wie er etwa im POslo gezeichnet ist.[7] Auch dieser ist in christlicher Rezeption, wenn auch nicht explizit dämonisiert aufgenommen. Der Akephalos, der sein Gesicht in der Brust hat, wird mit Hinweis auf das entsprechende Sternbild bei Clemens Alex, Paid 2.2.34 vorausgesetzt und mit dem Trunksüchtigen identifiziert, dessen Seele in den Eingeweiden sitze.

9.2.3 Die Wirkweise des Dämon

Der Dämon gibt in V. 2 auf die Frage des Königs hin nicht nur seinen Namen preis, sondern stellt sich auch selbst recht umfangreich vor: Er verschlingt, wie es in V. 6 deutlicher ausgeführt ist, die Köpfe der Menschen. Die Anspielung auf den Kopf des Königs dürfte als latente Drohung zu verstehen sein, der Salomo mit der Siegelung des Dämons entgegnet.

Die Wirkweise des Dämons kommt ab V. 5 zum Tragen und ist auf sein Charakteristikum, die Kopflosigkeit, bezogen: Der Kopflose köpft und bedient

---

7   Abbildung bei Preisendanz, 1926, Taf III.

sich der Sinnesorgane von Kleinkindern. Dies ist im Dialog mit dem König ausgeführt. Salomo fällt die „φωνή" des Dämons auf und er erkundigt sich darum eingehender. Auf dieses Stichwort hin bringt der Dämon seine Verbindung zur „φωνή" der Menschen zum Ausdruck. Die Vorstellung scheint zu sein, dass der Kopflose durch die Stimme eines schreienden zehn Tage alten Kindes einfährt und diesem dann die Stimme raubt. Dadurch wird das Kind stumm und der Dämon besitzt seine Stimme.

Man trifft den Dämon nach V. 6 „ἐν ἀωρίαις", was „zur Unzeit" oder auch, wie oben angegeben, „zur Mitternacht" heißen kann. Bornemann konjizierte in seiner Übersetzung von Ms P aus „ἐν ὁρίαις" den Ausdruck „ἐν ὁδίαις" und übersetzt mit „an Kreuzwegen" mit dem Hinweis auf die dort befindlichen Hekatestatuen, was aufgrund der vorliegenden Handschriftenlage sicherlich revidiert werden muss.

Der Vorgang, wie der Dämon mit seinen kraftvollen Händen die Köpfe der Menschen ergreift und sie abschlägt, ist in den Rec A einerseits und Recc BC andererseits unterschiedlich überliefert, was McCown in seiner Edition als Homoioteleuton in Rec A interpretiert; dagegen scheint mir die lectio brevior von Rec A ursprünglicher, die in den Recc BC weiter ausgestaltet wurde. Dabei wird in obiger Übersetzung der Ausdruck „ὡς ἐπὶ ξύλου" aufgrund des Kontextes (Enthauptung) als Richtblock widergegeben (wie auch ähnlich Duling z.St. bemerkt). Dieser Ausdruck ist auch, wie in TSal 11,3, Symbol für das Sterbeholz Christi (s. dort).

Der Akephalos wirkt durch Fieber (Stichwort πύρ), was eine Verbindung zu seinem Gegenmittel, dem einschlagenden Blitz, darstellt. Diese Eigenschaft des Akephalos ist sicherlich traditionell vorgegeben, wie ein aufschlussreiches Seitenstück zur vorliegenden Tradition aus den Kyraniden zeigt:

Kyran 1,1,152-155: Ἔτι δὲ λείπει μοι περί τινος κακοῦ δαίμονος ὅς ἐστι τεταρ-ταῖος, ὃς ἐπιπέμπεται ἀνδράσι καὶ γυναιξὶ ὑπὸ δεκανοῦ τοῦ πρώτου αἰγόκερω μὴ ταχέως πειθομένου, διότι οὐ βλέπει οὐδὲ ἀκούει, ὑπάρχει γὰρ ἀκέφαλος.

So bleibt mir nur etwas über jenen bösen Dämon, der ein Fiebergeist ist. Er schickt dies Männern und Frauen vom ersten Dekan des Steinbocks und gehorcht nicht schnell, weil er weder sieht noch hört, er ist nämlich kopflos.

In diesem Text der Kyraniden wird der Akephalos als ein „τεταρταῖος" bezeichnet, was sich auf „τεταρταῖος πυρετός", das viertägige Fieber bezieht; dies kann einfach nur „τεταρταῖος" heißen, wie etwa bei Hippocr, Aphor 2,25. Auch ist hier die Unfähigkeit zu Sprechen und zu Hören explizit erwähnt. Diese traditionsgeschichtliche Vorgabe dürfte den Grund darstellen, warum in V. 3-5 so ausführlich auf die Sinneswahrnehmungen des Dämons eingegangen wird. Die Anlehnung an die Figur des Stethokephalos einerseits und die Passage von Raub der Kinderstimmen in V. 5 sind dann redaktionelle Züge im TSal, um eine Unterhaltung mit dem Dämon, zu der die sinnliche Wahrnehmung desselben ja notwendig ist, plausibel zu machen.

Auffällig ist, dass in diesem Kapitel weder der gegnerische Engel noch die Verurteilung zu einer bestimmten Arbeit am Tempelbau erwähnt wird, sondern dies wird erst im Folgekapitel 10,8 nachgeholt.

10 Kapitel X: Der Hundsgestaltige

10.1 Übersetzung

Ms HLNP, Recc AB: 1.Dann befahl ich, dass ein weiterer Dämon vor mir erscheinen möge. Da kam vor mein Angesicht ^{Rec A:} EINER, DER WAR VON GESTALT WIE EIN GROßER HUND, ^{Rec B:} *ein Hund von großer Gestalt* und er sprach zu mir mit lauter Stimme: „Sei gegrüßt, O König Salomo".

2. Da geriet ich in Verwunderung und sagte zu ihm: „Wer bist du, Hund?" Er sagte: „Du meinst, dass ich ein Hund bin. Aber vor deiner Zeit, o König, war ich ein Mensch. Ich vollbrachte in der Welt viele frevelhafte Taten und war übermäßig stark, so dass ich sogar die Sterne des Himmels aufhalten konnte und verübe nun noch mehr schlimme Taten.

3. Nun schädige ich Menschen, die meinem Sternbild nachfolgen und schlage sie mit Dummheit; ich ziehe das Zwerchfell der Menschen durch die Kehle und vernichte sie somit."

4. Da sagte ich zu ihm: „Wie ist dein Name?" Er sagte: „Stab".

5. Und ich sprach zu ihm: Was sind deine Handlungen und was könntest du mir an Gutem ausführen?" Der Dämon sagte: „Gib mir einen deiner Leute, und ich führe ihn zu einem Ort in den Bergen und zeige ihm dort einen Smaragd, der funkelt und mit dem du den Tempel Gottes schmücken kannst."

6. Als ich dies hörte, trug ich meinem Diener auf ^{Rec B:} *mit ihm zu gehen und* ^{Rec A:} ZUSAMMEN MIT IHM den Ring mit dem Siegel Gottes mit sich zu führen; ich sagte ihm: „^{+Rec A:} GEH MIT IHM UND wenn er dir den Smaragd zeigt, dann siegle ihn mit dem Ring, untersuche die Ortslage genau und bring mir dann ^{Rec A:} DEN RING ^{Rec B:} *den Dämon* zurück."

7. nur ^{Rec A:} DARAUFHIN GING ER FORT UND er zeigte ihm den Smaragd, und der Diener siegelte ihn mit dem Ring Gottes, und sie brachten ^{Rec A:} DEN SMARAGD ^{Rec B:} *den Dämon* zu mir.

8. ^{Rec A:} NACH DER SIEGELUNG ENTSCHIED ICH, DASS DIE BEIDEN DÄMONEN, DER KOPFLOSE UND DER HUNDSGESTALTIGE, GEBUNDEN WÜRDEN UND DASS SIE DEN STEIN TAG UND NACHT WIE EINE LAMPE BEI DEN ARBEITENDEN BAULEUTEN HERUMTRAGEN SOLLTEN.

^{Rec B:} *Nach der Siegelung entschied ich, dass die beiden, zur Rechten der Kopflose sowie der Hundsgestaltige – jener war so gewaltig –, gebunden würden; und der Hundsgestaltige sollte den feurigen Geist bewachen, so dass durch seinen Schlund Nacht und Tag den arbeitenden Bauleuten wie Lichter schien.*

9. Und aus der Fundstätte jenes Steines brachte ich 200 Schekel für die Tragsäulen des Altars auf.[1] Der Stein war wie ein Horn von Aussehen.[2]

10. Und ich, Salomo, lobte Gott, den Herrn und schloss den Edelsteinschatz weg und befahl den Dämonen, Marmor für den Tempelbau zu schlagen.

11. Und den Hundsgestaltigen fragte ich: „Durch welchen Engel wirst du unschädlich gemacht?" Er antwortete: „Durch den gewaltigen Briathos."

10.2 Kommentar

10.2.1 Die Szene

Wie auch einige seiner Vorgänger, deutet der neu auftretende Dämon hier etwas über seine Abstammung an. Auffällig ist, dass er sich hier – anders als etwa Beelzebul oder Asmodeus – keiner engelhaften Genealogie rühmen kann, er war lediglich ein Mensch. Damit wird ein deutliches Lesersignal gesetzt, dass es sich hier um einen hierarchisch niedrigeren Dämon als die beiden eben genannten Vorgänger handelt.

Der Hundsgestaltige erscheint recht unbefangen vor dem König, bedroht ihn allerdings auch nicht. Als Zeichen seiner dämonischen Überheblichkeit könnte in V. 2 der Hinweis auf Salomos Wahrnehmung („du meinst, ich sei ein Hund") und auf das hohe Alter des Dämons („vor deiner Zeit...") gesehen werden. Bei der Charakterisierung des Dämons fließen, wie zu zeigen ist, mehrere Vorstellungskreise vom „Hund" als Unterweltstier bzw. auch als medizinischer Terminus mit ein.

10.2.2 Die Charakterisierung des Dämon

Wie hat man sich diesen Dämon nun vorzustellen? Er erscheint als Hundsgestaltiger und wird darum von dem König entsprechend als „Hund" angesprochen. Hier könnten mehrere Deutungen in den Blick gefasst werden. Es wäre

---

1 Bei diesem Satz liegt eine Textkorruption vor. McCowns Text ist selbst schon eine Konjektur einer semantisch unverständlichen Phrase und richtet sich eher nach Ms P, Rec B: καὶ ἦρα ἐγὼ ἐκ τοῦ μετοικισμοῦ ἐκείνου τοῦ λίθου διακοσίους σίκλους ἐν τοῖς ἀναφορεῦσι τοῦ θυσιαστηρίου, wobei ἐκ τοῦ μετοικισμοῦ aus Rec A eingesetzt wurde; Rec B dagegen ἐκ τοῦ μετάλλου (Ms N als Schreibfehler πετάλου), was oben nicht als „Bergwerk", sondern als „Fundstätte" übersetzt wurde. Duling z.St. übersetzt. „Next I extracted from that moving stone 200 shekels...".

2 Durch die Berücksichtigung von Ms N („Wie ein Horn" = ὥσπερ κερασίου) ist die Konjektur von κερασίου in πράσου, die McCown in seinem Text der „Grundschrift" verzeichnete, hinfällig (Ms P hat hier eine Auslassung), wie ders. auch in seinen „emendationes in textum", S. 121, bemerkt.

dabei zunächst an eine hundsköpfige Gestalt zu denken, wie etwa an den
„Kynokephalos", der in den Zauberpapyri immer wieder erwähnt ist (in Luki-
ans „Toxaris", 28 ist von „silbernen Kynokephaloi" im Zusammenhang mit
einem Raubzug in einem Anubistempel die Rede) oder auch an eine (scha-
kalköpfige) Anubisfigur. Duling z.St. weist hier auf den hundeköpfigen Dämon bei Orig, Cels 6,30 hin. Ebenso wäre an dieser Stelle zu vermerken, dass in
den romanhaften Ausschmückungen des Alexanderzuges, die in mehrerer
Hinsicht zu den Dämonengestalten des TSal Analogien aufweisen,[3] Akephali-
den und Kynokephaliden in einem Zusammenhang erwähnt sind, wie auch in
TSal 10,8 der Hundsgestaltige und der Kopflose zusammengefasst werden.[4]

Doch würden diese hundsköpfigen Parallelen dem ausdrücklichen Texthinweis widersprechen, der Dämon habe „die Gestalt" (ἔχων τὸ σχῆμα) wie
ein großer Hund (und nicht nur den Kopf eines Hundes). Eine Parallelisierung
mit hundsköpfigen Gestalten ist darum eher zurückzuweisen.

Dagegen wird hier die Meinung vertreten, dass dem hundsgestaltigen
Dämon in TSal 10 die Vorstellung von dämonisierten Hunden zugrunde liegt,
die (unter anderem im Zusammenhang mit Mythen um die Hunde als Beglei-
ter der Unterweltgöttin Hekate) als verbreitet angenommen werden kann.
Prophyrios etwa nennt bei Euseb in PE 4,23,8 die „σκύλακες" der Hekate
explizit πονηροὶ δαίμονες. Die Dämonisierung der „Hunde" ist auch in den
Chaldäischen Orakeln traditionsgeschichtlich vorbereitet, wo Dämonen als
„χθόνιοι κύνες" bezeichnet werden:[5]

*... ἐκ δ᾽ ἄρα κόλπων γαίης θρῴσκουσιν χθόνιοι κύνες οὔποτ᾽ ἀληθὲς σῆμα βροτῷ δει-
κνύντες – περὶ δαιμόνων ἐνύλων ὁ λόγος. καὶ κύνας μὲν τούτους καλεῖ, ὡς τιμ-
ωροὺς τῶν ψυχῶν.*

*‚Aus den Schößen der Erde entspringen chthonische Hunde, die dem Sterblichen niemals
ein wahres Zeichen zeigen' – bei diesem Spruch geht es inhaltlich um die Dämonen;
man nennt diese Hunde, denn sie ängstigen die Seelen.*

Diese Metapher könnte im TSal aufgenommen und bildhaft ausgestaltet worden sein. Es geht hierbei wohl um das Orakelwesen, gegen das polemisiert und
das dabei dämonisiert wird. In diesen Themenbereich fügt sich die Schädi-
gungsweise des Dämons V. 3 nahtlos ein: Der Dämon schlägt die Menschen
mit ἐξηχεία, was hier analog zu Porphyrius, Chr 35 mit „Dummheit" wiedergegeben werden kann,[6] und zwar wie auch bei Porphyrius als die Neigung,
gerade das Nicht-Offensichtliche als gegeben anzunehmen (wie auch im o.a.

---

3   Vgl. hierzu Einleitung S. 38. Zum hundsköpfigen Unterweltsdämon vgl. Jacoby, 1922.
4   So etwa in PsKallisth, Rec α (Hg. Kroll, 1926) 3,28 und Rec β (Hg. Bergson, 1965) 3,28; dort ist
     der Kynokephalos sogar mit einem TSal 9 näher stehenden Stethokephalos verknüpft.
5   Zitat von Psellus, PG 122, 1140b12-c2. (vgl. Majercik, 1989, 84f). Zu den Dämon – Hunden in
     den Chaldäischen Orakeln (bes. neben dem oben zitierten Frgm. 90 in den Frgm. 91, 135, 156)
     vgl. Johnston, 1990, 134-142.
6   Bei Macar. Magn, Apocrit. 4,2, hg. Harnack, 1916; vgl. hierzu auch Hoffmann, 1994, 69.

Zitat die Orakel die Menschen falsch leiten). Wie Duling in seiner Übersetzung z.St. richtig bemerkt, beinhaltet der Satz in V. 3 über die Handlung des Dämons eine wörtliche Bedeutungsebene: „φρήν" heißt Zwerchfell und gleichzeitig Verstand, Sitz der Geisteskräfte; mittels anatomischer Termini beschreibt der Dämon, wie er die Menschen „dumm" macht. Diese Notiz, dass der κύων in TSal 10,3 die Menschen „dumm" macht, könnte noch auf eine weitere Konnotationsebene verweisen, nämlich auf das in der Antike „κυνανθρωπία" oder kurz „κύων" genannte Krankheitsbild des „melancholischen Irrsinns":[7] Die von dieser Krankheit Befallenen benehmen sich zunehmend wie Hunde (oder Wölfe), streifen des Nachts bei den Gräbern umher und heulen wie Hunde, kurz, sie legen Verhaltensweisen an den Tag, die uns Heutigen durch die Werwolf-Legenden vertraut sein dürften.

In V. 2 weist der „Hund" entschieden darauf hin, dass seine Hundsgestalt nur eine vermeintliche sei; in Wirklichkeit sei er ein Mensch gewesen. Hierzu könnten Assoziationen zu folgenden Vorstellungen vorliegen:

1. Das oben beschriebene Krankheitsbild der Kynanthropie bildet die Struktur in V. 2 ab: Einer, der einmal ein Mensch war und nun zum Hund geworden ist – ein derartiger Mensch ist letztendlich ein von der Krankheit κύων Betroffener, ist aber in Wirklichkeit ein Mensch, wie es sich auch der Dämon in V. 2 ausbittet.

2. Eine Verwandlung in einen Hund wird bei Euripides, Hek 1259ff von Hekabe vorausgesetzt, vgl. in späterer Rezeption bei Hygin, Fab 111: „Ulixes Hecubam ... in servitutem cum duceret, illa in Hellespontum se praecipitavit et canis dicitur facta esse", und bei Ovid, Met 13,565ff verwandelt sich Hekabe in dem Moment in einen Hund, in dem sie von den Thrakern gesteinigt wird.

3. V. 2 hat – auch im Zusammenhang mit der Steinigung Hekabes und der damit einhergehenden Verwandlung in einen Hund – eine wichtige Parallele bei Philostrat in VA 4,10. Apollonios befreit die Stadt Ephesos von der Pest, indem er die Einwohner anweist, einen vor dem Standbild des Herakles Apotropaios sich befindlichen fremden Bettler zu steinigen; trotz anfänglichen Zögerns ob dieses ungewöhnlichen Auftrages kommen die Einwohner dieser Aufforderung nach. Der Bettler erweist sich während der Steinigung als Pest-Dämon, und als die Steine nach der Hinrichtung weggeräumt werden, wird nicht der Leichnam eines Menschen, sondern eines gewaltigen Hundes aufgedeckt. Auch hier ist – analog zu TSal 10,2 – eine Metamorphose von Menschen- in Hundegestalt vorausgesetzt, und zwar auch im Zusammenhang mit einem dämonischen Wesen. Dies zeigt, dass die Vorstellungswelt von TSal 10,2 durchaus in der Tradition verhaftet gewesen sein dürfte und entsprechend aufgenommen wurde.

---

7 Vgl. hierzu Roscher, 1897 (Quellenangaben zur Kynanthropie a.a.O., 11f und Textedition der Krankheitsbeschreibung des Marcellus von Side S. 79-81).

Die zahlreichen Anspielungen auf die Astrologie in TSal 10 lassen Beziehungen zum Hundsstern vermuten,[8] und der Ausdruck „ἄστρα οὐρανῶν κατασχών" (nach McCowns verbesserter Lesart)[9] wäre als astrologischer Terminus zu lesen: (der Hund) „enthält in seinem Sternbild gewisse Sterne des Himmels". Eine Übersetzung „er hält die Sterne des Himmels auf" – etwa mit dem Verweis auf die traditionell vorgegebene Handlung eines eschatologischen Widersachers wie in Apk 12,4 oder Dan 8,10 – wäre verfehlt. Der Name des Dämons „ῥάβδος" bleibt in diesem Zusammenhang rätselhaft; auch hier ist eine Allusion an den „eisernen Stab" Apk 12,5 (Ps 2,9 LXX) durch keinen Texthinweis gestützt.

10.2.3 Der Smaragd

Kap. 10 weist insofern einen neuen Zug der Handlung auf, als dass der Dämon nach einer guten Tat befragt wird. Diese Frage in V. 5 leitet über zu einer Reiseerzählung, in der ein Diener zusammen mit dem Dämon einen „λίθος πράσινος" findet. Was ist nun der traditionsgeschichtliche Hintergrund dieses Steines? Salzberger wies auf den „Wunderstein Schamir" hin, mit dem der Edelstein „in einem verborgenen Zusammenhang" steht.[10]

Ein λίθος πράσινος ist in Gen 2,12 LXX als Schmuckstein des Paradieses erwähnt: Nach der Septuaginta fließt der Fluss Phison um das Land Euilat, in dem es kostbares Gold, Anthrax und eben den genannten Stein gibt. Es handelt sich aufgrund der Wortbedeutung wohl um einen grünlich schimmernden Stein, womöglich um einen Smaragd.[11] Die Kyraniden nennen jedenfalls in 1,6 in der Überschrift unter dem Buchstaben Z als letzten Stein den ζμάραγδος λίθος τίμιος πράσινος, der in den weiteren Ausführungen als Amulettstein Verwendung findet (wobei der Begriff „πράσινος" nur in der Überschrift enthalten ist), und auch Epiphanius setzt in De XII gemmis den genannten Stein mit dem Smaragd gleich (Λίθος σμάραγδος: Οὗτος καλεῖται καὶ πράσινος). In der gleichen Schrift teilt Epiphanius den Stein ein in einen „νερωνιανός" und einen „δομετιανός", wobei er den Neronischen als „πικρός", also als „spitz" oder „scharf" bezeichnet. Dies könnte eine Erklärung für die Notiz in V. 9b sein, der Stein sei wie ein Horn geformt. Hier scheint eine übliche Vorstellung von der Form eines Smaragdes zugrunde zu liegen.

Dem Stein wird schon in christlicher Interpretation besondere Kräfte zugeschrieben, wie es Epiphanius in De XII gemmis 1,3 schildert:

---

8 Vgl. zum Hundsstern in der volkstümlichen antiken Astrologie Boll, 1903, 138ff.
9 Vgl. hierzu die nachträgliche Emendation bei McCown, 1922, 121.
10 Salzberger, 1907, 95.
11 Vgl. zum Smaragd in seinen antiken Erwähnungen Söllner, 1998, 222.

Ἡ δὲ δύναμις, φασί, τοῦ λίθου, δηλαδὴ τοῦ σμαράγδου πρὸς τὸ ἐνοπτρίζεσθαι πρόσωπον. Λέγεται δὲ καὶ παρὰ τοῖς μυθοποιοῖς προγνωστικὸς εἶναι.

Die Kraft aber des Steines (freilich des Smaragdes) liegt darin, dass er das Gesicht widerspiegelt. Von den Mythographen wird ihm die Fähigkeit des Vorherwissens zugeschrieben.

Wie aus diesem Zitat hervorgeht, sind Epiphanius Gerüchte über die prophetische Kraft des Steines bekannt, die allerdings in TSal 10 nicht anklingen. Über die abschreckende Wirkung des Smaragdes schreibt Plinius in NH 37,66: Man habe einem marmornen Löwen an einer Thunfischbucht Augen aus Smaragd eingesetzt, die derart in die Meerestiefe gestrahlt hätten, dass die Thunfische davor die Flucht ergriffen hätten.

Leider sind die Verse 8f in den verschiedenen Rezensionen dubios. Sicher scheint zu sein, dass schon in der „Grundschrift" V. 8 eine Brücke zwischen TSal 9 und 10 bildet, denn der in Kap. 9 fehlende Arbeitsauftrag an den Akephalos wird hier nachgeholt, wobei die Verse 8 und 10 eine sachliche Dublette bilden. Die Eigenschaft des Steins, wie eine Lampe zu leuchten, hat eine Parallele bei Lukian, De Dea Syria 32: Dort wird berichtet, dass im Tempel von Hierapolis die Göttinenstatue einen Stein auf dem Kopf habe, der aufgrund seiner leuchtenden Eigenschaften „λυχνίς", die Lampe, genannt werde, denn er verstrahle des nachts (und nur dann) ein derart helles Licht, dass der ganze Tempel davon ausgeleuchtet sei. Hier scheint Lukian eine märchenhafte Tradition von einem „leuchtenden Stein" zu referieren, die auch in TSal 10,8f aufgenommen worden ist.

Während der Arbeitsauftrag in V. 10 dem gängigen Muster im TSal folgt, bleibt der genaue Sinn dieses Auftrages in V. 8 rätselhaft; man ist geneigt, Rec A als der plausibelsten Darstellung zu folgen: Dort sollen die beiden Dämonen den Stein bei den Bauleuten herumtragen; es ist möglich, dass hierbei die schon im oben angeführten Epiphaniuszitat erwähnte spiegelnde Eigenschaft des Steines als Vorstellung zugrunde liegt; das reflektierende Licht des Smaragdes würde dann wie eine Lampe wirken.

Fazit: Man könnte bei dieser Geschichte eine Allusion an Gen 2,12 erkennen: Durch dieses Textsignal wird dem Leser deutlich, dass der Dämon den Diener nach Osten zu dem Land Eueilat führt, in dem der in Gen 2 genannte Edelstein zu finden ist. Salomo lässt für dem Tempelbau durch dämonische Hilfe den Edelstein des Paradieses herbeibringen, so könnte man dann die Geschichte resümieren. Nach Eusebs Onomastikon wird unter dem Eintrag „Εὐειλάτ" der Fluss Phison bei den Griechen mit dem Ganges identifiziert und das Land selbst mit Indien (Epiphanius verweist in De XII gemmis 1,3 mit der gleichen Bezugnahme auf Ganges/Indus auf Äthiopien). Wenn dieses Wissen bei den Lesern des TSal vorausgesetzt werden kann, so verweist die Geschichte weit in ferne, sagenhafte Regionen, die schon in der Alexanderlegende durch ihren Reichtum gerühmt werden; Curtius Rufus beispielsweise erwähnt in seiner Darstellung Indiens in 8,9, dass „Gemmas margaritasque" dort an den Strand gespült würden.

Obwohl in V. 8-10 die beiden Dämonen aus TSal 9 und 10 zusammenfasst werden, richtet sich die Frage in V. 11 nach dem Überwinderengel nur an den Hundsgestaltigen aus Kap. 10 (zumal in 9,7 schon der „Überwinderengel" für den Akephalos genannt ist). Zu dem Engel „Briathos" ist anzumerken, dass Preisendanz[12] eine Gemme aus dem Musée Numismatique in Athen abbildet, die einen kopflosen Dämon darstellt. Der Kopf liegt ihm zu Füßen und ist schwer identifizierbar; Preisendanz spricht ihn als Eselskopf an, es kann aber auch der Kopf eines Hundes sein; rund um die Gestalt ist der Name des überwindenden Engels eingraviert, Baxux, ähnlich zum Braxux in den Magica. Hier wäre eine Nähe zum Briathos zu verzeichnen.

---

12   Ders., 1950, 215.

11 Kapitel XI: Der Löwenähnliche

11.1 Übersetzung

Mss HLPN = Recc AB: 1. Und wieder befahl ich, dass weitere Dämonen vor mich treten sollen. Da kam einer ^{Rec A:}, DER BRÜLLTE WIE EIN LÖWE UND STAND HOCH AUFGERICHTET[1] ^{Rec B:} *vor mich von der Gestalt eines brüllenden Löwen* und antwortete mir mit dem Wort: „König ^{+Rec A:} SALOMO, ich habe diese Gestalt und bin damit ein Geist, der niemals ^{Rec A:} ÜBERWUNDEN ^{Rec B:} *bemerkt* werden kann.[2]

2. Ich schleiche mich zu all den Menschen, die krank daniederliegen und falle sie an und mache es dem Menschen unmöglich, dass die Ursache (seiner Krankheit) bekämpft werden kann.

3. Ich übe aber auch noch eine weitere Tätigkeit aus: Ich entsende die Dämonen ‚Legionen', die mir untergeordnet sind ^{Rec A:} UND ICH TAUCHE AN IHREN ORTEN EIN,[3] DENN DER NAME ALLER DÄMONEN, DIE ICH UNTER MIR HABE, IST ‚LEGION'. ^{Rec B:} *ich bin an vielen Orten willkommen,*[4] *zugleich mit allen Dämonen der unter mir stehenden „Legionen".*

4. Da fragte ich ihn: „Wie ist dein Name?" Er antwortete: „Leontophros,[5] vom Stamme der Araber."

5. Und ich sagte zu ihm: „Wie macht man dich mit deiner ‚Legion' unschädlich, das heißt, welchen Engel hast du?" Der Dämon sagte: „Wenn ich dir den Namen sage, binde ich mich nicht nur selbst, sondern auch die ‚Legion' der Dämonen, die mir unterstellt ist."

6. Da sagte ich zu ihm: „Ich beschwöre dich beim Namen ^{Rec A:} DES GRÖSSTEN GOTTES, DES HÖCHSTEN ^{Rec B:} *des Gottes Sabaoth*: Mit welchem Namen wirst du ^{Rec A:} SAMT DEINER ‚LEGION' ^{Rec B:} *mit deiner Kraft* unschädlich gemacht?" Der Dämon

---

1 Lesart nach Ms H.

2 Was kann man mit dem Geist niemals machen? Die Textzeugen gehen hier auseinander: Ms H: σθῆναι (l. στῆναι?), Ms L: δεθῆναι; Ms P (und womöglich auch Ms N, wenn sich die Notiz von McCown, 1922, 118 im Anhang „etc. cum P" auch auf diese Stelle bezieht): νοηθῆναι.

3 Duling übersetzt δυτικόν γάρ εἰμι τοῖς τόποις: „I am at the places (where they are) when the sun is setting"; m.E. liegt aber hier eine Anspielung auf die ins Wasser eintauchenden Geister aus Mk 5,13 vor.

4 Ms P liest hier statt „δυτικόν": „δεκτικόν", ähnlich Ms N: „δεικτηκόν".

5 „Λεοντοφόρον", wie in McCowns Ausgabe aufgenommen, hat nur Ms P! Sowohl Rec A als auch Ms N lesen hier wie auch in V. 7 „λεοντόφρον"; vgl. hierzu McCowns „emendationes in textum", in ders., 1922, 121.

sprach: „Im Namen dessen, der unter den Menschen so viel Leid ertrug, dessen Name ist Emmanouel, der uns auch nun gebunden hat und kommen wird und uns vom Abhang in das Wasser drängt. Er kommt herab und wird in drei Lettern weithin verehrt."

7. Da verurteilte ich seine „Legion", Holz aus dem Wald zu holen und den Leontophros verurteilte ich, es mit den Klauen kleinzureißen und es in den unauslöschlich lodernden Ofen zu schieben.

11.2 Kommentar

11.2.1 Die Szene

Nur auf den Befehl des Königs und ohne weitere Einleitung tritt der nächste Dämon auf, der durch einen Löwen näher charakterisiert ist. Dies dürfte sich, wie unten zu zeigen ist, auf die gängige, auch im NT aufgenommene Metapher vom Löwen als teuflische Macht beziehen. Die Geschichte weist überdies eine deutliche Allusion auf die neutestamentliche Perikope vom „besessenen Gerasener" in Mk 5,1-14 parr auf.

11.2.2 Der Dämon als Löwe

Es wird bei der vorliegenden Überlieferung nicht klar, was genau der Dämon mit einem Löwen zu tun hat. Nach Rec A brüllt er löwenartig und steht hoch aufgerichtet, nach Rec B hat er die Gestalt eines brüllenden Löwen. Jedenfalls dürfte das „Brüllen" eines „Löwen" zum ältesten Bestand der Überlieferung zählen. Wie ist dies hier zu deuten? Folgende Möglichkeiten seien vorgeschlagen:

Erstens ist hier eine sachliche Nähe, in der Wirkungsgeschichte von Ps 21,14 LXX, zu 1Petr 5,8 zu verzeichnen: der Teufel geht umher „ὡς λέων ὠρυόμενος". Ein Dämon, der nach TSal 11,1 Rec A „βρυχώμενος ὡς λέων", ist hierzu zwar nicht lexikalisch, doch sachlich parallel: mit dem Löwen wird dann eine teuflische Macht assoziiert.

Zweitens könnte man das Brüllen des Löwen als Metapher der Drohung verstehen, wie es von Porphyr, De abst 3,5 bemerkt wird: λέων βρυχώμενος δηλοῖ ὅτι ἀπειλεῖ. Dann tritt der Dämon in TSal 11 zunächst einmal arrogant bis bedrohlich auf, wie es bei manchen Dämonen auch an anderer Stelle geschildert wird (vgl. besonders Lix Tephras in Kap. 7 oder der Kopflose in Kap.

9). Das Auftreten als brüllender Löwe ist dann eine Metapher für die massiv-bedrohliche Erscheinung des Dämon. Hierzu passt auch kontextuell die Eigenaussage des Dämons in V. 1 (in Rec A, die hier m.E. die ursprünglichere ist; die Lesart von Ms P, der Dämon werde niemals „bemerkt", wird erst im Zusammenhang mit V. 2 plausibel), dass er niemals überwunden werden könne; dies setzt die sprichwörtliche Stärke und Kraft des Löwen voraus: bei Stobaios, Exc 23,42 beispielsweise wird der Löwe als stark und unermüdlich beschrieben – letztere Eigenschaft spricht ihm auch der Physiologus in seinem Anfangskapitel zu.

Unscharf stellt sich auch die Beziehung zum Löwen dar, wenn es um den Namen des Dämons geht. Gegen die (später durch den Herausgeber emendierte) Textedition muss hier, nicht zuletzt gestützt auf Ms N als Zeuge von Rec B, die Lesart „λεοντοφόρος" als singulär für Ms P zurückgewiesen werden zugunsten der in Rec A und Ms N notierten „λεοντόφρος". Letzteres ist in seiner Bedeutung unklar. Möglicherweise ist die Veränderung in Ms P schon als volksetymologische Angleichung an das Bekannte zu verstehen: eine „λεοντοφόρος ὀκτήρης" ist in der Geschichtsschreibung als ein besonderes Kriegsschiff von Demetrios Polyorketes überliefert, das er während der Diadochenkriege einsetzte.[6] Lukian erwähnt in Herm 44 in einem Gespräch über ein besseres Losverfahren bei Wettspielen ein „λεοντοφόρος κλῆρος", also ein löwentragendes Los. Wie also deutlich wird, ist die (volksetymologisch angeglichene) Version von Ms P zumindest in der zeitgenössischen Gräzität belegbar, wenn auch die inhaltliche Füllung im Kontext von TSal 11 weiterhin unscharf bleibt. Der Löwe selbst hat ein so großes metaphorisches Bedeutungsspektrum, dass eine Identifikation mit einem bestimmten semantischen Gehalt aufgrund der gegebenen Textsignale als gezwungen erschiene.[7]

11.2.3 Die „Legion" der Dämonen

Die Wirksamkeit des Löwenähnlichen besteht nach V. 2 darin, die Kranken anzufallen und die Genesung zu verhindern. Möglicherweise ist diese Notiz im Zusammenhang mit der neutestamentlichen Perikope vom besessenen

---

6   So bei Memnon 13 = Jacoby, FGH no. 434, 8.5, vol. III B, 344; Plutarch berichtet in Dem 20 von diesen Auseinandersetzungen, ohne jedoch den Namen „Leontophoros" zu erwähnen.

7   Vgl. zu den „verschiedensten übertragenen Bedeutungen" des Begriffs „λέων" auch W. Michaelis, 1942; zur Metapher für den Tod ebd., Anm. 21; zum Löwen als Dämon im Mittelalter vgl. P. Bloch, 1971. Angesichts dieser Bedeutungsvielfalt scheint der Verweis von Duling z.St. auf den ersten der „sieben herrschenden Dämonen" im Diagrammexzerpt bei Orig, Cels 6,30 als unbegründet willkürlich.

Gerasener (Mk 5,1-20 parr.) zu verstehen, auf die im Folgenden angespielt wird. Denn Mk 5,3f impliziert ja, dass man sich vergeblich um eine Mäßigung der Besessenheit bemüht hatte – es muss sich bei Mk 5 also um einen Geist handeln, der eine Genesung verhindert.

Der Bezug zur Heilung des besessenen Geraseners wird in folgenden Elementen deutlich:

1. V. 6 ist eine in den beiden Rezensionen A und B übereinstimmend verzeichnete christliche Notiz eingefügt, die auf Jesus Christus verweist. Ms P schlüsselt, parallel zu TSal 6,8 und 15,11, die Gematrie der „drei Lettern" ($\chi\mu\delta$ = 644, vgl. den Kommentar zu TSal 6) entsprechend auf. Die Verbindung von Emanuel + Leid ertragen ist in der hier zugrundeliegenden LXX-Stelle Jes 7,14 nicht belegbar, ebenso wenig in Mt 1,21-25 und grBar 4,15. Diese Notiz ist ein deutliches Lesersignal, die Stelle in ihrer neutestamentlichen Vorgabe aufzufassen.

2. In V. 3-5 ist mehrfach von den Dämonen die Rede, deren Name „Legion" ist, parallel zu Mk 5,9 parr. Diese „Legion" der Dämonen ist dem Löwenähnlichen untertan. Parallel hierzu könnte eine von A. Grohmann herausgegebene äthiopische Version der Gebete des Cyprian von Antiochia angegeben werden, bei der die „Legion" in Rezeption von Mk 5,9 ebenso in exorzistischem Kontext aufgenommen wird. Der Apostel Petrus nimmt dabei die herausragende Exorzistenrolle ein, und die „Legion" wird deutlich vom Satan getrennt, und eine Unterordnung unter die prominente Gestalt des Satan (parallel zur Unterordnung der „Legion" unter den Löwenähnlichen in TSal 11) kann erwogen werden:

    „Ich löste und löse durch den Namen Gottes, damit der unreine Satan nicht standhalten kann vor mir in jeder Gestalt, sei es in der Nacht oder sei es am Tage, und Legeyon sei gebannt und all seine Macht und all seine Heerscharen durch den Bann Petri, des Oberhaupts der Apostel."[8]

3. Auf das Ende der Dämonen im Wasser Mk 5,13 parr. ist m.E. nicht nur in V. 6 angespielt, sondern auch in Rec A in V. 3.

4. Der Dämon wird mit der ihm untergebenen Legion, ganz gemäß Mk 5,1-20, nur von Christus selbst unschädlich gemacht und nicht von einem Engel.

Damit dürfte diese Exorzismusgeschichte die Folie für TSal 11 sein. Der Dämon, den Salomo hier in V. 7 als Holzfäller einsetzt, steht der durch die neu

---

8   Übers. Grohmann, 1916, 143; diese Passage ist nicht in der griechischen Version (bei Schwermann, 1903, 316f) überliefert. Parallel hierzu ist auf die von Euringer, 1926 herausgegebene äthiopische Erzählung „Das Netz Salomons" hinzuweisen, in der bei einer vom TSal völlig unabhängigen exorzistischen Salomotradition der Dämon „Legewon" als einer der Hauptdämonen erwähnt wird.

testamentliche Rezeption bekannten „Legion" von Mk 5,9 vor. Er wird aufgrund der sprichwörtlichen Unüberwindbarkeit und Stärke wie ein Löwe gezeichnet, wobei die genaue Charakterisierung im Unscharfen bleibt, wie oben gezeigt wurde.

12 Kapitel XII: Der dreiköpfige Drache

12.1 Übersetzung

Mss HLPN = Recc AB: **1.** Und nachdem ich den Gott Israels angebetet hatte, befahl ich, dass ein weiterer Dämon vortreten solle. Da kam vor mein Antlitz ein dreiköpfiger Drache mit furchtbarem Äußeren.

2. Und ich fragte ihn: „Wer bist du?" Er sagte: „Ich bin ein dreispitziger[1] Geist und handle durch drei Taten: Im Mutterleib blende ich die Kinder, verdrehe auch die Ohren und mache sie taub und stumm +Rec B: *und habe in meinem dritten Kopf noch weiterhin verborgen:* ich schlage auch die Menschen gegen den Leib, mache, dass sie mit Schaum (am Mund) fallen und mit den Zähnen knirschen.

3. Es gibt aber einen Weg, wie ich unschädlich gemacht werden kann: An einer bezeichneten Stelle des Kopfes, da trug ein Engel des Großen Rates Vorkehrungen, dass ich leiden werde – und dann wird er sichtbar am Kreuz haften. Jener wird mich unschädlich machen, in Gesellschaft derer, mit denen ich in untergeordneter Stellung bin.

4. An dem Ort, an dem er erhöht wurde, König Salomo, wird Ephippas eine Purpursäule in der Luft aufstellen, als Geschenk gestaltet, das er vom Erythräischen Meere vom Inneren Arabiens herbeiführt; +Rec B: *diesen wird man in einen Schlauch eingeschlossen vor dich bringen.*[2] Am Eingang des Tempels, den du zu bauen begonnen hast, König Salomo, liegt eine Menge Gold: Dies grabe aus und nimm es!"

5. Und ich, Salomo, schickte meinen Knecht und fand es so vor, wie es mir der Dämon gesagt hatte; dann siegelte ich ihn mit dem Ring und pries Gott.

6. Dann sprach ich zu ihm: „Sag mir, wie du heißt", und der Dämon sagte: „Oberhaupt der Drachen". Und ich befahl ihm, Ziegel herzustellen für den Tempel +Rec A: GOTTES + Rec B: *denn er hatte Menschenhände.*

---

1   McCown konjizierte hier „τρίβολον" (dreispitzig, distelig), eine Variante, die nur Ms N so liest (von McCown im Apparat noch nicht berücksichtigt). Rec A dagegen liest τριόβολον (was als lexikalische Variante zu τριώβολος „Gewicht von drei Obolen" oder eine bestimmte Abgabe bedeutet und in der obigen Übersetzung mit „dreifach belastend" übertragen wurde), Ms P liest τριβόλαιον, was von Bornemann, 1844 z.St. in τρι-βολαῖον (er überträgt es mit „sehr stürmisch") verbessert wurde.

2   Diese Stelle setzt die Kenntnis von TSal 22 voraus: Dort wird der luftgestaltige Dämon Ephippas in einem Schlauch nach Jerusalem gebracht.

12.2 Kommentar

12.2.1 Die Szene

Die vorliegende Szene ist in den beiden Recc A und B umfassend belegt; es fallen die jeweils längeren Textpassagen in Rec B auf (V. 2.4.6), die m.E. am ungezwungensten als erklärende Zusätze gelesen werden können.

Das Kapitel nimmt einige Elemente aus gängigen zeitgenössischen Vorstellungen von „Drachen" auf (Mehrköpfigkeit, der „Drachenstein"), ohne jedoch auf eine spezielle mythische Drachengestalt explizit einzugehen. Die christlichen Allusionen in V. 3 zielen auf die Leserwirkung, dass Christus letztendlich der Herr über die feindlichen Mächte ist. Dabei setzt die Notiz in V. 4, nach der die Stelle, an der nach TSal 24 die Säule aus dem Erythräischen Meer errichtet wird, sich die „Erhöhung Christi" befindet (die aufgrund der kontextuellen Bezüge als Kreuzigung verstanden werden muss), die byzantinisch-christliche Lokalisation des Tempelberges „Zion" auf dem Süwesthügel in der Nähe der Kreuzigungsstelle voraus (und nicht mehr auf dem historisch zutreffenden Südosthügel der Stadt).[3]

In diesem Kapitel fehlen sämtliche Hinweise auf die astralen Verbindungen des Dämon, dagegen finden wir in V. 4f deutliche Vorverweise auf die Ephippas-Perikope in TSal 22-24. Der Dämon erweist sich dabei in doppelter Hinsicht für den Tempelbau als nützlich: Er sorgt für die Finanzen (V. 4) und bekommt, dem kompositionellen Gerüst der Schrift gemäß, noch eine Arbeit am Tempel angewiesen, nämlich Ziegel herzustellen.

12.2.2 Der Dämon als Drache

12.2.2.1 Bildelemente des Drachen

Der Drache wird als τρικέφαλος und als φοβερόχροος (eigentlich: „mit furchtbarer Haut") vorgestellt. Diese Attribute lassen keinerlei Bezug zu einem bestimmten mythischen „Drachen" erkennen. Der furchtbare Anblick entspricht der gängigen Vorstellung eines Drachen als Chaoswesen, und die Dreiköpfigkeit selbst ist kein ausschließliches Drachenattribut, wie beispielsweise der Bericht aus Philostrat, VA 5,13 zeigt: als in Sizilien eine Frau ein dreiköpfiges Kind geboren hatte, wurde dies dort als ein Unheilszeichen gesehen und mit dem vielköpfigen Tryphon in Zusammenhang gebracht, der allerdings – beispielsweise bei Apollodor, Bibl. 1,38ff – hundert Köpfe hatte. Eine Figur eines dreiköpfigen Mannes mit einem Seesperber-, einem Hunds-

---

3   Vgl. zur römisch-byzantinischen Verlagerung der Ortslage, nachweisbar beim „Pilger von Bordeaux" und bei Epiphanius: Mare, 1992; Bieberstein/Bloedhorn, 1994 Bd. 1, bes. 147.

kopfaffen- und einem Ibiskopf, die mit Flügeln gestaltet und „wie Osiris"
gekleidet ist, findet sich als Anweisung für die Herstellung eines Phylakteri-
ums in PGM 4, 333ff, oder Lukian schreibt in VH 1,11 über die Hippogypen,
die auf großen, dreiköpfigen Geiern reiten.

Die Vielköpfigkeit des Drachen ist traditionell verbreitetes Gut, doch variiert die Zahl der Köpfe. In der christlich-jüdischen Tradition finden sich neben
siebenköpfigen Drachen, etwa in der Tradition von Apk 12,[4] auch dreiköpfige;
in TAbr 17 Rec A wirft der Tod seine Schönheit ab und zeigt sich Abraham von
seiner grausamen Seite; unter anderem sieht Abraham dann „δράκοντα τρι-
κέφαλον φοβερόν" als eine Gestalt des Todes.[5]

Eine Verbindung zwischen dem dreiköpfigen Kerberos und einem Drachen
findet sich in einer magischen Beschwörung in Cod. Paris. B.N. gr. 2250, fol.
217r:[6]

Ὁρκίζω σε εἰς Ἑρμῆν καὶ Ἄνουβιν καὶ εἰς ὕλαγμα τοῦ κερκουροβόρου
δράκοντος καὶ κυνὸς τρικεφάλου τοῦ Κερβέρου τοῦ φύλακος τοῦ Ἅδου.

Ich beschwöre dich bei Hermes und Anubis und beim Knurren des bootsverschlin-
genden Drachen und des dreiköpfigen Hundes Kerberos, der den Hades bewacht ...

Diese Beispiele zeigen, dass die Vorstellung eines dreiköpfigen Drachen zwar
sicherlich Traditionsgut darstellt, doch nicht auf einen bestimmten Überliefe-
rungsstrang verweist. Sicher ist nur eine Reminiszenz an den einzigen Drachen
der neutestamentlichen Tradition in Apk auszuschließen, da dieser siebenköp-
fig ist.

Obskur erscheint zunächst die Passage zur Überwindung des Drachen in
V. 3. Deutlich fließen hier christliche Elemente ein (s.u.), doch gibt die Erwähnung der „bezeichneten Stelle des Kopfes" hier Fragen auf; so wurde die für
Rec A postulierte Fassung von McCowns Edition „ὑπὸ τοῦ σημειομένου τόπου
ἐγκεφάλου" übersetzt. Im Gegensatz hierzu deutet Duling z.St. diese obskure
Passage mit TSal 15,10; 22,20 auf Golgatha und übersetzt „the site which is
marked „Place of the Skull"; der lexikalischen Schwierigkeiten bei dieser
Deutung (in der neutestamentlichen Tradition steht passim „to kranion" statt
„enkephalon") ist er sich bewusst, wie es die Anmerkung Dulings z.St. zeigt.
Ms P präsentiert hier eine andere Variante, nämlich „σημειουμένης τῆς
ἱ(ηρουσα)λήμ, εἰς τὸν λεγόμενον τόπον κεφάλαιον", was Bornemann z.St. mit
„wenn man Jerusalem niederschreibt, die sogenannte Hauptstadt" übersetzt.
Möglicherweise ist von Ms P hier der mythologische Hintergrund dieser Notiz
nicht mehr verstanden worden, weshalb sich der Autor dieser Handschrift
entsprechend behalf. Rec B hat allerdings die Tradition, dass der Drache „etwas in seinem Kopf verborgen hat", gesondert schon in V. 2.

---

4   Belegstellen bei Busch, 1996, 62.
5   Vgl. Janssen, 1975, 247.
6   Berthelot et al., 1888, 34.

Was ist nun hiermit gemeint? Folgen wir V. 3, dann scheint das im Kopf Verborgene etwas mit der Überwindung des Drachen zu tun zu haben, und verweist m.E. auf die Tradition des Drachensteines.[7] Dieser bezeichnet ein Kleinod, das sich im Kopf des Drachen befindet. Die Entnahme dieses Steines geht allerdings mit dem Ableben des Untiers einher.

Die Tradition vom „Drachenstein" ist mehrfach belegt. Dabei ist die Notiz von Plinius in NH 37, 158 grundlegend für die weitere Traditionsbildung:[8]

> Draconitis sive dracontias e cerebro fit draconum, sed nisi viventibus absciso capite non gemmescit invidia animalis mori se sentientis. igitur dormientibus amputant. Sotacus, qui visam eam gemmam sibi apud regem scripsit, bigis vehi quaerentes tradit et viso dracone spargere somni medicamenta atque ita sopiti praecidere. esse candore tralucido, nec postea poliri aut artem admittere.

> Der Draconites (Drakonites) oder Dracontias (Drakontias) entsteht aus dem Gehirn von Schlangen, aber nur, wenn man den lebenden Tieren des Kopf abschlägt, andernfalls wird <das Gehirn nicht> zum Edelstein wegen der Missgunst des Tieres, wenn es seinen Tod fühlt; man schlägt ihnen deshalb im Schlafe den Kopf ab. Sotakos, der geschrieben hat, diesen Stein bei einem König gesehen zu haben, berichtet, diejenigen, welche nach ihm suchen, führen auf zweispännigen Wagen, und wenn sie einen Drachen sähen, streuten sie schlafbringende Mittel aus und schlügen dem so betäubten Tier den Kopf ab; der Stein sei durchsichtig weiß und lasse sich nachher weder schleifen noch künstlich bearbeiten.

Bei dieser Stelle wird deutlich, dass die Entnahme des „Drachensteines" mit dem Tod des Unwesens einhergeht, und dies kann als Assoziationshintergrund zu TSal 12,3 angenommen werden. Der Drache gibt hier Salomo das Geheimnis preis, dass sich in seinem Kopf etwas befindet, weswegen Drachen traditionellerweise überwunden werden. Diese Überlieferung vom Drachenstein verweist, wenn man von dem Solanuszitat bei Plinius ausgeht (wohl aus „peri lithon), ins vierte vorchristliche Jahrhundert. Die ausführlichste Beschreibung des Drachensteines hat, zeitlich näher am TSal, Philostrat in VA 3,8; dort wird berichtet, die Inder fingen Drachen mit einschläfernden Buchstaben und magischen Gesängen, während das Untier in seiner Höhle weile. Sei es dann eingeschlafen, werde es geköpft und der bunten Steine in seinem Kopf beraubt, die mit „ἰσχύες ἄρρητοι" ausgestattet seien. An dieser Stelle wird besonders das Magische an der Entnahme des Drachensteines geschildert, und dies ist bei Solinus Rer.mem. 30,16 (3. Jahrhundert nach Christus) in deutlicher Abhängigkeit von Plinius' Bericht ebenso breit ausgeführt:[9]

---

7   Vgl. zum „Drachenstein" mit einigen Belegstellen Merkelbach, 1959, 227.

8   Text und Übersetzung nach König, 1994.

9   Text nach Mommsen, 1864. Vgl. hierzu die spätere, von Plinius und wohl auch von Solinus abhängigen Lexikoneintrag von Isidor, Etym 16,14,7 (Text nach Lindsay II, 1966.): Dracontites ex cerebro draconis eruitur. Quae nisi viventi abscisa fuerit, non ingemmescit; unde et eam magi dormientibus draconibus amputant. Audaces enim viri explorant draconum specus,

exciditur e cerebris draconum dracontias lapis, sed lapis non est nisi detrahatur vi-
ventibus: nam si obeat prius serpens, cum anima simul evanescit duritie soluta. usu
eius orientis reges praecipue gloriantur, quamquam nullum lenocinium artis ad-
mittat soliditate et quicquid in eo nobile est, non manus faciant nec alterius quam
naturae candor sit quo reluceat. Auctor Sotacus gemmam hanc etiam visam sibi
scribit et quibus intercipiatur modis edocet. Praestantissimi audacia viri explorant
anguium foveas et receptus: inde praestolati ad pastum exeuntes praetervectique
percitis cursibus, obiciunt gramina medicata quantum potest ad incitandum soporem: ita somno sopitis capita desecant et de manubiis praecipitis ausi praedam re-
vehunt temeritatis.

Der „Drachenstein" wird aus dem Hirn der Drachen herausgenommen, aber es ist
kein eigentlicher Stein, wenn er nicht lebendigen (Drachen) entnommen wird: Denn
wenn die Schlange vorher zugrunde geht, schwindet mit der entfliehenden Seele
zugleich die Härte. Durch seinen Gebrauch werden die Könige des Ostens besonders geehrt, wenngleich er durch seine Dichte keine Schmeichelei der Kunst zulässt,
und was auch immer an ihm edel ist, ist nicht von Händen gemacht und ist nichts
anderes als die Lauterkeit der Natur, durch die er leuchtet. Der Autor Sotacus hat
geschrieben, dieses Schmuckstück sogar gesehen zu haben und erläutert die Art,
durch die es entnommen wird. Durch Kühnheit besonders herausragende Männer
machen die Drachenhöhle sowie die Möglichkeit des Rückzuges ausfindig. Dort be-
reitstehend, erregen sie die auf Futtersuche gehenden und vorbeikommenden (Drachen) durch Drohungen und werfen ihnen heilkräftige Kräuter entgegen, die diese
in Schlaf fallen lassen können. Derart eingeschläfert schlagen sie (den Drachen) die
Köpfe ab und durch die Frucht des gefährlichen Wagnisses bringen sie die Beute
ihrer Verwegenheit zurück.

Die Tradition der Drachensteine ist als magisches Schmuckstück auch im
Christentum gebräuchlich gewesen, wie es Tertullians Ausfälle gegen den
Schmuck der Frauen an einer Stelle in Cult fem1,6 zeigen:

Aiunt et de frontibus draconum gemmas erui, sicut et in piscium cerebris lapidosi-
tas quaedam est. Hoc quoque deerat Christianae, ut de serpente cultior fiat. Sic cal-
cabit diaboli caput, dum de capite eius ceruicibus suis aut et ipsi capiti ornamentum
struit?[10]

Man sagt, dass auch aus den Stirnen der Drachen Edelsteine kämen, sowie auch in
den Gehirnen der Fische etwas Steinernes ist. Dies fehlt noch für eine Christin, dass

---

spargunt ibi gramina medicata ad incitandum draconum soporem, atque ita somno sopitis capita desecant et gemmas detrahunt. Sunt autem candore translucido. Usu earum orientis reges
praecipue gloriantur (der Dracontites wird dem Hirn des Drachen entnommen. Wenn er nicht
einem lebendigen [Drachen] entzogen worden war, hat er sich nicht versteinert; darum lösen
ihn auch Magier aus schlafenden Drachen heraus. Kühne Männer nämlich erkunden die Drachenhöhle und streuen heilkräftige Kräuter, um den Drachen in einen Schlaf fallen zu lassen,
und derart eingeschläfert schlagen sie die Köpfe ab und entnehmen die Steine. Diese sind
auch von Glanz durchleuchtet. Durch ihren Gebrauch werden die Könige des Ostens besonders geehrt).

10   CCL 1,349.

sie durch die Schlange gepflegter werde! Zertritt sie etwa so das Haupt des Teufels, indem sie aus seinem Kopf für ihren Nacken oder für ihr Haupt ein Schmuckstück herstellt?

Dieser Abschnitt ist Höhepunkt einer Polemik gegen Schmuck- und Edelsteine überhaupt und besagt durch Anführung der Tradition des „Drachensteines", dass die Edelsteine vom Teufel kämen. Dabei wirft die Allusion an Ps 90,13 bzw. Lk 10,19 Fragen auf; deutet Tertullian hier in moralisierender Weise das eigentliche Amt einer jeden guten Christin an, nämlich der Schlange auf den Kopf zu treten? Oder nimmt er eine Motivation der von ihm bescholtenen Frauen, nämlich die Gemmen als apotropäisches Schmuckstück zu tragen, hier polemisch auf?

Welche Funktion diese Anspielung an die christlich-jüdische Tradition auch immer haben mag – sicher ist jedoch, dass die Tradition der „Drachensteine" hier in christlichem Kontext belegbar ist, was eine wichtige Voraussetzung dafür bildet, TSal 12,2 im Zusammenhang damit zu lesen.

Liest man demnach V. 2 auf diesem Hintergrund, so würde dies bedeuten: Es wurde dem Drachen ein „Drachenstein" in den Kopf gegeben – der Grund, warum in der gängigen Überlieferung, belegbar bei Philostrat, Plinius und Solinus, Drachen getötet werden.

12.2.2.2 Handlungselemente des Dämon

Die Taten des Dämons in V. 2 – blenden, Ohren und Mund verschließen im Mutterleib, Epilepsie verursachen – stehen konträr zu den traditionellen Vorstellungen einer künftigen Heilszeit, wie sie gerade im kanonischen Jesajabuch mehrfach formuliert sind (z.B. Jes 29,18f; 35,5f; 42,18; 61,1) oder im Summarium der Heilungen Jesu in der Logienquelle (Q 7,22) zum Ausdruck kommen. Indem der Dämon dies bewirkt, erweist er sich als die Macht, die einer messianischen Heilszeit wie die in Jesu Antwort auf die Täuferanfrage in Mt 11,5; Lk 7,22 geschilderte entgegensteht.[11] In der Tradition dieser künftigen Heilszeit nicht enthalten ist eine Notiz zu dem Krankheitsbild in V. 2b (Schaum vor dem Mund, fallen, Knirschen mit den Zähnen), das wohl mit dem medizinischen Ausdruck der Epilepsie oder mit dem in der Antike synonym verwendeten Begriff „ἱερὴ νόσος" zu beschreiben wäre.[12] Dieses Treiben des Dämons weist übereinstimmende Bezüge zur „Heilung des Besessenen" nach Mk 9,14-29

---

11 Zum jüdischen Hintergrund dieser Vorstellungen einer Heilzeit, in denen es keine Blinden, Tauben und Arme mehr gibt vgl. weitere Belegstellen bei Luz II, 1999³, 196 (zu Mt 11,5).

12 Zur „Heiligen Krankheit" allgemein vgl. die Studie von Wohlers, 1999, zur Terminologie speziell ebd., 19f.

auf:[13] Der Besessene hat ein πνεῦμα ἄλαλον (V. 17, parallel zu βωβός in TSal),
der besessene Knabe, vom Geist niedergerissen, fällt auf die Erde (V. 20, wie
auch in TSal 12,2), er hat Schaum vor dem Mund und knirscht mit den Zähnen
(V. 18) – und dies schon „von Kind auf" (V. 21, parallel zur Schädigung der
Kinder im Mutterleib in TSal 12,2).

Die Kombination dieses Krankheitsbildes mit den Schädigungen der Sinnesorgane im Mutterleib ist in der Tradition schon vorbereitet. In der ältesten
erhaltenen aus etwa dem 5. vorchristlichen Jahrhundert stammenden Monographie zum Thema, der pseudohippokratischen Schrift De morbo sacro,[14]
werden in Kap. 5 pränatale Vorgänge im Hirn des Embryo als Voraussetzungen für die Epilepsie besprochen, insbesondere Verflüssigungen. In De morbo
sacro 5,5 heißt es dann, dass zu starke Verflüssigungen an einem Teil des
Kopfes – etwa an Auge oder Ohr – dann genau diesen Teil schädigt. Die Schädigung dieser Sinnesorgane (bei bestimmten Menschentypen) wird damit zu
den Voraussetzungen der Epilepsie gerechnet. Das auftretende Krankheitsbild
wird dann in 7,1 so beschrieben, dass der Kranke

> ἄφωνος γίνεται καὶ πνίγεται καὶ ἀφρὸς ἐκ τοῦ στόματος ῥεῖ, καὶ οἱ ὀδόντες συν-
> ηρείκασι καὶ ἁι χεῖρες συσπῶνται καὶ τὰ ὄμματα διαστρέφονται...

> (der Kranke) verliert die Sprache und wird gewürgt, Schaum fließt aus seinem
> Mund, er beißt die Zähne aufeinander, die Hände krampfen sich zusammen, die
> Augen verdrehen sich ...

In dieser Krankheitsbeschreibung sind alle Elemente aus V. 2 enthalten, auch
was die Sinnesorgane des Menschen betrifft. Dabei wendet sich diese pseudo-
hippokratische Schrift besonders gegen diejenigen, die den „göttlichen Charakter" der Krankheit postulieren (1,20) und magische Handlungen oder
dämonische Einwirkungen als Therapieformen präferieren (1,26ff). Die Trägergruppen des TSal dürften mit den in De morbo sacro angesprochenen Gegnern
traditionsgeschichtlich verwandt sein. Diese Gruppen werden, zeitlich näher
am TSal, auch im Liber Hermetis 25 deutlich, wenn auch in astrologischer
(nicht in dämonologischer) Ausprägung:[15]

> (De stellis fixis et gradibus Tauri:) Tertius et quartus gradus, cum fuerint horoscopi,
> faciunt scribas terrarum seu vicorum regiorum conductores, quadrupedum nutrito-
> res vel bubulcos. Multum vero dolebunt oculos vel fiunt lusci vel lunatici

> (Die Fixsterne und Grade des Stieres:) ... Wenn der dritte oder vierte Grad im As-
> zendenten stehen, werden Vermessungsbeamte oder Pächter von Königsland,
> Viehzüchter oder -treiber geboren. Sie werden aber starke Augenschmerzen, Seh-
> behinderungen oder epileptische Anfälle haben.

---

13 Zur Diskussion, ob das Krankheitsbild der Epilepsie für Mk. 9 anwendbar ist oder nicht, vgl.
    Wohlers, 1999, 21ff.
14 Hg., übers. und komm. von Grensemann, 1968 (von dort auch alle weiteren Angaben).
15 Text bei Gundel, 1936a; Übersetzung nach Wohlers, 252.

Dieser Text ist zu TSal 12,2 darin parallel, dass gewisse Mächte – im Liber Hermetis Himmelsmächte, im TSal Dämonen – schon vor der Geburt einwirken und Sinnesorgane (Augen) sowie Epilepsie bewirken. Wir können also davon ausgehen, dass in TSal 12,2 verbreitete Anschauungen über das Einwirken höherer Mächte auf (ungeborene) Kinder und auf Epileptiker aufgenommen und gegebenenfalls – wenn nicht schon in der Tradition so geschehen – mit Dämonen in einen Zusammenhang gebracht wurden.

12.2.3 Christliche Elemente

Der Überwinderengel des Dämons wird in V. 3.4a – ähnlich wie im vorangegangenen Kapitel – auf Christus bezogen, allerdings in anderer Ausgestaltung; als Hinweise auf die Gestalt und das Geschick Christi können gelten:

1. Der „Engel des Großen Rates" bezieht sich fast wörtlich auf den μεγάλης βουλῆς ἄγγελος in Jes 9,5, was christlicherseits längst schon messianisch als Hinweis auf Christus gelesen wurde (z.B. Iren, Dem 54-56; Haer 3,16,3; Justin, Dial 126,1; Orig, Cels 5,53); bei Justin in Dial 76,3-6 ist diese Stelle auch mit dem Sieg über die Dämonen verbunden: Christus heißt „Engel des großen Rates" aufgrund seiner gepredigten Wahrheiten, zu der Justin auch die Gewalt über Schlangen und Skorpione (nach Lk 10,19) und die Macht über Dämonen zählt. Nach Origenes, Cels 8,27 garantiert die gläubige Hinwendung zum „Engel des Großen Rates" dem Frommen Schutz vor allen Dämonen. Damit ist, parallel zu TSal 12,3, die antidämonische Funktion dieser Jesajastelle in der christlichen Tradition belegbar; der „Engel des Großen Rates" sah vor, dass der Dämon leiden werde – dies ist im Zusammenhang mit der apotropäischen Lesart von Jes 9,5 plausibel.

2. Den Ausdruck „ἐπὶ ξύλου οἰκήσει", oben mit „am Kreuz haften" wiedergegeben, übersetzt Bornemann z.St. mit „der am Bauholz weilt", möglicherweise mit Rückbezug zur Bauleistung des Dämons in Kap. 11. Dagegen ist dieser Ausdruck m.E. eher Symbol für das Sterbeholz Christi, so etwa bei Melito, Pascha 727: „καὶ οὕτως ὑψοῦται ἐπὶ ξύλου". In Hippolyt, Antichr 11 wird bei der Auslegung des Jakobssegens Gen 49 erklärt, das heilige Fleisch Christi sei „ὡς βότρυος ἐπὶ ξύλου" gelegt. Auch die Märtyrer können „ἐπὶ ξύλου" an ihr Sterbeholz geheftet werden, wie etwa Pionius im Mart Pion 21.

Das Lesersignal in V. 3 gibt demnach spätestens durch den Hinweis auf das Sterbeholz Christi den Gekreuzigten als den Überwinderengel des Dämons preis und verbindet dies mit dem Hinweis auf das Prophetenwort vom „Engel des großen Rates", das in der Tradition schon vorbereitend antidämonisch verstanden werden konnte. Christus als der Herr über den Drachen – diese Tradition wird in TSal 12 als (traditionsgeschichtlich paralleles, aber unabhängiges) Seitenstück zu Apk 19f entfaltet. Ein Bezug der neutestamentlichen

Wirkungsgeschichte könnte die Notiz in V. 6 bedeuten, dass der hier präsente Dämon das „Oberhaupt" der Drachen ist. Welcher weiteren Drachen? – So wird sich ein aufmerksamer Leser fragen und wird, sofern in griechischer Mythologie beschlagen, auf Drachenwesen wie Python oder Tryphon rekurrieren; aber als christlich geprägter Rezipient – und das dürfen wir hier voraussetzen – wird er an den einzigen Drachen im NT denken, an den, der letztendlich doch noch von Christus besiegt worden ist: den Drachen aus Apk 12-20. Dass der in TSal 12 präsente Dämon über allen anderen Drachen steht (V. 6) und sich zudem noch explizit Christus unterstellt (V. 3), bedeutet für den Leser ein wichtiges Signal für das existentielle Arrangement im Spiel der überweltlichen Mächte: diese sind letztendlich doch Christus untertan.

13 Kapitel XIII: Die Dämonin Obyzouth

13.1 Übersetzung

Mss HLPN, Recc AB: 1. Ich befahl, +Rec B: *nachdem ich zum Herrn, dem Gott Israels gebetet hatte,* dass ein weiterer Dämon vor mir erscheinen solle. Da kam vor mein Angesicht Rec A: ETWAS VOM AUSSEHEN EINES RINDS, DESSEN GESTALT HIELT ES VERBORGEN MIT SEINEN GLIEDERN, ES HATTE GELÖSTE HAAREMs P (Rec B?) *ein Geist, der einer Frau ähnelte, das Haupt hatte sie von allen Gliedern verborgen und die Haare gelöst.*[1]

2. Und ich sprach zu ihr: „Wer bist du?" Rec B: *Sie sagte: Höre dies über mich* Rec A: UND DU HAST DIES ÜBER MEINE TATEN UND WELCHER ART SIE SIND, ZU LERNEN:[2] Recc AB: Wenn du aber etwas erfahren willst, mache dich in die königlichen Gemächer, wasche deine Hände und setze dich dann wieder auf deinen Thron und frage Rec A: UNS[3] Rec B: *mich* – dann, o König, wirst du lernen, wer ich bin."

3. Und dies tat ich, Salomo, +Rec B: *so wie sie mir befohlen hatte und duldete es aufgrund der mir innewohnenden Weisheit, damit ich ihr Tun vernehmen und den Menschen offenbar machen könnte*[4] und setzte mich +Rec A: AUF MEINEN THRON UND FRAGTE SIE und sprach: „Wer bist du?" Sie sagte: „+ Rec B: *bei den Menschen Oby-zouth,*[5] die ich in der Nacht nicht schlafe, sondern die ganze Welt durchstreife

---

1   McCown hat hier in seiner Edition weitreichend in den Text eingegriffen und Konjekturen angebracht, wobei er sich weitgehend nach Ms P richtete. Man könnte in Ms P die Lesart „τὴν κορυφήν" („das Haupt") als Korruption werten und stattdessen „τὴν μορφήν" („die Gestalt") lesen; damit wäre der semantische Unterschied relativiert und die Lesarten der beiden Rezensionen praktisch identisch. Zur Übersetzung vgl. Winkler, 1931, 178 und identisch Hurwitz, 1998⁴, 137: „die Gestalt samt den Gliedern mit den Haaren, die sie gelöst hatte, verhüllend".

2   McCown folgt in seiner Textedition an dieser Stelle Ms P: „Und sie sagte: ,und wer bist du? Zu welchem Zweck hast du etwas über meine Tätigkeiten und welcher Art sie sind zu erfahren?'" – dies dürfte eine sekundäre Erweiterung darstellen (die weder in Rec A noch in Ms N zu lesen ist), um die Arroganz der Dämonin hervorzuheben. In der obigen Übersetzung wurde die Version von Rec B nach Ms N wiedergegeben und die von Rec A aus den textkritischen Angaben McCowns rekonstruiert. Dabei wird aus diesen Angaben über Rec A nicht deutlich, dass es sich beim Hauptteil der Rede in V. 2 um eine Aussage der Dämonin handelt!

3   Lesart nach Ms L.

4   Die hier von McCown angegebene Lesart von Ms P scheint aufgrund der von ihm angegebenen Variante von Ms N auch für diese Handschrift zu gelten (zu der Frage, zu welchem Text Ms N kollationiert sei, vgl. die Einleitung S.33).

5   Der Name ist Ms P entnommen; Ms L: ἀβουζούθ, Ms H: ἡ βουζοῦθ καὶ ἰδιούθ; Ms N: ὀβεζθγελαουθ.

auf der Suche nach Frauen, und, die Stunde (des Gebärens) vorherberechnend, suche ich sie auf und ^{Rec A:} ERSTICKE DAS NEUGEBORENE. IN KEINER NACHT KANN ICH ERFOLGLOS AUSZIEHEN. DU KANNST MIR ABER NICHTS BEFEHLEN. ICH DURCHSTREIFE NOCH UNGEHÖRTE BEREICHE.[6]

^{Rec B: von „ersticke – Bereiche":} *ersticke es (das Neugeborene), wenn das Glück mir gewogen ist. Wenn aber nicht, mache ich mich zu einem anderen Ort auf; in keiner einzigen Nacht kann ich ohne Erfolg aufgeben; ich bin nämlich ein bösartiger Geist, mit unzähligen Namen und vielgestaltig, bin hier und dort, durchstreife die westlichen Regionen. Aber wie es jetzt steht hast du nichts damit bewirkt, dass du mich mit dem Ring Gottes gesiegelt hast; ich stehe dir nicht zur Seite, und du wirst mir nichts befehlen können.*

^{Mss HLPN, Recc AB:} 4. Nichts anderes ist also mein Werk als die Vernichtung der Neugeborenen, (und ich bewirke) ^{+Ms P: Taubheit der Ohren und} Schlimmes an ihren Augen, ^{Rec A:} VERFLUCHUNG ^{Rec B:} *Knebelung* der Münder[7], Verwirrung des Verstandes und Schmerzen der Leiber."

5. Als ich, Salomo, dies hörte, fiel mich Verwunderung an, ^{Rec A:} ZUMAL ICH IHR AUSSEHEN NICHT ERKENNEN KONNTE, SONDERN DUNKELHEIT UND IHRE WIRREN HAARE LAGEN UM IHREN KÖRPER ^{Ms P} *zumal ... wirr: und was ihre Gestalt betraf, so sah ich ihren ganzen Körper in Finsternis; sie sah aber aus, als sei sie gänzlich mit grünlichem Glanz umflort und ihre Haare waren wirr wie die eines Drachen; alle ihre Glieder waren verborgen. Ihre Stimme war aber überaus deutlich und sprach zu mir*.

6. Da sagte ^{Rec A:} ICH, SALOMO, ZU IHR ^{Rec B:} ich, sie wohl verstehend[8]: „Sage mir, böser Geist, von welchem Engel du unschädlich gemacht wirst." Sie sagte mir: ^{Rec A:} „VOM ENGEL RAPHAEL, UND WENN FRAUEN GEBÄREN, IST MEIN NAME AUF EIN BLATT ZU SCHREIBEN, UND ICH WERDE VON DANNEN FLIEHEN." ^{Rec B:} *„vom Engel Gottes, der [^{Ms P:} Apharaoth ^{Ms N:} Baraphan] heißt, was Raphael bedeutet, von dem ich jetzt und für alle Zeit unschädlich gemacht werde. Wenn ein Mensch dessen Namen kennt und über einer gebärenden Frau aufschreibt, dann werde ich nicht eindringen können. Sein Zahlzeichen ist 640."*

7. Als ich dies hörte, befahl ich, sie an ihren Haaren zu binden und sie vor dem Tempel aufzuhängen, damit alle vorübergehenden Söhne Israels sie sehen können und Gott loben, der mir diese Macht gegeben hat.

---

6   Der Begriff „δυσηκῆ μέρη" wirft Fragen auf und ist auch textkritisch unsicher (Ms H: διοηκά, Ms L: δυσικά, Ms P: δυτικά, Ms N: δεκτηκά), vgl. Duling z.St., der „into the remotest areas" übersetzt.

7   Rec A: καταδίκη, von McCown in den Text aufgenommen (Winkler, 1931, 179 übersetzt die Passage: „Verdammung des Mundes"); Rec B: χαλινόδεσμα.

8   Nach Ms P.

13.2 Kommentar

13.2.1 Die Szene

Die schillernde Szene zwischen Salomo und der Dämonin Obyzouth ist text-kritisch recht disparat überliefert; hier ist besonders auf die Darstellung der Dämonin in V. 1 zu verweisen.

Besonders auffällig ist hier die „Frechheit" der Dämonin in V. 2. Obyzouth kokettiert hier mit Salomo, indem sie auf seine Frage mit einer Gegenfrage antwortet, sogar noch weiteres von Salomo wissen will und ihm schließlich Anweisungen erteilt. Sicherlich ist das übliche Schema von der anfänglichen Arroganz der Dämonen hier aufgenommen, doch dass Salomo dann doch so auf sie eingeht und sich dann in V. 3 wie aufgetragen die Hände wäscht, könnte ein Vorverweis auf das Schlusskapitel und die Tradition von 1Kön 11 sein: Salomo ist dem fremden Weiblichen gegenüber sehr aufgeschlossen. Rec B kommentiert dies zusätzlich und bezieht Salomos Willfährigkeit auf die Weisheit des Königs: Um zum Ziel zu kommen tut er zunächst, was die Dä-monin von ihm will. Der letzte Vers betont allerdings wieder die Souveränität des Königs über die Dämonin: Ohne fremde Mittel wie etwa die von der Dä-monin preisgegebene magische Praxis und ohne Hilfe des Überwinderengels Raphael wird Obyzouth unterworfen, wobei sie als spezielle Variante nicht zur Arbeit am Tempelbau verpflichtet, sondern zur Abschreckung an den Haaren aufgehängt wird.

Wie der weitere Kommentar zeigen wird, ist die Gestalt der Obyzouth am besten im Rahmen der Auslegung von Jes 34,14 zu verstehen und als Ver-schmelzung der Dämonin Lilith (so auch in Jes 34,14 im masoretischen Text notiert) und der Figur des Onokentaurs (als einschlägige Septuagintavariante) zu erklären.

13.2.2 Die Dämonin

13.2.2.1 Die Tötung der Neugeborenen

Die Haupttätigkeit der Dämonin ist die Schädigung der Neugeborenen, wie es in V. 3f nachdrücklich geschildert wird. Grundsätzlich ist dabei impliziert, dass Kinder von Geburt an unter dem besonderen Einfluss transzendenter Mächte stehen; dass diese keineswegs schädigend sein müssen zeigt eine in ApkPetr greifbare Tradition, bei der abgetriebene Kinder unter den besonderen Schutz eines Engels gestellt sind.[9] Dies wird – bei Clem. Alex, Eclog Proph 41 greifbar

---

9   Vgl. die Ausgabe von D.C. Müller in Schneemelcher, II, 1989⁵, 571f.

– auf ausgesetzte Kinder erweitert und bei Method Olymp, Symp 2,6 auf vorzeitig Geborene bezogen. Entscheidend ist, dass hier Neugeborene unter den Einfluss eines Engels geraten, und dies ist in TSal 13 strukturparallel: Auch hier geraten Neugeborene unter den (hier: zerstörerischen) Einfluss einer Dämonin.

Dies verweist auf ein Delikt, das in der frühchristlichen wie auch der jüdischen Literatur als äußerst verabscheuungswürdig gilt. In Did 2,2 wird Abtreibung (φονεύειν τέκνον) und Kindstötung nach der Geburt (ἀποκτείνειν γεννηθέν) verboten, Philo nennt in seinem langen Abschnitt über die Tötung der Neugeborenen und Kindsaussetzung in SpecLeg 3,110-119 Kindstöter „allerroheste und gefühlloseste Menschen".

Die Kindstötung wird von den frühchristlichen Schriftstellern besonders in der Wirkungsgeschichte von Mt 2 behandelt, so etwa im ProtevJak 22,1, Ps-Justin, Quaest ad Orthod 13f sowie Athanasius in Expos in Ps 71,15. Origenes führt in den Selecta in Ezechielem zu Ez 29,3 über den ägyptischen Pharao aus: „Er hat auch die Kinder Israels damals bedrückt und ihre Neugeborenen (τὰ βρέφη) erstickt (πνίγων). Er empfing dabei ein Wort des Teufels." Der Pharao vollführt hier also die gleiche Handlung wie Obyzouth – auf Geheiß des Teufels! Damit ist eine traditionsgeschichtliche Schnittstelle zwischen der Kindstötung des Herodes in Kap. 2 zur Tötung der Neugeborenen durch Dämonen gegeben, da bei der oben zitierten Origenesstelle der Kindermord durch eine böse Macht (den Teufel) motiviert ist. Eine Tötung der Neugeborenen direkt durch Dämonen ist im Rahmen christlicher Polemik in der von Vassiliev herausgegebenen Ps-ApkJoh[10] zu erkennen; dort wird S. 321 auf Cyprian von Antiochia angespielt, der aus dem Geschlechte der Dämonen stammte und 1300 Kinder getötet hatte (βρέφη ἀνήλωσεν).

13.2.2.2 Traditionsgeschichtlicher Hintergrund der Obyzouthgestalt

Die verschiedenen oben in der Übersetzung vermerkten Namensvarianten der Dämonin könnten schon einen Hinweis darauf liefern, dass man es in diesem Kapitel nicht mit einer stringent tradierten „Obyzouthlegende" zu tun hat, die in TSal 13 aufgenommen wurde. Als weiteres Indiz kommt hier hinzu, dass die Gestalt der Dämonin in V. 1 derart unterschiedlich in den beiden grundlegenden Rezensionen beschrieben wird, dass sowohl eine Rekonstruktion der „Grundschrift" (wie es McCown auf der Basis von Rec B in seiner Edition vorgeschlagen hatte) als auch einer festen zugrunde liegenden Tradition als sehr gezwungen erscheint. Als gemeinsame Aussagen der beiden Rezensionen und damit traditionsgeschichtliche Ansatzpunkte wären neben der ins Auge

---

10   Vassiliev, 1893, 317-322.

stechenden Haartracht der Dämonin ihre Tätigkeit, nämlich die Kindstötung, zu nennen. Als traditionsgeschichtlicher Hintergrund hierfür könnte auf folgende Bereiche verwiesen werden:

Erstens könnte man die Schädigung der Kinder in V. 4 als Anspielung auf die Geschichte von Salomos weisem Urteil nach 1Kön 3,16-28 lesen. Dort hatte eine der beiden Handlungsträgerinnen ihr neugeborenes Kind im Schlaf erdrückt und es mit dem Kind ihrer Mitbewohnerin ausgetauscht; Salomo löste den daraus resultierenden Rechtsstreit durch sein „Salomonisches Urteil". Die Handlungen der Dämonin in TSal 13,4 (Vernichtung der Neugeborenen, unrechte Ansichten, verurteilende Rede, vernichtende Sinne und gepeinigte Körper) passen gut zu den Elementen dieser biblischen Geschichte. Liest man somit TSal 13 im Zusammenhang mit dieser biblischen Salomoerzählung, so löst Salomo nun das Problem, dessen Auswirkungen er in 1Kön 3 aufgrund seiner Weisheit gerecht behoben hatte. Dennoch bleiben, auch wenn man hier strukturelle Analogien zu 1 Kön 3 findet, viele Fragen offen: Worauf beziehen sich traditionsgeschichtlich die Angaben zur Gestalt der Dämonin?

Hier wäre zweitens, wenn man besonders auf das Motiv der „wirren Haare" achtet, auf die Gestalt der Medusa hinzuweisen,[11] zumal Medusa – gerade in römischer Zeit – mit wirrem abstehendem Haar dargestellt wird.[12] Doch ist beim Medusamythos schwerlich ein derart ausgestalteter Anknüpfungspunkt an die Tötung der Neugeborenen wie in TSal 13 zu finden.

Drittens wurden für den traditionsgeschichtlichen Hintergrund dieser Passage auf verschiedene Gestalten der Dämonologie hingewiesen, die speziell Neugeborene töten. Beispielsweise wurde auf die Dämonin Γυλλου rekurriert, die in den verschiedenen Ausprägungen ihrer 12 Namen auch als Αβυζου, Αβιζιου, Βυζου, Αβιδαζιου oder Αβυδαζου bekannt ist und auch παιδοπνικτρια, στριγκλα oder αιματοπινουσα genannt wird.[13] Weiterhin stellte M. Gaster – nach intensiven Studien zur Gestalt der Lilith[14] – deutliche Reminiszenzen dieses Mythos zu TSal 13 heraus. Dieser um 1900 erstmals formulierte Zusammenhang zwischen Obyzouth und Lilith klingt seitdem immer wieder in der Forschung an und ist in jüngerer Zeit besonders von Hurwitz[15] eingehend aufgegriffen worden. Der von Gaster beschrittene Weg, mit den Methoden vergleichender Mythen- und Märchenforschung einen (hypothetischen) „Ursprungsmythos" zu ermitteln und diesen mit der vorliegenden Salomotradition in Verbindung zu setzen, wurde von Winkler speziell mit folkloristischem

---

11 Duling z.St. weist hier auf die Darstellung der Medusa und – im Rahmen der aramäischen Zauberschalen – auf die Lilithdarstellungen hin.

12 Vgl. die Darstellungen der Gorgones Romanae in LIMC 6,2, 166ff.

13 Darstellung der Namenslisten und der Charakterisierung der Γυλλου bei Müller, 1974, 99ff.

14 Vgl. Gaster, 1880/81 und besonders ders., 1900.

15 Hurwitz, 1980. Vgl. auch Weiler, 1985, 153ff; Pielow, 1998, 99-101. Davor schon W. Krebs, 1975.

und mythischem Erzählgut aus dem islamischen Raum weiter betrieben. Winkler rekonstruierte anhand zumeist islamischer, aber auch außerislamischer (z.B. russischer, germanischer und griechisch-folkloristischer) Texte eine orientalische Legende von der Bezwingung einer Kindheitsdämonin durch einen heiligen Helden[16] und setzte diese mit TSal 13 in Beziehung. Die Dämonin wird dabei traditionsgeschichtlich auf die altorientalische „Labartu" zurückgeführt, deren spätere Ausprägungen u.a. Lilit und Gelo gewesen seien. Obyzouth in TSal 13 stehe als Seitenstück damit in Beziehung.[17] Dieser Entwurf bindet wohl Obyzouth in eine Reihe paralleler Dämonengestalten ein, doch sind damit lediglich die möglichen Referenzbereiche abgesteckt – die Frage nach konkreten Vorlagen in TSal 13 ist noch lange nicht geklärt. Auch das von Fauth[18] zusammengetragene mandäische, aramäische und syrische Material zu Lilith zeigt deutlich die Tendenz, dass Lilith in Zusammenhang mit anderen Dämoninnen gebracht wurde und dadurch eine Vielzahl von Assoziationsmöglichkeiten entfalten kann. Dadurch ist eine scharfe Abgrenzung von anderen Dämonengestalten freilich nicht nur unmöglich, sondern wäre auch aufgrund des antiken Materials künstlich, weil auch dort zumeist keine scharfe Abgrenzung formuliert wurde. Lilith wurde sogar, wie beispielsweise in Ginza Re 106,14f, als Gattung gesehen („Liliths jeglicher Art ...") und nicht als Einzelgestalt.

Sind die Bezüge zur Lilith aufgrund der Motive „Bedrohung des Neugeborenen" und „Kindstötung" sicherlich gegeben, [19] bleiben dennoch Fragen offen: Was ist mit den wirren Haaren (V. 1)? Und was ist mit der Notiz in Rec A, die Dämonin sei in irgendeiner Form rindsgestaltig? Vielleicht wäre hier noch auf eine andere Dämonengestalt zu verweisen, die mit Lilith zusammen den Hintergrund von TSal 13 darstellt.

So wäre an vierter Stelle auf die Figur des „Onokentauer" zu rekurrieren,[20] die in der LXX Jes 34,14 als Übersetzung der „Lilith" im masoretischen Text notiert ist (in der Vulgata steht z.St. „Lamia"). Diese Figur des Onokentauros ist damit schon rein philologisch mit der Figur der Lilith verschmolzen, jedoch keinesfalls exklusiv. „Lilith" ist nicht der einzige hebräische Ausdruck, der in der LXX als „Onokentauer" wiedergegeben wird. Die „אײם" in Jes 13,22; 34,14 beispielsweise sind in der LXX ebenso „ὀνοκένταυροι". Bei diesen Übersetzungen wird deutlich, dass sich im Kontext der kulturellen Interferenz, die bei jedem Übersetzungsvorgang gegeben ist, verschiedene Dämonennamen und Dämonengestalten mischen. Nicht umsonst werden von den späteren christlichen Jesajaauslegern die Onokentauren mit anderen Dämonengestalten identi-

---

16 Winkler, 1931.
17 Vgl. das traditionsgeschichtliche Schema bei Winkler, 1931, 186.
18 Fauth, 1986.
19 Beispiele auf aramäischen magischen Schalen bei Fauth, 1986, 83f.
20 Zur dieser Dämonengestalt vgl. Preisendanz, 1942; Piccinini, 1998.

fiziert, v.a. mit den Sirenen (angeregt durch die σειρῆνες in Jes 13,22, wohl „Strauße"), wie beispielsweise bei Theodoret, Comm in Jes 5,186 (zusammen mit Empusen und Onoskeliden) und in der Suda. unter dem Stichwort „ὀνοκένταυρος". Nun ist bemerkenswert, dass der Onokentauer als behaart dargestellt wurde; dies ist einerseits in populären Legenden belegbar, die Phlegon von Tralleis im 2. Jahrhundert in Kap. 34f seiner „Mirabilia" gesammelt hatte[21] als auch von den christlichen Auslegern der o.g. Jesajastelle erweisbar, beispielsweise bei Basilius im Comm in Jes 13 (Aquila erwähnend: παρὰ ᾽Ακύλᾳ τριχιῶντες). Basilius führt weiter über den Onokentauer aus:

Δαιμόνων τι γένος ἔοικε παριστᾶν, κάθυλον καὶ ἐσκοτισμένον τῇ ἐπιφανείᾳ, ὧν ἔργον ἐστὶ τὸ ἄστατον καὶ τὸ μηδέποτε ἐστῶσι τοῖς ποσὶ, μήτε τῇ διανοίᾳ κεχρῆσθαι.[22]

Es scheint ein Geschlecht der Dämonen darzustellen, roh und dunkel von der Erscheinung, dessen Werk die Wankelmütigkeit ist, sie stehen niemals fest auf den Füßen noch haben sie jemals ihren Verstand benutzt.

Diese Notizen des Basilius, ebenso in Hesychs Lexikon unter dem Stichwort „ὀνοκένταυροι" übernommen, zeigen deutliche Parallelen zur Dämonin in TSal 13,5. Der Onokentauer ist hier dämonisiert. Weiterhin ist hier nicht nur von der Behaartheit die Rede (wie in V. 1), sondern auch davon, dass die Dämonin ihren Körper im Dunkeln hält. Möglicherweise sind in die Gestalt der Obyzouth Elemente eingeflossen, die dem Onokentauer auf der Auslegungsgeschichte von Jes 13,34 entlehnt sind. Diese müssen nicht nur aus diesem biblischen Umfeld stammen, sondern auch paganen Vorstellungen vom Onokentauer entlehnt sein, die für uns bei Aelian in Hist anim 17,9 greifbar werden. Aelian selbst gibt an, diese Tradition von Pythagoras, wohl dem Strategen und Geographen unter Ptolemaios II. und seiner Monographie „über das Erythräische Meer" entnommen, die er in Hist anim 17,8 als Quelle angibt. Damit reicht diese Tradition ins dritte vorchristliche Jahrhundert zurück:[23]

ἀνθρώπῳ τὸ πρόσωπον εἴκασται, περιέρχονται δὲ αὐτὸ βαθεῖαι τρίχες. τράχηλός τε ὑπὸ τῷ προσώπῳ καὶ στέρνα, καὶ ταῦτα ἀνθρωπικά· μαζοὶ δὲ ἠρμένοι καὶ κατὰ τοῦ στήθους ἐφεστῶτες, ὦμοι δὲ καὶ βραχίονες καὶ πήχεις, ἔτι δὲ χεῖρες καὶ στέρνα ἐς ἰξύν, καὶ ταῦτα ἀνθρωπικά· ῥάχις δὲ καὶ πλευραὶ καὶ γαστὴρ καὶ πόδες οἱ κατόπιν ὄνῳ καὶ μάλα ἐμφερῆ, καὶ τεφρώδης κατ᾽ ἐκεῖνον ἡ χρόα, τὰ δὲ ὑπὸ τὰς λαπάρας ἡσυχῆ λευκανθίζει. αἱ χεῖρες δὲ τῷδε τῷ ζῴῳ διπλῆν παρέχουσι χρείαν· ἔνθα μὲν γὰρ τάχους δεῖ, προθέουσι τῶν ὀπίσω σκελῶν, καὶ τῶν λοιπῶν τετραπόδων οὐχ ἥττᾱται τὸν δρόμον· δεῖ δὲ πάλιν ἢ ἀφελεῖν τι ἢ καταθέσθαι ἢ συλλαβεῖν καὶ σφίγξαι, καὶ οἱ πόδες οἱ

---

21 Vgl. Brodersen, 2001, 68f.
22 CPS.G 5/2, 453. Der Begriff „κάθυλος" dürfte in der Gräzität ein Hapaxlegomenon darstellen und ist nach Piccinini, 1998, 127 in „κατὰ ὕλη" aufzulösen, was oben mit „verroht, der rohen Materie gemäß" übersetzt wurde. Piccicini, ebd., übersetzt „irsuto", also „struppig", „borstig".
23 Text nach Hercher, 1971.

τέως χεῖρες ἐγένοντο, καὶ οὐ βαδίζει, κάθηται δέ. βαρύθυμον δὲ ἰσχυρῶς τὸ ζῷόν ἐστιν...

Einem Menschen gleicht das Angesicht, und um dieses laufen dichte Haare. Der Hals unter dem Gesicht und die Brust, auch dies ist menschenartig. Brüste ragen aus dem Brustkorb hervor. Schultern, Ober- und Unterarme, auch die Hände, die Brust bis zu den Weichen sind ebenso menschenartig. Der Rücken aber und die Seiten, der Bauch und die Hinterbeine ähneln am meisten einem Esel und wie bei jenem sind sie aschfarben, was aber unter den Weichen ruht ist weiß. Mit den Händen verhält es sich bei diesem Tier zweifach: Wenn es gilt schnell zu sein, laufen sie vor den Hinterbeinen voran, und dadurch steht es den anderen Vierfüßlern im Laufen nicht nach. Wenn es sich aber normal verhält oder es legt etwas ab, sammelt etwas auf und trägt es, so werden diese Füße wärenddessen zu Händen, und es geht nicht, sondern sitzt. Dieses Tier ist aber auch jähzornig und gewalttätig...

Der Onokentauros ist hier noch nicht dämonisiert wie dann später in der Wirkungsgeschichte von Jes 13,34 bei den Kirchenvätern. Dennoch weist er Züge auf, die parallel zu TSal 13 sind: Er ist dicht behaart, und zwar um den Kopf herum, was den Notizen in V. 1 entspricht; und er ist jähzornig und gewalttätig (was mit den schädigenden Handlungen Obyzouths in V. 4 vergleichbar wäre).

Möglicherweise bietet die Figur des Onokentauros auch eine Erklärungsmöglichkeit für die rätselhafte Notiz in V. 1 Rec A, die auftretende Dämonin sei rindsgestaltig. Sicherlich ist hier der Einwand zu vermerken, dass der Onokentauer eher einem Esel gleicht als einem „βοῦς", doch ist hier zweierlei zu bedenken:

Erstens könnte per Wortassoziation eine Verbindung bestehen, da sich der „ταῦρος" als Wortelement des „ὀνοκένταυρος" auf ein gleiches Tier wie ein „βοῦς" referieren kann. Und zweitens signalisiert die oben zitierte Notiz Aelians, der Onokentauer ähnle „am meisten einem Esel", dass die Eselhaftigkeit des Onokentauren nicht eindeutig ist und dass man dieses Wesen noch mit anderen Tieren in Verbindung bringen könnte. Der tierhafte Wesensanteil beim Onokentauer scheint hier mehrere Interpretationen zuzulassen. Dies wird auch von der Auslegung von Jes 13,21f im Physiologus, Kap. 13 gestützt, der hier entgegen der biblischen Vorlage vom „ἱπποκένταυρος" spricht und somit einen anderen Weg einschlägt, den tierhaften Anteil zu deuten. Darum wäre es nicht abwegig, als traditionsgeschichtlichen Hintergrund für die „Stierähnlichkeit" der Dämonin in V. 1 Rec A ebenso auf die Figur des Onokentauers zu verweisen.

Aufgrund der Onokentaurostradition, die ja schon in der christlichen Auslegungsgeschichte der einschlägigen Jesajastellen bekannt war (Aquilas Notiz über die Haare des Onokentauros, die von Basilius aufgegriffen wurde, könnte hier eine Nahtstelle sein), könnte zum traditionsgeschichtlichen Hintergrund von TSal 13 folgende These gewagt werden: Die Figur der Obyzouth steht im Kontext der Wirkungsgeschichte von Jes 34. Die Figur der kindermordenden

Lilith und der behaarten Onokentauren sind dabei verschmolzen und bilden als Dämonengestalt die Folie für TSal 13.

13.2.3 Die Überwindung der Obyzouth

Als Überwinderengel der Dämonin wird von ihr selbst in V. 6 der Erzengel Raphael angegeben, der in der biblischen Tradition im Buch Tobit Gegenspieler von Asmodäus ist. Anknüpfungspunkt dafür, dass speziell dieser Engel Obyzouth überwindet, könnte die in äHen 40,9 notierte Tradition sein, dass Raphael „über alle Krankheit und über alle Plage der Menschenkinder"[24] gesetzt ist. Da die Dämonin, wie in V. 4 breit ausgemalt ist, die Menschen schon im Stadium der Kindheit an Sinnesorganen, Leib und Geist schädigt und damit unter den Plagegeistern eine hervorragende Rolle einnimmt, ist niemand anderes als der Engel über Krankheit und Plage, Raphael, für sie zuständig.

Zusätzlich gibt die Dämonin noch eine magische Handlung an, mittels derer sie vertrieben werden kann. Es ist in Anwesenheit der Gebärenden ein Name auf ein Blatt zu schreiben, dann flieht die Dämonin. Doch welcher Name? Nach Rec A scheint es der Name der Dämonin selbst zu sein, in Rec B der Name des Überwinderengels. Die Gematrie 640 von Rec B ist auflösbar in ρ=100, α=1, φ=500, α=1, η=8, λ=30 also „ραφαηλ" = 640.

Hält man sich ein entsprechendes magisches Formular vor Augen, so sind beide Namen wichtig. Erstens wird der Name des Dämons genannt, da man durch die Nennung des Namens schon Macht über den Dämon hat. Zweitens werden die himmlischen Hilfsmächte mit Namen angerufen, die den entsprechenden Dämon überwinden. Als formgeschichtliches Beispiel aus der späten Wirkungsgeschichte des TSal könnte eine von Delatte edierte Exorzismusformel angegeben werden:[25]

> ὁρκίζω σε, δαιμόνιον πονηρὸν καὶ ἀκάθαρτον, τὸ καλούμενον ᾿Αβυζούθ καὶ ᾿Αδιούθ καὶ παρὰ ἀνθρώπων ἡ λεγομένη Γιλοῦ, τὸ περιερχόμενον εἰς πάντα τὸν κόσμον καὶ μαστίζον καὶ πνίγον τὰ βρέφη, τὸ ἀδικοῦν τὰ σώματα καὶ τοὺς ὀφθαλμοὺς τῶν ἀνθρώπων ... τὸ καταργούμενον ὑπὸ τοῦ ἀρχαγγέλου Ραφαήλ, ἀναχώρησον ἀπὸ τὸν δοῦλον τοῦ θεοῦ ὁδεῖνα.

Ich beschwöre dich, böser und unreiner Geist, der genannt ist Abuzouth und Adiouth und bei den Menschen die sogenannte Gilou ist, der den gesamten Kosmos durchschreitet und das Neugeborene quält und erstickt, der Leiber und Augen der Menschen Unrecht zufügt ... und der überwunden wird vom Erzengel Raphael: weiche von jedwedem Knecht Gottes.

---

24 Zitat nach Uhlig, 1984, 580.
25 Delatte, 1927, 235. Vgl. auch die (vom TSal unabhängige) Beschwörung Gulous a.a.O., 117f.

Dieser Text, zwar nicht so wie in TSal13 angegeben über eine Frau geschrieben, sondern Teil einer Sammlung von Beschwörungen, die sich an den Gestalten des TSal orientiert, enthält die beiden formgeschichtlichen Elemente der Nennung des Dämonennamens und des Namens des Überwinders. Damit rekurrieren die beiden Rezensionen auf zwei unterschiedliche formgeschichtliche Elemente einer gleichen Gattung, nämlich einer exorzistischen Praxis. Wie hat man sich nun die Unterschiede der beiden Rezensionen zu erklären? Möglicherweise enthielt die „Grundschrift" keine konkreten Angaben, sondern nur neben der Erwähnung Raphaels eine kurze Anweisung, dass über der Gebärenden ein Exorzismus schriftlich zu notieren sei. Beide Rezensionen haben dann als Ergänzung dieser vagen Angaben aus der „Grundschrift" jeweils zwei unterschiedliche Elemente eines Exorzismus ergänzt.

Auffällig ist, dass Salomo zur Überwindung der Dämonin nicht die von ihr preisgegebenen Mittel heranzieht – er benutzt eben keine Magie. Er hat es auch – etwa im Gegensatz zum nächsten Kapitel 14,8 nicht nötig, den Überwinderengel zu Hilfe zu rufen, sondern er lässt sie aus eigener Souveränität zur Abschreckung an den Haaren aufhängen. Als Besonderheit wird diese Dämonengestalt nicht zur Arbeit am Tempel verpflichtet, sondern dient als Unterworfene dazu, Salomos Macht zu erweisen.

14 Kapitel XIV: Der geflügelte Drache

14.1 Übersetzung

Mss HLPN = Recc AB: 1. Und wieder befahl ich, dass ein weiterer Dämon vor mir erscheine. Und zu mir kam ein Drache von Gestalt, der sich heranwälzte; er hatte das Gesicht und die Füße eines Menschen, seine Glieder waren aber die eines Drachen und Flügel hatte er auf seinem Rücken.

2. Und bei seinem Anblick ergriff mich Erschrecken und ich sprach zu ihm: „Wer bist du, und woher bist du gekommen?" Der Geist sprach zu mir: „Ursprünglich stehe ich vor dir, König Salomo, als ein von Menschen zum Gott gemachter Geist, nun aber bin ich unschädlich gemacht durch das Siegel +Ms P: und die Weisheit, das dir von Gott gegeben wurde.

3. Rec A: AUCH JETZT... [1]

Mss PN = Rec B: *Auch jetzt bin ich der, der „geflügelter Drache" (Πτεροδράκων) genannt wird; ich vereinige mich nicht mit vielen Frauen, nur mit wenigen, dafür aber schöngestaltigen, die den Namen* Interpolation: dieses Holzes *dieses Sternes tragen.*[2]

---

1   Die folgende Episode von Kap. 14,3 bis Kap. 16,1 fehlt in den Mss H und L (Rec A) wohl aufgrund eines Blattverlustes bei der Vorlage, liegt aber in Mss N und P (Rec B) vor. McCowns Edition folgt hier Ms P als zunächst einzigem Zeugen für Rec B, der allerdings durch die lectiones variae von Ms N (McCown, 1922, 118f) textkritisch ergänzt wird.

2   Diese Sequenz „αἵτινες [τοῦ ξύλου] τούτου τοῦ ἄστρου ὄνομα κατέχουσι" ist unklar, die Lesart von Ms P ist nach den Angaben in McCowns Apparat „τοῦ ξυλ", wobei das „λ" als eine Art Ligatur über dem „υ" stand und dies von Fleck, 1837 in seiner Edition als „τοῦ ξύλι" gelesen und als Zahl interpretiert wurde. Bornemann, 1844, 38f Anm. 74 erwägt, statt einer Zahl eher „ξιφίου" oder „Σειρίου" zu lesen und übersetzt: „... welche den Namen dieses Cometen tragen." Die Deutung als Sternnamen durchzieht nun die weitere Rezeptionsgeschichte. McCown lässt in seiner Edition „τοῦ ξύλου" als Lesart stehen, schlägt aber als Verbesserung „Τοξότου" als möglichen Sternnamen vor, was von Klutz, 2003, 234f. aufgenommen wird: Das Sternbild des Schützen könnte also hier gemeint sein. Duling nimmt eine derartige Textverbesserung nicht auf und übersetzt: „"who possess a name of Touxylou of this star", ähnlich schon Conybeare z.St.: „Which possess the name of xuli, of the star". Dagegen erwägt Jackson, 1988, 52, hier „τοῦ ξύλου" als christliche Interpolation und Hinweis auf das Kreuz (mit 15,10) zu lesen, die in der Textvorlage von Ms P die Sequenz „τοῦ ἄστρου" ersetzen sollte und irrtümlich in den Text aufgenommen wurde. Diese Interpretation als spezielle Variante von Ms P scheitert aufgrund eines Vergleichs mit der (in der Rezeption seit McCown seltsamerweise nie herangezogenen) Ms N, da diese „τοῦ ξείλου" notiert, was als „τοῦ ξύλου" gelesen werden kann. Wenn es sich also, wie Jackson annimmt, um eine Interpolation handelt, dann muss diese schon in der gemeinsamen Vorlage von Ms P und Ms N in den Text eingeflossen sein. Damit ist die Phrase „τοῦ ξύλου" Teil der Rezension B und keine spezielle Variante von Ms P,

4. Ich gehe zu ihnen hin als flügelgestaltiger Geist und vereinige mich mit ihnen durch die Hinterbacken.[3] Und eine, mit der ich es getrieben habe, erträgt es und aus ihr kommt dann Eros (die Lust)[4] zur Geburt. Von Männern aber konnte es nicht ertragen werden, und freilich hat auch jene Frau (vor Schmerz) geschrien.[5] Dies ist meine Handlung.

5. Nimm nun das nur von mir als genügend an, die übrigen Dämonen aber haben wegen dir Mühen und sind völlig durcheinander gebracht worden – sie sollen die ganze Wahrheit sagen: Sie aber werden anzünden, um das Bauholz zu vernichten, das von dir zum Bau im Tempel gesammelt wird."

6. Kaum hatte der Dämon dies gesprochen, siehe, der Atem, der aus seinem Mund herauskam, entzündete das Gehölz des Libanon und steckte somit alles Holz in Brand, das ich für den Tempel Gottes bereitgelegt hatte.

7. Und ich, Salomo, sah, was dieser Geist tat und geriet in Erstaunen und lobte Gott und fragte den drachengestaltigen Dämon und sagte: „Sage mir, von welchem Engel du unschädlich gemacht wirst." Er aber sagte mir: „Von dem mächtigen Engel, der sich im zweiten Himmel aufhält und auf hebräisch Bazazath heißt."

8. Als ich, Salomo, dies hörte, rief ich seinen Engel herbei und verurteilte ihn, Marmor zu sägen für den Bau des Tempels Gottes.

14.2 Kommentar

14.2.1 Die Szene

Ab Kapitel 14 bricht die gemeinsame Überlieferung der beiden Recc A und B ab, da von 14,3 an die Erzählung nur von Rec B in den Mss N und P belegt ist. Rec A führt die wörtliche Rede des Drachen durch ein gliederndes „νῦν δὲ ... νῦν δὲ ..." direkt in 16,1 weiter, so dass der Satz syntaktisch geglättet ist und nach den textkritischen Angaben in McCowns Apparat lauten würde: „(TSal

---

könnte aber als christliche Interpolation in Rec B angesprochen werden, wie es in obiger Übersetzung getan wurde.

3 Bornemann, 1844, 39, übersetzt diese anstößige Passage gar nicht und erklärt in einer Fußnote: „Eine Lücke hat hier der Text nicht; aber er ist so unverständlich, dass sich mit wenigen Conjecturen kaum helfen läßt". Conybeare, 1898, 32 wechselt verschämt die Sprache vom Englischen ins Lateinische und notiert: „coitum habens per nates".

4 Ms P: „ἔρω", von Fleck als „ἔρως" gelesen, von Bornemann allerdings zu „ἤρος" konjiziert, was der parallelen Lesart in Ms N „ἔρος" widerspricht. Da an dieser Stelle, wie im Kommentar deutlich werden wird, neben einem Geburtsmythos des Eros auch an die Entstehung der „Lust" gedacht ist, werden oben die beiden Übersetzungsmöglichkeiten parallel geboten.

5 Das Verb „ψοφέω", eigentlich „ein Geräusch machen, klappern", wird hier mit „(vor Schmerz) schreien" übersetzt; man könnte auch erwägen, hier mit Sophokles, Ichneutai 162 („κλαίοντες αὐτῇ δειλίᾳ ψοφήσετε", vgl. Liddell/Scott, Eintrag zu ψοφέω 2.III, S. 2025) „zugrunde gehen" zu verstehen.

14,3): Der Geist sprach zu mir: ‚Ursprünglich stehe ich vor dir, König Salomo, als ein von Menschen zum Gott gemachter Geist, nun aber bin ich unschädlich gemacht durch das Siegel, das dir von Gott gegeben wurde (+TSal 16,1) auch jetzt habe ich die Gestalt vorn eines Pferdes, hinten eines Fischs'.“

Bei dem Text von 14,3 bis 16,1 handelt es sich nicht um einen Zusatz von Rec B zur „Grundschrift", sondern um eine Auslassung von Rec A.[6] Die Beschreibung des geflügelten Drachen in 14,1 wird in Rec B bruchlos aufgenommen, jedoch in Rec A in 16,1 mit der sich an den Hippokampen orientierenden Gestaltweise des Kynopegos in Kap. 16 vermischt. Damit hätte der geflügelte Drache in Rec A sowohl Drachen- als auch Menschengestalt und wird zusätzlich als „Pferdefisch" beschrieben, was im Vergleich zu Rec B sinnlos ist.

Diese Auslassung dürfte kaum aus inhaltlichen Gründen und mit voller Absicht eines Abschreibers erfolgt sein, sondern erklärt sich am ungezwungensten als Blattverlust bei der Vorlage von Rec A.[7] Hierdurch sind in den Folgemanuskripten die beiden Dämonengestalten in TSal 14 und 15 zwangsläufig ausgelassen.

Als traditionsgeschichtlicher Hintergrund dieser Szene kann eine Erzählung über den Eros nach Art der Milesischen Fabeln erwogen werden; dies machen zahlreiche Übereinstimmungen mit einer Ausprägung dieser Gattung, dem Märchen von Amor und Psyche des Apuleius, deutlich. Die Figur des Drachen, die Flügelgestalt, die Geburt der „Lust", die sexuelle Orientierung sowie womöglich auch die Fähigkeit des Drachen, Dinge zu entzünden (V. 5) sind Elemente dieser Erzählung, die redaktionell in die Befragungsszenerie vor Salomos Thron eingepasst wurde. Auffällig ist, dass die Siegelung des geflügelten Drachen trotz der Erwähnung in V. 2 nicht erzählt ist, dass aber Salomo in V. 8 den (sonst nicht in der Tradition erwähnten, wie schon Duling z.St. bemerkte) Überwinderengel Bazazoth herbeiruft, um dem Drachen seine Arbeit am Tempel zuzuweisen. Weiterhin speziell ist die kurze Erzählung über die Intrige der Dämonen in V. 5f, die das von Salomo (in der Tradition von 1Kön 5,15ff) gehortete Bauholz vernichten wollen, was der Drache dann auch ausführt. An dieser Stelle ist wohl ein Erzählzug von der feurigen Natur des Drachen aus der traditionsgeschichtlichen Vorlage übernommen und redaktionell mit dem Tempelbau verbunden worden.

14.2.2 Der Drache als Eros?

Bei der Rekonstruktion der mythischen Szenerie hinter TSal 14 wird die These vertreten, dass die mythische Gestalt des Eros die Folie bildet, von der die

---

6   Vgl. zu dieser Sequenz die alternative Analyse von Klutz, 2003, 228ff.
7   Freundlicher Hinweis von Prof. Gerrit Kloss, Heidelberg.

meisten Anspielungen entlehnt worden sind. Erste Anzeichen dafür liefert der
(polemische) Geburtsmythos des Eros in V. 4 sowie die Tatsache, dass die
einzige erzählte Handlung des Drachen sich auf eine delikate Sexualpraxis mit
besonders schönen Frauen richtet. Hinzu kommt, dass der Flügeldrache selbst
zahlreiche Züge des Eros bzw. Amor trägt. Dabei ist der geflügelte Drache in
mehreren Punkten mit der Gestalt des Amor im Eselsroman des Apuleius
vergleichbar, besonders mit dem Märchen von Amor und Psyche in Metam
4,28-6,24:

14.2.2.1 Der Eros als Drache

Im Märchen von Amor und Psyche wird die Identität des Amor mit einem
Drachen mehrfach vorausgesetzt. Einmal redet das Orakel in 4,33,1f von einem
„saevum atque ferum vipereumque malum", das alle Geschöpfe zu Fall bringt
und vor dem selbst Jupiter zittert. Wie alle Orakelsprüche ist auch dieser
doppeldeutig und bezieht sich nicht auf einen Drachen, sondern auf den Gott
Amor. Möglicherweise hat Apuleius aus einer Vorlage, in der von einem
wirklichen Tierbräutigam Psyches in Gestalt eines Drachen erzählt wurde, den
Drachen redaktionell in den Gott Amor verändert.[8] Auf der Erzählebene der
Metamorphosen jedenfalls ist das, was die Eltern Psyches als Drachen fürchten,
in Wirklichkeit der Liebesgott selbst.

Diese Gleichsetzung des Amor mit einem Drachen wird auch noch aus
dem Munde der Schwestern Psyches erwogen, die dieser den göttlichen Liebhaber neiden und ihr in Metam 5,17 einflüstern, Psyches geheimnisvoller
Liebhaber sei eine serpens „sortis Pythicae", die sie nur schwängern wolle, um
sie dann mit umso größerem Appetit zu verspeisen. Auch hier wird Amor aus
dem Munde der Schwestern mit einem Drachen gleichgesetzt. Diese Identifi-
zierung wird vom Dichter in Metam 5,22,2 auch aufgenommen und umgestal-
tet; als Psyche verbotenerweise zum ersten Mal ihres Liebhabers ansichtig
wird, „videt omnium ferarum mitissiman dulcissimamque bestiam, ipsum
illum Cupidinem formosum deum". Wohl handelt es sich bei Amor um eine
„bestia", doch um die zahmste und lieblichste.

14.2.2.2 Der geflügelte Eros

Beim in TSal 14 auftretenden Dämon sind die drachenähnlichen Züge daran
erkennbar, dass er sich „heranwälzt", dass er Flügel hat und dass er anscheinend in V. 6 Feuer zu speien vermag. Ansonsten wird nicht genau dargestellt,

---

8   So Hoevels, 1979, 41.

wie man sich den Drachen vorzustellen hat. Die menschlichen Anteile des Wesens werden in V. 1 mit größerer Akribie beschrieben, und es fällt auf, dass auf das „Geflügeltsein" an mehreren Stellen deutlich hingewiesen wird (V. 1.3.4). Hierfür gibt es traditionsgeschichtliche Vorlagen, so zieht beispielsweise ein geflügelter Drache den Wagen des Triptolemos (vgl. hierzu die Mythenkritik bei Lukian, Philops 3,13). Die Flügel sind also bei der vorliegenden Dämonengestalt in TSal 14 hervorstechendstes Attribut, zumal namensverleihend (V. 3). Dies erinnert an die verbreiteten Darstellungen des geflügelten Eroten.[9] Doch auch im Märchen von Amor und Psyche ist Amor, der, wie oben dargestellt, in der Erzähldynamik mehrfach mit einem Drachen identifiziert wird, als geflügelter Cupido, beispielsweise in Metam 5,22,6 als „deus volatilis" skizziert.

14.2.2.3 Die Liebe zu schönen Frauen

In V. 3 handelt der Dämon nicht an der gesamten Menschheit, sondern sucht sich nur wenige Frauen nach dem Kriterium der Schönheit heraus. Dies hat deutliche Parallelen zum Märchen von Amor und Psyche, denn dort wird Psyche in Metam 4,28,2 als mit derart „praeclara pulchritudo" beschrieben, dass menschliche Rede zu arm sei, dies nur annähernd wiedergeben zu können und zieht darum den Neid der Venus selbst auf sich. In dieses Mädchen nun verliebt sich ob ihrer Schönheit der Gott Amor und holt sie in sein Lustschloss, ist auch in der Dynamik der Ereignisse nach längerer Abstinenz von Psyche immer noch „amore nimio peresus" (Metam 6,22,1) und ehelicht sie schließlich – aus deren Verbindung gebiert dann Psyche die „Voluptas". Gerade die besondere Schönheit Psyches ist es, die hier die Ereignisse in Gang setzt und auf die der Gott Amor – wie auch der Flügeldrache in TSal 14 – sich bezieht.

14.2.2.4 Das sexuelle Element

Die einzige Handlung des geflügelten Drachen kommt in V. 4 zur Sprache: Als ein geflügelter Geist vereinigt sich der Dämon mit ausgesuchten Frauen „διὰ γλουτῶν". Die Frage ist, wie diese sexuelle Praxis im vorliegenden Text bewertet wird; da es sich um die Aktivität eines Dämons handelt, dürfte schon im Vorhinein eine positive Konnotation ausgeschlossen sein. Ob jedoch eine moralische Bewertung vorliegt wie möglicherweise bei Paulus in Röm 1,26 – wenn auf diese Praxis überhaupt angespielt wird[10] –, ist nicht erkennbar.

---

9   Vgl. bes. Rumpf, 1966.

10 Zu Oral- oder Analverkehr als konkretes Vergehen der „Frauen, die widernatürlich verkehren" in Röm 1,26 vgl. Tomson, 1990 (a.a.O. S. 94, Anm. 157: "Two prohibitions seem included:

Dagegen ist diese Praxis im TSal deutlich mit Gewaltanwendung und Schmerz verbunden, denn zweimal ist hier vom „βαστάζειν" der rezeptiven Partnerin (bzw. des potentiellen männlichen Partners in V. 4) die Rede, und dies erinnert an die gewollt und bewusst schmerzhafte pedicatio zu Strafzwecken.[11] Damit scheint die Schadenshandlung des Dämons darin zu bestehen, schönen Frauen ohne deren Einwilligung besonders starke Schmerzen zuzufügen. Eine Parallele zum Märchen von Amor und Psyche besteht darin, dass Amor sich bei der ersten Begegnung mit Psyche gegen ihren Willen mit ihr vereinigt. Psyche wird in Metam 5,4,2 geschildert als „virginitati suae metuens" und „pavet et horrescit et quovis malo plus timet quod ignorat". In dieser Situation defloriert sie Amor unerkannt.[12] Auch hier ist die Frau deutlich libidinöses Objekt des Liebesgottes, wenn sich TSal 14 auch in der konkreten sexuellen Praxis und in der bewussten Zufügung von Schmerz davon unterscheidet.

14.2.2.5 Die Geburt des Eros

In V. 3 wird als Handlung des geflügelten Drachen eine Geburtsgeschichte des Eros beschrieben, die zunächst Rätsel aufgibt.

Die Herkunft des Eros ist bei Homer nicht behandelt, seine Genealogie wird nicht erzählt. In Hesiods Theogonie 120ff hat er keine Eltern.[13] Damit gibt seine Herkunft Anlass zu Spekulationen, wie sie sich beispielsweise im Symposion Platos 195Bff wiederfinden: Ist der Eros nun der jüngste oder der älteste unter den Göttern? Oder im Mythos von der Erzeugung des Eros durch Poros und Penia in Symp 203Aff – die Eltern des Gottes werden als allegorische Figuren wiedergegeben.

Geht man nun von der Geschichte von Amor und Psyche aus, so scheint hier Amor als Sohn der Venus dargestellt, denn dieser wird mehrfach „suus puer" (z.B. in 4,30,4) genannt; auch dies hat seine Vorlage bei Plato, zumal dieser – wie später auch Plotin in Enn 3,5,2 bemerkt – Eros als Sohn der Aphrodite nennt (Phaedr 242D). So käme demnach zunächst als eine erwägenswerte traditionsgeschichtliche Erklärung der „besonders schönen Frau", mit der sich der Flügeldrache in V. 3f vereinigt, niemand anderes als die Venus

---

'unnatural' intercourse χρῆσις παρὰ φύσιν of women with men, in the halakha called כדרכה שלא, and male homosexuality ἄρσενες ἐν ἄρσεσιν"); auch Miller, 1995; Diskussion bei Tiedemann, 1998, 267ff. Dagegen scheinen nach den Studien von Reinsberg, 1993, 135ff, die sich v.a. auf die Bildzeugnisse der attischen Vasen stützen, der Vaginal- sowie der Analkoitus „die üblichen und akzeptierten Arten des Geschlechtsverkehrs" (a.a.O., 137) im spätklassischen Griechenland darzustellen.

11 Vgl. zum „strafenden Phallus" Obermayer, 1998, 190ff; zur Strafvergewaltigung und bes. der Praxis der ῥαφανίδωσις vgl. Fehling, 1974, 298ff.

12 Hoevels, 1979, 74 kommentiert die Szene: „Amor schläft mit Psyche also gegen ihren Willen".

13 Waser, 1907, 484f.

selbst in Frage. Wenn auch der Tradition nach als Liebhaber der Aphrodite zunächst an Anchises (Hymn.Hom. Aphrodite) oder an Ares (Od 8,267ff) zu denken wäre, so kann an dieser Stelle auch eine Geschichte erwähnt werden, die der Autor der (pseudo-) lukianischen „Amores", Kap. 15-17, einer Gewährsfrau im Tempel der knidischen Aphrodite in den Mund legt. Ein ungenannter Aphroditeverehrer war von der Schönheit der praxitelischen Statue der Göttin derart bezaubert, dass er deren Verehrung zu seinem Lebensinhalt machte und letztendlich sogar heimlich des nachts im Tempel beim Standbild der Göttin weilte, um dieses in frevelnder Weise zu schänden. Ein verräterischer Fleck („σπίλος") auf der Rückseite der Götterstatue zeugte davon, dass sich der heimliche Verehrer der Göttin in pedikativer Weise genährt hatte. Ist hier auch eine zu TSal 14 vergleichbare Sexualpraxis an Aphrodite, der Mutter des Eros, belegt, so ist von der Geburtsgeschichte des Eros selbst keine Rede.

Die in TSal 14 beschriebene Geburtsgeschichte als Ergebnis einer pedicatio hat in christlicher Tradition eine Parallele in der Rezeption des von Charmon gestifteten Altars des Eros vor der Akademie in Athen, von der Pausanias 1,30,1 spricht; dies wird bei Clemens Alexandrinus in Prot 3,44,2 polemisch rezipiert:[14]

Καὶ γὰρ δὴ καὶ κατὰ χρόνους ὕστερον ἀνέπλαττον θεούς, οἷς προσκυνοῖεν. Ἀμέλει τὸν Ἔρωτα τοῦτον ἐν τοῖς πρεσβυτάτοις τῶν θεῶν εἶναι λεγόμενον ἐτίμα πρότερον οὐδὲ εἷς πρὶν ἢ Χάρμον μειράκιόν τι ἑλεῖν καὶ βωμὸν ἱδρύσασθαι ἐν Ἀκαδημίᾳ χαριστήριον ἐπιτελοῦς γενομένης ἐπιθυμίας· καὶ τῆς νόσου τὴν ἀσέλγειαν Ἔρωτα κεκλήκασι, θεοποιοῦντες ἀκόλαστον ἐπιθυμίαν.

Und so bildeten sie mit der Zeit auch später Götter, denen sie Verehrung erwiesen. Ganz gewiss verehrte diesen Eros, von dem es heißt, er sei einer der ältesten unter den Göttern, nicht ein einziger, bevor Charmos sich nicht in einen gewissen Jüngling drängte und einen Altar in der Akademie weihte als Dankesbezeugung für die in Erfüllung gegangene Lust. Und die Ausschweifung dieser Seuche haben sie Eros genannt, die Vergöttlichung ungezügelter Lust.

Vergleichbar zu TSal 14 sind hier folgende Elemente: Einmal ist der Eros hier explizit ein menschengemachter Gott, wie es auch der geflügelte Drache von sich selbst preisgibt (V. 2). Zweitens ist eine Liebschaft, die nach dem Bericht des Clemens deutliche Anspielungen auf eine vorangehende sexuelle Praxis aufweist („μειράκιόν τι ἑλεῖν", „sich in einen Jüngling drängen"), als die Geburtsstunde der Erosverehrung geschildert; im Unterschied zu TSal 14 handelt es sich bei Clemens allerdings um eine homoerotische Beziehung. Die Grundaussage des Clemens dürfte also mit deutlich polemischem Unterton lauten: Der Eros als menschengemachter Gott entspringt einer durch ungehemmte Lust gezeichneten pedicatio. Hier wäre dann der Vergleichspunkt zu TSal 14,4 zu sehen.

---

14 Hg. SC 2².

14.2.3 Der Eros als traditionsgeschichtliche Folie

Ein berechtigter Einwand gegen die These, hinter dem vorliegenden Kapitel
die Gestalt des Eros zu vermuten, könnte in der Frage nach der traditionsgeschichtlichen Logik von TSal 14 bestehen: Wenn in V. 14 von der Geburt des
Eros berichtet wird, so kann der „Vater", nämlich der geflügelte Drache, nicht
selbst der Eros sein. Es wäre dann eher an Zeus/Jupiter zu denken, der auch in
der zeitgenössischen christlichen Rezeption als Drache Kinder zeugt (man
denke nur an die Zeugung der Persephone, auf die in PsClem, Hom 5,14 par
Recog 10,22,7f angespielt wird) und der in Recog 10,20,11 auch durch die
Liaison mit Venus der Vater des Cupido ist. Dennoch ist es m.E. möglich, die
Gestalt des Eros als Folie für das gesamte Kapitel, für den Flügeldrachen sowie
für den Geburtsmythos anzunehmen. Erster Hinweis darauf bietet wieder das
Märchen von Amor und Psyche, nämlich das Ende in Metam 6,24,4. Aus der
Verbindung des Amor mit Psyche geht die Voluptas hervor. Dies kann als
Schlüssel für die Logik in TSal 14,4 angenommen werden: Der geflügelte
Drache steht für den dämonisierten Gott Eros, den Gott der sexuellen Passion,
und aus einer Verbindung mit einer bestimmten Frau geht dann die „Lust"
hervor („ἔρως" in V. 4 könnte man auch mit „Lust", „Begehren" übersetzen).

Nachdem hier die Bezüge zum Märchen von Apuleius' Märchen von Amor
und Psyche hervorgehoben wurden, muss die Frage gestellt werden, was nun
die konkrete traditionsgeschichtliche Vorlage des einschlägigen Kapitels im
TSal darstellt. Es ist unwahrscheinlich, dass es das Märchen von Amor und
Psyche selbst ist, unterscheidet es sich doch in vielerlei Hinsicht von TSal 14
(beispielsweise: Rolle der Venus).

Es kann darüber spekuliert werden, ob hier ein Exemplar der Gattung
„Milesische Fabeln", einer Sammlung erotischer Geschichten nach Art der
„Milesiaka" des Aristides (auf die etwa Ovid in Trist 2,413f und Apuleius in
Metam 4,32,6 anspielt) im Hintergrund steht, etwa ein Seitenstück zu den
Metamorphosen des Apuleius, die, wenn man den literarisch verwandten
Eselsroman von PsLukian und die Diskussion um die griechische Vorlage
berücksichtigt, ab dem 2. Jahrhundert als eine von mehreren Rezensionen
kursierten und sich außerordentlicher Beliebtheit erfreut haben dürften.[15] Die
zahlreichen Übereinstimmungen der Traditionselemente von TSal 14 mit dem
Märchen von Amor und Psyche, das ja selbst Ausdruck dieser Gattung der
Milesischen Fabeln ist, legt jedenfalls diese Vermutung nahe.

---

15 Zur literarkritischen Diskussion um die „Metamorphosen" vgl. Lesky, 1941; v. Thiel, 1971/2.

Zudem sollte noch bedacht werden, dass die Verbindung zwischen Eros und Psyche, wie sie bei Apuleius märchenhaft und narrativ erzählt wurde, auch in gnostischer Umformung als kosmischer Mythos belegt ist, so etwa in der (titellosen) Schrift „Vom Ursprung der Welt" in NHC 2,5,157,1ff.[16] Der Eros entsteht aus auf die Erde gegossenem Blut, ist zunächst noch (in der platonischen Tradition des Symposion) mannweiblich, wobei seine Männlichkeit Himeros und seine Weiblichkeit die „Blutseele" (kopt. Kompositum -ѰⲨⲬⲎ) ist. Er setzt Engel und Menschen in Brand und vollendet seinen Beischlaf, indem er die „Lust", („ϨⲎⲆⲞⲚⲎ" = „ἡδονή") erzeugt.

In dieser gnostischen Umformung finden sich eine Vielzahl von Motiven wieder, die traditionsgeschichtlich weit zurück verfolgt werden können. Hier ist zunächst das Motiv der Lust als Kind des Eros und der Psyche zu nennen, das uns aus den Metamorphosen des Apuleius bekannt ist und dort breit ausgestaltet worden ist. Weiterhin ist auf einen bestimmten Zug des Drachen in TSal 14,5 zu verweisen, der auch bei unseren heutigen Drachenvorstellungen zum Standardrepertoire gehören dürfte, nämlich seine „feurige Natur". Ein Drache steckt etwas in Brand.

Es ist aufgrund der vergleichbaren Züge durchaus möglich, diese Geburtsgeschichte der „Lust" in NHC 2,5 und die Geburt des Eros in TSal 14,4 als Seitenstücke einer Tradition zu betrachten, deren eine mögliche Ausprägung das „Märchen von Amor und Psyche" des Apuleius darstellt. Wenn dem so ist, dann ist der Traditionsprozess von TSal 14 folgendermaßen rekonstruierbar:

1. Dem Autor von TSal 14 (zumindest der Rec B, da die Praxis des Dämons nur dort erhalten ist) lag eine erotische Tradition in der Art der Milesischen Fabeln vor.
   Diese enthielt als Elemente den geflügelten Eros, dessen Identifikation mit einem Drachen, dessen Liebe zu einer besonders schönen Frau, dessen sexuelle Vereinigung mit dieser und die Erzeugung der „Lust". Möglicherweise war die feurige Natur des Drachen, wie sie in der gnostischen Ausprägung in NHC 2,5 vorkommt und sich in TSal 14,5 niederschlägt, auch schon Teil dieser Erzählung.
2. Diese traditionsgeschichtliche Vorlage wurde dann in TSal 14 dämonisiert und verbunden mit einer zu Clem Prot 3,44,2 parallelen Tradition, nach der die Verehrung des Eros als menschengemachtem Gott einer pedicatio entsprang.
3. Dies wurde in V. 3 durch eine astrologische Gematrie ergänzt, zu deren Auflösung es bislang noch keine Lösungsvorschläge gibt.

---

16 Hg. und deutsche Übersetzung bei Böhlig/Labib, 1962, 61ff (mit Kurzkommentar) und E. Bethge bei Schenke u.a., 2001, 235ff (Übersetzung).

Auch ein Bezug zum Sternbild des Wassermanns in TSal 2,2, der mit sexu-
ellem Begehren in Verbindung steht (s. Kommentar z.St.), hilft hier nicht
weiter. Möglicherweise wurde diese Gematrie schon in der Antike vom
Überarbeiter der Rec B nicht mehr verstanden und durch eine christliche
Interpolation korrigiert, die den beiden Handschriften Ms P und Ms N zugrunde liegt.

15 Kapitel XV: Die Dämonin Enepsigos

15.1 Übersetzung

(Mss P,N = Rec B): *1. Ich lobte Gott und befahl, dass ein weiterer Dämon vor mir erscheinen möge. Da kam vor mein Angesicht ein weiterer Geist, der hatte das Aussehen einer Frau, auf seinen Schultern aber zwei weitere Köpfe mit Händen.*

2. Und ich fragte sie: „Sage mir, wer du bist!" Sie antwortete mir: „Ich bin Enepsigos, werde auch die ‚Tausendnamige' genannt."

3. Und ich sprach zu ihr: „Von welchem Engel wirst du unschädlich gemacht?" Sie antwortete mir: „Warum fragst du? Was willst du? Ich verwandle mich (⁺Ms N: und werde) wie eine sogenannte Göttin; dann verwandle ich mich wieder und nehme ein anderes Aussehen an.¹

4. Darum solltest du auch nicht alles über mich wissen wollen, aber wenn du schon einmal bei mir bist, höre folgendes: Ich halte mich bei dem Mond auf und kann darum die Dreigestaltigkeit annehmen.

5. Mal werde ich von den Weisen durch Magie beschworen wie Kronos. Ein andermal wiederum steige ich zu denen herab, die mich herabzwingen und erscheine in einer anderen Gestalt. Das Maß der Macht ist unüberwindlich und unbegrenzt, man kann sie nicht unwirksam machen. Ich nun, in die Dreigestaltigkeit verwandelt, steige herab und gebe mich in der Weise, die du nun siehst.

6. Ich werde unschädlich gemacht von dem Engel Rathanael, der im dritten Himmel wohnt. Darum sage ich dir nun: Dieser Tempel kann mich nicht fassen!"

7. Da betete ich, Salomo, nun zu meinem Gott und rief den Engel Rathanael herbei, den sie mir genannt hatte, benutzte dann das Siegel und siegelte sie mit Hilfe einer dreifachen Kette: Unterhalb der Fessel mit der Kette tat ich ihr das Siegel Gottes auf.

8. Daraufhin prophezeite mir der Geist und sagte: „Dies also, König Salomo, tust du uns an. Aber nach einer gewissen Zeit wird dir dein Königreich auseinanderbrechen, und wiederum nach einer gewissen Zeit wird dieser Tempel niedergebrochen werden und ganz Jerusalem wird zerstört werden² von den Königen der Perser, der

---

1   Der letzte Halbsatz heißt nach Ms P: „und dann verwandle ich mich wieder und werde von anderem Aussehen". Offensichtlich ist die Sequenz „und werde" (ὡς γίνομαι) in Ms N ursprünglich und wurde in Ms P durch einen Abschreibfehler an die falsche Stelle gesetzt.

2   Ms P: „συνλευσθήσεται", eigentlich: „gemeinsam gesteinigt werden". Der Sinn ist unklar und war wohl schon in der Vorlage von Rec B verdorben; Ms N: „σκελευθήσεται" (vielleicht „σκλήσεται", „wird ausgetrocknet werden"); Bornemann, 1844 z.St. konjiziert „συληθήσεται" oder auch „συλλυθήσεται" und übersetzt „geplündert werden".

Meder und der Chaldäer. Dann werden die Geräte dieses Tempels, den du machst,
fremden Göttern dienen,

9. *mittels derer auch all die Gefäße, in die du uns einschließt, von Menschenhand*
zerbrochen werden und wir dann von allen Seiten mit geballter Macht hervorkommen
und uns über die Welt verteilen.

10. *Und wir werden die ganze bewohnte Welt während einer Vielzahl von Gele-*
genheiten schädigen, bis dass der Sohn Gottes ans Holz gespannt wird. Ein König wie
er ist nämlich noch nicht geworden, der uns alle unterwirft, dessen Mutter sich nicht
mit einem Mann vereinigt hat.

11. *Welcher andere soll also eine derartige Macht über die Geister annehmen als*
dieser? Der, den der erste Teufel versuchen wollen und dann doch keine Gewalt über
ihn bekommen wird, dessen Namenszahl 644 ist, nämlich Emmanuel.[3]

12. *Darum, König Salomo, ist deine Zeit böse, deine Jahre sind kurz und schlecht,*
und deinem Knechte wird die Herrschaft übergeben werden".

13. *Als ich, Salomo, dies hörte, lobte ich Gott und war erstaunt über die Rechtfer-*
tigungen der Dämonen, doch solange dies nicht eintreffen sollte, vertraute ich ihnen
nicht und glaubte nicht an das, was von ihnen gesagt wurde.

14. *Als die Dinge aber geschahen, dann verstand ich und in meiner Todesstunde*
schrieb ich dieses Testament für die Söhne Israels und übergab es ihnen, so dass sie die
Kräfte der Dämonen kennen und ihre Gestalt und die Namen der Engel, von denen die
Dämonen unschädlich gemacht werden.

15. *Und ich lobte den Herrn, den Gott Israels, und befahl, dass der Dämon mit un-*
zerreißbaren Fesseln gebunden werde.

15.2 Kommentar

15.2.1 Die Szene

Nach der typischen Eröffnungsszene wird in V. 1 das Auftreten der Dämonin
geschildert. Auch hier ist Salomos Souveränität nicht unbestritten, denn die
Dämonin widersetzt sich ihm in mehreren Sequenzen: In V. 3 hinterfragt sie
die Berechtigung seiner Anfragen, in V. 4 thematisiert sie in arrogantem Ton
die Grenzen von Salomos Erkenntniskompetenzen und in V. 6 spielt sie auf
ihre Unüberwindbarkeit im Rahmen der vorgegebenen Szenerie des Tempelbaus an. Aus diesem Grunde ist womöglich die Szene in V. 7 erzählt, bei der
Salomo die Dämonin nicht nur durch das Siegel, sondern auch mit Hilfe ihres
Überwinderengels und einer dreifachen Kette binden kann. Als Reaktion
darauf prophezeit die Dämonin Salomo das künftige Geschick des Tempels

---

3   Zu dieser Gematrie vgl. TSal 11,6 mit Anm.

und das Auftreten des dämonenüberwindenden Christus als vaticinium ex eventu.

In diesem Kapitel sind zwei Auffälligkeiten zu verzeichnen: Erstens erfahren wir nichts über die schädigenden Handlungen der Dämonin. Das Hauptgewicht liegt deutlich auf der Beschreibung ihres Aussehens und auf der Prophezeiung – auf letztere scheint der gesamte Abschnitt zu zielen, und diese Intention ist womöglich auch der kompositorische Anlass für die zweite Auffälligkeit, nämlich die Notiz über Salomos Testament in V. 14. Dabei erweist sich die Notiz über das Eintreffen der vaticinia in V. 14a als anachronistisch: Salomo kann ja zu seinen Lebzeiten noch nicht wissen, ob die Voraussagen tatsächlich zutreffend sind.

Obwohl die testamentarische Notiz in TSal 15,14 nur in Rec B überliefert ist, ist dies als redaktionelle Eigenart dieser speziellen Rezension nicht vorstellbar, sondern es ist anzunehmen, dass diese Notiz auch in Rec A vorhanden war. Ein Hinweis ist der Titulus der Mss I und H (beide Rec A), die beide die vorliegende Schrift als „Testament" bezeichnen. Ein narrativer, textinterner Hinweis auf den Testamentscharakter der Schrift ist demnach auch in Rec A zu erwarten, und dies dürfte ein deutliches Indiz dafür sein, dass Kap. 15 auch in Rec A vorlag und womöglich auch Teil der „Grundschrift" war.

15.2.2 Die Dämonin

Die Notiz in V. 3, die Dämonin werde wie eine „sogenannte Göttin", gibt ein wichtiges Lesersignal vor: Man wird also nach einer Göttin als traditionsgeschichtlicher Vorlage für Enepsigos zu suchen haben. Doch nach welcher speziell? Die Selbstvorstellung der Dämonin beinhaltet nun deutliche Hinweise auf die Erscheinungsbilder der Hekate:[4]

Das Attribut „μυριώνυμος", tausendnamig, in V. 2 entspricht der Anrufung „Ἑκάτη πολυώνυμε" in PGM 4,2745.2815. Die Notiz in 15,4, die Dämonin könne drei Formen annehmen, bezieht sich wohl auf die zahlreichen Darstellungen der Hekate vom Typ „τρίμορφος"[5] in Form von Statuen und Reliefs, auf Friesen, Münzen Gemmen und Amuletten.[6] Auffällig ist, dass bei den meisten Hekatedarstellungen – gerade bei denen vom Typ „τρικέφαλος", die drei Köpfe und auch die Arme deutlich sichtbar dargestellt sind. Dies macht einen Bezug zu V. 1, die Dämonin habe (neben dem Kopf) noch zwei weitere

---

4   Eine ähnliche Selbstvorstellung der Hekate wie in V. 4bf, in der die Dreigestaltigkeit ausgeführt ist, findet sich (verbunden mit einer ἐγώ εἰμι-Formel) im Prophyrioszitat bei Euseb, PE 4,23,175.

5   Vgl. LIMC 6,1, 998ff; Kraus, 1960, Taf. 4-24; Mitropoulou, 1978, 16f.

6   Zur Parallele Enepsigos – Hekate vgl. McCown, 1922, 67 und darauf aufbauend Duling, 1983 z.St. und Jackson, 1988, z.St.

Köpfe auf den Schultern „mit Händen" fast zwingend. Als Beispiel für diese Darstellungen sei auf magische Amulettsteine verwiesen,[7] bei denen auf einem menschlichen Körper nicht nur die drei Köpfe, sondern auch die Arme deutlich dargestellt sind. Dieser Typ der Hekatedarstellungen ist wohl auch in den Zauberpapyri erwähnt, wenn in PGM 4,2119 von Ἑκάτη τριπρόσωπος ἑξάχειρ die Rede ist. Als enge ikonograpische Parallele zu TestSal 15,4 ist ein Relief aus Bukarest zu nennen, bei dem eine dreiköpfige Hekate mit aus den Schultern herausgewachsenen sechs Armen und zusätzlich zu ihren typischen Attributen wie etwa dem Hund auch der Mond zu sehen ist.[8]

Über die mittelplatonische Verortung der Dämonen im Mond im Allgemeinen hinausgehend,[9] wird speziell Hekate mit dem Mond in Verbindung gebracht,[10] und diese in der Tradition vorbereitete Verbindung von Hekate mit dem Mond ist sehr facettenreich entfaltet und macht weitere Einzelzüge des Kapitels plausibel.

Hierbei ist als erstes die Logik in V. 4b zu nennen: Die Dämonin hält sich im Mond auf und kann „darum" (διὰ τοῦτο) die Dreigestaltigkeit annehmen. Die hier zugrundeliegende kausale Relation wird durch eine neuplatonische Hekatedeutung nachvollziehbar, die sich in einem Porphyrioszitat bei Euseb, PE 3,11,32 wiederfindet:

Ἑκάτη δὲ ἡ σελήνη πάλιν, τῆς περὶ αὐτὴν μετασχηματίσεως καὶ κατὰ τοὺς σχηματισμοὺς δυνάμεως· διὸ τρίμορφος ἡ δύναμις

Hekate ist wiederum der Mond wegen der Gestaltänderungen und der Kraft, die aus diesen Gestaltweisen hervorgeht: Darum ist ihre Macht dreigestaltig.

Aufgrund der Veränderungen der Mondphasen wird Hekate hier mit dem Mond verbunden, und auch die Dreigestaltigkeit der Göttin wird erwähnt und als Kausalbeziehung zu den Mondphasen gedacht: Weil der Mond seine Phasen verändert, ist Hekate auch dreigestaltig. Diese Tradition dürfte in TSal 15,4b zugrunde liegen.

Zweitens liegt diese Verbindung der Hekate zum Mond auch in dem rätselhaften Einschub in V. 5 vor, „τὸ τοῦ στοιχείου μέτρον" sei unüberwindlich und unbegrenzt. Plutarch nennt in Fac lun 30 (Moral 944F) den Mond das

---

7   Besonders das Objekt Kestner-Museum, Hannover K 448 (Abgebildet in LIMC 6,2, 672 Nr. 295) ist hier zu erwähnen. Weitere Belege in LIMC 6,1, 1010f.

8   Bukarest, Arch. Inst. L. 874, 3.-4. Jahrhundert nach Christus, Abb. bei Mitropoulou, 1978, fig. 74; zum Mond bei Hekate vgl. auch die Bronzestatuette aus Treviso, LIMC 6,2,667 Pl. 151. Zu Hekate als Mondgöttin vgl. weiterhin Heckenbach, Art. Hekate, PRE 7,2, bes. 2778f und Rabinowitz, 1997.

9   Vgl. Einleitung S. 64.

10   Plutarch erwähnt in Fac lun 29 (Moral 944C) einen „Schlund Hekates" (μυχός Ἑκάτης) auf dem Mond, in dem die inzwischen zu Dämonen gewordenen Seelen gerichtet würden. Vgl. auch Prophyrius bei Euseb, PE 3,11,32; 3,16,2; weitere Belege ab dem 1. Jahrhundert nach Christus bei Johnston, 1990, 29-38.

„στοιχεῖον" der Seelen, in das sie wieder aufgenommen würden. Entscheidend dabei ist, dass der Mond als „στοιχεῖον", als Macht, bezeichnet wird. Diese Synonymie gibt den Schlüssel zur Interpretation von V. 5: Hekate hält sich beim Mond auf, der ihr in der oben dargestellten Logik von V. 4b aufgrund seine Wirkmacht die Dreigestaltigkeit ermöglicht, steigt als Beschworene von diesem herab und zeigt sich auf der Erde.

Eng damit zusammen dürfte auch das Attribut des „μεταμόρφεσθαι" zu sehen sein, das bei Enepsigos mehrfach anklingt. In PGM 4,2785 beispielsweise ist bei einem „Gebet an Selene" die Selene mit Hekate gleichgesetzt und wird πολύμορφος genannt.

Conclusio: Die zahlreichen Beziehungen zur Göttin Hekate machen deutlich, dass diese bekannte Gottheit die bildhafte Folie für die Dämonin Enepsigos bildet. In V. 7 kann der König die Göttin nur mit Hilfe ihres Überwinderengels, dem (ansonsten in der jüdischen Tradition nicht genannten Rathanael) und einer Kette binden; vielleicht ist diese außergewöhnlich umständliche Art der Dämonenüberwindung dadurch zu begründen, dass in Kap. 15 eine außergewöhnlich bekannte und gefürchtete Göttergestalt Patin stand. Dabei könnte auch noch die Tatsache eine Rolle spielen, dass Hekate in der Zauberliteratur besonders häufig als Helfermacht angerufen wurde – besonders im „Großen Pariser Zauberpapyrus" PGM 4 ist sie häufig erwähnt.[11] Wie also Hekate angerufen wird, so wird zu ihrer Siegelung auch ihr Überwinderengel angerufen – so könnte man V. 7 als Lesersignal verstehen.

Die Verknüpfung Salomos mit Hekate wird auch noch durch einen externen Hinweis gestützt. Eine runde Bronzescheibe aus Ostia (CIJ 1,534)[12] vom 2.-4. Jahrhundert nach Christus zeigt auf der Vorderseite Salomo (Aufschrift SOLOMON), der in der rechten Hand etwas hält, vielleicht einen fünfarmigen Leuchter. Viele magische Zeichen umgeben auch die Rückseite, auf der eine Hekate Triformis abgebildet ist. Die Botschaft dieses Medaillons ist deutlich die gleiche wie im vorliegenden Kapitel des TSal: Salomo ist Herr über Hekate. Ob diese Bronzeplatte der direkten Wirkungsgeschichte des TSal entstammt, ist eher zu bezweifeln, zumal die Ikonographie der Platte (Hekate triformis) und die des TSal (Hekate trikephalos) nicht übereinstimmt. Man wird daher die Bronzeplatte CIJ 1,534 und TSal 15 eher als Seitenstücke einer Salomotradition ansehen müssen, nach der Salomo auch Hekate überwinden kann.

---

11 Die Anrufung von Helfermächten ist „in den antiken Zaubertexten fast unabsehbar oft bezeugt", so Gelzer u.a., 1999, 88 (mit zahlreichen Belegen, besonders aus dem Bereich der Amulette).

12 Dieses Amulett hat auch Goodenough aufgenommen in Bd. 3, Nr. 1059 (vgl. zur Beschreibung Bd. 2, 232f) und stellt es in einen Kontext mit mehreren Hekateamuletten, von denen allerdings einige der Ikonographie des TSal sehr nahe kommen (obwohl Salomo nicht mehr explizit erwähnt ist).

15.2.3 Die magische Beschwörung

V. 5 rückt die Dämonin in das Beschwörungsfeld magischer Praktiken. Dabei wird augenscheinlich zwischen zwei verschiedenen Beschwörungsweisen unterschieden:

Erstens wird die Dämonin „μαγευομένη" von „τῶν σοφῶν", was durch „von den Weisen durch Magie beschworen" übersetzt wurde. Zweitens gibt es wohl einige „κατάγοντες", zu denen die Göttin herabsteigt. „περὶ τῶν κατα-γόντων" wird hier „zu denen, die herabzwingen" übersetzt, parallel etwa zu Plut, Numa 15: „ἔνιοι δὲ ... φασιν ... ἐκείνους μὲν καταγαγεῖν τὸν Δία μα-γεύσαντας" oder auch parallel zu der bei Jamblich, De myst 3,17 behandelten Streitfrage, ob τὸ θεῖον zum unbedingten Dienstzweck der Menschen herabge-zwungen (κατάγεται) werden kann: Es handelt sich hier also (was bei den Übersetzungen von Duling und von Bornemann z.St. bislang übersehen wur-de) um einen magischen Terminus.

Diese beiden hier vorausgesetzten verschiedenen Beschwörungsweisen spiegeln m.E. die neuplatonische, besonders bei Jamblich, De myst 3,25 ausge-führte Unterscheidung zwischen Theurgie und Goetie wider:

Ἀλλὰ μηδὲ ταῖς ἀπὸ τῆς γοητείας τεχνικῶς κατασκευαζομέναις φαντασίαις παράβαλλε τὰς ἐναργεστάτας θεωρίας τῶν θεῶν

Vergleiche aber keineswegs die durch die goetischen Techniken hervorgebrachten Trugbilder mit der überaus klaren Schau der Götter!

In diesem Zitat wird zwischen Goetie einerseits („Trugbilder") und der Theur-gie andererseits („klare Schau der Götter") deutlich unterschieden und erstere wird abgewertet. In christlicher Rezeption (und ähnlich polemischer Stoßrich-tung wie in TSal 15) ist diese Distinktion bei Augustin, De civ dei 10,9 als Spielart der verwerflichen Magie aufgenommen. Augustin greift hier, später unter expliziter Nennung des Porphyrius, die neuplatonische Unterscheidung zwischen Goetie und Theurgie auf und führt einige Stimmen an, „qui quasi conantur ista discernere et inlicitis artibus deditos alios damnabiles, quos et maleficos uulgus appellat (hos enim ad goetian pertinere dicunt), alios autem laudabiles uideri uolunt, quibus theurgian deputant". Beides aber ordnet Augustin der verabscheuungswürdigen Magie zu, indem er auf „carmina", „incantationes" und die „ars nefariae curiositatis" anspielt, die „uel magian uel detestabiliore nomine goetian uel honorabiliore theurgian uocant".

Diese Unterscheidung in zwei Spielarten der Magie, die Augustin hier po-lemisch aufgreift, dürfte auch in TSal 15,5 vorliegen:

a) Die Dämonin kann durch „theurgische Magie" von „Weisen" beschworen werden „wie Kronos". Bei der Erklärung, warum in diesem Zusammen-hang „Kronos" genannt wird, ist m.E. auf einen Mythos zu referieren, der bei Plutarch doppelt, nämlich in Def orac 18 (Moral 419F-420A) und aus-führlicher in Fac lun 26 (Moral 941F-942A) überliefert ist. Es geht hier um eine „bei Britannien" gelegene mythische Insel, auf der Kronos liegt, von Zeus durch Schlaf gefesselt; er wird von Dämonen versorgt, die in der Zeit seiner Königschaft seine Gefährten waren; diese tragen die Träume des Kronos als Weissagungen nach außen.

Wie Enepsigos ab V. 8, ist auch Kronos in prophetischem Zusammenhang genannt. Möglicherweise besagt dann die Bezugnahme des Kronos in TSal 15,5a: Wenn die Dämonin theurgisch beschworen wird, wirkt sie „gemäßigt", wie der gefesselte Kronos und gibt Weissagungen durch Träume preis.[13]

b)   Diese gemäßigte Wirkweise ist in V. 5 dann kontrastiert mit einer anderen, die durch das „Herabzwingen" der goetischen Magie erfolgt. Hier liefert eine Hekate-Vorstellung den Hintergrund, die im Zauber der Simaitha in Theokrits „Zauberinnen" in Idyllia 2,1-62 deutlich wird, in dem sich zeitgenössische Vorstellungen von „goetischer" Magie spiegeln.[14] Bei diesem Liebeszauber erscheint Hekate unerwartet vorzeitig, und die Amateurmagierin Simaitha muss als Schutz vor der Göttin einen Gong schlagen. Durch goetische Magie beschrieben, ist Hekate unberechenbar. Über die genaue Form dieser Erscheinung in diesem Falle sagt V. 5 nichts aus.

Je nach magischer Beschwörung gibt sich die Göttin also anders. Dem König selbst erscheint sie in ihrer Dreigestalt, die von den Erscheinungsweisen bei Magie im Kontext abgesetzt zu sein scheint; dies ist als Lesersignal zu werten, dass Salomo eben keine Magie benutzt, um Hekate/Enepsigos zu beschwören, sondern durch den von Gott geschenkten Ring handelt. Damit ist eine polemische Stoßrichtung gegen die magischen Beschwörungspraktiken der Hekate erkennbar.

15.2.4 Die Prophezeiung

Wie schon oben erwähnt wurde, fehlt im vorliegenden Kapitel jeglicher Hinweis auf die Schadenshandlungen der Dämonin. Dagegen werden, nachdem Enepsigos gesiegelt worden ist, die prophetischen Eigenschaften der Dämonin breit ausgemalt. Die prophetische Gabe der Dämonen ist nichts Neues – man denke nur an die Geschichte die Magd mit dem Wahrsagegeist in Acta 16,16ff

Die Prophezeiung selbst hat eine Geschichtsprophetie auf dem Hintergrund der biblischen Überlieferung zum Inhalt, in der die Reichsteilung und die Zerstörung des ersten Tempels Gegenstand sind. Dabei werden „Perser und Meder" einerseits und die „Chaldäer" andererseits entgegen der histori-

---

13   Die Verbindung Hekates mit Kronos ist in anderer Form auch in den Magica belegbar. In PGM 42840ff hat in einem „Gebet an Selene" Hekate ein Diadem des Kronos und ein Szepter, in das Kronos eine Inschrift eingegraben hat.

14   Zur Auslegung: Graf, 1996, 159ff.

schen Begebenheiten und entgegen der biblischen Überlieferung als Zerstörer
Jerusalems genannt.

In V. 9 wird auch das Geschick der Dämonen thematisiert, die, ursprünglich in Gefäße eingeschlossen, im Zuge der Tempelzerstörung wieder frei
kommen und die Erde beherrschen. Diese Tradition ist in gnostisch-christlicher
Rezeption parallel zu TSal 15,9 entfaltet in TestVer NHC 9,70,4-30[15]:

> ...] der König David. Er ist es, der den Grundstein zu Jerusalem legte, und [sein
> Sohn] Salomo ist es, den er in [Ehebruch] zeugte. Dieser nun hat Jerusalem mit Hil-
> fe der Dämonen erbaut, denn er nahm [...]. Als er aber [zuende gebaut hatte, sperrte
> er] die Dämonen [im Tempel] ein. Er hielt sie in sieben [Wasser]krügen fest. Lange
> Zeit blieben sie eingesperrt in den Wasserkrügen wie solche, die aus dem Gefängnis
> freigekommen sind. Die (so von den Dämonen verlassenen) Wasserkrüge waren
> nun wieder rein. Aber seit jenen Tagen [bewohnen sie (die Dämonen)] die Men-
> schen, die [in] Unwissenheit sind, und [so verbleiben (?) diese (?)] auf der Erde. –
> Wer nun ist [Davi]d, oder wer ist Salomo? [Oder] was ist der Grundstein, oder was
> ist die Mauer, die Jerusalem umgibt? Oder wer sind die Dämonen, oder was sind
> die Wasserkrüge? Oder wer sind die Römer? Dies aber sind Mysterien [...]

Bemerkenswert an dieser Tradition in TestVer ist, dass sie vom Bau Jerusalems
handelt (etwa aufbauend auf die biblischen Ausführungen über die Palast-
bauten in 1Kön 7) und nicht vom Tempel speziell. Dies ist parallel zu TSal 1,7:
Auch dort heißt es, dass Salomo Jerusalem mit Hilfe der Dämonen baute,
obwohl in den Folgekapiteln nur vom Tempelbau die Rede ist. Weiterhin ist zu
bemerken, dass in TestVer diese Tradition anscheinend aktualisiert vorliegt:
TSal verortet sich bei der Zerstörung des Ersten Tempels 587/6 v.Chr, und
TestVer nennt die Römer bei der Zerstörung des Zweiten Tempels 70 nach
Christus als Befreier der Dämonen. Doch dieser Unterschied dürfte in der
Erzählstruktur des TSal begründet liegen: Der Gekreuzigte macht hier dem
Wirken der Dämonen ein Ende, und darum kann aufgrund der historischen
Zusammenhänge nicht auf die Zerstörung des Zweiten Tempels angespielt
werden; diese fand ja bekannterweise einige Jahrzehnte nach der Kreuzigung
statt.

---

15 Zitat nach Koschorke, 1978, 115; Zur Auslegung vgl. Döpp, 1998, 277-283. Die Tradition, nach
     der Salomo die Dämonen in Krüge einschließt, begegnet bei den apokryphen Salomolegenden
     öfter, beispielsweise in McCowns Ms E 11,3 par Delatte 1927a (Nationalbibliothek Athen Nr.
     2011), wo Salomo die Dämonen in Bronzekrüge eingesperrt hat, was eine Parallele zu den
     beiden bei Reitzenstein, 1904, 295f edierten christlichen Exorzismen aus dem 4. Jahrhundert
     hat. Die Tradition könnte auch Hauptinhalt eines von Zosimus, Lib 12 erwähnten pseudosa-
     lomonischen Buches mit Titel „die sieben Gefäße" sein, das in einer anderen apokryphen Sa-
     lomoschrift „die sieben Himmel" aufgenommen wurde; dort sind die Krüge aus Elektron (die
     Übersetzung der einzig erhaltenen syr. Fassung des Zosimuszitates von R. Duval bei Berthelot
     Bd. 2, 1893, 264f; vgl. die Besprechung bei Torijano, 2002, 180ff). Dass die Tradition im 6. Jahr-
     hundert von Gregentius in der „disputatio cum Herbano Judeo" (PG 86, 642C) aus christli-
     chem Munde im Gespräch mit einem Juden belegt ist weist darauf hin, dass sie längst jüdisch-
     christliches Allgemeingut ist.

Der (biblische) Anknüpfungspunkt für die Tradition, dass Salomo die Dämonen in Wassergefäße einschließt, ist nicht zu ermitteln, dafür aber die reichhaltige Wirkungsgeschichte.[16] Hierfür ist eine Beschwörungsformel zu nennen,
für die Reitzenstein mehrere Belege ab dem 4. Jahrhundert nach Christus
anführen kann (folgende Version aus dem Amulett des Parsinius 2316, fol
316[r])[17]:

ὁρκίζω ὑμᾶς τὰ ἐνακόσια ἑξήκοντα πνεύματα τῆς ἐκκλησίας τοῦ πονηροῦ τὰ
ὀμόσαντα τῷ βασιλεῖ Σολομῶντι, ὅτε ἀπέκλεισεν ὑμᾶς εἰς τὰς χαλακὰς ὑδρίας
...

Ich beschwöre euch, ihr neunhundertsechzig Geister der Gemeinde des Bösen, die
dem König Salomo vereidigt sind: Er soll euch in bronzene Wassergefäße einschlie-
ßen ...

Die doch mehrfachen Belege dieser Beschwörungsformel zeigen, dass der
Einschluss der Dämonen in Gefäße traditionsgeschichtlich verbreitet war und
sich auch hier in TSal 15 – parallel zur Rezeption in TestVer 70 – niedergeschlagen hat. Weiterhin zu erwähnen ist wohl aus dem in vorislamische Zeit
hineinreichenden Erzählgut die „Geschichte vom Fischer mit dem Geiste" aus
den „Märchen aus 1001 Nacht":[18] Der Fischer findet in seinem Netz eine „ge-
füllte messingne Flasche, oben mit Blei geschlossen und unseres Herrn Salomos Siegel darauf eingegraben". Er öffnet sie, ein fürchterlicher Geist kommt
zum Vorschein, der den Fischer für Salomo hält und, über die genauen Zeit-
umstände aufgeklärt, seine Leidensgeschichte mit Salomo erzählt: Vor Salomo
geschleppt, habe sich der König zunächst vor ihm gefürchtet und ihm Gehorsam abverlangt. Der Geist habe sich geweigert und wurde daraufhin in die
Messingflasche eingesperrt, die mit Blei verschlossen und mit Salomos Siegel
gesiegelt wurde.
Diese Erzählung weist mehrere parallele Züge zum TSal auf: Ein Geist
wird vor Salomo gebracht, Salomo ist zunächst nicht souverän, fordert Unterwerfung, besiegt den Dämon und benutzt dabei ein Siegel. In der vorliegenden
Geschichte wird ein Geist in ein Gefäß eingeschlossen, parallel zu TSal 15,9.
Dem Wirken der Dämonen, die im Zuge der Tempelzerstörung aus ihren
Gefäßen entwichen sind, macht der Gekreuzigte in V. 10 ein Ende. V. 10 und 11
beinhalten offenkundig christliches Gut, das wie folgt beschreibbar ist:
Der Gekreuzigte beendet die Macht der Dämonen. Hierbei ist die Tradition
von Joh 12,31 und Hebr 2,14, bei der mit dem Tod Jesu der Satan besiegt wird.
Wohl ist in TSal nicht vom Teufel, sondern von den Dämonen die Rede, was
eine enge Parallele zur Umprägung dieser Tradition etwa bei Justin, Dial 49,8
hat (vor dem Gekreuzigten erschrecken die Dämonen); der Teufel selbst taucht

---

16   Vgl. hierzu Döpp, 1998, 281, Anm. 34.
17   Reitzenstein, 1904 (1966), 295.
18   Folgende Paraphrase nach Weil o.D. (1865), 38ff; vgl. auch Salzberger, 1907, 99.

allerdings als (erfolgloser) Versucher wohl in Anlehnung an Mt 4 und Lk 4 auf.[19]

Dies wird mit einem Hinweis auf die Jungfräulichkeit Mariens verbunden. Eine ähnliche Verknüpfung mit Jungfräulichkeit Mariens, Tod Jesu und Sieg über den Teufel liegt in Ign Eph 19,1f vor und gehört damit schon zum ältesten christlichen Traditionsgut. Dort bilden die Jungfrauenschaft Marias, ihre Niederkunft und der Tod Jesu drei Geheimnisse vor dem „Fürsten dieser Welt", die in Jesu Geburtsszene „den Äonen" offenbar wurden, was zur Auflösung jeglicher Magie und aller „Fesseln der Bosheit" führte (ähnlich auch bei Justin, Dial 85,2: durch den von der Jungfrau geborenen, Gekreuzigten und Auferstandenen werden Dämonen beschworen).

Die durch Jes 7,14 LXX vorgegebene Kombination von Jungfrauengeburt und Emanuel ist auch hier erkennbar (Parallelismus von V. 10 und 11), neu ist aber die Kombination von Emanuel und der Macht über die Dämonen. Die Gematrie in V. 11 dürfte, wie es schon in 6,8 (zur Auflösung der Gematrie s. dort) und 11,6 deutlich wurde, ein typisches Element von Rec B sein. Da jedoch Emanuel zumindest in TSal 6,8 auch in Rec A belegt ist, ist eine Kenntnis dieser Tradition auch in der „Grundschrift" des TSal wahrscheinlich.

---

19 Zur altkirchlichen Auslegung der Versuchungsgeschichte vgl. Köppen, 1961.

16 Kapitel XVI: Der Dämon Kynopegos

16.1 Übersetzung

Mss PN = Rec B: *1. Ich lobte daraufhin Gott und befahl, dass ein weiterer Geist vor mich trete. Da kam vor mein Angesicht ein weiterer Dämon,[1]*

Mss HLPN = Recc AB: vorne die Gestalt eines Pferdes habend, hinten die eines Fischs, und er sprach mit lauter Stimme: „König Salomo, ich bin der schreckliche Geist vom Meer Rec A: UND ICH STEIGE AUF UND GEHE ÜBER DAS MEER AUF DIE SCHIFFE[2] Rec B: *und ich nehme Gold und Silber auf; ich bin nun auch ein Geist, der aufsteigt[3] und auf die Schiffe[4] über das Meerwasser geht* Recc AB: und bin den Menschen, die darauf segeln, im Wege.

2. Wenn ich in Aktion trete, bin ich selbst wie eine Welle, verwandle mich aber dann, um die Schiffe anzugehen. Denn mein Tun besteht darin, Gegenstände und Menschen aufzunehmen. +Rec B: *Ich ergreife also, entfalte meine Tätigkeit und reiße die Menschen unter die Meeresoberfläche. Ihren Leib begehre ich allerdings nicht,[5] sondern werfe sie bis jetzt (immer wieder) aus dem Meer hinaus.*

3. *Da nun Beelzebul, der Herrscher der Geister der Lüfte, derer über und derer unter der Erde, für die Taten jedes einzelnen von uns mit seinem Rat begleitet, bin darum auch ich aufgestiegen aus dem Meer,* Rec B: *um mich mit ihm auszutauschen.*

4. *Eine weitere Erscheinung und Handlung entfalte ich aber auch noch: Ich verwandle mich in Wellen, steige auf vom Meer[6]* Recc AB: und zeige mich den Menschen, und sie nennen mich ‚Kynopegos‘,[7] +Rec B: *wenn ich mich in einen Menschen verwandle. Mein Name entspricht der Wahrheit. Ich vermittle eine Art Seekrankheit, wenn ich zu den Menschen hochsteige.*

5. *Als ich nun zur Beratung mit dem Obersten, Beelzebul, kam, band er mich und gab mich in deine Hände.* Recc AB: Nun stehe ich vor dir + Rec B: *aufgrund dieses Siegels;*

---

1   „Da ... Dämon" fehlt in Ms N. Hier setzt die Überlieferung von Rec A, 14,3 wieder ein.

2   Lies mit Ms L: „διὰ τῆς θαλάσσης ἐπὶ τὰ πλεῖα (l. πλοῖα)".

3   Statt „διεγυρόμενον" von „διαγυροῦμαι", „sich selbst im Kreis drehen", lies m.E. „διεγειρόμενον".

4   Korrupte Stelle, statt „ἀπλώματα" lies m.E. „πλοῖα".

5   Mit Ms N lese ich „οὐ γὰρ εἰμὶ ἐπιθυμῶ<ν> (corr. P.Busch) σώματος" statt Ms P (und McCowns Textedition) οὕτως εἰμὶ ἐπιθυμῶν σωμάτων".

6   Die Passage von „Meer" bis „Meer" fehlt in Rec A, McCown vermutet ein Homoeoteleuton.

7   Ms P liest „Kynopaston", vielleicht mit Cynosbaton bzw. Cynospaston bei Plin NH 24,74.

und du quälst mich, ᴿᵉᶜᶜ ᴬᴮ: und weil ich schon zwei oder drei Tage lang kein Wasser gehabt habe, schwindet mein Geist bei der Unterhaltung ⁺ ᴿᵉᶜ ᴬ: MIT DIR".

6. Da sprach ich zu ihm: „Sage mir, von welchem Engel du unschädlich gemacht wirst!" Er sagte: „Durch den Iameth.*⁸"

7. Da befahl ich ihm, in ein Fläschchen zu schlüpfen und zehn Maß Meerwasser darüberzugeben. Dann verstopfte ich die Oberseite mit Marmor und verfüllte die Flaschenöffnung mit Asphalt, Pech und Werg; dann siegelte ich es mit dem Ring und befahl, es im Tempel Gottes aufzubewahren.

16.2 Kommentar

16.2.1 Die Szene

Die vorliegende Szenerie ist in den übereinstimmenden Teilen der beiden Rezensionen A und B stark reduziert und in Rec B breiter entfaltet. Insgesamt ist es durchgängig möglich, die Ausgestaltungen in Rec B als spätere Zusätze zu lesen. So kann in V. 2 der Hang des Dämons nach Gold und Silber als Explikation der „χρήματα" (oben mit „Gegenstände", von Bornemann schon mit „Schätze" übersetzt) in V. 2 gesehen werden, die Zusätze von Rec B in V. 2 als nähere Angaben zur Schadenshandlung an den Menschen. Das Ende von V. 3 und der Beginn von V. 4 sind auch nur in Rec B überliefert, was McCown allerdings als Homoeoteleuton erklärt. Im Laufe der Überlieferungsgeschichte von Rec A müsste diese Partie dann aufgrund eines Lesefehlers weggefallen sein. Obwohl Rec A auch ohne diese Passage gut zu lesen wäre, erscheint sie jedoch inhaltlich notwendig: Der Dämon rekurriert in V. 3 auf Beelzebul, der dem Leser schon seit Kap. 3 als Fürst der Dämonen bekannt ist: Beelzebul soll ja alle Dämonen vor Salomo führen. Dennoch zeigt TSal 16 eine neue, bisher noch nicht erwähnte Seite des Dämonenherrschers Beelzebul: Er „berät" (συμβουλεύειν) sich mit den Dämonen, er tauscht sich mit ihnen aus. Im Zusammenhang mit einem derartigen Beratungsgespräch hat Beelzebul wohl die Gelegenheit ergriffen, den Kynopegos vor Salomo zu bringen, wie es Rec B auch in V. 5 ausformuliert. Da dieser Vorgang in den Übereinstimmungen der beiden Rezensionen ohne den letzten Halbsatz von V. 3 (der ja nur in Rec B überliefert ist) schwer nachvollziehbar wäre, erscheint McCowns Vermutung eines Homoeoteleutons als sinnvoll.

Die Frage stellt sich nun, warum TSal 16,3 überhaupt derartige Ausführungen über Beelzebul und seine Beratungsgespräche mit den Dämonen macht. Wenn Beelzebul der Fürst der Dämonen ist, wie in Kap. 3 und 6 ausgeführt – warum muss er dann den Kynopegos bei der günstigen Gelegenheit

---

8   Die Form ist nach Duling z.St. ableitbar von „ἰάομαι" und könnte dann soviel wie „der Heiler" heißen.

einer Beratung abpassen und ihn dann erst vor Salomo bringen? Hier könnte eine inhaltliche Brücke zu Kap. 6,5 geschlagen werden: Dort wurde dem Beelzebul befohlen, einen Dämon aus dem Meer zu holen, und Beelzebul weigert sich. Wie auch in 16,3 steigt er nicht ins Meer hinab, um dort einen Dämon heraufzuholen. Scheinbar – so die Vorstellung – widerstrebt es Beelzebul allgemein, ins Wasser zu gehen (möglicherweise aufgrund seiner feurigen Natur, wie in Kap. 3,4).

Auffällig am Dialog mit dem Kynopegos ist einmal, dass der Dämon anscheinend nicht gesiegelt wird – die Notiz in V. 5 Rec B, der Dämon stehe vor dem König aufgrund des Siegels, hat keine Verbindung zum Erzählzusammenhang. Lediglich die Flasche, in die Kynopegos eingesperrt wird, wird in V. 7 gesiegelt. Weiterhin fehlen alle astralen Konnotationen.

16.2.2 Kynopegos als Hippokamp?

Der mythologische Hintergrund des Kapitels ist in der spärlichen Literatur zum TSal noch weitgehend ungeklärt. McCown, und darauf aufbauend Duling, geben als Hintergrund die Gestalt des Poseidon an, doch dies ohne nähere Ausführungen.[9] Jackson weist auf eine späte Parallele bei Psellos, Περὶ ἐνεργείας δαιμόνων 11 zur Tötung von Schiffbrüchigen hin.[10]

Der Meeresdämon Kynopegos könnte hier auf folgende Gottheiten anspielen: Einmal kann es sein, dass er hier durch die Gestalt der Hippokampen gezeichnet ist, die besonders auf Mosaiken und römischen Sarkophagen immer wieder im Gefolge Neptuns dargestellt werden. Die Darstellungen werden oft als „Allegorien der Meeresruhe" gedeutet, die beim Betrachter Heiterkeit und Freude erwirken soll – ähnlich wie es Äneas in Verg Aen 5 beim Anblick des Neptun und seiner Trabanten empfunden hat. Auch auf den Sarkophagen könnte diese Darstellung einen ähnlichen Effekt bezweckt haben: Man wünscht den Verblichenen „galene" oder „tranquilitas".[11]

Auf diese Wesen spielte wohl Pausanias bei der Beschreibung des korinthischen Tempels in 2,1,9 an: „ein Pferd, das von der Brust an einem Seeungeheuer gleicht"; sie sind eine Art Seepferdchen, vorne pferdegestaltig, hinten haben sie einen Fischschwanz, also identisch mit der Beschreibung des Kynopegos in V. 1. Die Hippokampen sind aus ihrem mythologischen Kontext heraus in die medizinisch-magische Literatur aufgenommen worden, wie Kyran 4,25 zeigt:

Περὶ ἱπποκάμπου. Ἱππόκαμπος ζῷόν ἐστι θαλάσσιον, οὗ καέντος ἡ τέφρα σὺν πίσσῃ ὑγρᾷ καὶ στέατι ἀρκείῳ ἀλωπεκίας δασύνει. τὸ αὐτὸ δρᾷ καὶ τοῦ θαλαττίου ἐχίνου τὸ ὄστρακον.

---

9   McCown, 1922, 67.
10 Jackson, 1988, 53.
11 Vgl. Simon, 2000, 249.252.

Von den Hippokampen. Der Hippokamp ist ein Meerestier, von dem, so es verbrannt wird, die Asche mit feuchtem Pech und Bärenfett [vermengt] lichte Haar-
stellen wieder dicht macht."[12]

Diese Stelle setzt einen längeren Traditionsprozess voraus, bei dem den Hippokampen Heilkräfte zugeschrieben wurden – die Fabelwesen waren demnach
für die medizinisch-magische Literatur der Gattung „Physica" relevant. Obwohl deutlichere Belege fehlen, könnte dies erklären, warum sie sich hier auch
in TSal niederschlagen: Sie sind in mythischen Erzählungen als wirkmächtige
Wesen kursiert und wurden im TSal als Dämonen aufgenommen.

Ähnlich wie die Hippokampen wird auch der Poseidonsohn Triton ähnlich
abgebildet; er hat zwar einen menschlichen Oberkörper, allerdings Pferdehufe
(vorne) und hinten die Gestalt eines Fisches, weshalb er auch „Ichthyokentaur"
heißt.[13] Dieser wird bei Hesiod in Theogon 933 als δεινὸς θεός bezeichnet ist im
Mythos u.a. ein Frauenräuber, bei Lukian, Dial Marin 6 raubt er mit Neptun
zusammen die wassertragende Amymone, die ihn „Menschenräuber"
(ἀνδραποδιστής) nennt. Eine ähnliche Terminologie verwendet auch der
Kynopegos: ἐμποδίζω τοὺς ... ἀνθρώπους.[14]

Ein derartiges Fabelwesen bildet wohl die traditionsgeschichtliche Folie für
den Kynopegos. Als Hippokamp oder Triton ist es in der spätantiken Umwelt
bildhaft stets gegenwärtig, sei es auf Grabmälern entlang der Ausfallstraßen
oder auf Mosaiken, etwa in öffentlichen Badeanlagen, wurde schon in der
„Grundschrift" des TSal aufgenommen und in die Dialogszene mit Salomo
eingefügt.

---

12 Text bei Kaimakis, 1976, 262. Vgl. auch Dioscurides, mat.med. 2.3.1.1 (Wellmann, 1958, Bd. 2).
13 Beispiele für die Darstellungen auf Mosaiken bei Simon, 2000.
14 Bildliche Darstellung: LIMC I, 750 (Amymone); Simon, 2000, 250.

17 Kapitel XVII: Der Totengeist

17.1 Übersetzung

^{Mss HLPN, Recc AB:} 1. Und ich befahl, dass ein weiterer Geist vor mich trete. Da kam ein Geist ^{+Rec B:} *vor mich,* der hatte menschliche Gestalt, die finster war und hatte leuchtende Augen ^{+Rec B:} *und in der Hand ein Langschwert.* Diesen fragte ich und sprach: „Wer bist du?"

^{Rec A:} UND ER ANTWORTETE: MEIN NAME IST MACHTHON. ^{Rec B:} *Er sagte: „Ich bin der wollüstige[1] Geist eines Giganten,[2] beim Gemetzel gestorben zur Zeit der Giganten."*

2. Ich sprach zu ihm: „Sage mir, was du auf der Erde bewirkst und wo du deine Wohnstätte hast." Er sagte mir: „Meine Wohnung ist an unzugänglichen Orten. Was ich bewirke ist folgendes: Ich setzte mich neben die ^{Rec A:} VER-STORBENEN ^{Rec B:} *vorübergehenden*[3] Menschen in den Grabstätten, und an Mitternacht nehme ich die Gestalt der Verstorbenen an, und wenn ich jemanden erwische, dann töte ich ihn mit dem Schwert.

3. Wenn ich ihn aber nicht töten kann, dann verursache ich bei ihm dämonische Besessenheit und ich mache, dass er sein eigenes Fleisch zernagt und dass der Speichel[4] von seinem Kinn herabrinnt."

4. Da sagte ich ihm: „Fürchte den Gott des Himmels und der Erde und sage mir, von welchem Engel du unschädlich gemacht wirst!" Er aber sagte mir: „Der künftig ^{Rec A:} KOMMENDE HEILAND ^{Rec B:} *von den Menschen ‚Heiland' genannt werden wird,*[5] macht mich unschädlich; wenn einer sich dessen Machtmal auf die Stirn schreibt, ^{Rec A:} MACHT ER MICH UNSCHÄDLICH, UND ICH ERSCHRECKE UND

---

1 Ms P: „ὀχεικόν" wird von McCown im Sinne von „ὀχευτικόν" gelesen, von Bornemann z.St. „ὀχευτόν".

2 Mit Ms N: „πνεῦμα γίγαντος" (Ms P: „πνεῦμα ἀνθρώπου γίγαντος").

3 Ps P liest „παρερχομένοις ἀνθρώποις" statt Rec A: „τεθνεόσιν ἀνθρώποις".

4 Mc Cown liest „σιάλους" für Ms H: „σὺ ἄλλοις", Ms L: „σει ἄλλους", Ms P: „τοὺς σιέλους".

5 Mit Ms N: „ὁ μέλλων σωτὴρ καλεῖσθαι παρ' ἀν(θρώπ)οις" gegen Ms P: „ὁ μέλλων σ(ωτ)ὴρ γενέσθαι ἄν(θρωπ)ος. Damit sind die doch recht weitreichenden Spekulationen zum ausgefeilten theologischen Charakter der Rec B bei McCown, 1922, 83 eher der Ms P denn der Rezension zuzuschreiben.

WENDE MICH SOFORT VON IHM AB ^{Rec B:} *wird er mich überwinden und, in Furcht versetzt, werde ich abwenden*: Dies ist das Zeichen des Kreuzes."[6]

5. Als ich, Salomo, dies hörte, schloss ich den Dämon in der gleichen Weise wie die anderen Dämonen ein.

17.2 Kommentar

17.2.1 Die Szene

In der vorliegenden Szene wird ein „Geist" angeführt (das Wort Dämon kommt – abgesehen vom Verk δαιμονίζεσθαι in V. 3 – als Charakterisierung für die Gestalt lediglich als Stereotyp in der Rahmenhandlung V. 5 vor), dessen traditionsgeschichtlicher Hintergrund wohl der landläufigen Vorstellung des „Totengeistes" oder Nekydaimon entlehnt ist. Einzelne Elemente wie die Nähe zu den Verstorbenen oder die speziell krankmachende Wirkung in V. 3 lassen hier Parallelen deutlich werden. Besonderes Augenmerk ist hier auf Rec B zu richten, die diesen Dämon in V. 1 als „Geist eines Giganten" bezeichnet – deutlich getrennt von den Aussagen über Asmodeus in Kap. 5,4, der dort als Gigant selbst skizziert wird.

Die Ausführungen werden zeigen, dass hier wieder einmal verbreitete folkloristische Vorstellungen aufgenommen und in das dämonologische Schema eingefügt werden. Dabei wird hier, wie aus V. 4 hervorgeht, schon in der „Grundschrift" eine christliche Überarbeitung des Stoffes erkennbar. Der Dämon gibt preis, dass er durch den σωτήρ unterworfen werden wird; dies muss zunächst keine direkt christliche Anspielung sein, zumal σωτήρ in der Profangräzität einfach nur Helfer oder auch Arzt heißen kann – und gerade letzteres legt sich auch im Kontext von V. 3 nahe. Doch das Kreuzeszeichen, das als apotropäisches Machtmal auf die Stirn geschrieben wird, macht deutlich, dass hier die – beispielsweise auch in Phil 3,20 angelegte – Hoffnung auf den wiederkehrenden Messias im Hintergrund steht.

17.2.2 Die Anspielung auf die Gigantomachie in Rec B

Die Charakterisierung des Dämons geht zunächst in den einzelnen Rezensionen auseinander; so wird ihm in Rec B eine „σπάθη" in die Hand gegeben, was hier als Ergänzung zu dem „ξίφος" in V. 2 nicht als „Spatel", sondern als „Langschwert" übersetzt wurde.

---

6   Ms P liest statt „Dies ist das Zeichen des Kreuzes": „Und wenn jemand dies schreiben sollte, werde ich in Furcht versetzt" und nennt damit das „Kreuz" nicht. Die Lesart von Ms N ist im Apparat bei McCown, 1922, 119 nicht explizit angegeben.

Dieser Dämon wird in V. 1 bei Rec A (Ms L) als „Machthon" benannt und
in Rec B als „Geist eines Giganten" identifiziert. Diese Anspielung ist rätselhaft
und bedarf weiterer Klärung; eine Nahtstelle dürfte die spätere Rezeption von
Gen 6,1-4 LXX sein:[7] zum einen wurden die Giganten in diesem Kontext schon
in christlicher Rezeption dämonisiert (so bei Justin, 2Apol 4f; Athenag, Apol 24;
Origenes spricht in Cels 4,92 von titanischen und gigantischen bösen Dämonen, die vom Himmel fielen), und zum anderen ist in der jüdischen Wirkungsgeschichte dieser Stelle nicht nur von den „Giganten" (wie in der LXX) die
Rede, sondern ähnlich wie in TSal 17,1 von den „πνεύματα τῶν γιγάντων"; in
äHen 15,11f werden diese als gewalttätig und menschenfeindlich beschrieben,[8]
und im hebr. Noahbuch „verführen" die „Geister der aus dem Ehebruch Er-
zeugten" die Kinder Noahs und schlagen sie mit Krankheiten und Schmerzen.[9]
Auch bei Athenagoras sind in Apol 25 die Dämonen die „Seelen der Giganten"
und irren in der Welt umher – dies stellt eine direkte Parallele zu TSal 17,1 (Rec
B) dar.

Doch fehlt bei diesen Stellen der explizite Hinweis auf die Gigantomachie,
der sich am ungezwungensten aus der griechischen Mythologie herleiten lässt.
Danach sind die Giganten (so etwa bei Hesiod, Theogon 50-52.183-186; Apol-
lod 1,6,1-3 u.ö.) urzeitliche Wesen, aus dem Blut des Uranos entstanden, die die
Olympier bedrohen und von diesen – geführt durch Zeus und Athene mit
Unterstützung des Herakles – bekämpft und besiegt wurden. Dieses Motiv
vom Gigantenkampf war in bildhafter Darstellung weit verbreitet – man denke
an das Schatzhaus der Siphnier in Delphi, an die Metopen des Athenischen
Parthenon oder an den Zeusaltar in Pergamon – und dürfte als mythisches
Gemeingut gelten. Dies mag bei V. 1 Rec B im Hintergrund stehen. Interessant
ist hierbei die Darstellung des Giganten als wollüstig; dies kann möglicherweise als Anspielung auf den Giganten Porphyrion gelesen werden, der – so die
Darstellung bei Apollodor, Bibl 1,36 – Hera vergewaltigen will und dabei von
Zeus und Herakles getötet wird. Die volkstümliche Dämonisierung der Giganten und Titanen gibt Plutarch in De Iside 25 explizit im Rahmen seiner
dämonologischen Deutung der Isismythen als Interpretationsmöglichkeit an.

In Rec B wird der Dämon nun als ein derartiger Gigantengeist bezeichnet,
und dies kann in einem intertextuellen Zusammenhang mit der Asmodeuscha-
rakterisierung in TSal 5,4 gelesen werden; Asmodeus wird als einer der Giganten vorgestellt, der Dämon in Kap. 17 lediglich als Geist eines Giganten.

---

7   Vgl. hierzu TSal 5,4 und den Kommentar z.St.
8   Vgl. die griechische Fassung nach Black, 1970.
9   Zitiert nach Berger, 1981, zu Jub 10,1.

17.2.3 Der Totengeist

17.2.3.1 Die Vorstellungen vom Totengeist

Man wird sich der beschriebenen Figur in TSal 17 am erfolgsreichsten annähern, wenn man die übereinstimmenden Passagen seiner Charakterisierung focussiert, und diese sind v.a. in V. 2f gegeben. Danach haust der Dämon „ἐν τόποις ἀβάτοις" und an Gräbern, nimmt des Nachts die Gestalt der Verstorbenen an und richtet seine Handlung auf die Vorübergehenden, indem er sie tötet oder bei ihnen Wahnsinn hervorruft.

Im Folgenden wird die These vertreten, dass hinter dem Geist in TSal 17 die Vorstellung des Nekydaimon, des Totengeistes steht: Der Geist von Menschen, die keines natürlichen Todes gestorben sind, treiben auf Erden ihr Unwesen und können nicht in den Hades einkehren;[10] dass diese Vorstellung schon im 2. Jahrhundert nach Christus weit verbreitet ist, zeigt beispielsweise Lukian, Philops 29f: Der Gesprächspartner Eukrates betont,

δαίμονάς τινας εἶναι καὶ φάσματα καὶ νεκρῶν ψυχὰς περιπολεῖν ὑπὲρ γῆς καὶ φαίνεσθαι οἷς ἂν ἐθέλωσιν.

dass es gewisse Dämonen gebe und Gespenster und dass Seelen der Verstorbenen über die Erde wandeln und sich zeigen, wem sie wollen.

Dagegen tendiert in der gleichen Quelle der Pythagoreer Arignot zur Ansicht,

τὰς τῶν βιαίως ἀποθανόντων μόνας ψυχὰς περινοστεῖν, οἷον εἴ τις ἀπήγξατο ἢ ἀπετμήθη τὴν κεφαλὴν ἢ ἀνεσκολοπίσθη ἢ ἄλλῳ γέ τῳ τρόπῳ τοιούτῳ ἀπῆλθεν ἐκ τοῦ βίου, τὰς δὲ τῶν κατὰ μοῖραν ἀποθανόντων οὐκέτι

dass allein die Seelen der gewaltsam Gestorbenen herumirren, so derer, die sich erhängt haben, die geköpft oder gekreuzigt wurden oder auf eine andere derartige Weise aus dem Leben traten, nicht hingegen die, die dem Schicksal gemäß verstarben.

Diese beiden Stimmen dürften wohl das Spektrum der verbreiteten Meinungen zur einschlägigen Vorstellungswelt wiedergeben, deren christliche Rezeption in ausführlicher Form bei Tertullian, De an 56f besprochen wird; dort wird, unter Latinisierung der griechischen Terminologie, unterschieden in die vorzeitig Gestorbenen (ahori) und in die durch Gewaltanwendung – etwa bei Wettkämpfen oder durch ein Scharfgericht – zu Tode Gekommenen (biaeothanati). Die Dämonisierung derartiger Geister als Schadensdämonen ist in der Auslegung des Johannes Chrysostomos von Joh 11 in De Lazaro 2 als zu bekämpfende communis opinio der Antiochener vorausgesetzt.[11] Diese Totengei-

---

10 Vgl. hierzu mit vielen Belegstellen Anhang 3 bei Rohde II, 1925[10], S. 411-413; auch als klassische Monographie zum Nekydaimon Dieterich, 1913[2], 46ff.

11 PG 48, 983: „Καὶ γὰρ πολλοὶ τῶν ἀφελεστέρων νομίζουσι τὰς ψυχὰς τῶν βιαίῳ θανάτῳ τελευτώντων δαίμονας γίνεσθαι. Οὐκ ἔστι δὲ τοῦτο, οὐκ ἔστιν."

ster haben eine wichtige Funktion in der Magie, da man sie anrufen und dienstbar machen kann.[12] Celsus beispielsweise fasst im Kontext antichristlicher Polemik gegen die Berichte von der Totenerweckung durch Jesus bei Orig Cels 1,68 die landläufige Meinung über ägyptische Gaukler zusammen, die „ψυχὰς ἡρώων ἀνακαλούντων". Die christliche Rezeption dieser dämonisierten Totengeister und deren Anrufung wird spätestens bei Tertullian, De an 57,3f deutlich, der sich gegen die „invocatio" der ahori und biaeothanati ausführlich wendet.

Sind die oben zitierten Quellen zur Anrufung der Totengeister polemische Stimmen von außen, so kann der „wunderbare Liebeszwang" (φιλτροκατάδεσμος θαυμαστός) in PGM 4,297ff als Beispiel für eine Anrufung eines Totengeistes im Rahmen magischer Innensicht dienen. Das Ritual zeigt in der beschriebenen Vorstellung des νεκυδαίμων enge Verwandtschaft zu der Dämonengestalt in TSal 17. Ausführlich wird die Herstellung eines „Bettelmännchens" angegeben, einer Tonfigur, die durch sympathetische Durchbohrungen einen anderen Menschen in Liebe binden soll. Diese Figur soll an das Grab eines ἄωρος oder βιαιοθάνατος abgelegt werden, und bei der damit niedergelegten Zauberformel werden alle Dämonen „an diesem Orte" beschworen, auch der Totendämon; wie auch in TSal 17,2 ist der Totendämon am Grab eines Verstorbenen. Ab Z. 362 wird der Totendämon selbst angesprochen (ὁρκίζω σε, νεκύδαιμον ...), den verzauberten Menschen durch Liebe zu binden; der Totendämon solle diesen an Haaren oder Eingeweiden ziehen und ihn so lange schädigen, bis er sich schließlich zum Geschlechtsverkehr mit dem Magier (oder seinem Auftraggeben) hergibt. Diese Art von Krankheiten auslösende Besessenheit finden wir ganz ähnlich in TSal 17, 3. Sie ist besonders in PGM 16 durch die (in leichten Variationen) oft wiederholte stereotype Aufforderung an den Totendämon: „στίξαι τὴν καρδίαν αὐτ[οῦ,] ἔκτηξον, καὶ τὸ αἷμα αὐτοῦ ἐκ[τήλ]ασον".

In den Magica begegnet dieses Muster häufiger, etwa in PGM 4,2005 bei einer „agoge", bei der ein Totendämon zur Weissagung herbeigerufen wird; die Szenerie spielt sich ebenso bei Nacht an einem Grab ab (vgl. auch PGM 5,333!), der Dämon vermag ebenso krank zu machen.

Die Vorstellung vom „Nekydaimon" hinter TSal 17 wird besonders durch V. 1 Rec B nahegelegt: Dadurch, dass der Dämon als Gigant im Kampf gefallen ist, ist er ein „klassischer Fall" für einen vorzeitig Verstorbenen. Doch auch ohne diesen Passus aus Rec B lässt sich der Geist aus TSal 17 als Totengeist verstehen:

---

12 Vgl. hierzu Anhang 8 bei Rohde II, 1925[10], S. 424f.

17.2.3.2 Geister der Verstorbenen

Der Geist nimmt in V. 2 um Mitternacht die Gestalt des Verstorbenen an. Hier ist an die antiken Gespenstergeschichten zu denken, in denen erzählt wird, dass der Geist eines Verstorbenen des Nachts „spukt". Lukian gibt beispielsweise in Philops 31 die groteske Selbstbeweihräucherung des Pythagoreers Arignot wieder, der mit Hilfe seiner ägyptischen Zauberbücher in einem Haus in Korinth einen Dämon austreibt, der dort stets um Mitternacht (wie auch TSal 17,2) erscheint. Es handelt sich dabei offensichtlich um den Geist eines Toten, der in der Ecke des Hauses verscharrt worden war. Ähnliches erzählt Plinius, Ep 7,27 ganz unpolemisch vom Philosophen Athenodor, der in Athen ein berüchtigtes Haus von einem kettenrasselnden „idolon" erlöst, indem er an einer bestimmten Stelle nachgraben lässt und dort ein in Ketten verstricktes Gerippe auffindet, das beigesetzt wird und, „rite conditis manibus" ist das Haus fortan vom Spuk verschont. Hier geht es offensichtlich um den Geist eines Unbeerdigten, der auf Erden sein Unwesen treibt.

Bei diesen beiden Beispielen handelt es sich jeweils um Geister von Verstorbenen, die im Umfeld ihrer eigenen Grabstätte wirken. Dies ist in TSal 17 nicht der Fall. Der Dämon scheint sich an fremden Gräbern herumzutreiben. Doch auch diese Vorstellung hat im Kontext der Nekydaimontraditionen Parallelen. So berichtet Tert, De an 57,4:

> Sed daemones operantur sub ostentu earum, et hi uel maxime qui in ipsis tunc fuerunt, cum aduiuerent, quique illas in huiusmodi impegerant exitus.[13]

> Aber die Dämonen wirken unter der Maske von ihnen [sc.: die Seelen der ahori und biaeothanati], und zwar meistens genau die, die damals, als diese Menschen nocht lebten, in ihnen waren – und die sie in derartige Todesarten getrieben hatten.

Hier liegt eine vergleichbare Vorstellung zu TSal 17,2-4 vor: Der Dämon ist nach dieser Vorstellung nicht identisch mit dem „Geist" des Verstorbenen, er hat aber eng mit ihm zu tun, so dass er leicht mit ihm verwechselt werden kann: Er erscheint „sub ostentu" des jeweils Verstorbenen. Dies ist eng parallel mit der Notiz in V. 2, der Dämon nehme „die Gestalt des Verstorbenen" an. In De an 57,5 wird Tertullian noch deutlicher, wenn er zum Beweis schreitet, dass „hanc quoque fallaciam spiritus nequam sub personis defunctorum delitescentis" und dabei die Eigenaussagen der Dämonen bei Geisterbeschwörungen anführt.

Damit wäre der mythische Hintergrund des Geistes in TSal 17 wie folgt zu beschreiben: Es geht um die Vorstellung der Nekydaimones, der zur Unzeit Verstorbenen. Die Verortung an Gräbern in V. 2 ist ganz in diesem Kontext zu sehen, ebenso die Schädigung von Menschen in V. 2f und die Anspielung auf die Gigantomachie in V. 1 Rec B. Wie bei Tertullian deutlich wird, können

---

13   CCL 2, 685.

diese in christlicher Rezeption als Dämonen gedacht werden, die in der Gestalt eines Verstorbenen erscheinen, und in dieser Form ist die Gestalt des Nekydaimon auch in TSal 17 aufgenommen worden.

17.2.3.3 Das Werk des Dämon

Der Dämon tötet mit dem Schwert, und in die Reihe seiner „Hilfsmittel" fügt sich auch die Notiz aus V. 1 Rec B, dass er in der Hand ein „Spatel" halte. Diese Attribute geben Rätsel auf, insbesondere bezüglich ihrer traditionsgeschichtlichen Herleitung; wie A. Dieterich in seiner „Nekyia" und der Besprechung der griechischen Petrusapokalypse vermerkte, ist ein oft bemühtes Werkzeug der Straf- oder Totendämonen die Geißel[14] – doch von einem Schwert ist nicht die Rede. Man könnte spekulieren, ob hier nicht eine Vorstellung von Unterweltsdämonen Pate steht, wie sie in den wenigen Zeichnungen der Zauberpapyri parallel überliefert sind. Besonders die Zeichnung zu PGM 8 könnte ein Seitenstück zum in TSal 17 beschriebenen Dämon sein (die Handlungsanweisung, diese Zeichnung anzufertigen, ist in PGM 8,105ff explizit beschrieben, unter Verwendung des Begriffes ξίφος):[15] Eine männliche Figur, in der Hand ein Schwert und in der anderen einen Stab. Es ist möglich, dass schon in der Grundschrift des TSal auf eine derartige Figur aus dem Repertoire landläufiger magischer Vorstellungen zu Unterwelts- oder Totendämonen referiert wurde und deren Bildelemente erzählerisch in Kap. 17 aufgenommen wurden. Rec B hätte dann durch den Zusatz in V. 1 den Bezug noch stärker verdeutlicht.

Wenn der Dämon nicht töten kann, dann macht er krank; die Symptome in V. 3 lassen Parallelen an die „heilige Krankheit", die Epilepsie zu, und in der spätantiken Monographie unter dem Namen des Hippokrates zu dieser Krankheit findet sich in De morbo sacro 1,37f eine gewichtige Parallele:[16]

Ἢν δὲ ἀφρὸν ἐκ τοῦ στόματος ἀφίῃ καὶ τοῖσι ποσὶ λακτίζῃ, Ἄρης τὴν αἰτίην ἔχει. Ὁκόσα δὲ δείματα νυκτὸς παρίσταται καὶ φόβοι καὶ παράνοιαι καὶ ἀναπηδήσιες ἐκ τῆς κλίνης καὶ φόβητρα καὶ φεύξιες ἔξω, Ἑκάτης φασὶν εἶναι ἐπιβολὰς καὶ ἡρώων ἐφόδους.

Wenn dem Kranken aber Schaum aus dem Munde abgeht und er mit den Füßen um sich schlägt, dann gibt man die Schuld Ares. Wenn aber jemand in der Nacht von Ängsten, Schrecken und Wahnvorstellungen befallen wird, vom Bett aufspringt und nach draußen flieht, so nennen sie das Angriffe der Hekate und Heimsuchungen von Geistern der Verstorbenen.

---

14 Dieterich, 1913², 58f.
15 Abbildung in Facsimile bei Preisendanz II, 1974², Tafel 1,6; vgl. auch Betz, 1986, 148
16 Text und Übersetzung nach Grensemann, 1968, 66f.

Bei diesem Zitat polemisiert der Autor gegen verbreitete Anschauungen von
Dämonen als Ursache gewisser Krankheitssymptome und nimmt dabei volksreligiöse Vorstellungen auf, die sich bis ins Detail mit denen von TSal 17,3
decken: paranoide Wahnvorstellungen kommen von den Begleitern der Hekate, und hierzu zählen die vorzeitig Verstorbenen als Gefolgsleute der Unter-
weltsgöttin (vgl. etwa PGM 4,2730f: Ἑκάταν σε καλῶ σὺν ἀποφθιμένοισιν
ἀώροις).[17] Ares, der Kriegsgott, als derjenige, der für Schaum vor dem Mund
verantwortlich ist: Hier kann eine Verbindung zum „herabrinnenden Speichel"
in V. 3 gesehen werden, der immerhin von einem Dämon verursacht wurde,
der nach dem Zeugnis von Rec B am Gigantenkampf teilgenommen hat. Besonders bedeutend ist in De morbo sacro die Notiz, dass diese Symptome in
der landläufigen Meinung von „Geistern der Verstorbenen" verursacht wurden, und hier ist ein enger Bezug zu TSal 17 zu verzeichnen. Wir haben damit
in TSal 17 die authentische Vorstellungswelt vor Augen, die in De morbo sacro
leidenschaftlich bekämpft wird. Dies bedeutet für die Auslegung des Kap. 17,
dass hier wieder einmal volkstümliche Vorstellungen aufgegriffen und redaktionell in das vorgegebene Rahmenschema eingeordnet wurden.

---

17 Näheres und Ausführliches bei Rohde Bd.II, 1925[10], 411f.

18 Kapitel XVIII: Die sechsunddreißig Dekane

18.1 Übersetzung

^{Mss HLPN, Recc AB:} 1. Und ich befahl, dass ein weiterer Dämon vor mich trete. Und es kamen vor mich die sechsunddreißig ^{Rec A:} MÄCHTE ^{Rec B:} *Geister*, ihr Kopf war hässlich und Hunden gleich. Unter ihnen waren menschen- und stiergestaltige mit tierhaftem Gesicht, ebenso drachengestaltige mit Sphinx- oder Vogelgesichtern.[1]

2. Als ich dies ^{+Ms P: hörte und} sah, ^{+Ms P: wunderte ich mich und} ich, Salomo, fragte sie und sagte: „Wer seid ihr?" Sie sprachen einmütig mit einer Stimme: „Wir sind die sechsunddreißig Mächte, die Weltherrscher der Finsternis in diesem Äon.[2]

3. Doch du, König, kannst uns nicht misshandeln oder einsperren; allerdings – nachdem Gott dir die Macht über alle Geister in der Luft, auf der Erde und unter der Erde gegeben hatte, siehe, da stellen wir uns vor dich wie die anderen Geister ^{+Ms P: vom Widder und Stier, Zwilling und Krebs, Löwen und Jungfrau, Waage und Skorpion, Schützen, Steinbock, Wassermann und den Fischen}.

4. ^{Rec A:} DANN RIEF ICH, SALOMO, DEN EINEN GEIST HERBEI UND SPRACH ZU IHM: „WER BIST DU?" ER ANTWORTET MIR: „ICH BIN DER DEKAN 1 DES STERNKREISES UND HEIße WIDDER.[3]

^{Rec B:} *Dann rief ich, Salomo, den Namen des Herrn Sabaoth aus; dann fragte ich sie einzeln, wie sie sich zu geben pflegen, und ich befahl jedem einzelnen von ihnen, in die Mitte zu treten und über ihre Handlungen zu berichten; da trat der erste vor und sprach: „Ich bin der erste Dekan des Sternkreises und heiße Widder; mit mir sind diese*

---

1   Die Gestaltähnlichkeiten variieren in den einzelnen Handschriften und sind auch kaum den beiden Rezensionen zuzuordnen; die obige Übersetzung richtet sich nach McCown, der in seiner Edition das „kleinste gemeinsame Vielfache" aufnahm.

2   Vgl. TSal 8,2.

3   Aus dem für McCown dubiosen Textbefund der Mss H und L: „ἐγὼ δεκαδὰν (δεκάδων L) τοῦ ἐξοδίου (ἐξοδίδυ L) κυκλῶνος ... καλοῦμαι καὶ κριὸς" konjizierte dieser: „ἐγὼ δεκανὸς α΄ τοῦ ζωδιακοῦ κύκλου, ὃς καλοῦμαι· Ῥύαξ". Der „Widder" gibt damit in allen Rezensionen beim ersten der Dämonen einen Reflex auf die astrologische Verknüpfung der Dekane an, wenn auch der Benennung des Dekans nach seinem Zodiakalzeichen der Tradition nicht entspricht. Der Name „Rhyax", den McCown in seiner Edition aufgenommen hatte, ist somit lediglich durch Ms P belegt, und ob dies, wie Gundel, 1936, 49 beiläufig notiert, die „beste" Handschrift darstellt, ist hinsichtlich der zahlreichen Zusätze von Ms P zu bezweifeln.

beiden." Ich fragte nun diese: „Wie heißt ihr?" Da sagte der erste: „Ich heiße Ms P: *Rhyax* Ms N: [Monat] Pharmouthi, vom 1.-10.° des Widders".4

5. Ich wirke + Rec B: *Schmerzen* in den Köpfen der Menschen und reize ihre Schläfen. Höre ich nur: ‚Michael, Ms P: sperre Rhyax ein Ms N: Ich habe Heilmittel zu wählen!5 Ms H: sperre nicht den Uros Ms L: Sperre Uroel ein', dann weiche ich sogleich."

6. +Ms N: [Monat] Pharmouti, 2. *[Dekan des Widders]*6 vom 11. bis 20.°: Der zweite sprach: „Ich heiße Barsaphel. Ich verursache bei Rec A: DEN MENSCHEN Rec B: *denen,* die in meinem Zeitabschnitt liegen, Schmerzen in einer Kopfhälfte.7 Wenn ich höre: ‚Gabriel, sperre Barsaphael ein', dann weiche ich sogleich."

7. + Ms N: [Monat] Pharmouthi, 3. *[Dekan] des Widders* vom 20.-30.°: Der dritte sagte: „Ich heiße Artosael. Ich beeinträchtige heftig die Augen. Wenn ich höre: ‚Uriel, sperre Artosael ein', dann weiche ich sogleich.

8. + Ms N: [Monat] Pakhon, *[Dekan] des Stieres* vom ersten bis zum zehnten [sc.: Grad]: Der vierte sagte: „Ich heiße Horopel. Ich beschicke Kehlen mit Halsentzündungen und Fäulnis. Wenn ich aber höre: ‚Raphael + Rec B:, *sperre Horopel ein',* weiche ich sogleich."

9. + Ms N: [Monat] Pakhon, 2. *[Dekan] des Stieres* bis 20.°: Der fünfte sagte: „Ich heiße Kairoxanondalon8 (Ms P: Judal). Ich mache Verstopfungen der Ohren + Rec B: *und Schmerzen beim Hören.* Wenn ich aber höre: ‚Uruel +Ms P: , sperre Judal ein', dann weiche ich sogleich Wenn ... sogleich fehlt in Ms N.

---

4   Auffällig in Ms N ist die Einordnung der einzelnen Dekane in den Tierkreis, die von den frühesten Bezeugungen des TSal 18 in P.Vind G 330 (TSal 18,27f.34-40) für Rec B gestützt wird. Bei Ms N erfolgt zusätzlich die Kompilation mit dem ägyptischen Kalender, beginnend mit Pharmouthi, dem 4. Monat der Wintertetramenie Projet (24. März bis 22. April). Der wohl vom TSal 18, Rec B abhängige Exorzismus bei Delatte, 1926, 236f (Bibl Athen 825, fol 11f) gibt noch bei einigen der Dekane (wenn auch nicht durchgängig) die Einordnung in den Zodiak an.

5   „ἐγὼ κλήροσι ἄκας", vielleicht ἐγὼ κληροῦσθαι ἄκα?

6   Wie im Kommentar unten begründet wird, dürfte die Zuweisung der einzelnen Dekane zu den Tierkreiszeichen Teil der Rec B sein, von Ms P redaktionell omittiert und als Summarium in V. 3 gesetzt. Rec B dürfte dann von V. 6-40 (in Analogie zum Zeugnis von P.Vind G 330) prinzipiell das Muster haben: „x. Dekan des Zodiakalzeichens Y: Der n-te sprach: Ich heiße NN."

7   „ἡμικράνος" (möglicherweise Migräne) ist vergleichbar mit „ἡμικράνιον" in PGM 7,200ff: „Gegen ἡμικράνιον: Nimm Öl in deine Hände und sag den Spruch: ‚Zeus hat einen Weinbeerstein gesät – er spaltet die Erde. Er sät ihn nicht – so geht er auch nicht auf.' Ein anderes: Auf scharlachfarbenes Pergament schreib das: ‚Abraxas (Zeichen)' und nach Belieben. Befeuchte es und lege es (als Pflaster) auf die Schläfen" (Preisendanz II, 9). Ein Amulett gegen ἡμικρανία ist in Kyran 1, 16,38-42 überliefert.

8   Zum Namen schlug Daniel, 1983, 297 „Ich, Herr König (= kyrie rex), heiße Anondalon" vor. Gundel, 1936, 51, sah den Namen dagegen als Kompositum dreier griechischer Wortstämme, καιρόω (den richtigen Zeipunkt abpassen), ξαίνω (Wolle kämmen, spinnen) und δαλός (Fakkel, Holz) und weist auf den Stern Lampadias (Fackelträger) im Sternzeichen des Stieres und auf eine indische Parallele hin.

10. + Ms N: [Monat] Pakhon, 3. [Dekan] des Stieres bis 30.°: Der sechste sagte: „Ich heiße Sphendanael.[9] Ich verursache Runzeln,[10] +Rec B: und Mandelentzündung und starres Zurückbiegen.[11] Wenn ich höre: ‚Sabael, +Rec B: sperre Sphendanael ein', weiche ich sofort."

11. + Ms N: [Monat] Payni, 1. [Dekan] der Zwillinge bis zu 1 (sic!): Der siebte sagte: „Ich heiße Sphandor. Ich schwäche die Kraft der Schultern, lähme die Sehnen der Hände und lähme die Glieder +Rec B: und sauge das Mark aus. Wenn ich höre: ‚Arael, +Rec B: sperre Sphandor ein', weiche ich sofort."

12. + Ms N: [Monat] Payni, 2. [Dekan] der Zwillinge bis zu 20°:Der achte sagte: „Ich heiße Belbel. Ich verkehre die Herzen und Sinne der Menschen. Wenn ich höre: ‚Karael, +Rec B: sperre Belbel ein', weiche ich sofort."

13. + Ms N: [Monat] Payni, 3. [Dekan der] Zwillinge die 20° bis30.°: Der neunte sagte: „Ich heiße Kourtael. Ich verursache Verschlingungen der Eingeweide. Wenn ich höre: ‚Iaoth, +Rec B: sperre Kourtael ein', weiche ich sofort."

14. + Ms N: [Monat] Epiphi, 1. [Dekan][12] des Krebses Der zehnte sagte: „Ich heiße Metathiax. Ich verursache Nierenschmerzen. Wenn ich höre: ‚Adonael, +Rec B: sperre Metathiax ein', weiche ich sofort."

15. + Ms N: [Monat] Epiphi, 2. [Dekan] des Krebses der 11. [sc.: Dämon]: (bis zum) 20.°: Der elfte sagte: „ Ich heiße Katanikotael. Ich bringe Streit und Rücksichtslosigkeit in die Häuser. Wenn jemand Frieden stiften will, so schreibe er auf sieben Lorbeerblätter die Namen derer, die mich unschädlich machen: „Engel, Iae, Ieo, Sabaoth, sperrt Katanikotael ein", dann benetze er die Lorbeerblätter und besprenge sein Haus mit dem Wasser, und sogleich weiche ich."

16. + Ms N: [Monat] Epiphi, 3. [Dekan] des Krebses vom 20. bis 30.°: Der zwölfte sagte: „Ich heiße Saphthorael. Ich trage Zwist unter die Menschen und Rec A: ERREGE ÄRGERNIS IN IHRER VERNUNFT Rec B: ergötze mich, wenn man Ärgernis erregt. Wenn jemand Rec A: FOLGENDES Rec B: folgende Namen der Engel schreibt: ‚Iae, Ieo, +Rec A: SÖHNE VON Sabaoth +Rec B: Ioeleth, Ethoth, Bae' und trägt es um seinen Hals +Rec B: oder auch am Ohr, weiche ich sogleich +Rec B: und hebe die Trunkenheit auf. +Ms N: [Monat] Mesore, 1. [Dekan] des Löwen vom ersten bis zum zehnten [sc.: Grad]: höre, König Salomo, die Namen: wann immer er will, wird er wegreißen, was immer es ist; die Namen der Engel: Iaeo, Ieleo, Ioelet, Sabaot, Ethoth, Bae"

17. Der dreizehnte sagte: „Ich heiße Rec A: PHOPBOTHEL Rec B: Bothoel. Ich bringe Erschlaffung der Sehnen.[13] Wenn ich höre: Rec A: ‚ADONAI' Rec B: den Namen ‚Adonael, banne Bothoel', weiche ich sogleich".

---

9   Gundel, 1936, 50 erwägt ein Derivat von „σφενδόνη" (Schleuder).

10 „Παρυτίδας" ist fraglich; möglicherweise ableitbar von ῥύτις, Runzel, Makel; Duling z.St. übersetzt „tumors".

11 Zum Krankheitsbild der „ὀπισθοτονία" vgl. Duling z.St.; Bornemann z.St. übersetzt „Zuckungen in den Gliedmaßen".

12 Ms N gibt fälschlich an: „2. (sic!) des Krebses".

13 Textkritisch unsicher; Mc Cown konjizierte „νευρῶν χαλάσεις" aus Ms H νευρῶν κολάσσης, Ms L: νευρῶν χαλάσας, Ms P: νευροχαλάσης; Bornemann z.St. verbesserte die falsche Lesart

18. +Ms N: [Monat] Mesore, 2. [Dekan] des Löwen von 1 bis zu den 20.°: Der vierzehnte sagte:[14] „Ich heiße Leroel. Ich bringe Erkältung, Frost und Halsschmerzen. Wenn ich höre: ‚Iaz, bleibe nicht, +Rec B: laß deine Leidenschaft erkalten, denn Salomo ist tüchtiger als elf Väter',[15] weiche ich sofort."

19. +Ms N: [Monat] Mesore, 3. [Dekan] des Löwen vom zwanzigsten [bis zum] 30.°: Der fünfzehnte sagte: „Ich heiße Rec A: SOUBELTI Rec B: Kumeltel. Ich Rec A: GREIFE IN DEN VERSTAND UND IN DAS FLEISCH EIN Rec B: erlege Erschaudern und Erstarren auf. Wenn ich nur höre: ‚Phizoel, +Rec B: sperre Kumetael[16] ein', weiche ich sofort."

20. +Ms N: [Monat] Thot, [Dekan] der Jungfrau vom 1. bis zum 10. [Grad]: Der sechzente sagte: „Ich heiße Katrax.[17] Ich trage den Menschen unheilbares Fieber zu. Wenn jemand gesund werden will, so reibe er Koriander[18] und und schmiere ihn auf seine Lippen und sage +Rec B: diesen Zauberspruch: ‚Ich beschwöre dich Rec A: BEI DAN Rec B: beim Thron des höchsten Gottes,[19] weiche vom Bild Gottes', und sogleich weiche ich.

21. +Ms N: [Monat] Thot, 2. [Dekan] der Jungfrau vom 11. bis zum 20.°: Der siebzehnte sagte: Ich heiße Ieropa. Ich sitze auf dem Bauch des Menschen und verursache Krämpfe[20] in den Bädern. Wenn ich auf der Straße den Menschen finde, Rec A: DEM GEBE ICH MEINE WORTE EIN[21] Rec B: den werfe ich ihn nieder. Wer aber ins rechte Ohr des Leidenden dreimal +Rec B: folgende Namen sagt: ‚Iuda Zizabu'[22], der bringt mich zum Weichen."

22. +Ms N: Der achtzehnte, der 3. [Dekan] der Jungfrau vom einundzwanzigsten zum 30.°: Der achtzehnte sagte: „Ich heiße Rec A: MODEBEL Rec B: Buldumech. Ich trenne Frauen von Männern. Wenn jemand die Namen der acht Väter[23] schreibt und diese in den Hauseingang legt, weiche ich sofort +Rec B: Die Aufschrift lautet folgendermaßen: Es befiehlt dir der Gott Abrahams und der Gott Isaaks und der Gott Jakobs, + Ms N: Ich beschwöre dich, Bolomoch, gemäß deren Gewalt, weiche von diesem Haus mit Frieden, weiche sofort."

---

der Fleck'schen Edition („νευροχρίλασεις") von Ms P zu „νεύρων χωλώσεις" und übersetzte mit „Nervenlähmungen".

14 In Ms P ist die Reihenfolge des vierzehnten und des fünfzehnten Dämon vertauscht.

15 McCown, Testament 82 nimmt an, die elf Väter seien Dämonen (ähnlich TSal 22,20 Ms P: der Teufel ist Vater) und erwägt gnostische Parallelen.

16 Der Name des Dämons variiert innerhalb der Rec B. Bei der ersten Nennung in diesem Vers notiert Ms P: κουμελτήλ, Ms N: κωμετήλ, bei der zweiten Nennung liest Ms P: κουμενταήλ und Ms N: κουμεταήλ.

17 Zum Namen: Daniel, 1983, 304 leitet ihn folgendermaßen her: κατραξ < καιρηξ < κερηξ < κύριε ρηξ.

18 Zu Koriander als Heilmittel in den Magica: vgl. Cyran 5,18 (zusammen mit Knoblauch).

19 Bei Rec B variiert der Sinnzusammenhang zwischen Ms P und Ms N bei dieser Passage.

20 Lies σπάσμους (Ms L) anstatt ἀσπασμούς, vgl. auch Duling z.St.

21 Ms L: ἀποστοματίζω; Ms H: παραστοματίζω.

22 Die Namen variieren leicht in den einzelnen Textzeugen.

23 Gundel, 1936, 58, entdeckt auch hier ein altägyptisches Element, nämlich die Ogdoas, die ursprüngliche Acht.

23. +Ms N: *1. [Dekan] der Waage* vom 1. zum 10.°: Der neunzehnte sagte: „Ich heiße Rhyx Mardero.[24] Ich bringe unheilbares Fieber. Rec A: SCHREIBE MEINEN NAMEN IN JEDWEDEM HAUS, Rec B: *Schreibe auf ein Papier: Sphener, Raphael, weiche, quäl mich nicht* Recc AB: und ich weiche sofort."

24. +Ms N: *[Monat] Phaophi, 2. [Dekan] der Waage* vom 21. zu den 30.° (sic!): Der zwanzigste sagte: „Ich heiße Rhyx Nathotho.[25] Ich sitze auf den Knien der Menschen. Wenn jemand auf ein Blatt schreibt: ‚Phnounebiel', weiche ich sofort."

25. +Ms N: *[Monat] Phaophi, 3. [Dekan][26] der Waage* vom 21. zu den 30.°: Der einundzwanzigste sagte: „Ich heiße Rhyx Alath. Ich verursache bei Kindern Atembeschwerden. Wenn jemand +Rec B: *auf ein Papierblatt* schreibt: ‚Pharideris' + Rec B: *vertreibe Dich, Alath* und man trägt es, dann weiche ich sofort."

26. Rec A (Rec B fehlt): DER ZWEIUNDZWANZIGSTE SAGTE: „ICH HEIßE RHYX AUDAMEOTH. ICH VERURSACHE HERZSCHMERZEN. WENN JEMAND SCHREIBT: „PHAIUOTH', WEICHE ICH SOFORT.[27]

27. Mss HLP, P Vind330, fgrm ab, Recc AB:[28] +Ms N: *[Monat] Athyr, 2. [Dekan] des Skorpion* vom 11. bis zu den 20.°: Der dreiundzwanzigste sagte: „Ich heiße Rec A: RHYX MANTHADO Rec B: *Nephthada.*[29] Ich mache die Nieren krank +Ms P, fgrm a: und bewirke Harnbeschwerden. Wenn jemand +Rec B: *auf eine Zinnplatte* schreibt: ‚Iaoth Uriel' + Rec B: , *Neththada und hängt es um*, weiche ich sofort."

(P.Vind 330, Frgm ab: „Ich, Herr Rex, [Nephthadaboth werde ich genannt. Ich mache die Nieren krank] und bewirke Harnbeschwerd[en. Wenn jemand auf eine] Zinnplat[te schreibt:] Ia[... Nephthad]aboth" und hängt es um, weiche ich soglei[ch.")[30]

28. +Ms N: *[Monat] Athyr, 2. [Dekan] des Skorpion* vom 21. bis zu den 30.°: Der vierundzwanzigste sagte: „Ich heiße Rhyx Aktonme.[31] Ich mache, dass die Bauchseiten schmerzen. Wenn jemand auf ein Holzstück schreibt, das von einem abgeirrten Schiff

---

24 Auch hier variiert der Dämonenname; die angegebene Version kompiliert die Lesart von Ms H und Ms N, wobei in Ms H eine Liquidmetathese (Rhyx Maduor) zu verzeichnen ist; McCown hatte sich in seiner Edition bei diesem Vers an Ms P orientiert und gab im Text „Μαδέρω" an.

25 Ms P hier auch wie in V. 23 und bei den folgenden Dämonennamen ohne „Rhyx".

26 Ms N. gibt fälschlicherweise an: „2. (sic!) der Waage".

27 Diese Passage fehlt in beiden Textzeugen von Rec B, vermutlich wegen falscher Zählung: ὸ κγ' statt ὸ κβ' (s. McCown z.St).

28 An dieser Stelle setzt für V. 27f die früheste handschriftliche Bezeugung des TSal aus dem bei Daniel, 1983 edierten P.Vind G 29436 (=frgm.a) und G 35939 (=frgm.b) als Ergänzung zu dem von Preisendanz, 1956 edierten P.Vind G 330 ein, die deutlich erkennbar Rec B zuordenbar ist.

29 Bei der Nennung des Dämons fällt eine Besonderheit von Ms N auf, die sich auch durch die folgenden Verse zieht: Ms N nennt zwar (im Gegensatz zu Ms P, das auf „Rhyx" passim verzichtet) den Namensteil „Rhyx", doch als Anrede an den König: ‚ἐγώ, κήριξ σολομόν, κάλουμαι ἐφθάδα'; ebenso bezieht Daniel, 1983 gegen Preisendanz, 1956, in P.Vind G 330 das Element „ῥήξ" auf die Anrede an den König: ‚ἐγώ, κύριε ῥηξ".

30 Nach der Edition von Daniel, 1983, 299. Die eckigen Klammern deuten den fragmentarischen Charakter der Überlieferung an.

31 Zur Besonderheit von Ms N s. Anm. zu V. 27.

stammt: ‚Marmaraoth[32] + Rec A: AERIU +Rec B: , *Arniu, Sabaoth, vertreibe den Akton'*, weiche ich sofort.

(P.Vind 330, Frgm ab: Vom Skorpion: Dek[an 3. Ich, Herr Rex Aktomenach [werde ich genannt. Bauchseiten und Lenden] mache ich schmerzen. [W]enn jemand schreibt auf [(Lücke von ca. 25 Buchstaben)] von einem ab[geirrten] Schiff: [Arniu, Marmaraoth, Sabaoth, vertrei]be den Aktomena[ch und hängt es an die Hüfte, weiche ich sofort ...])

29. Mss HPN, Recc AB: +Ms N: [Monat] Khoiak, 1. *[Dekan] des Schützen* bis zum 10°: Der fünfundzwanzigste sagte: „Ich heiße Rhyx Anatreth.[33] Ich sende Sieden und Hitze in die Eingeweide. Wenn ich höre: ‚Arara, Arare', weiche ich sofort."

30. +Ms N: [Monat] Khoiak, 2. *[Dekan] des Schützen* von den 28 [Κη, fort. I.Κι] bis zum 30.° (sic!): Der sechsundzwanzigste sagte: „Ich heiße Rhyx Enautha.[34] Ich stehle Einsichten weg und verwandle die Herzen.[35] Wenn jemand schreibt: ‚Kalazael' + Rec B: , *vertreibe Enenuth, und hängt das Papierblatt um*, weiche ich sofort."

31. +Ms N: [Monat] Khoiak, 3. *[Dekan] des Schützen* vom 22. (sic!) bis zum 30.°: Der siebenundzwanzigste sagte: „Ich heiße Rhyx Axesbyth.[36] Ich verursache Durchfall[37] bei den Menschen und Hämorrhoiden.[38] Wenn mich jemand mit ungemischtem Wein beschwört und +Rec B: *und beim elften Eol(?)*[39] *sagt: Ich beschwöre Dich beim elften Eol, höre auf, Axiophthit und* gibt dem Leidenden davon + Rec B: *zu trinken*, weiche ich sofort."

32. +Ms N: [Monat] Tybi, 1. *[Dekan] des Steinbocks:* Der achtundzwanzigste sagte: „Ich heiße Rhyx Hapax.[40] Ich erlege Schlaflosigkeit auf. Wenn jemand schreibt: Rec B: *‚Kok Phnedismos' und umwickelt damit*[41] die Schläfen, weiche ich sofort."

33. +Ms N: [Monat] Tybi, 2. *[Dekan] des Steinbocks* 3 von 12 (sic!): Der neunundzwanzigste sagte: „Ich heiße Rhyx Aster.[42] Ich verursache Hysterie[43] und schaffe Schmer-

---

32　Vgl. PGM 35,2: Dort wird auch ein „Marmar" angerufen; Marmar(i)oth ist auch in LB und TMB belegt, vgl. Gelzer u.a., 1999, 93 (mit weiteren Belegen).

33　Zur Besonderheit von Ms N s. Anm. zu V. 27.

34　Zur Besonderheit von Ms N s. Anm. zu V. 27. Dabei liest hier Ms P: Enenuth; Ms N: Enoth.

35　Vgl. zum „Verwandeln der Herzen" die Anmerkung zu TSal 5,7.

36　Zur Besonderheit von Ms N s. Anm. zu V. 27. Dabei liest hier Ms P: Pheth; Ms N: Ophthe.

37　Lies statt ὑπεκτικούς: ὑπακτικός?

38　Eine (allerdings völlig andere) magische Heilungsmöglichkeit von Hämorrhoiden liefert Kyran 1, 12,38-44.

39　Ms P: κατὰ τοῦ ἐνδεκάτου ἐῶν (Bornemann übersetzt die Stelle: „zum elften Mal"); McCown, 1922, 82 erwägt hier aufgrund der Notiz von Ms P gnostischen Hintergrund. Dies ist allerdings unwahrscheinlich aufgrund Ms N: ἐώλ bzw. in der zweiten Nennung ἐω.

40　Zur Besonderheit von Ms N s. Anm. zu V. 27.

41　Diese (kursiv gedruckte) Passage der Rec B ist im einzigen Textzeugen der Rec A, Ms H, nicht belegt.

42　Zur Besonderheit von Ms N s. Anm. zu V. 27. Ms P liest: ἀνοστήρ, der Dämonenname in Ms N fehlt.

zen an der Blase. Wenn man in reines Öl drei Samenkörner der Efeupflanze reibt und aufträgt mit den Worten: ‚Ich beschwöre dich bei Marmaraoth', weiche ich sofort."

34. Mss HPN P.Vind G 330 = ReccAB: +Ms N: *[Monat] Tybi, 3. [Dekan] des Steinbocks* vom einundzwanzigsten bis 30.°: Der dreißigste sagte: „Ich heiße Rhyx Physikoreth.[44] Ich verursache lange Krankheiten. Wenn man Salz in Öl wirft auf den Geschwächten aufträgt mit den Worten: ‚Cherubim, Seraphim, helft!', weiche ich sofort."

(P.Vind G 330: 1. [Dek]an [des Wassermanns]: Ich, Herr Rex Ephe[sikoreth werde ich genannt. la]ngandauernde Krankheiten bewirke ich. [Wenn ei]ner S[alz (Lücke von 12 Buchstaben) ...einrei]bt den Kranken und spricht: Cherubim, [Seraphim, (Lücke von 13 Buchstaben) ...] es wird erfüllt innerhalb von sieben Tagen).[45]

35. +Ms N: *[Monat] Mekhir, 1. [Dekan] des Wassermanns* vom 1. bis zum 6.°: Der einunddreißigste sagte: „Ich heiße Rec A: RHYX ALEURETH Rec B: *Alleborith.*[46] Beim Verschlucken von Fischknochen: Rec A: WENN MAN DES FISCHES KNOCHEN AUF DIE VERSTOPFTE STELLE DES LEIDENDEN LEGT Rec B: *Wenn einer des nachts isst und eine Gräte verschluckt und nimmt eine (weitere) Gräte vom Fisch weg und hustet,* weiche ich sofort."

(P.Vind G 330: 3. [Dekan des Steinbocks]: [Ich,] He[rr Rex Alleborith werde ich genann]t. Wenn jemand Geflügel isst und einen Kno[chen ver [schluckt (Lücke von 18-20 Buchstaben)] Knochen von die[sem] [(unleserlich, Lücke) ... All]eborith [...] [nach ob]en und unten [unleserlich ...]).[47]

---

43 „Μητρομανία", nicht, wie beispielsweise geschehen bei Bornemann z.St. in der Übersetzung „ich schicke Geilheit über die Frauen", zu verwechseln mit „θηλυμανία" in TSal 5,8 Rec A.

44 Zur Besonderheit von Ms N s. Anm. zu V. 27. Bei Ms P und P.Vind G 330 ist zudem der dreißigste und der einunddreißigste Dekan vertauscht.

45 Übersetzung nach der Edition von Daniel, 1983, 299; Preisendanz, 1956, 165 rekonstruiert durch freie Ergänzungen nach Ms P: „1. Dekan des Wassermanns. Ich, Herr, heiße Rex Ephesikireth, bewirke chronische Krankheiten. Wenn man Salzkörner in Öl wirft und damit den Kranken einreibt und dazu spricht: ‚Cherubin, Seraphin, helft mir!' wirkt es innerhalb einer Woche". Auffällig ist, dass es sich hier gegen Ms N um einen ersten Dekan handelt, zu ergänzen ist der des Wassermanns; dies ist durch die Vertauschung der Verse 34f (mir Ms P) begründbar.

46 Zur Besonderheit von Ms N s. Anm. zu V. 27.

47 Übersetzung nach der Edition von Daniel, 1983, 299; Preisendanz, 1956, 165 rekonstruiert durch freie Ergänzungen nach Ms P: „(Ich, Herr, heiße Rex Alleborith ...) ... Wenn jemand Geflügel isst, einen Knochen verschluckt und sich übel befindet, und wenn er dann einen Knochen vom gleichen Vogel nimmt und hustet, weiche ich sofort zu meinem Ciborium (?) zurück." Zur Spannung zwischen „Fische essen" – „nachts essen" und „Geflügel essen" vgl. Daniel, 1983, 301 z.St. Zur Rekonstruktion von „oben und unten" in diesem Kontext weist Daniel, ebd., auf Apul. Met 1,19 hin; dort ist von einem Brotbissen die Rede, der in der Kehle stecken bleibt und sich weder hinauf noch hinab bewegt.

36. +Ms N: [Monat] Mekhir, 2. *[Dekan] des des Wassermanns* vom 1. bis zum 30.° (sic!): Der zwei-
unddreißigste sagte: „Ich heiße Rhyx Ichthyon.[48] Ich lähme die Muskeln. Wenn
ich höre: ‚Adonai, Malthe', weiche ich sofort."

    (P.Vind G 330: 2. [Dekan des Wassermanns]: Ich, Herr, Rex Ichthyos [werde ich ge-
nannt. Seh]nen lähme ich und Knochen [zer]mürbe ich. Wenn auf (?) [(Lücke) ... hö]re:
‚Adonae[th, hilf'], wei[che ich] sofort).[49]

37. +Ms N: [Monat] Mekhir, 3. *[Dekan]*[50] *des Wassermanns* vom 21. bis zum 30.°: Der dreiund-
dreißigste sagte: „Ich heiße Rec A: RHYX ACHONEOTH Rec B: *Achonion*. Ich verursache Schmerzen Rec A: IN DER KEHLE UND AN DEN MANDELN Rec B: *in den Windeln und
in der Kehle*. Wenn man auf ein Efeublatt schreibt: Rec A ‚LEIKOURGOS' IN
TRAUBENFORM Rec B: *in Traubenform ‚Lykurgos, Kurgos, Urgos, Gos, Os'* weiche ich
sofort."

    (P.Vind G 330: 3. Dekan des Wassermanns: Ich, Herr Rex [Agochoneon werde ich ge-
nannt. In den] Mandeln, am Gaumenzäpfchen[51] und in der Kehle ver[ursache ich
Schmerz. Wenn man a]uf ein Efeublatt sch[reibt: ‚So]gryokyl' in Form eines Trau-
benklotzes[52] [... her]umbindet, und ich weiche.)

38. +Ms N: [Monat] Phamenoth, 1. *[Dekan] der Fische* vom 1. bis zum 10.°: Der vierunddreißigste
sagte: „Ich heiße Rec A: RHYX AUTOTH Ms P: Autothith Ms N: Rhyx Ich liebe Neid und verursache Zwist. Man macht mich unschädlich, indem man ‚A und B' schreibt."

    (P.Vind G 330: 1. [Dekan] des Fisches: Ich, Herr Rex Autothial werde ich genannt. Ich
liebe [Neid] und Zwist. Unschädlich macht mich das Alpha und das [Omega, das
geschrieben wird; es i]st der Anfang und das Ende.)[53]

39. +Ms N: [Monat] Phamenoth, 2. *[Dekan] der Fische* vom 11. bis zum 20.°: Der fünfunddreißigste
sagte: „Ich heiße Rhyx Phtheneoth.[54] Ich verhexe alle Menschen.[55] Doch das
aufgezeichnete vielleidende Auge macht mich unschädlich.[56]

---

48   Zur Besonderheit von Ms N s. Anm. zu V. 27.

49   Übersetzung nach der Edition von Daniel, 1983, 299; Preisendanz, 1956, 165 rekonstruiert: „2.
     Dekan des Wassermanns. Ich, Herr, heiße Rex Ichthion, lähme die Sehnen und zermürbe die
     Knochen. Wenn ich höre: ‚Adonaeth, hilf' entweiche ich sofort."

50   Ms N gibt hier fälschlicherweise an: „2./3. (sic!) Dekan des Wassermanns".

51   Daniel, 1983, liest κίων, Preisendanz, 1956 κορυφή.

52   „βοτρυοειδές"; die Schreibung nach dem Schwindeschema „ὡς βότρυς" ist in den Magica
     verbreitet, vgl. PGM 3,70; auch in PGM 4,407ff und in der Zeichnung in PGM 62 ist das
     Schwindeschema gut erkennbar. Die Übersetzung erfolgte nach der Edition von Daniel, 1983,
     299; Preisendanz, 1956, 165f rekonstruiert: „Ich, Herr, heiße Rex Achonion. Ich liege in den
     Mandeln und im Kopf und im Schlund. Schreib abnehmend auf das Efeublatt: ‚Sogrukyl'.
     Wenn jemand das anbindet und trägt, fliehe ich sofort."

53   Übersetzung nach der Edition von Daniel, 1983, 299; Preisendanz, 1956, 165f rekonstruiert: „1.
     Dekan des Fisches. Ich, Herr, heisse Rex Autoth, liebe Neid und Kampf. Mich entkräften die
     Buchstaben Alpha und Omega, Anfang und Ende."

54   Gegen die Tendenz bei der Notierung der Dämonennamen in Ms N seit V. 27 notiert Ms N
     hier „ῥίξ φηνόθ".

55   Im Hintergrund steht die verbreitete Tradition vom „bösen Blick", die auch in der jüdischen
     (SapSal 4,12) und christlichen Überlieferung (Gal 3,1) zu finden ist und den in christlicher Ent-

(P.Vind G 330: [2. Dekan des Fisches]: Ich, König Salomo, Rex Ephenothith w[erde ich genannt. Ich ver]hexe jeden Menschen. Es üb[erwindet mich aber] das vielleiden[de] Auge, das [auf]gezeichnet wird.)[57]

40. +Ms N: [Monat] Phamenoth, 3. [Dekan] der Fische vom 21. [bis zum] 30.°: Der sechsunddreißigste sagte: „Ich heiße Rec A: CHEREX MIANETH, Rec B: Bianakith. Ich bin neidisch auf den Leib. Ich verwüste Häuser. Ich lasse das Fleisch verderben +Ms P und anderes dergleichen. Wenn man vor die Haustür folgendes schreibt: ‚Melpo Ardad Anaath‘, fliehe ich von diesem Ort."

(P.Vind G 330: 3. [Dekan des] Fisch[es]: [I]ch, Herr Rex Bianakith werde ich ge[nannt. A]lle Glieder des Körpers beneide ich, [Häuser verwüste ich,] Körper lasse ich verderben und [anderes] dergleichen. Wenn jemand auf[schreibt auf die Tür] seines Hauses: ‚Mel[to,], Ardoue, L[…‘, fliehe ich diese O]rte.")[58]

41. Als ich, Salomo, dies hörte, lobte ich den Gott des Himmels und der Erde und befahl ihnen Wasser zu tragen.

42. Dann betete ich zu Gott +Rec B: dem Herrn, dass die Rec A: SECHSUNDDREISSIG Rec B: außenstehenden Dämonen, die die Menschheit hemmen, +Rec B: gefesselt würden und in den Tempel Gottes hineingingen.

+Rec B 43. Ich verurteilte dann einige der Dämonen, schwere Arbeit beim Bau des Tempels Gottes zu leisten, andere sperrte ich in Gefängnissen ein.

44. Anderen befahl ich, im Feuer zu arbeiten, sich zu Gold und Silber, Blei und Kristall[59] zu setzen und den übrigen Dämonen Plätze zu bereiten, wo sie eingeschlossen werden sollten.

---

faltung insbesondere die Dämonen aufgrund ihres Neides anwenden; Forschungsgeschichte zur Stelle bei Engemann, 2000, 67; zur Sache: Rakoczy, 1996, 221ff. Die Überwindung des Bösen Blicks durch Salomo ist auch auf Amuletten belegt, so etwa Amulett Israel Museum 70.40.616, vgl. H. Gitler, 1990, 371f.

56   Möglicherweise ist hier das Horusauge gemeint, das von Seth herausgerissen wurde und auch im „Diebeszauber" in PGM 5,70ff erwähnt und gezeichnet ist. Andererseits könne auch hier eine Anspielung auf den „bösen Blick" zu verzeichnen sein; Bonner, 1950, 211 weist in diesem Zusammenhang auf eine Reihe von Salomosiegeln vom Typ „Salomo als Reiter" hin, auf denen das Auge als Sinnbild des „bösen Blicks" abgebildet ist.

57   Übersetzung nach der Edition von Daniel, 1983, 299; Preisendanz, 1956, 165f rekonstruiert: „2. Dekan des Fisches. Ich, Herr, heisse Rex Phtenoth; ich behexe jedermann. Mich entkräftet die Zeichnung des vielduldenden Auges."

58   Übersetzung nach der Edition von Daniel, 1983, 299; Preisendanz, 1956, 165f rekonstruiert: „3. Dekan des Fisches. Ich, Herr, heisse Rex Bianakith, bin neidisch auf jedes Glied des Körpers, lasse Häuser veröden, das Fleisch schwinden und (bewirke) anderes der Art. Schreibt man an die Eingangstüre seines Hauses: ‚Melto, Ardue, Anaath", dann fliehe ich vom Ort."

59   Ms P: φιάλῳ, lies mit Ms N: ὑελῶν für ὑάλῳ.

18.2 Kommentar

18.2.1 Die Szene

Es treten die „sechsunddreißig Mächte" vor Salomo, deren traditionsgeschichtlicher Hintergrund in der ägyptischen Dekanlehre zu finden sein dürfte.
Es ist gut vorstellbar, dass schon dem Autor der „Grundschrift" eine Liste der
sechsunddreißig Dekane vorlag; die Beziehung zum Zodiak, wie in V. 4 für die
„Grundschrift" erkennbar, ist nur noch in Rec B weiter aufgenommen, wie
unten ausgeführt werden wird. Die Selbstvorstellung als „Stoicheiai, Weltherrscher der Finsternis" setzt ein Lesersignal an TSal 8,2, wo eine andere Geisterli-
ste mit den Kosmokratoren aus Eph 6,12 gelesen wird.

Die weiteren, textkritisch recht differenten Verse 4-40 geben katalogartig
jeweils über einen der Mächte/Dekane in Form einer Selbstvorstellung Auskunft. Dabei ist ein Formschema erkennbar, bestehend aus: Namensnennung,
Wirkweise, Gegenmittel (mit Überwinderengel). Dieses Schema ist mit nur
leichten Variationen durchgeführt worden. Hier wie sonst nirgends im TSal ist
auch eine Verbindung zur Magie erkennbar, da die meisten der Geister durch
eine bestimmte Zauberhandlung überwunden werden können; schon dieser
Zug erweckt den Eindruck, dass ein fester Katalog schon in die „Grundschrift"
des TSal eingearbeitet wurde, der ursprünglich Bestandteil der magischen
Literatur gewesen war. Die selbständige Überlieferung des Kapitels wird in
der Wirkungsgeschichte des TSal weiterhin durch die früheste Bezeugung des
TSal, P.Vind G 330 wahrscheinlich gemacht, der gerade das 18. Kapitel in Form
eines *rotulus* separat, ohne die Einbindung in die Gesamtschrift, belegt. Dies
zeigt, dass Kap. 18 aufgrund eines Sonderinteresses für sich verbreitet werden
konnte.

Trotz des magischen Charakters des Kapitels ist von einer magischen
Handlung des Königs nichts zu vermerken. An keiner Stelle wird betont, dass
Salomo die von den Dämonen offenbarten magischen Mittel auch tatsächlich
anwendet. In V. 41f ist Salomos Reaktion auf die Offenbarung der sechsunddreißig Dämonen das Gebet an Gott, und auch V. 3 ist ein deutliches Lesersignal, dass die Macht über diese Dämonen nicht durch Magie, sondern allein
aufgrund der Machtverleihung Gottes an Salomo zu Stande kam.

18.2.2 Textkritische Anmerkungen

18.2.2.1 Die Textbezeugung

TSal 18 reicht aufgrund der vier Fragmente aus der Papyrussammlung Erzherzog Rainer in der Österreichischen Nationalbibliothek Wien (G 330)[60] zeitlich deutlich vor die bezeugenden Codices aus dem 15./16. Jahrhundert in die ausgehende Antike hinein. K. Preisendanz, der 1956 die ersten beiden Fragmente für TSal 18, 34-40 publik machte, veranschlagte eine Entstehungszeit „um 500".[61] Daniel, der mit den Fragmenten G 29436 und G 35939 dieser Papyrussammlung für G 330 noch die Verse TSal 18,27f hinzufügen konnte, gab im Titel seiner Veröffentlichung als Datierung die Zahl V/VI A.D. an.[62] Somit nimmt das 18. Kapitel schon für die Datierung des TSal eine herausragende Stellung ein, ist doch damit eine mittelalterliche Entstehung der Schrift (wie Fleck, 1837 es noch annahm) unwahrscheinlich geworden. Zumindest Kapitel 18 dürfte schon in der Antike kursiert sein.

18.2.2.2 Die zodiakale Einordnung

Wie schon eine flüchtige Durchsicht sowohl McCowns Textausgabe als auch der oben vorgeschlagenen Übersetzung zeigt, ist die Textbezeugung in diesem Kapitel sehr disparat. Ganz besonders gilt dies für den Anfang der Verse 4 bis 40, in denen die sechsunddreißig Dekane Auskunft geben. Da in Rec B sowohl Ms N als auch die ältesten Zeugen, P.Vind G 330, eine Einordnung der einzelnen Dämonen in den Tierkreis belegen, stellt sich die Frage, ob dies ursprünglich für die gesamte Rezension oder gar schon für die „Grundschrift" angenommen werden kann. Folgende Aussagen können zu dieser Fragestellung m.E. mit einigem Grund getroffen werden:

1. Eine Verknüpfung des ersten Dämons mit dem Zodiak (in V. 4) ist in allen Rezensionen gegeben, auch wenn dies in McCowns Textedition nicht deutlich wurde (s. Anmerkung zu V. 4 in obiger Übersetzung). Darum dürfte die Annahme statthaft sein, dass zumindest der erste Dekan auch in der „Grundschrift" des TSal mit dem Tierkreis verbunden vorlag.

2. Die Verbindung der weiteren 35 Dämonen mit dem Tierkreis ist nur in Rec B belegbar, und dort in den einzelnen Textzeugen auf unterschiedliche Art und Weise. Ms P fügt am Ende von V. 3 ein Summarium ein, das die Be-

---

60 Vgl. Einleitung S. 33.
61 Preisendanz, 1956, 163.
62 Daniel, 1983, 294. Diese beiden Fragmente sind bei Daniel frgm. a und b, während Preisendanz' Fragmente von P.Vind 330 von Daniel frgm c und d genannt werden.

ziehung der Dekane zum Zodiak referiert. Ms N und der Papyrus benennen vor jedem Dämon das zugehörige Zodiakalzeichen.

3. Welche der beiden oben genannten Formen in Rec B ist nun ursprünglicher? Hier spricht m.E. ein gewichtiger Grund gegen das Summarium von Ms P. Es ist vor der expliziten Nennung des Zodiakalzeichens „Widder" in V. 4 platziert und stellt hierzu eine Dublette dar. Rec B erklärt sich darum ungezwungener mit der Annahme einer expliziten Nennung der Tierkreiszeichen bei jedem Dämon, etwa so wie bei P.Vind G 330. Aus diesem Grund wurden in obiger Übersetzung die Dekane am Anfang eines jeden Verses *in normal großer Kursivschrift* angegeben und damit als Teil der Rec B markiert. Das Summarium in Ms P ist damit eine verkürzende Sonderform: Ms P nahm die astrologischen Konnotationen des Kapitels damit redaktionell zurück.

4. Die gleiche Tendenz zur textuellen Rücknahme der astrologischen Aspekte wie bei Ms P ist in Rec A stärker ausgeprägt. Dort wird außer bei V. 4 kein Hinweis mehr auf ein Astralzeichen gegeben. Damit unterliegen Rec A und Ms P der gleichen redaktionellen Tendenz, die (ursprünglich notierten) astralen Aspekte zurückzunehmen; möglicherweise geschah dies, weil hier das Interesse an den üblen Wirkweisen der Dämonen und der Art, diesen beizukommen, dominierend war.

5. Eine gegenläufige Tendenz ist in Ms N festzustellen. Hier wird nicht nur das Zodiakalzeichen angegeben, sondern es werden auch die Gradeinteilung und darüber hinaus die ägyptischen Monatsnamen explizit genannt. Ein besonderes Interesse an den astrologischen Aspekten und am Kalender ist hier festzustellen. Diese Einfügung der Monatsnamen ist m.E. mit hoher Wahrscheinlichkeit sekundär und auf eine redaktionelle Arbeit des Schreibers von Ms N zurückzuführen. Der Grund für diese Annahme liegt in der Reihenfolge der Nennungen: In allen Rezensionen A und B richtet sich die zodiakale Zuweisung nach der üblichen (beispielsweise bei Geminus, Astrol 1,2 angegebenen) Reihenfolge der Tierkreiszeichen und fängt mit dem Widder an. Ms N muss dazu die ägyptischen Monate kompilieren und darf nicht mit dem ersten Monat Thot (August/September) beginnen, sondern muss sich nach dem Zodiakalzeichen richten und darum den Monat Pharmuti zuerst nennen. Ursprünglich ist also die Einordnung nach der zodiakalen Reihenfolge, die Einordnung in den kalendarischen Jahresablauf ist sekundär. Darum ist die Kompilation der Dekane mit den Monaten in Ms N als redaktionelle Erweiterung aufzufassen. Der Schreiber von Ms N hat anscheinend ein festes Schema vor Augen, notiert dies aber uneinheitlich und überdies noch fehlerhaft (vgl. V. 11.14.24f 30f 36f).

18.2.2.3 Die Frage nach der Priorität der Rezensionen

Aufgrund der frühen Zeugnisse für TSal 18 hat sich die Frage nach dem Verhältnis der beiden Rezensionen A und B neu gestellt. McCown hatte der Rec A deutlichen Vorrang von Rec B gegeben; letztere stelle eine spätere Version mit etlichen Zusätzen dar.[63] Da wir nun mit P.Vind G 330 die früheste Bezeugung des TSal in der Rec B haben, lag für Daniel die Vermutung nahe, dass Rec B nicht eine sekundäre, erweiterte Fassung des TSal darstelle, sondern vielmehr Rec A eine sekundäre Kürzung sei und Rec B als ursprünglicher angenommen werden müsse.[64] Dazu ist folgendes anzumerken:

1. Obwohl wir mit P.Vind G 330 als frühestes Zeugnis für TSal ein Fragment der Rec B vor uns haben, sagt dies nichts darüber aus, ob Rec B tatsächlich die ursprünglichere Version darstellt. Es belegt lediglich, dass die Rec B im 5./6. nachchristlichen Jahrhundert in Umlauf war. Berücksichtigt man dann noch die besondere Form des Papyrus, den *rotulus* und das auffällige Fehlen jeglicher Spuren einer Rahmenhandlung, so wird durch die Existenz dieses Papyrus zusätzlich deutlich, dass Kap. 18 gesondert und unabhängig vom TSal überliefert werden konnte – möglicherweise als Exzerpt. Über eine Priorität der Rec B gegenüber Rec A lässt die bloße Existenz des Papyrus keine Schlussfolgerungen zu.

2. Daniel[65] führt eine Liste von fünf Textpassagen aus Rec B an, die er als ursprünglich ansieht und die in Rec A omittiert sein könnten. Dazu ist zu bemerken, dass drei dieser Textpassagen in Ms N nicht vorkommen und darum auch Sonderformen darstellen könnten, die in Ms P und im P.Vind G 330 belegt sind; diese drei Passagen der Fünferliste sind also nicht zwingend Elemente der Rec B, und die beiden übrigen Textteile können genausogut als Erweiterung der Rec A gelesen werden.

3. Gerade die zahlreichen offensichtlichen Texterweiterungen der einzelnen Handschriften lassen darauf schließen, dass wir es in Kap. 18 mit einem besonders überarbeiteten Kapitel zu tun haben (das ja auch, wie oben deutlich wurde, separat überliefert werden konnte und darum für die Leserschaft von besonderem Interesse gewesen sein muss). In der Erweiterung durch die ägyptischen Monate durch Ms N wird die Tendenz zu Erweiterungen innerhalb von Rec B deutlich. Gegen Daniel, der besonderen Wert auf die Textkürzungen von Rec A gegenüber Rec B legt, muss hier auch auf die Tendenz der Texterweiterung bei Rec B hingewiesen werden.

4. Obwohl die Nennung der einzelnen Tierkreiszeichen möglicherweise schon in der „Grundschrift" notiert war und in Rec A nur noch in V. 4 vorliegt, während sie in Rec B durchgängig erkennbar ist, wird auch innerhalb

---

63   McCown, 1922, 30ff; 82ff.

64   Daniel, 1983, 295f; auch Torijano, 2002, 150.

65   Daniel, 1983, 295f.

von Rec B durch Ms P (V. 3) die gleiche Tendenz wie in Rec A deutlich, die
astrologische Gewichtung des Kapitels zurückzunehmen. Hier ist eine klar
erkennbare, auf einen Einzelfall bezogene redaktionelle Absicht wahrscheinlich. Ein allgemeiner Rückschluss auf stärkere Veränderungen der
„Grundschrift" in Rec A und damit auf die größere Entfernung davon
kann aus dieser Beobachtung heraus nicht gezogen werden.

5. Die Reihenfolge der Dekane in Ms H (Rec A) ist die originale gegenüber
    Rec B, besonders betreffend V. 34f[66] In V. 26 ist wohl in Rec B die Angabe
    zum 22. Dekan ausgefallen. Hier zeigt sich, dass Rec A im Gegensatz zu
    Rec B eine vollständige Überlieferung bewahrt hat.

18.2.2.4 Die Dämonennamen

Neben den Konsequenzen der frühen Bezeugung von Kap. 18 war es stets die
Diskussion um die Dämonennamen, die dieses Kapitel weit über den engen
Kreis der Auslegung von TSal bekannt machte.

W. Gundel[67] hatte durch Analyse der Wortstämme bei den Dekansnamen
des TSal Bezüge beinahe aus der gesamten Antike, der griechischen, lateinischen und hebräischsprachigen bis nach Indien konstatieren können. Sein
Modell zur Entstehung von Kap. 18 musste demnach die entsprechenden
Bereiche abdecken und kann wie folgt skizziert werden: Ein jüdischer Verfasser des hebräischen Urtextes von Kap. 18 kannte die alten ägyptischen Dekansnamen sowie schon „eine ganz starke Entartung der traditionellen Namen".[68] Der griechische Übersetzer des 3. Jahrhunderts hatte dann in einem
weiteren Schritt die Namen nach seinem Verständnis redigiert – und somit
lägen die Namen mehrfach gebrochen und „verstümmelt" vor. Eine Ver-
gleichsliste, nach der die Dekane in Kap. 18 entsprechender Weise dem Zodiak
zugeordnet wurden, konnte er nicht finden. Bleibt damit der Gesamtertrag von
Gundels Studie – trotz der überragenden Gelehrsamkeit ihres Verfassers, der
Menge an herangezogenem Material und gewichtiger Einzelbeobachtungen –
für die traditionsgeschichtliche Entstehung des Kapitels eher mager, so konnte
Gundel immerhin glaubhaft machen, dass die Dekansnamen in Kap. 18 sich
auf eine traditionsgeschichtliche Vorlage beziehen und nicht der reinen Phan-
tasie eines Autors entspringen.

Mit Gundels Studie wird bis heute die Deutung der Namen als Schlüssel
zum Verständnis des Kapitels angesehen[69] – Dulings Kommentare zu seiner

---

66 Hierzu auch Daniel, 1983, 301 zu V. 34f.

67 Gundel, 1936, 49ff. Vgl. auch Quack, 1995.

68 Gundel, 1936, 56.

69 Als Beispiel aus jüngerer Zeit sei v. Stuckrads Resümee des traditionsgeschichtlichen Ansatzes
    erwähnt, der in ders., 2000, 644 vermutete, „das Testamentum Salomonis gehört einer Makro-

Übersetzung berufen sich in der Hauptsache auf Gundels Namenanalysen. Doch bedenkt man – und dies kann durch die oben angegebene Übersetzung deutlich werden – wie disparat sich die Überlieferung allein der Dämonennamen zeigt, wird man schwerlich eine traditionsgeschichtliche Herleitung des Kapitels allein auf den Dämonennamen aufbauen können, sondern man wird nach der speziellen Funktion der Dekanenlehre in TSal 18 fragen müssen.

Eine separate Frage bezüglich der Dämonennamen entzündet sich am Ausdruck „Rhyx", den McCown in seiner Edition fast durchgängig als Teil des Dämonennamens ansah. In den Veröffentlichungen des P.Vind G 330 hingegen sind zwei unterschiedliche Interpretationen des Ausdrucks „ῥήξ" erkennbar. Die besondere Fragestellung ergibt sich aufgrund des unterschiedlichen Befundes hierzu in der Textüberlieferung, der durch die neuen Papyrusfunde besonders auffällig zu Tage trat. Während Rec A dieses Namenselement passim nennt, fehlt es in Ms P, und Ms N hat fast durchgängig eine besondere Dämonenanrede, „κήριξ σολομον", bei der „κήριξ" als Contractum von „κύριε ῥήξ" (wie in P.Vind G 330 angesprochen werden kann). Ist das Element „ῥήξ" als nun Teil der Anrede an Salomo oder Teil des Dämonennamens?

McCown hatte „ῥήξ" als Variante des hebr רוּחַ (Geist) gewertet und dies als ein Argument für eine jüdische Redaktion erkannt.[70] Damit wäre dies Element Namensbestandteil eines jeden Dämon, und davon geht auch Gundel in seiner Besprechung von Kap. 18[71] wie auch Preisendanz in seiner Edition des Papyrus aus. In seinem PRE-Artikel zu „Salomo" allerding erwägt dieser, dass „ῥήξ" auch vom lateinischen „rex" abgeleitet sein könnte,[72] und dies inspirierte Daniel in seiner Edition des P.Vind G 330 dazu, „ῥήξ" als Anrede an Salomo zu lesen in Analogie zu dem byzantinischen Hofzeremoniell: „From the 4th century on, ‚ῥήξ' as a transliteration of *rex* occurs in Greek, generally to designate rulers of non-Byzantine kingdoms."[73] Nun sind Daniels Argumente sicherlich ernst zu nehmen, und gerade der Dämonenname in V. 9 könnte einen Hinweis darauf geben, dass „kyrie rex" tatsächlich eine Anredeform darstellte. Doch demgegenüber ist festzuhalten: Auch im von Daniel edierten Papyrus ist, wie man aus V. 39 erkennen kann, die Anrede „Kyrie rex" nicht stereotyp verwendet worden. Man muss – und dies zeigt der Befund generell – mit zahlreichen Varianten auch innerhalb einer Handschrift rechnen, weshalb eine Argumentation über stereotype Formen nicht stichhaltig ist. Weiterhin ist festzustellen, dass auch die Handschriften aus Rec B die Form „ῥήξ" als Dämonennamen

---

form astrologischer und magischer Texte an, die altägyptische Dekanlehren interpretierend aufnahm und in jüdische Zusammenhänge integrierte". Hier wird Gundels Ansatz einer älteren ägyptischen Tradition in zunächst jüdischer Umprägung aufgenommen.

70 McCown, 1922, 42.
71 Gundel, 1936, 49f.
72 Preisendanz, 1956a, 678.
73 Daniel, 1983, 296.

kennen, so Ms P in V. 4 und auch Ms N, das ab V. 27 fast durchgängig „κήριξ σολομόν" notiert, kennt in V. 29 einen „ρίξ φηνόθ". Wenn die Zuweisung des Elementes „ρήξ" in obiger Übersetzung auch durch die Wendung „Ich, Herr Rex NN. werde genannt ..." offengelassen wurde, so tendiere ich doch dazu, mit Rec A das Element „ρήξ" als Namensteil des Dämons aufzufassen und dessen Fehlen in Rec B als Omission anzusprechen.

18.2.3 Die Dekanlehre in TSal 18

Die Dekane sind ein seit dem späten 3. Jahrtausend vor Christus in Ägypten belegbares Konzept, das – zunächst zur Zeitbestimmung – Sternbilder in etwa 10° Abstand auflistete, die an der Grenze von Tag und Nacht erschienen.[74] Später werden diese Sternbilder als determinierende Mächte aufgefasst und entsprechend verehrt und gefürchtet. Diese weiterentwickelte „Lehre von den 36 Dekanen" ist in mehreren unterschiedlichen Listen bezeugt und in der klassischen Studie von Gundel tabellarisch zusammengestellt worden.[75] Damit ist TSal 18 als spezielle Ausprägung dieser Tradition zu sehen, die allerdings schon traditionsgeschichtlich vorgeprägt war. Zur traditionsgeschichtlichen Entwicklung der Dekanlehre bis zum TSal seien hier folgende Stufen vorgeschlagen:

18.2.3.1 Die Dekanmelothesie

Schon früh ist belegt, dass man den Dekanen bestimmte Herrschaftsgebiete über den menschlichen Körper zuschrieb und diesen hierzu in 36 Bereiche aufteilte. Unter den von Gundel vorgestellten Vergleichtexten zur Korrespondenz zwischen Dekanherrscher und menschlichem Körperteil („Dekanmelothesie") als traditionellem Element[76] ist besonders das anonyme griechischjüdische Dekanbuch[77] aus ptolemäischer Zeit zu nennen. Die Dekane aller Zodiakalzeichen, die zu bestimmten Heilzwecken angerufen werden können, sind dort dargestellt.

> Beispiel: (Im Steinbock): Der zweite Dekan wird gerufen Chalchem Ilchem; man schreibt ihn in Jaspisstein, wird mitten in das Haus gelegt und bewirkt, dass dieses glücklich und ohne Krankheit bleibt.

---

74 Kurze, treffende Zusammenfassung der Dekanlehre bei Quack, 1995, 99f.

75 Vgl. zu den Dekannamen Gundel, 1936, 77ff; zu den Attributen 160ff, zur Melothesie 286f. Die Namen der 72 Dekane im Apocryphon des Johannes untersuchte Quack, 1995, 114ff auf ihre ägyptischen Wurzeln hin.

76 Vgl. die Tabelle bei Gundel, 1936, 286f.

77 Vgl. Gundel, 1936, 385ff.

Ähnlich wie in TSal 18,22-23 muss der Name im Haus aufgeschrieben sein. Vergleichbar mit TSal ist die Nennung des Dekans, die Beschreibung seiner Wirkweise und die Art, wie mit ihm umzugehen ist.

Im Unterschied zu TSal sind die Dekane hier gute Geister, die zur Heilung bestimmter Körperteile anzurufen sind. Mit bösen Dämonen haben sie noch nichts gemein.

Die für das TSal relevante traditionsgeschichtliche Frage ist die nach der Dämonisierung der Dekane. Wie konnte es sein, dass aus den helfenden Dekanen böse Dämonen werden?

18.2.3.2 Die Dämonisierung der Dekane

Ein Zwischenglied dieser traditionsgeschichtlichen Verlagerung kann aus einem – wohl auf Teukros zurückzuführenden – astrologischen Stück des Rhetorius erkennbar sein,[78] in dem bestimmte Konstellationen von Zodiakalzeichen und Dekanen einen schlechten Einfluss auf Menschen ausüben. Besonders viel Raum ist hierbei Venus gewidmet, die in Kombination mit elf Dekanen zu perverser Erotik anregt, zusammen mit den anderen Dekanen weniger schlimme Wirkungen entfaltet. Die Dekane sind hier ambivalent und bewirken nur in bestimmten Konstellationen Schädliches.[79]

Eine viel deutlichere Ausprägung der dämonisierten Dekane ist bei Celsus zu finden, der in Orig Cels 8,58 auf die Dekanlehre eingeht und diese Dekane als „δαίμονες ἤ θεοί τινες αἰθέριοι" bezeichnet. Damit sind die Dekane in mittelplatonischer Interpretation dämonisiert, wenn dies auch noch nichts mit den „bösen Dämonen" zu tun hat, wie sie uns in TSal begegnen; die Aussage des Celsus ist eher in der Wirkungsgeschichte von Platon, Symp 202E zu deuten, wo die Dämonen als Mitte und Mittler zwischen Gott und Mensch beschrieben werden.

Die Entgegnung des Origenes greift die dämonisierten Dekane auf und bezweifelt ihre Mächtigkeit: Hier sei eine magische Lehre vorgetragen worden, die nur von ägyptischen Priestern ausgeführt werden könne; ihr zu vertrauen sei sinnlos, alles Vertrauen sei auf Jesus Christus zu setzen. Im Prinzip liegt dieser Antwort des Origenes ein Überbietungsschema vor, das wir in ähnlicher Weise auch in TSal haben: Nicht die Dekane sind mächtig, sondern Salomo, der sie durch den Siegelring Gottes bezwungen hat.

---

78 Cumont, C.C.A. 8, 4,196, Besprechung und Übersetzung bei Gundel, 1936, 411f.

79 Diese Tendenz setzt sich auch in weiteren antiken astrologischen Untersuchungen fort, beispielsweise bei Heliodor, hg. Bassi und Martini, C.C.A. 4,152, 24ff; teilw. übersetzt bei Gundel, 1936, 419f.

Eine Weiterentwicklung der Tradition liegt in der Langfassung des Apocryphon Johannis (NHC 2,1 und 4,1) vor, das Gundel noch nicht bekannt sein konnte.[80] Dort ist bei der Erschaffung Adams durch Jaldabaoth (NHC 2,1,14,24ff) die Entsprechung von 72 Körperteilen zu 72 dämonischen Kräften aufgelistet, wobei die Zahl 72 als Verdopplung von 36 auf die ursprünglich ägyptische Dekanlehre verweist;[81] diese Vervielfachung der Dekane wird auch Celsus in seinem Referat zur Dekanlehre in Cels 8,58 gekannt haben, da er im Hinblick auf die ägyptische Dekanlehre die Zahl 36 nennt, doch hinzufügt, dass „andere" noch höhere Zahlen angäben. Demnach kennt Celsus – wohl literarische – Ausprägungen dieser speziellen Dekanlehre, und dieses Phänomen begegnet auch im Apocryphon Johannis: Explizit beruft sich der Autor in NHC 2,1,19,9f; 4,1,29,16f auf ein „Buch des Zoroaster"[82] als literarische Vorlage.

Bei diesem Text wird eine gnostische Kosmologie vorausgesetzt und die menschlichen Glieder Adams sind mit Geschöpfen der Archonten in Verbindung gebracht. Eine Dämonisierung der korrespondierenden Himmelwesen deutet sich an.

18.2.3.3 Die Pejorisierung der Dekane

Im hermetischen Schrifttum ist der Zusammenhang der Dekanlehre mit den Dämonen verbreitet. Bei Stobaios 1,21,9 werden die Wirkkräfte der 36 Dekane Dämonen genannt, und diese „Wirkkräfte" sind von Übel:

> So stammt bei allem, was allgemein geschieht, die Wirkkraft von diesen (sc.: Dekanen); z.B. – begreife, was ich sage – Sturz von Königen, Aufstände von Städten, Hungersnöte, Seuchen, Zurückweichen des Meeres, Erdbeben; nichts davon, mein Sohn, geschieht ohne ihr Einwirken.[83]

Im „Corpus Hermeticum" ist die Auswirkung der Dekan-Dämonen auf die Seelenteile ausführlich dargestellt, und auch hier ist eine Pejorisierung der Dekane erkennbar:

> CH 16,13: Unter ihr (sc: der Sonne) fand der Chor, besser die Chöre der Dämonen ihren Platz; denn es sind viele und verschiedenartige, aufgestellt unter den Stern-Bezirken, für jeden von ihnen die gleiche Anzahl. So verteilt, dienen sie jedem einzelnen der Sterne, sind ihrer Natur nach, d.h. in ihrem Wirken, gut oder böse. Das Wesen eines Dämons liegt nämlich in seinem Wirken; einige von ihnen sind aber auch gemischt: gut und böse. 14. Sie alle haben die Macht über die irdischen Angelegenheiten erhalten, zumal über die irdischen Wirrnisse, und sie verursachen ganz

---

80 Diskussion bei Quack, 1995; v. Stuckrad, 2000, 400f; 665f.
81 Zur Diskussion um die Zahl 72 sowie zum numerischen Bezug zur Dekanenlehre: vgl. Quack, 1995, 98.101f.
82 Hierzu Quack, 1995, 121.
83 Exzerpt VI bei Colpe/Holzhausen, Band 2, 1997, 353.

unterschiedliche Störungen, sowohl allgemein in den Städten und bei den Völkern, als auch privat bei jedem einzelnen. Denn sie formen unsere Seelen um und ermuntern sie in ihrem Sinne; dafür haben sie sich in unseren Nerven, in unserem Mark, unseren Venen und unseren Arterien und sogar in unserem Gehirn niedergelassen und durchdringen uns auch bis in unser Innerstes selbst. 15. Denn jeden von uns, sobald er geboren ist und eine Seele erhalten hat, übernehmen die Dämonen, die, jedem einzelnen der Sterne zugeordnet, in jenem Moment der Geburt ihren Dienst tun. Denn sie lösen sich in jedem Moment ab, und es bleiben nicht dieselben, sondern sie wechseln in regelmäßigem Turnus. Sie dringen nun durch den Körper in zwei der drei Seelenteile ein, und jeder verwirrt diese im Sinne seiner eigenen Kraft. Der vernünftige Seelenteil aber, frei von der Herrschaft der Dämonen, bleibt unerschüttert und ist fähig, Gott aufzunehmen.[84]

Deutlich ist hier die Zuordnung der Dämonen zu den Sternbezirken erkennbar; redaktionell ist die hier beschriebene Art, wie die Menschen von Dämonen affiziert werden können.

Im „heiligen Buch des Hermes an Asclepius"[85] schließlich stellt ein eng verwandtes Seitenstück zu TSal 18 dar. Die Dekanmelothesie und die üblen Auswirkungen auf den Menschen sind hier deutlich erkennbar:

Jedes Tierkreiszeichen hat die Gewalt über den ihm gehörenden Körperteil und bewirkt eine Krankheit in seiner Umgebung. Will man daher nicht leiden, was man von ihnen leiden muß, dann muß man die Gestalten und das Wesen der Dekane von diesen in ihre Steine einmeißeln und noch ihre Pflanze dazugeben; hat man das hergestellt, dann soll man das als Amulett tragen und man wird ein starkes und segenbringendes Heilmittel für den Körper haben.

Dieser Erklärung folgt eine Liste der in jeweils drei Dekane unterteilten 12 Tierkreiszeichen, jeweils mit Namen, Beschreibung, Wirkweise und Gegenmittel. Die Funktion dieser Liste dürfte in der Therapie, in diesem Falle einer Anleitung zur Herstellung geeigneter Amulette liegen. Wie bei TSal 18 ist die Therapie, in diesem Falle die Nennung des magischen Namens, deutlich ausgeführt.

---

84 Colpe, 1997, 211.
85 Pitra, Analect. sacr V,2 285ff; Übers. nach Gundel, 1936, 374.

19 Kapitel XIX: Besuch von der Königin des Südens

19.1 Übersetzung

Ms H = Rec A: 1.UND ICH, SALOMO, WAR GEEHRT VON ALLEN MENSCHEN UNTER DEM HIMMEL. SO BAUTE ICH DEN TEMPEL GOTTES UND MEIN KÖNIGTUM WAR WOHL GELEITET.

2. ALLE KÖNIGE KAMEN ZU MIR, UM DEN TEMPEL GOTTES, DEN ICH BAUTE, ANZUSCHAUEN UND SIE BRACHTEN GOLD UND SILBER ZU MIR, EBENSO TRUGEN SIE BRONZE, EISEN, BLEI UND HOLZ FÜR DIE ERRICHTUNG DES TEMPELS BEI.

3. UNTER IHNEN WAR AUCH SABA, DIE KÖNIGIN DES SÜDENS, DIE EINE HEXE WAR; SIE KAM MIT GROßEM HOCHMUT AN UND BEUGTE SICH SCHLIEßLICH DOCH VOR MIR.

Mss PN = Rec B: *1. Und ich, Salomo, hatte viel Ruhe auf der ganzen Erde und wandelte in tiefem Frieden, geschätzt von allen Menschen und denen unter den Himmeln. Ich baute den ganzen Tempel Gottes, des Herrn und mein Königreich war wohl geleitet und mein Heer stand hinter mir, und im übrigen kam die Stadt Jerusalem zur Ruhe, und es herrschten Freude und Unbeschwertheit.*

2. Und alle Könige der Erde kamen zu mir, auch von den Grenzen der Erde, um den Tempel zu sehen, den ich Gott, dem Herrn baute, und als sie von der mir gegebenen Weisheit hörten, beugten sie sich vor mir im Tempel. Gold und Silber und viele Edelsteine brachten sie bei, ebenso Bronze, Eisen, Blei und Zedernholz; tadelloses Holz trugen sie mir für die Errichtung des Tempels Gottes zu.

3. Unter ihnen war auch die Königin des Südens, die eine Hexe war und mit großem Hochmut kam und sich schließlich doch vor mir auf die Erde beugte, da sie meine Weisheit kennenlernte und daraufhin den Gott Israels verehrte. Dabei untersuchte sie allerdings alle Beispiele für meine Weisheit, die ich aufgrund der mir geschenkten Weisheit entwickelt hatte. Und alle Söhne Israels verehrten Gott.

19.2 Kommentar

19.2.1 Die Szene

Mit Kapitel 19 endet der Befragungszyklus (Kap. 3-18), der im Rahmen der entfalteten Szenerie vor Salomos Thron gezeichnet wurde. Es schließen sich nun vier eigenständige Salomoerzählungen an:

- Kap. 19-21 schildert den Besuch der Königin des Südens in Entfaltung von 1Kön 10.
- Darin eingeschoben ist in Kap. 20 die Erzählung vom Streit zwischen Vater und Sohn vor Salomo.
- Anschließend wird in Kap. 22-25 die Auseinandersetzung zwischen Salomo und dem arabischen Dämon Ephippas erzählt
- Kap. 26 berichtet schließlich von Salomos Fall nach 1Kön 11,1-13.

Die Erzählung von Salomo und der Königin des Südens ist in der vorliegenden Komposition also zweigeteilt. Während Kap. 19 den Besuch der Königin in eine Szenerie allgemeiner Staatsbesuche einreiht, schildert Kap. 21 die Reaktion der Königin bei der Besichtigung des Tempels.

Kap. 19 ist in V. 1 durch eine lobende Darstellung der Verhältnisse während Salomos Herrschaft eingeleitet. Diese Friedensszene bei der Beschreibung von Salomos Regierungszeit dürfte eine Ausgestaltung von 1Kön 4,20 (Mas.) sein, einer Stelle, die spätestens seit der origenistischen Rezension der LXX in den christlichen Bibeltext eingedrungen ist. Doch muss dieses Motiv nicht zwingend eine direkte kanonische Allusion darstellen, ist es doch auch im Zuge der „rewritten bible" in griechischsprachigem Kontext separat überliefert, etwa bei Jos, Ant 8,38.

19.2.2 Die Könige unterstützen den Tempelbau

V. 2 schildert die Visitation und die Unterstützung des Tempelbaus durch die fremden Könige. Rec B verbindet dies mit der Erfahrung von Salomos Weisheit, die den Königen die Motivation liefert, sich vor Salomo zu beugen. Ansatzpunkt hierfür ist wohl 1Kön 5,14 LXX:

καὶ παρεγίνοντο πάντες οἱ λαοὶ ἀκοῦσαι τῆς σοφίας Σαλωμων, καὶ ἐλάμβανεν δῶρα παρὰ πάντων τῶν βασιλέων τῆς γῆς, ὅσοι ἤκουον τῆς σοφίας αὐτοῦ.

Und alle Völker kamen, um Salomos Weisheit zu vernehmen, und er nahm Geschenke von allen Königen der Erde entgegen, die seiner Weisheit gewahr worden waren.

In V. 2 könnte bei der Aufzählung der Geschenke eine traditionsgeschichtliche Entfaltung der Hiramperikope, die 1Kön 5,14 folgt, eingeflossen sein; dem biblischen Bericht gemäß kauft Salomo Hiram Holz gegen Weizen und Öl ab. Josephus, der in Ap 1,106-111 angeblich aus phönizischen Quellen zitiert, weiß zusätzlich auch von Gold, das Salomo von Hiram erhält, und in der Parallele hierzu in Ant 8,141-143 ist auch noch von Silber als weiterer Beigabe die Rede. Dies zeigt, wie schon in früher Zeit die wertvollen Gaben an den König von der Seite fremder „Kollegen" wuchsen, und TSal 19,2 dürfte dann ein spätes Stadium dieses Wachstumsprozesses sein. In Targum Scheni zu Esther 1,2 wird im Rahmen einer längeren Salomoperikope berichtet, wie alle Könige der Erde sich vor Salomo fürchten und ihm ebenso wie die Dämonen Tribut zahlen.[1] Am Ende der Perikope heisst es:

> Als die Könige des Ostens, des Westens, des Nordens und des Südens davon hörten, da erzitterten sie alle zusammen und kamen von ihren Orten mit großer Ehrerbietung und mit großen Huldigungen und mit Gold, Silber, Edelsteinen und Perlen.

Im Übrigen ist die in diesem Kapitel berichtete Abfolge vom Besuch der Könige und dem der Königin von Saba traditionell vorgegeben. Ein Seitenstück hierzu finden wir im oben schon erwähnten Targum Scheni zu Esther, das die wohl „älteste nachbiblische Quelle für die Erzählung von der Königin von Saba" darstellt,[2] doch schon aufgrund der traditionsgeschichtlichen Übereinstimmungen mit dem TSal auf die Verwendung älterer Traditionen schließen lässt. Dort kommen die Mächtigen der Erde (nebst den Tieren und Dämonen) zu Salomo zum Festmahl, und im Anschluss daran lädt noch der Auerhahn die Königin aus dem Land Saba im Süden ein, die bislang noch nichts von Salomo wusste. Wie auch im TSal ist hier die Abfolge „Besuch der Mächtigen – Besuch der Königin des Südens" erkennbar.

Der Ausdruck „ἀπὸ / ἐκ τῶν περάτων τῆς γῆς" in V. 2 Rec B dürfte eine Allusion an die Perikope von Salomo und der Königin von Saba in Mt 12,42 sein, und hier wird deutlich, dass die Geschichte von der Königin von Saba nach 1Kön 10, die TSal 19,2 folgt, schon mit der Tradition von 1Kön 5,14 verbunden wurde.

19.2.3 Salomo und die Königin des Südens

Die Geschichte von Salomo und der Königin von Saba ist in jüdischer, christlicher, äthiopischer und islamischer Tradition breit entfaltet[3] und ist als Gründungsmythos des Staates Äthiopien bis in die Moderne noch konstitutiv.[4] In diesem Kapitel geht es hauptsächlich um folgende Traditionsteile: Die Königin des Südens ist eine „Hexe", ist anfangs hochmütig, beugt sich aber Salomo bei ihrem Besuch und prüft seine Weisheit (Rec B).

---

1   Übersetzung der einschlägigen Stelle bei Ego, 1996, 67 und Kommentar a.a.O., 155ff; vgl. auch Grossfeld, 1991, 115ff (engl. Übersetzung mit Kommentar).

2   Ego, 1996, 170; Ego datiert nach ausführlicher Diskussion der disparaten Forschungsmeinungen Targ Scheni ins 7./8. nachchristliche Jahrhundert, vgl. a.a.O., 21ff.

3   Klassisch hierzu der Sammelband von Pritchard, 1974. Vgl. auch die oft allgemein gehaltene Darstellung nach Beyer, 1992².

4   Vgl. zur Rezeption dieser Tradition in der Verfassungsgeschichte von Äthiopien Ullendorff, 1974, 105. Allerdings ist Salomo nicht nur mythischer Vorfahre des Königshauses von Äthiopien, sondern gilt in jüdischer Tradition auch als Vorfahre Nebukadnezars, vgl. Silberman, 1974, 77.

Im vorliegenden Kapitel in V. 3, ist der Besuch der Königin von Saba in Jerusalem nach 1Kön 10,1-4a par 2Chron 9,1-3a ausgestaltet. Ihre Visitation des
Tempels in 1Kön 10,4bff par 2Chron 9,3bff wird in Kapitel 21 thematisiert. In
V. 3 wird sie „Königin des Südens" genannt, und führt nur in Rec A (wie auch
dort in Kap. 21) „Saba" als Eigennamen.[5] Als „βασίλισσα νότου" wird sie mit
den Worten der Q-Tradition (Mt 12,41 par Lk 11,31) gezeichnet. Sowohl die
Geschenke, die sie bringt, als auch die Prüfung von Salomos Weisheit (besonders in Rec B) sind biblische Traditionselemente, die im TSal entfaltet werden;
letztere Frage nach der Weisheit etwa bezieht sich im Targ Scheni zu Esther 1,2
auf Rätselfragen, die dort breit ausgestaltet sind. In Kebra Nagast 25 kommt
die Königin zu Salomo, der gerade mit dem Tempelbau beschäftigt ist und
gerade dort seiner Weisheit kund tut: „Auch von der Sprache der Tiere von
Vögel war ihm nichts verborgen, und auch die Dämonen bezwang er mit
seiner Weisheit".[6]

Die Bezeichnung der Königin als „γόης" in V. 3 ist ungewöhnlich, kann
aber in Beziehung gebracht werden mit der verbreiteten Darstellung der Königin als Dämonin. Belege hierfür begegnen uns etwa in der jüdischen Ausgestaltung der Hiobtradition. Lebt Hiob in GenR 57 „in den Tagen der Königin
von Saba", so wird in Targum Hiob 1,15 „Lilith, die Königin von Smaragd"
genannt; möglicherweise erfolgte hier eine Gleichsetzung von שבא, Saba, mit
שבו, einem wertvollen Steine in Ex 28,19 auf der Brustplatte des Hoheprie-
sters.[7] Damit wäre dann die „Königin von Saba" als Lilith dämonisiert.

In späteren orientalischen Traditionen finden sich Spuren davon; so ist in
der von E. Littmann herausgegebenen äthiopischen Legende von der Königin
von Saba[8] in V. 7 die Rede davon, dass die Königin während eines Drachen-
kampfes Eselsbeine bekommt; dadurch erhält die Königin Elemente der Dämonin Onoskelis, die ja auch, wie schon in TSal 4, eine Lilithfigur darstellt
(Salomo verwandelt in V. 14 die Eselsbeine in normale Menschenbeine, und
dies könnte ein späterer Reflex auf eine ursprüngliche Exorzismuserzählung
sein). In Targum Scheni zu Esther 1,2 hat die Königin behaarte Beine, und auch
die Notiz im Koran in Sure 27,44, wo die Königin ihre Schenkel entblößt,
könnte ein Traditionsrelikt ihrer Eselsbeinigkeit darstellen.[9]

Die Darstellung der Königin als eine „Lilith"-Dämonin war demnach verbreitet, und darauf spielt wohl auch die Bezeichnung „Hexe" in V. 3 an. Darüber hinaus ist es wohl genau diese dämonische Darstellung der Königin, die

---

5 Die Königin führt in der Tradition verschiedene Namen, vgl. Krauss, 1902, 198f.

6 Bezold, 1905, 15.

7 Vgl. Silberman, 1974, 67, der in a.a.O., 78ff weitere mittelalterliche und frühneuzeitliche
   jüdische Quellen zur Gleichsetzung von Lilith mit der Königin von Saba angibt.

8 Littmann, 1904.

9 Zu späteren jüdischen und islamischen Quellen zu den behaarten Beinen/Eselsbeinen der
   Königin vgl. Beyer, 1992², 43ff. 85ff.

dazu beitrug, dass die Geschichte von der Königin des Südens überhaupt ins TSal aufgenommen wurde.

Der Hochmut der Königin in V. 3 wird motivgeschichtlich an 1Kön 10,7 ansetzen: Die Königin will die Berichte über Salomos Weisheit zunächst nicht glauben, wird aber dann eines Besseren belehrt. Die Bekehrung der Königin, im biblischen Bericht lediglich als Überzeugtwerden von Salomos Weisheit, wird in der Wirkungsgeschichte als religiöse Bekehrung umgedeutet. Im Koran will Salomo in Sure 27,41 sehen, ob die Königin dem rechten Weg folgt oder nicht. In V. 43 hält er sie von der Verehrung falscher Götter ab. In der äthiopischen Kebra Nagast 28 hört die Königin auf, die Sonne anzubeten und huldigt dem Gott Israels, ebenso im Targum Scheni zu Esther 1,2.

Diese Beispiele zeigen, dass die Bekehrung der Königin traditionell vorgegeben ist und auch ins TSal aufgenommen wurde. Damit wird im Rahmen der Gesamtkomposition nach dem langen Befragungsteil (TSal 3-18) ein zum Exorzismus alternativer Modus der Unterwerfung einer dämonischen Gestalt geschildert: Die freiwillige Kapitulation Salomo gegenüber. In Rec B ist dies durch die Anerkennung von Salomos Weisheit begründet: Die „Königin des Südens", die in der Tradition deutlich dämonische Züge trägt, wird von Salomo nicht exorkisiert, sondern unterwirft sich ihm freiwillig.

20 Kapitel XX: Der Greis und sein Sohn

20.1 Übersetzung

^{Mss HPN, Recc AB:} 1. Und siehe, einer der Arbeiter, ein Greis, warf sich vor mir nieder und sprach: „König Salomo, Sohn Davids, erbarme dich meiner, ich bin ein alter Mann!" Ich sprach zu ihm: „Sag an, Alter, was willst du?"

2. Er aber antwortete: „Ich bitte dich um folgendes, König. Ich habe einen einzigen Sohn, der fügt mir täglich schwere Misshandlungen zu, er schlägt mich ins Gesicht und auf den Kopf und droht mir mit einem grausamen Tod. Darum komme ich mit der Bitte um Gnade vor dich, damit du mir Recht verschaffst."

3. Als ich dies hörte, befahl ich, seinen Sohn vor mich zu bringen. Als er gekommen war ^{Rec A:} SPRACH ICH ZU IHM: „VERHÄLTST DU DICH TATSÄCHLICH SO?" ^{Rec B:} *fragte ich ihn, ob es sich so verhielte.*

4. ^{Rec A:} ER ABER ANTWORTETE: „ICH WÄRE DOCH VON WAHNSINN ERFÜLLT, WENN ICH MEINE HAND GEGEN MEINEN VATER HEBEN WÜRDE. SEI MIR GNÄDIG, O KÖNIG. ES IST DOCH WIRKLICH UNGERECHT, AUF SO EINE GESCHICHTE UND BESCHWERDE ZU HÖREN." ^{Rec B:} *Der Jüngling antwortete: „Mit derartigem Wahnsinn bin ich wohl nicht erfüllt, dass ich meinen eigenen Vater mit der Hand schlagen würde! Sei mir gnädig, König. Solche Unmöglichkeiten habe ich Unglücksmensch nie gewagt."*

5. Als ich, Salomo, den Jüngling hörte, ermahnte ich den Alten, er solle zur Besinnung kommen. Er aber wollte nicht sondern sagte: „Bring ihn zu Tode!"

6. ^{+Rec B:} *Da sich der Alte nicht überzeugen ließ, wollte ich gegen den Jüngling ein Strafurteil fällen, und* ^{Recc AB} da sah ich Ornias, den Dämon, wie er lachte. Ich wurde sehr zornig, weil er in meiner Gegenwart lachte; so schickte ich ^{Rec A:} IHN ^{Rec B:} *sie* hinaus, befahl Ornias näherzutreten und sprach zu ihm: „Verfluchter, was lachst du mich aus?"

7. Er aber sagte: „Ich bitte dich, König. Ich lache nicht wegen dir, sondern wegen des elenden Greises und des bejammernswerten Jünglings, der sein Sohn ist. Denn in drei Tagen wird er ^{+Rec B:} *zur Unzeit* sterben, und siehe, der Alte will ihn jetzt noch in böser Weise weg haben."

8. ^{Rec A:} DA SAGTE ICH ZU IHM: „VERHÄLT ES SICH DENN WIRKLICH SO?", UND DER DÄMON ANTWORTETE: „JA, O KÖNIG." ^{Rec B:} *Als ich, Salomo, dies hörte, sprach ich zum Dämon: „Ist das wahr, was du sagst?", er aber antwortete: „Es ist wahr, o König".*

9. Da befahl ich, dass der Dämon wegtreten und der Alte sowie dieser Jüngling kommen sollten und legte ihnen nahe, sie sollten ^{Rec A:} SICH VERSÖHNEN ^{Rec B:} *sich versöhnlich zeigen und gab ihnen das zum Unterhalt Notwendige.*

10. ^{MSS HPQN1, Recc AB:} Und ich sprach zu dem Alten: „Bring mir nach drei Tagen deinen Sohn wieder hier her." Sie aber bezeugten ihre Ehrerbietung und gingen weg.

11. Und ich befahl, Ornias wieder zu mir zu bringen und sprach zu ihm: „Sag mir, woher du das weißt ^{+Rec A:}, DASS DER JUNGE BINNEN DREI TAGEN STIRBT?"

12. Er aber antwortete: „Wir Dämonen steigen empor zum Himmelsfirmament und fliegen mitten durch die Sterne. Da hören wir die Urteile, die von Gott über die Seelen der Menschen ausgehen.

13. Und ^{+Rec B:} *im Übrigen* kommen wir, verkleidet in Machttat, Feuer und Schwert ^{+Rec B:} *oder Unfall* und vernichten ^{+Rec B:} *Und wenn einer umgekommen ist, sei es zur Unzeit oder durch irgendeine Gewaltanwendung, dann verwandeln wir Dämonen uns und geben vor, der Verstorbene zu sein,*[2] *so dass wir den Menschen erscheinen und sie uns fürchten.*

14. ^{+Rec B:} *Als ich dies hörte, pries ich Gott, den Herrn* und ich fragte ihn: „Sag mir nun, wie ihr, die ihr Dämonen seid, in den Himmel aufsteigen ^{+Rec B:} *und euch unter die Sterne und die heiligen Engel mischen* könnt."

15. Er antwortete mir: ^{Rec A:} „WAS AUCH IMMER IM HIMMEL GESCHIEHT, GESCHIEHT AUCH AUF DER ERDE; SO SCHWEBEN OBEN DIE HERRSCHAFTEN, MÄCHTE UND GEWALTEN UND SIND [ALLEIN] WÜRDIG, IN DEN HIMMEL EINZUTRETEN." ^{Rec B:} *„Was auch immer im Himmel geschieht, hat auch auf der Erde seine Nachbildungen; so gibt es denn auch Herrschaften, Mächte und Weltenherrscher. Wir Dämonen schweben nämlich in der Luft und hören von den Himmlischen die Stimmen und sehen ihre Macht."*

16. ^{Rec A:} ABER WIR DÄMONEN WERDEN MÜDE, WEIL WIR KEINE STÄTTE ZUM NIEDERLASSEN UND AUSRUHEN HABEN, ^{Rec B:} *Und wir ermatten, weil wir keine Stätte zum Ausruhen haben,* ^{Recc AB:} und so fallen wir wie Blätter von den Bäumen. Wenn dies Menschen sehen, so meinen sie, dass es sich um Sterne handelt, die vom Himmel fallen.

17. So ist es aber nicht, König, sondern wir fallen aufgrund unserer Schwäche und weil wir nirgends Halt finden; so fallen wir ^{+Rec B:} *zur Unzeit und plötzlich* wie Blitze auf die Erde herab, brennen Städte nieder und stecken Äcker an. Die Sterne ^{+Rec A:} DES HIMMELS aber sind am ^{Rec A:} FIRMAMENT ^{Rec B:} *Himmel wie auch Sonne und Mond* befestigt.

18. Als ich, Salomo, dies hörte, befahl ich, den Dämon für fünf Tage einzusperren.

---

1   Hier setzt Ms Q (Rec B) nach der Lücke 3,1-20,9 wieder ein.
2   Mss Q,N: μεταμορφούμεθα ἡμεῖς οἱ δαίμονες εἰς τὸ ὄνομα τοῦ τεθνεότος.

19. Nach den fünf Tagen befahl ich den Greis herbei ^Rec A:, DER ABER WOLLTE NICHT KOMMEN. ALS ER DANN KAM, SAH ICH, DASS ER BETRÜBT UND TRAURIG WAR. ^Rec B: *und wollte ihn befragen. Da kam der Mensch in Trauer und betrübten Gesichts zu mir.*

20. Und ich sprach zu ihm: „^Rec A: GREIS, ^Rec B: *Sprich, Alter,* wo ist dein Sohn?" ^+Rec B: *und was ist das für eine Haltung?* Er aber antwortete: „^+Rec B: *Siehe,* ich bin kinderlos geworden, ^+Rec A: O KÖNIG, und ^Rec A: WACHE ^Rec B: *sitze* ohne Hoffnung an des Sohnes Grab. ^+Rec B: *Es sind nämlich schon zwei Tage, dass er verstorben ist.*

21. Als ich, Salomo, dies hörte, wusste ich, dass das, was mir der Dämon Ornias gesagt hatte, der Wahrheit entsprach. Da lobte ich den Gott ^Rec A: DES HIMMELS UND DER ERDE ^Rec B: *Israels.*

20.2 Kommentar

20.2.1 Die Szene

Die Begebenheit von Salomo und der Auseinandersetzung zwischen dem alten Mann und seinem Sohn unterbricht die Erzählung von Salomo und der Königin des Südens. Rein kompositorisch könnte die Szene als Beispiel für Salomos (richterliche) Weisheit eingeschoben sein, zumal in Kap. 21,1 die Reaktion der Königin auf die erzählten Ereignisse geschildert wird. Doch darüber hinaus hat Kap. 20 die Funktion, das Vorwissen der Dämonen erzählerisch aufzubereiten.

Das Kapitel ist thematisch gut einteilbar: Ein erster Abschnitt (1-5) berichtet vom Streit zwischen Vater und Sohn und stellt die Positionen der Kontrahenten in einer Gerichtsszenerie dar: Die Vater behauptet, dass sein Sohn ihn schlüge (was nach Ex 21,15 ein todeswürdiges Vergehen darstellt), und der Sohn streitet dies vehement ab. Diese Auseinandersetzung zwischen Vater und Sohn, zu der unten ein traditionsgeschichtliches Seitenstück referiert wird, bildet die Rahmenhandlung zu einem mittleren Abschnitt (6-18):

Hier wird ausführlich die Unterhaltung zwischen Salomo und dem Dämon Ornias behandelt; das Lachen des Dämons befremdet den König, was den Anlass für detaillierte Ausführungen über das Vorwissen der Dämonen gibt. Schon der Umfang dieses Mittelteils weist darauf hin, dass hier der erzählerische Focus liegt.

In diese Szene eingefügt sind die Verse 9f, die im Erzählduktus retardierende Funktion haben und auf der Erzählebene die Voraussetzung dafür liefern, dass der Wahrheitsgehalt des von dem Dämon Geäußerten bewiesen werden kann.

Der letzte Abschnitt (19-21) zeigt, dass der Dämon die Wahrheit gesprochen hatte. Dabei ist auffällig, dass von dem Streit, der den Auftakt zu den

Ausführungen des Dämons bildete, nicht mehr die Rede ist; dieser ist erzähle-risches Mittel um zu zeigen, dass weder Vater noch Sohn im entferntesten an den Tod des Jünglings denken und stellt damit die menschliche Unwissenheit über die Geschehnisse in der nahen Zukunft einerseits und das Vorwissen der Dämonen andererseits heraus.

20.2.2 Vater und Sohn vor Salomo

Die in TSal 20 geschilderte Auseinandersetzung zwischen Vater und Sohn vor Salomo hat ein ausgestaltetes Seitenstück in einer syrisch erhaltenen Marienle-gende,[3] die als Rede des Apostels Paulus gestaltet ist. Der Anfang des Textes ist nicht erhalten, und das Fragment setzt ein bei der Unterhaltung des Sohnes mit dem Vater, nachdem die beiden bei Salomo waren. Der Sohn fürchtet um seinen Tod und bittet den Vater, dieser möge einen Teil der Besitztümer dem-jenigen Dämon anbieten, der die Seele des Jungen heimsucht; der Vater bietet zunächst die Hälfte des Besitzes an, doch die Situation des Jungen verschlech-tert sich; auch als der Vater nun allen Besitz anbietet, verschlimmert sich der Zustand des Jungen, und in der Sterbestunde bittet er den Vater, allen Besitz nicht dem Dämon, sondern den Bedürftigen zu vermachen.

Ob diese Unterhaltung zur Tradition gehört oder in „Obsequies of the Holy Virgin" redaktionell eingefügt wurde, ist nicht zu entscheiden; auch wenn sie traditionell vorgegeben war, so wäre ihre Auslassung in TSal leicht erklärbar, da dort die Geschichte ganz aus der Perspektive Salomos erzählt wird und die oben wiedergegebene Unterhaltung nur das Verhältnis zwischen Vater und Sohn tangiert und nichts mit Salomo zu tun hat.

In den weiteren Zügen ist „Obsequies" mit TSal sehr ähnlich; ein Vergleich von TSal 20 mit der syrischen Marienlegende lassen die traditionellen Züge der Geschichte erahnen:

– Ein Streit zwischen Vater und Sohn wird vor Salomo ausgetragen. Damit wird Salomo – ganz in der Folge von 1Kön 3 – als weiser Richter bemüht.

– Der Sinneswandel des Vaters: Der eigentliche Streitanlass bleibt auch in der ausgestalteten Fassung in TSal 20 ungeklärt. Hat der Sohn nun wirklich Hand gegen den Vater erhoben oder nicht? Wir haben lediglich die End-stufe der Eskalation vor uns, die Todesforderung des Vaters (TSal 20,5), wohl in Bezug zu Ex 21,15. Dieses Missverhältnis zwischen Vater und Sohn wird durchbrochen durch den plötzlichen Tod des Jungen. Damit steht ein Sinneswandel des Vaters durch den Verlust des Sohnes am Ende.

---

3 Schon bei James, 1899, wurde auf die von Wright, 1865 edierte und übersetzte syrische „Obsequies of the Holy Virgin" hingewiesen.

– Die von Salomo gesetzte Frist: Es ist in „Obsequies" von einer Abmachung die Rede, dass Vater und Sohn nach sieben Tagen (TSal: drei Tage) wieder zum König kommen sollten. Der König schickt – wie auch in TSal – zwei Tage nach Ablauf der Frist zu ihnen, doch nur der Vater erscheint und berichtet vom Tod des Sohnes.

– Das Werk der Dämonen: In beiden Geschichten, in TSal 20 und der syrischen Marienlegende, sind Dämonen am Werk. Ornias als spezieller Dämon ist in TSal 20 sicherlich redaktionell eingefügt, als Leseverweis auf die ersten Kapitel. Er ist auch nur der Überbringer wahrer Nachrichten, während in „Obsequies" wohl auch Dämonen am Tod des Sohnes Schuld sind – sonst würde der Vater wohl kaum, wie oben geschildert, seine Besitztümer einem Dämon anbieten.

– Der Spott der Dämonen: In „Obsequies" zitiert Salomo in diesem Zusammenhang ein Sprichwort, nachdem die Dämonen Menschen verspotteten. Dies ist in TSal 20 durch das Motiv des lachenden Ornias ebenso aufgenommen und breit ausgestaltet.

– Das wahre Wissen der Dämonen: Als Salomo von dem Vater die Begebenheit erfährt, äußert er, dass die bösen Geister um das Zukünftige wüssten. Dieses Thema wird demnach in „Obsequies" und TSal erwähnt, ist demnach Bestandteil der Tradition und in TSal 20 redaktionell in V. 12ff erweitert.

20.2.3 Die Dämonologie in TSal 20

Das in den Versen 1-6 aufgenommene Traditionsstück bildet den erzählerischen Auftakt zu einer ausgeprägten dämonologischen Sequenz. Der „Spott der Dämonen", wohl noch Element der Tradition von der Auseinandersetzung zwischen Vater und Sohn, wird hier auf Ornias verlagert und bildet die Brücke zur anschließenden Unterhaltung zwischen Salomo und dem Dämon über das Vorwissen der Dämonen. Dieses Thema ist im TSal schon an mehreren Stellen angeklungen (5,12; 12,3f; 15, 8-12; 17,4), wird allerdings hier in Kap. 20 erstmals ausführlich und „theoretisch" behandelt. Gewährsmann für die Darstellung ist Ornias, mit dessen Wirken in Kap. 1 die Erzählung begonnen hatte. Der Wahrheitsbeweis für seine Aussagen wird auf der Erzählebene innerhalb der Tradition von Vater und Sohn gegeben: Dadurch, dass in den Versen 19-21 der Sohn tatsächlich gestorben und damit die Prophezeiung des Ornias eingetroffen ist, sind dem Leser auch die theoretischen Aussagen zum Vorwissen der Dämonen plausibel.

Die Voraussetzungen für das Vorwissen der Dämonen wird im vorliegenden Kapitel in V. 15 dargelegt: Die irdischen Geschehnisse sind Abbilder der himmlischen. In jüdischer Tradition ist die Dependenz von oberer und unterer

Welt vielfältig ausgeprägt;[4] als Beispiel kann auf die Himmelskämpfe verwiesen werden, die in Dan 10,13.20; 2Makk 5,1-4; Sib 3,796ff oder Jos Bell 6,297ff irdische Schlachten vorwegnehmen.

Dass diese himmlischen Dinge von Dämonen den Menschen vermittelt werden, kann sich auf eine breite Traditionsgrundlage berufen und ist zentrales Thema etwa von Plutarchs Def orac oder Augustins De divinatione daemonum. Als traditionsgeschichtlicher Hintergrund wäre hier von paganer Seite die nachplatonische Diskussion zu Platos Symp 202E und die „Mittlerstellung" der Dämonen zu nennen, in jüdischer Tradition kann das Vorwissen der Dämonen aus der Wirkungsgeschichte von Gen 6,1-4 abgeleitet werden, denn beispielsweise in äHen 8,3 gehören Stern- und Zeichendeutung zu den Dingen, die die gefallenen Engel an die Menschen verraten haben,[5] was in christlichem Kontext Clem Alex in den Eclog proph 54,3 explizit vermerkt. In bGit 68a ist die Vermittlung himmlischer Dinge auf die Erde im Zusammenhang einer Salomoerzählung auch von Asmodeus erwähnt, der, in einem Brunnen wohnend, täglich nach oben steigt und das himmlische Kollegium als auch herabsteigend das irdische besucht und darum ein Vorwissen über das Geschick der Menschen hat. Tertullian führt in Apol 22,10f diese Tradition folgendermaßen aus:

> habentes [sc.: daimones] de incolatu aeris et de vicinia siderum et de commercio nubium caelestes sapere paraturas, ut et pluvias, quas iam sentiunt, repromittant.

> Sie [sc.: die Dämonen] haben durch ihr Wohnen in der Luft, durch ihre Nachbarschaft zu den Gestirnen und durch ihre Verbindung mit den Wolken die Möglichkeit, zu wittern, was am Himmel sich vorbereitet, so dass sie auch Regenfälle, die sie bereits spüren, verheißen können.[6]

Demnach ist das Vorwissen der Dämonen Konsequenz ihrer Eigenschaft als Zwischenwesen, sie haben näheren Kontakt zur himmlischen Welt, wie es in V. 12 vorausgesetzt wird. Dabei ist ihre Funktion ausschließlich auf die Vermittlung des göttlichen Ratschlusses beschränkt, sie wirken nicht bei der Entscheidung über die Menschen mit.

Die Ausführungen in den Versen 13-17 machen auf mehreren Ebenen deutlich, dass die Dämonen nicht von Gott zur Vermittlung der himmlischen Ratschlüsse beauftragt sind, also keine „ἄγγελοι" im Wortsinne darstellen. Sie nützen im Gegenteil in V. 13 ihr Wissen zum Schaden der Menschen aus. Rec B schlägt hier mit der Anspielung auf die „νεκυδαίμονες", die Totengeister, eine Brücke zur Vorstellungswelt in Kap. 17.

---

4 Ego, 1989, 118 nennt in ihrer einschlägigen Studie im Zusammenhang mit TSal 20,15 AscJes 7,10 („alles, was es oben gibt, gibt es auch unten") als frühen Beleg.

5 Vgl. Hengel, 1988³, 438.

6 Text und Übersetzung nach Becker, 1992⁴, 142f.

In 14-17 wird die „Schwäche der Dämonen" breit ausgeführt: Die Dämonen haben im Himmel keinen ureigenen Ort, können sich darum nur mit Mühe halten und fallen zur Erde. Die Metapher „wie Blätter fallen" ist in Prov 11,14 als Metapher für ratlose Menschen vorgeprägt und auch in apokalyptischer Tradition im Töpferorakel in pejorativem Bild für die Fremdvölker gebraucht.[7] Auffällig ist bei der Darstellung vom Dämonenfall die metaphorische Nähe zur neutestamentlichen apokalyptischen Tradition. Die Dämonen haben „keinen Ort" im Himmel wie der Satan und seine Engel in Apk 12,8; der Dämonenfall wird in V. 16f von den Menschen als astrale Erscheinung wahrgenommen (in V. 17 als Blitz) wie auch der Satansfall in Lk 10,18 oder der Engel in Mt 28,3.

---

7   Text des „Töpferorakels" bei Koenen, 1968, 205. 207. Zur Tradition „wie Blätter fallen": vgl. Busch, 1996, 138ff.

21 Kapitel XXI: Die Königin visitiert den Tempel

21.1 Übersetzung

Mss HPQN = Recc AB: 1. Und +Rec A: SABA, die Königin des Südens, geriet in Erstaunen, als sie den Tempel +Rec B: *des Herrn* sah, Rec A: DEN ICH BAUTE Rec B: *der gebaut wurde* +Rec B: *und lobte den Gott Israels* und gab dafür zehntausend Schekel aus +Rec B: *Gold und Silber und erlesenem* Recc AB: Kupfer.

2. Und sie betrat den Tempel und sah den Altar und Rec A: DIE CHERUBIM UND SERAPHIM, DIE DEN SÜHNEDECKEL BEWACHTEN Rec B: *die ehernen Tragestangen des Altars,* ebenso die Rec A: ZWEIHUNDERT Steine der Leuchter, die in den unterschiedlichsten Farben funkelten, Leuchter mit Smaragden, Hyazinthsteinen und Saphiren.

3. Und sie sah die Geräte aus Silber, Kupfer und Gold +Rec B: *und aus Holz und die purpurnen Decken aus Häuten,* auch die Säulenbasen +Rec B: *im Tempel des Herrn,* die wie ehernes Kettengeflecht gearbeitet waren. Und sie sah das „eherne Meer", das mit den Rec A: SECHSUNDDREIßIG Rec B: *sechzehn* Stieren in einer Reihe war.

4. Und Rec A: ALLE WAREN IM HEILIGTUM GOTTES AN DER ARBEIT [... LÜCKE...][1], FÜR DEN LOHN VON EINEM GOLDTALENT, MIT AUSNAHME DER DÄMONEN. Rec B: *Es waren die Arbeiter im Tempel des Herrn alle für ein Goldstück tätig, mit Ausnahme der Dämonen, die ich zum Arbeiten verurteilt hatte. Und Friede herrschte rund um mein Königtum auf der ganzen Erde.*

21.2 Kommentar

21.2.1 Die Szene

Die Visitation des Tempels durch die Königin ist den biblischen Berichten vom Tempelbau in 2Chron 3f und 1Kön 6f nachgebildet, wobei noch Elemente der Bundeslade aus Ex 38 LXX (Ex 37 Mas) eingeflossen sind. Die Reaktion auf das Gesehene ist der Szene in V. 1 proleptisch vorweggenommen. In der „Grundschrift" bestand diese wohl aus einer finanziellen Unterstützung, Rec B fügte

---

1 McCown zum einzigen Textzeugen dieser Stelle, Ms H: „textum depravatum enodari non potui".

dann wohl noch die Hinwendung der fremden Königin an den Gott Israels hinzu.

Durch diese Prolepse wird der Erzählfocus deutlich von der Königin weggenommen und auf die Ausgestaltung des Tempels selbst konzentriert. Die Szene endet schließlich mit einem Summarium, das als Abschluss des gesamten Verhörteils Kap. 3-18 gewertet werden könnte: Alle arbeiten am Tempel, Menschen und Dämonen. Dies ist ein gewichtiges Argument dafür, dass Kap. 19 und 21 ursprünglich eine Einheit zum Abschluss der Befragungsszene 3-18 darstellten, die nachträglich (allerdings schon in der „Grundschrift") durch die in Kap. 20 erzählte Geschichte gestört wurde.

Die Szene endet mit einer Erwähnung der Lohnzahlungen am Tempelbau an die Mitarbeiter. Der Lohn von einem Goldstück erscheint – etwa im Vergleich zum notierten Lohn von einem Silberdenar der „Arbeiter im Weinberg", Mt 20, der den christlichen Trägergruppen schon der „Grundschrift" sicherlich geläufig gewesen war, als überaus reichhaltig und steht in direktem Zusammenhang mit der Ausmalung der Friedensszene, die in Rec B explizit notiert ist.

21.2.2 Die Visitation des Tempels als „rewritten bible"

Die eigentliche Visitation des Tempels ist durch die Tradition nicht eindeutig vorgeprägt. In 1Kön 10,4 par 2Chron 9,3 sieht die Königin das „Haus, das er gebaut hatte", und dies wird in späterer Tradition als Besichtigung seines Palastes entfaltet, wie beispielsweise bei Jos Ant 8,168ff oder in Targum Scheni zu Esther 1,2:

> Targum Scheni zu Esther 1,2:[2] Und er führte sie mitten in den Palast im Hause seiner Königsherrschaft, und [als] die Königin von Saba die Pracht und die Herrlichkeit des Königs Salomo sah, pries sie den, der ihn erschaffen hatte, und sprach: „,gepriesen sei der Herr, dein Gott', der an dir Wohlgefallen hatte und dich auf den Thron deiner Königsherrschaft setzte, ... damit du Gerechtigkeit und Recht übst." Und sie gab dem König sehr viel kostbares Gold und der König gab ihr alles, was sie wollte.

In TSal 21 besucht die Königin nun ausdrücklich den Tempel und nicht den Palast, doch mit dem gleichen Impetus wie beim Palastbesuch wie bei Josephus und in Targum Scheni: Die Königin lobt aufgrund des Gesehenen explizit den Gott Israels und unterstützt den Bau durch finanzielle Zuwendung.

In V. 2 betritt die Königin den Tempel. Ihr Blick fällt zunächst auf den Altar, und dies dürfte ein deutlich kontextualisiertes Element aus byzantinischer Zeit darstellen, befindet sich doch bei antiken Tempeln der Opferaltar außer-

---

2   Übersetzung nach Ego, 1996, 77.

halb des Gebäudes, bei Kirchen jedoch in Fluchtlinie zum Eingang innerhalb. Hier fließen Eindrücke einer christlichen Kirche mit ein. Wie aus dem weiteren Kontext deutlich wird, scheint der „Altar" aber die „Bundeslade" zu bezeichnen, da die folgenden Elemente, obwohl in Rec A (Cheruben und Seraphen, die den Sühnedeckel bewachen) und Rec B (Stangen) unterschiedlich, sich auf Elemente der Lade nach Ex 38 beziehen. Die Cheruben und Seraphen, die laut Rec A den Sühnedeckel bewachen, sind eine Allusion an Ex 38,5-8 LXX, wo zwei Cheruben auf den Ecken des Sühnedeckels stehen:

καὶ ἐποίησεν τὸ ἱλαστήριον ἐπάνωθεν τῆς κιβωτοῦ ἐκ χρυσίου καὶ τοὺς δύο χερουβιμ χρυσοῦς, χερουβ ἕνα ἐπὶ τὸ ἄκρον τοῦ ἱλαστηρίου τὸ ἓν καὶ χερουβ ἕνα ἐπὶ τὸ ἄκρον τὸ δεύτερον τοῦ ἱλαστηρίου, σκιάζοντα ταῖς πτέρυξιν αὐτῶν ἐπὶ τὸ ἱλαστήριον

Und er machte den Sühnedeckel auf der Lade aus Gold und die beiden goldenen Cheruben, einen Cherub an einer Seite des Sühnedeckels und einen Cherub auf der anderen Seite des Sühnedeckels, und sie waren auf dem Sühnedeckel und bedeckten ihn mit ihren Flügeln.

Die Wendung in V. 2, wonach Cheruben und Seraphen „κατασκιάζοντα τὸ ἱλαστήριον", wird sich an Ex 38,5 LXX anlehnen, womöglich in der Ausprägung von der mit TSal 21,2 lexikalisch identischen Ausformung in Hebr 9,5.

Auch die „ehernen Tragestangen des Altars" in Rec B dürften sich auf die Lade beziehen, und zwar auf die ἀναφορεῖς, die nach Ex 25,13 und 38,4f LXX mit Gold überzogen waren und die Lade trugen. Sie werden in 2Chron 5,8f bei der Ausgestaltung des salomonischen Tempels mit erwähnt. Ebenso sind in Ex 35,12a LXX bei den Angaben zur Ausgestaltung der Stiftshütte „λίθοι τῆς σμαράγδου" erwähnt.

Die „βάσεις τῶν κιόνων" mit dem ehernen Kettengeflecht erinnern an die Säulenknäufe mit dem kettenartigen Gitterwerk in 1Kön 7,15-22; 2Chron 3,16; 5,12f und das „eherne Meer" an 1Kön 7,23 par 2Chron 4,2. Die Zahl der Stiere variiert in den einzelnen Rezensionen, in 1Kön 7,23-26 par 2Chron 4,4 sind es deren 12.

Fazit: Bei der Darstellung dessen, was die Königin des Südens vom Tempel zu sehen bekommt, orientiert sich schon die „Grundschrift" an der biblischen Vorlage für die Stiftshütte und den Tempel und kombiniert diese Elemente teilweise neu. Wir können darum bei dieser Szenerie von einer „biblischen Nacherzählung" ausgehen.

22 Kapitel XXII: Salomo lässt Ephippas fangen

22.1 Übersetzung

^{Mss HQPN = Recc AB:} 1. Der König von Arabien, Adarkes, schickte einen Brief, der folgendermaßen lautete:

„Der König von Arabien, Adarkes, grüßt König Salomo. Siehe, wir haben ^{+Rec B:} *wie es auch in alle Länder der Erde vorgedrungen ist*, von der dir gegebenen Weisheit vernommen und dass ^{Rec A:} DIR ALS MENSCH VOM HERRN DIE KENNTNIS VON ALLEM IN DER LUFT UND UNTER DER ERDE BEFINDLICHEM GEGEBEN WURDE. ^{Rec B:} *du als barmherziger Mensch zu Gott stehst; dir wurde die Kenntnis aller Geister, sowohl derer der Luft als auch über und unter der Erde gegeben.*

2. Nun gibt es einen Geist in Arabien. Am Morgen kommt nämlich ein Luftzug ^{Rec A:} BIS ZUR DRITTEN STUNDE ^{Rec B:} *drei Stunden lang* auf, und dieser sein furchtbarer ^{+ Rec B:} *und verderblicher* Hauch tötet Mensch und Vieh; nichts, das Atem hat ^{+Rec B:} *auf der Erde*, kann vor diesem Dämon überleben.

3. Ich bitte dich nun, ^{Rec A:} MIR MITZUTEILEN, WAS FÜR EIN WIND DER GEIST IST ^{Rec B:} *da auch der Geist wie ein Wind ist: Denke dir etwas gemäß der dir vom Herrn, deinem Gott gegebenen Weisheit aus; dann sei so freundlich und sende uns jemanden, der ihn greifen kann.*

4. Und siehe, dann werden wir die Deinen sein, König Salomo, ich und mein ganzes Volk und mein ganzes Land ^{+Rec B:} *bis zum Tod*; ganz Arabien wird befriedet sein, wenn du hier für Recht und Ordnung sorgst.

5. So bitten wir dich: Übergehe unsere Bitte nicht ^{Rec A:} UND WERDE UNSER HERR FÜR ALLE ZEIT ^{Rec B:} *und lass dies verwüstete und dir unterworfene und untergebene Gebiet nicht untergehen, denn wir wollen deine Untertanen sein, ich und mein Volk und mein ganzes Land. Lebe wohl, mein Herr, für immer."*

6. Nachdem ich, Salomo, dieses Brief gelesen hatte, faltete ich ihn und gab ihn meinem Diener und sagte ihm: „In sieben Tagen wirst du mich wieder an diesen Brief erinnern."

7. ^{+Rec B:} *Jerusalem war inzwischen ausgebaut, und auch der Tempel stand kurz vor der Vollendung.*[1] Es gab nur noch einen großen ^{+Rec B:} *auserlesenen* Schlussstein, den ich in die Deckengewölbespitzen fügen wollte, um damit den Tempel Gottes zu vollenden.

---

1   Dieser Satz ist in Ms N (Rec B) omittiert.

8. Alle Arbeiter und alle Dämonen, die Hand in Hand arbeiteten, kamen, um den Stein gemeinsam zu heben und auf den Tempelgiebel zu setzen – doch sie waren nicht kräftig genug, ihn zu heben +Rec B: *oder gar als Eckstein zu verlegen, denn jener Stein war über die Maßen groß und wie geschaffen, ihn als Eckstein zu setzen.*

9. Nach sieben Tagen nun kam mir wieder der Brief +Rec B: *von Adarkes*, des Königs von Arabien, in den Sinn; ich rief einen jungen Diener herbei und sagte ihm: „Sattle dein Kamel, nimm einen Lederschlauch und dieses Siegel

10. und reite nach Arabien an den Ort, an dem der böse Geist weht. Dann nimm den Schlauch und halte den Ring vor die Schlauchöffnung.

11. Wenn sich der Schlauch mit Luft füllt, dann wisse, dass es der Dämon ist +Rec A: – ER FÜLLT IHN AUF. Dann binde schnell Rec A: UND MIT KRAFT DEN SCHLAUCH Rec B: *die Schlauchöffnung* zu, siegle ihn mit dem Ring, lade ihn auf das Kamel und bring ihn her +Rec B: *zu mir. Und wenn er dir auf dem Weg Gold und Silber anträgt, damit du ihn frei lässt, schau, dass du dich nicht überreden lässt! Sprich dich mit ihm ab, ohne Versprechungen zu machen, und wenn er dir die Orte des Goldes und Silbers zeigt, dann markiere die Orte, siegle sie mit diesem Siegel und führe ihn mir zu.* Und nun geh und bleibe gesund."

12. Der Diener handelte gemäß diesen Anweisungen +Rec B: *, sattelte das Kamel, lud den Schlauch darauf*² und reiste nach Arabien. Die Menschen dieser Gegend aber glaubten nicht, dass er Rec A: DAS WESEN Rec B: *den bösen Geist* einfangen könne.

13. Im Morgengrauen aber erhob sich der Diener, stellte sich dem Wehen des Geistes entgegen Rec A: , LEGTE DEN SCHLAUCH AUF DEN BODEN UND PLATZIERTE DAVOR DEN RING Rec B: *und den Ring [legte er] auf die Schlauchöffnung.* Rec A: DA FUHR ER IN DEN SCHLAUCH, UND DIESER WURDE VOM WEHEN DES BÖSEN GEISTES AUFGEBLÄHT Rec B (nach Ms Q): *Da blähte sich der Schlauch.*

14. Der Junge sprang auf, schnürte die Schlauchöffnung im Namen des Herrn Sabaoth zusammen, und der Dämon war drin im Schlauch.

15. Es blieb nun der Junge zum Beweis drei Tage lang: der Wind wehte nicht mehr +Rec B: *in der Gegend*, und die Araber erkannten, dass er den Geist sicher eingesperrt hatte.

16. Dann lud er den Schlauch auf das Kamel. Die Araber begleiteten den Jungen mit +Rec B: *einer Menge an* Geschenken und Ehrbezeugungen und lobten Gott +Rec A: , DENN SIE BLIEBEN IN FRIEDEN. Der Junge aber brachte den Rec A: GEIST Rec B: *Schlauch* her und legte ihn Rec A: AN DER VORDERSEITE Rec B: *in der Mitte* des Tempels nieder.

17. Am folgenden Morgen ging ich, Salomo, in den Tempel +Rec B: *Gottes*, und ich war wegen des Schlusssteins in +Rec B: *großer* Sorge. +Rec B: *Und als ich in den*

---

2   Dieser Zusatz ist in Ms N (Rec B) omittiert.

Tempel trat, da stand der Schlauch auf und ging sieben Schritte nach vorne, fiel dann auf seine Öffnung und warf sich damit vor mir nieder.

18. Da geriet ich in Verwunderung, dass er sogar im Schlauch noch Kraft hatte und umherlief und befahl ihm, aufzustehen. Da stand der Schlauch auf und stellte sich aufgeblasen auf seine Füße.

19. Da fragte ich ihn und sagte: „ *+Rec B: Sag mir,* wer bist du?" Es sagte der Geist von drinnen: „Ich bin der Dämon, den man Ephippas nennt, der in Arabien ist."

20. ᴿᵉᶜ ᴬ: UND ICH SPRACH ZU IHM: „VON WELCHEM ENGEL WIRST DU UNSCHÄDLICH GEMACHT?" ER SAGT: „VON DEM, DER VON EINER JUNGFRAU GEBOREN WERDEN WIRD, ZUMAL IHN AUCH DIE ENGEL ANBETEN, UND DER VON DEN JUDEN GEKREUZIGT WERDEN WIRD." ᴿᵉᶜ ᴮ: *Und ich sprach zu ihm: „Von welchem Engel wirst du unschädlich gemacht?" Er aber sprach: „Der alleinherrschende Gott, der hat Macht über mich, der von einer Jungfrau geboren werden und von den Juden am Holze gekreuzigt werden wird, vor dem sich Engel und Erzengel niederwerfen, der macht mich unschädlich und beraubt mich meiner großen Kraft, die mir von meinem Vater, dem Teufel, gegeben ward."*

22.2 Kommentar

22.2.1 Die Szene

Mit Kap. 22 setzt ein eigener Erzählzyklus ein, der sich bis einschließlich Kap. 25 erstreckt. Berichtet wird, dass Salomo vom arabischen König Adarkes gebeten wird, einen Windgeist zu überwinden und dieser Bitte mittels seines Dieners willfährt; der Diener überwindet den Geist auf Salomos Geheiß und bringt ihn nach Jerusalem in den Tempel, wo er sich in einer kurzen Befragungsszene als Ephippas zu erkennen gibt (Kap. 22). Dieser Dämon wird nun gezwungen, den Schlussstein des Tempels zu setzen, der von Menschen eigentlich nicht gehoben werden kann (Kap. 23). Zur Vollendung des Tempelbaus soll er zusätzlich noch eine Säule aus dem Roten Meer aufstellen (Kap. 24), wobei er gleichzeitig noch einen weiteren Dämon mitbringt, der schon zur Zeit des Exodus sein Unwesen trieb und seitdem im Roten Meer gefangen war (Kap. 25).

Der in Kap. 22 einsetzende Erzählzyklus beginnt mit einem Brief von „König zu König", was im Rahmen der Salomotradition nichts Ungewöhnliches darstellt, was unten noch zu zeigen ist. Auf der narrativen Ebene wird der Leser hier durch das Stilmittel „Brief" mit einem schweren exorzistischen Problem konfrontiert, das nur Salomo allein zu lösen vermag. V. 6-9 retardiert die narrative Dynamik und leistet auf erzählerischer Ebene einen Vorverweis auf das Problem mit dem schweren Eckstein des Tempels, das im Folgekapitel

gelöst werden wird. Hierdurch und auch durch die Verknüpfung mit dem
Motiv des Ecksteins in V. 17, wird Kap. 22 kompositorisch als Voraussetzung
zu den Geschehnissen in Kap. 23 gestaltet: Auf das Setzen des Ecksteins in V.
23 zielt die Handlungsdynamik hin, und der Brief aus Arabien sowie die
Überwindung des Winddämons sind dann lediglich Voraussetzungen für die
endgültige Fertigstellung des Tempels.

In V. 9 wird dann der eigentliche Handlungsfaden wieder aufgenommen
und in V. 9-16 die Überwindung des Winddämons als Reaktion auf den Brief
des Adarkes geschildert. Hierbei dürfte, wie unten zu zeigen ist, eine arabische
vorislamische Tradition von Salomo und dem Winddämon in das TSal eingeflossen sein. V. 17-20 hat dann das Verhör des Dämons zum Inhalt, wobei
stereotype Elemente aus den Befragungskapiteln 4-18 aufgenommen werden.

22.2.2 Der königliche Briefwechsel

Die vorliegende Szene wird in Kap. 22,1 mit einem Brief des arabischen Königs
Adarkes an Salomo eröffnet. Königliche Korrespondenz mit Salomo hat kanonische Vorbilder, schließlich wird in 2Chron 2,10-15 die briefliche Abstimmung
zwischen Hiram von Tyros und Salomo über Material- und Facharbeiteraus-
tausch zum Tempelbau geschildert. Dies ist als Weiterentwicklung der Tradition von 1Kön 5,15 zu sehen, wo der Kontakt zwischen den Königen noch per
Bote vermittelt wird – die Gattung Brief ist demnach sekundär in die Salomotradition eingegangen und liegt bei Josephus entfaltet vor, wobei dieser
noch einen weisheitlichen Austausch, in 2Chron 2 nicht erwähnt, in Ant 8,53
und Ap 1,106-111 ergänzt und dabei lt. Ant 8,55 auf phönizische Archive
zurückzugreifen vorgibt. In der exorzistischen Salomoliteratur wird die Brief-
form nicht nur in TSal 22, Recc AB (und damit auch in der „Grundschrift")
aufgenommen, sondern auch in Rec C, 13,12[3] (dort schreibt Salomo einen
Begleitbrief an den kommenden König Hiskija zu seinem Testament, das er
ihm übergeben will) sowie in Ms E 7,1[4] (par Ms Nat.Bibl. Athen 2011, fol. 30r-
30v)[5] als Parallelüberlieferung zum hier vorliegenden Brief in TSal 22,1-5.

Der vorliegende Text zeigt alle Gattungselemente eines Briefes.[6] In V. 1 ist
das Präskript formuliert, bestehend aus superscriptio (Βασιλεὺς Ἀράβων
Ἀδάρκης), adscriptio (βασιλεῖ Σολομῶντι) und salutatio (χαίρειν). Das Brief-
proömium in V. 1 betont als captatio benevolentiae die weltbekannte Weisheit
des Königs sowie, explizit in Rec B, seine Kenntnisse der Geisterwelt. Der
Briefcorpus von V. 2-5 beinhaltet die Bitte um Hilfe, und der Briefschluss

---

3   McCown, 1922, 87*.
4   McCown, 1922, 112*.
5   Delatte, 1927a.
6   Zum Briefformular mit seinen Gattungselementen vgl. Klauck, 1998, 35ff.

drückt in einem epilogartigen Teil in V. 5 die Unterwerfungsabsicht des Adarkes aus, bevor in Rec B die gängige Schlussformel (ἐρρῶσθαι) in Erweiterung (τὸν ἐμὸν κύριον ἀεὶ διὰ παντός) notiert ist.

22.2.3 Die Überwindung des Dämon

Die Identität und der traditionsgeschichtliche Hintergrund des Dämons Ephippas bleibt weitgehend im Dunkeln und wurde auch in der spärlichen einschlägigen Literatur nicht ansatzweise erhellt – bezeichnenderweise haben die Verse 9-18 in Charlesworths doppelbändiger Apokryphenausgabe nicht eine einzige Parallelstelle als Randglosse erhalten, was auf die, gemessen an der biblischen Tradition, große Fremdheit des Textes hinweist. Der Name ist singulär, man könnte ihn von ἐφίπταμαι, einem (etwa bei Porphyrius, De abst 1,25 verwendeten) Derivat von ἐπιπέτομαι ableiten, was dem „Fliegen" oder „Wehen" entsprechen würde. Die im Text vorgegebene Verortung in Arabien lässt den Schluss zu, dass es sich um eine arabische vorislamische Tradition handeln könnte, die ins TSal eingeflossen ist. Die Tradition von Salomo, der sich die Winde untertan macht, ist im Islam ausgebildet, so etwa im Koran, Sure 21,82f:

> Auch hatten wir dem Salomo einen gewaltigen Sturm dienstbar gemacht, welcher auf seinen Befehl in das Land hineineilte, auf welchem unser Segen ruht; und wir wussten alle Dinge. Auch mehrere Teufel (Taucher) machten wir ihm dienstbar, so dass sie im Meer untertauchten (um Perlen für ihn zu suchen) und außerdem noch andere Arbeiten für ihn verrichteten. Wir überwachten sie.[7]

Diese Tradition hat in den Einzelzügen große Ähnlichkeit zu TSal 22f. Bei beiden geht es um einen Luftgeist, der von Salomo unterworfen wird, bei beiden ist eine Verbindung zu einem ins Meer tauchenden Dämon (vgl TSal 24f), bei beiden ist die Notiz von der Dienstbarkeit der Geister verzeichnet. Daher ist es durchaus möglich, dass Sure 21,82f eine feste, vorislamische Salomotradition repräsentiert, die in TSal einen davon unabhängigen frühen Niederschlag findet. Auch die Suren 34,11 (Salomo wird ein Wind unterworfen, der einen Monat des Morgens und einer des Abends weht, vgl. TSal 22,2) und 38,35 (Salomo wird ein Wind dienstbar gemacht, der sanft dahin eilt, wo der König es will) weisen in diese traditionsgeschichtliche Richtung. Wie Salzberger hier überzeugend ausführte,[8] dürfte der im Midrasch belegte Terminus רוחות, der für die von Salomo unterworfene Geisterwelt gesetzt wurde, im Arabischen mit „riḥa" wiedergegeben und somit mit einem „Wind" in Verbindung gebracht worden sein. Die in den oben genannten koranischen Belegen

---

7 Text nach Ullmann, 1959.
8 Salzberger, 1907, 89f.

erkennbare Salomotradition ist erst in frühmittelalterlichen Zeugnissen detail-
lierter greifbar: Salzberger nennt einige arabische Legenden aus dem 9. und 10.
Jahrhundert nach Christus, in denen Salomo sich einen Windgeist namens
„Ruha" dienstbar machte und mit diesem auch umherreist.[9]

Wie auch Ornias in Kap. 1, wird auch Ephippas nicht durch Salomo selbst,
sondern durch einen seiner Diener mit Hilfe des Ringes unterworfen. Der Sack,
in den der Dämon fährt, hat auf der Erzählebene wichtige Funktionen: Er
vermittelt in V. 11.13 dem Diener durch sein Aufblähen den Erfolg der exorzistischen Handlung – wie etwa parallel dazu der in der Eleasarperikope bei Jos
Ant 8,48 ausgetriebene Geist sich ebenso nur mittelbar durch ein umgestürztes
Wasserglas offenbart. Zudem verleiht der Sack dem Dämon in V. 17f Gestalt
und bildet die Konturen eines anthropomorph gedachten Körpers ab (er stellt
sich aufgeblasen auf seine Füße).

Die Befragung wird durch Salomo selbst durchgeführt; von einer astrologischen Beziehung des Dämons und seinem unheilvollen Wirken erfahren wir
hier nichts – letzteres ist auf der Erzählebene ja schon im Brief des Adarkes in
V. 2 vorweggenommen und in TSal 23,1 nachträglich erwähnt. Interessant ist
an dieser Stelle ein Blick auf die parallele Darbietung der Geschichte in Ms D:[10]
Hier wird das im TSal übliche Frageschema deutlicher aufgenommen, und die
Frage nach den Tätigkeiten des Dämons ist umgewandelt in die Frage „was
kannst du mir Nützliches tun?". Der Ephippas nennt als Antwort daraufhin
von sich aus den Eckstein des Tempels, den er heben könnte.

Im vorliegenden TSal allerdings erfährt der Leser bei der Befragung des
Ephippas lediglich den Namen und den Überwinderengel des Dämon, der in
den beiden Rezensionen A und B, wenn auch in unterschiedlicher Fassung, mit
den Elementen „Jungfrauengeburt", „Herrschaft über die Engel" und „von den
Juden gekreuzigt" auf Jesus Christus hinweist. Die aufgenommenen theologischen Elemente zeigen in der Kombination von „Jungfrauengeburt" und
„Kreuzigung" eine Nähe zu dem ausgestalteten Revelationsschema in Ign Eph
19,1. In ähnlicher Weise dürfte auch das Vaticinium ex eventu in TSal 22,20 zu
verstehen sein: Wenn die Herrschaft Christi durch Jungfrauengeburt und
Kreuzigung offenbar ist (und vollzogen durch die Anbetung der himmlischen
Mächte), wird die böse Macht überwunden sein. Hier ist, wie in der Einleitung
dargestellt wurde, möglicherweise das Lokalkolorit des Golgathakreuzes im
frühnachkonstantinischen Jerusalem erkennbar.[11] Christus, der an diesem
Kreuz die Dämonen besiegt, ist zentraler Punkt der Jerusalemer Staurologie,
wie ein Zitat von Ps-Joh.Chrys., Ador. ven. cruc zeigt: „Der Christus und Gott

---

9   Salzberger, 1907, 90f.
10   McCown, 1922, 95*.
11   Vgl. S. 29.

wurde an ihm erhöht, damit er die Dämonen, die sich gern in der Luft aufhalten, verjage".[12]

An dieser Stelle wird die arabische vorislamische Tradition deutlich verchristlicht, und zwar schon in der „Grundschrift" des TSal, wie die Übereinstimmung der beiden Rezensionen A und B zeigt. Eine jüdische Vorrezension als „Grundschrift" mit sekundärer christlicher Interpolation muss hier demnach nicht angenommen werden.[13]

---

12 Übersetzung nach Heid, 2001, 222f.

13 Dagegen Hanig, 1993, 119f z.St.: „Auffällig ist hier also, daß die Macht, die Salomo dem Erzählablauf zufolge zugesprochen war, durch die christliche Redaktion plötzlich für Christus reklamiert wird."

23 Kapitel XXIII: Ephippas setzt den Eckstein

23.1 Übersetzung

<small>Mss HPQN = Recc AB:</small> 1. Da sagte ich zu ihm: „Was kannst du für mich tun?" Er aber sprach: „Ich bin fähig, Berge zu versetzen, <small>Rec A:</small> HÄUSER FORTZUBRINGEN UND KÖNIGE NIEDERZUWERFEN <small>Rec B:</small> *Königspaläste niederzuwerfen und Bäume zu entblättern und zu auszudörren.*"

2. Da sprach ich zu ihm: „Wenn du so fähig bist, dann hebe diesen Stein <small>Rec A:</small> AUF DIE DECKENGEWÖLBESPITZE DES TEMPELS <small>Rec B:</small> *und setze ihn auf diese Ecke, die sich am wohlbearbeiteten Teil des Tempels[1] befindet*". Er sagte daraufhin: „Nicht nur diesen <small>+Rec A:</small> STEIN werde ich heben, König, sondern <small>Rec A:</small> OHNE WEITERES AUCH <small>Rec B:</small> *zusammen mit dem Dämon aus dem Erythräischen Meer hebe ich auch* die Luftsäule, die sich im Erythräischen Meer befindet, und du kannst sie <small>+Rec B:</small> *in* Jerusalem aufstellen, wo immer du willst."

3. Und als er dies gesagt hatte, <small>Rec A:</small> TRAT ER UNTER DEN STEIN, <small>Rec B:</small> *bezwang ich ihn, und sobald der Schlauch aufgeblasen und unter den Stein verbracht war, regte er sich und der Schlauch* hob ihn auf, stieg auf die Leiter und setzte ihn auf die Spitze des Tempeleingangs.

4. Ich, Salomo, sprach <small>Rec A:</small> HOCHZUFRIEDEN <small>Rec B:</small> *als ich den Stein in die Höhe gehoben und fest gesetzt sah:* „Wahrlich, nun hat sich die Schrift erfüllt, in der es heißt: ‚Der Stein, den die Bauleute verworfen haben, ist zum Eckstein geworden'"[2] <small>Rec A:</small> UND SO WEITER. <small>Rec B:</small> *denn dies ist nichts anderes als der Wille Gottes, den Dämon zu bezwingen, dass er einen derartig großen Stein hebt und an den Platz bringt, an dem ich ihn haben will.*"

---

1 „ἐν τῇ εὐρεπείᾳ τοῦ ναοῦ"; Bornemann z.St. lehnt die Vermutung ab, dass hier ein Zusammenhang zur „ὡραία" nach Acta 3,2.10 besteht.

2 Ps 118,22; möglicherweise auch hier eine christliche Allusion.

23.2 Kommentar

23.2.1 Die Szene

Im vorliegenden kurzen Kapitel ist der Eckstein des Tempels zentrales Thema. Dies wurde schon in dem Einschub in TSal 22,7f eingeleitet und dadurch mit der Ephippastradition verschränkt: Der König erkennt ein letztes Problem beim Tempelbau, nämlich den mit menschlichen Kräften nicht zu bewegenden Eckstein des Tempels, und dies wird von dem arabischen Dämon gelöst. Anders als in Ms D 6,10, wo Ephippas selbst diesen Dienst dem König anbietet, bekommt er dies in TSal 23,2 vom König befohlen. Anlass dazu dürfte die Beschreibung der unheilvollen und mit brachialen Gewaltakten verbundenen Tätigkeiten des Dämons in 23,1 sein: Wer Berge versetzen kann, wird auch den Schlussstein des Tempels setzen können.

Die ganze Szene kann im lokalen Kolorit Jerusalems im 4. Jahrhundert nach Christus als ätiologische Erzählung eines bestimmten Reliktes vom herodianischen Tempel gelesen werden und liefert damit ein Indiz zur Datierung der „Grundschrift".

Die Erzählung vom Eckstein ist weiterhin in V. 2b mit einer anderen Geschichte erzählerisch verknüpft, die in den folgenden beiden Kapiteln entfaltet wird: Die Geschichte vom Dämon Abezebithou und der Säule aus dem Roten Meer.

23.2.2 Der Eckstein des Tempels

Wie J. Jeremias in einer ausführlichen Studie gezeigt hatte,[3] handelt es sich beim „ἀκρογωνιαῖος" um den Schlussstein des Tempels, der wohl, nehmen wir die Notiz aus TSal 23,3 als Hintergrund an, über dem Eingang des Tempels angebracht gedacht ist. Dies bildet den Abschluss des Tempelbaus, ähnlich wie in 1Makk 4,57 bei der Tempeleinweihung 165 vor Christus auch die Tore als letztes hergestellt worden sind. Die Anspielung an Ps 118,22 ist im Neuen Testament breit entfaltet (Mk 12,10parr; 1Petr 2,4-7) und auch hier aufgenommen: Der massive, nur mit übermenschlicher Kraft einzusetzende Stein ist der, von dem Ps 118,22 redet.

Dies hat eine enge traditionsgeschichtliche Nähe zu einer Jerusalemer Lokaltradition, die uns beim „Pilger von Bordeaux" begegnet. Der nennt bei seiner Beschreibung des Tempelgeländes im Umfeld der Tempelzinne aus der Versuchungsgeschichte einen „lapis angularis magnus, de quo dictum: lapi-

---

3   Jeremias, 1925b.

dem, quem reprobaverunt aedificantes, hic factus est ad capud (sic!) anguli".[4]
Man schien ihm also hier in Jerusalem einen großen (magnus!) Stein gezeigt zu
haben, der mit Ps 118,22 in Zusammenhang gebracht worden war und der um
das Jahr 333 in den Ruinen des herodianischen Tempelgeländes tatsächlich zu
besichtigen war. Damit drängt sich die Frage auf, ob TSal 23 eine Art ätiologische Erzählung um diesen Eckstein darstellt. Man kannte im Jerusalem des
4. Jahrhunderts einen derartigen Stein und konnte bei der Lektüre von TSal 23
etwas über dessen bedeutende Vorgeschichte erfahren. Die Konsequenzen
dieser Überlegung für das Lokalkolorit der Schrift und zur Datierung wurden
an anderer Stelle schon ausgeführt.[5]

---

4   Zitiert nach Baldi, 1982, 445.
5   Vgl. oben S. 24.

24 Kapitel XXIV: Die Säule vom Erythräischen Meer

24.1 Übersetzung

Mss HPQN = Recc AB: **1.** Rec A: WIEDER SAGTE ICH ZU IHM: „GEH UND BRING MIR DIE SÄULE IM ERYTHRÄISCHEN MEER, VON DER DU GESPROCHEN HAST." DA ENTFERNTE ER SICH UND HOLTE SIE. ICH ABER SAH IHN PLÖTZLICH KOMMEN UND DIE SÄULE AUS LUFT TRAGEN. Rec B: *Da ging Ephippas fort, den Dämon und die Säule zu bringen, die sie gemeinsam von Arabien hertrugen.*

2. Ich aber hegte die Befürchtung, diese beiden Geister könnten auf einen Schlag die ganze Erde ins Wanken bringen, und darum versiegelte ich sie an allen Seiten mit dem Ring und sprach: „Wachet sorgfältig!"[1]

3. Rec A: SIE Rec B: *Die Geister* aber verharrten und hielten die Säule ⁺Rec A: IN DER LUFT ⁺Rec B: *bis heute zum Beweis der mir gegebenen Weisheit.*

Rec B: *4. So hing also die riesengroße Säule in der Luft, von den Geistern gehalten, und von unten sahen die tragenden Geister aus wie Luft.*

5. Rec A: UND WENN WIR GENAU HINSCHAUTEN, WAR DIE SÄULENBASIS SCHIEF. Rec B: *Wenn man genau hinschaute, war die von den Geistern getragene Säule schief, und so ist es bis heute.*

24.2 Kommentar

24.2.1 Die Szene

Die hier entfaltete Szenerie handelt in den fünf kurzen Versen ausschließlich von der Säule, wogegen das folgende Kapitel den zur Geschichte zugehörigen Dämon fokussiert. TSal 24,1 rekurriert (in Rec A als wörtlicher Bezug: „von der der du gesprochen hast ...") auf TSal 23,1: dort war von der „Luftsäule" aus dem Roten Meer zum ersten Mal die Rede, und dieser Ausdruck erklärt sich im vorliegenden Kapitel: Es handelt sich um eine Säule, die dem Augenschein nach „in der Luft" steht.

---

1   Ms Q fügt an: (und sprach) zu den Dämonen: „Im Namen des Herrn Israels, des Gottes Sabaoth, steht, ihr Dämonen, mit der Säule in der Höhe der Lüfte an diesem Ort und tragt die Säule bis zum Ende der Zeiten!"

Der König hegt Befürchtungen ob der Macht der Geister, doch er bannt sie hier eigenständig durch mehrfache Siegelung und ohne einen Überwinderengel zu bemühen. Sein Bannspruch, sie sollten sorgfältig wachen, erklärt sich aus V. 3, da hier die Dämonen als Säulenträger dienen.

Wie ist nun der traditionsgeschichtliche Hintergrund der „Säule" beschreibbar? James hatte erwogen, diese auf eine astrale Konstellation zu beziehen,[2] und McCown glaubte in seiner Einleitung einen Bezug zur „Wolkensäule" aus der alttestamentlichen Tradition erkennen zu können.[3] Diese beiden Erklärungsversuche überzeugen jedoch kaum hinreichend. Conybeare hatte auf ein traditionsgeschichtliches Seitenstück in den „Georgischen Akten der Nuna" hingewiesen,[4] und hier ist tatsächlich eine traditionsgeschichtliche Nähe vermerkbar. Eine Schülerin der heiligen Nuna berichtet,[5] dass für einen Kirchenbau aus einer Zeder sieben Holzsäulen geschnitzt wurden, von denen eine zu schwer war, um an ihren Platz verbracht zu werden. Auch der König des Landes ist ratlos. In der kommenden Nacht jedoch sieht die Schülerin Nunas einen lichtgekleideten Jüngling, der durch eine Handbewegung allein die Säule aufhebt, so dass sie über ihrem Bestimmungsort schwebend verharrt und sich am nächsten Tag in Anwesenheit des Königs auf ihren Platz stellt.

Diese Episode hat deutlich parallele Züge zu TSal 24: Die schwere Säule für einen Sakralbau, der ratlose König, schließlich das Schweben und die Platzierung der Säule ohne Mitwirkung einer Menschenhand. Wahrscheinlich wurde in TSal 24 und in der Vita Nunae unabhängig voneinander ein gängiges Märchenmotiv aufgenommen.

In der Einleitung wurde darüber spekuliert, ob diese Szenerie nicht durch das Lokalkolorit des frühnachkonstantinischen Jerusalem plausibel ist und auf eine „Säule" anspielt, die dort tatsächlich zu sehen war. Dabei muss auch das Verhältnis von TSal 24,3 zu TSal 12,4 geklärt werden, wird doch in TSal 12,4 auf die vorliegende Szenerie Bezug genommen, diese allerdings auf die Stelle der „Erhöhung", also Kreuzigung Christi positioniert. Der in der Einleitung referierte Vorschlag,[6] dass hier zwei Jerusalemer Ortstraditionen verschmelzen und die Säule in 12,4 auf die bei Hieronymus, Ep ad Paul 58,3 berichtete Marmorsäule über Golgatha und die Säule in TSal 24 auf eine andere, etwa die Relikte einer beim Pilger von Bordeaux vermerkten Kaiserstatue im Tempel-

---

2   James, 1899: "Clearly some constellation is meant – perhaps the Milky Way".

3   McCown, 1922, 46.

4   Conybeare, 1898, 44 Anm. 5 verwies auf eine „in Kürze erscheinende" Übersetzung der georgischen Nounaakten durch „Mss Wardrop" in den „Studia biblica, 1898". Bei dieser Angabe handelt es sich um die in den „Studia Biblica et Ecclesiastica", Bd. 5, 1900 erschienene englische Übersetzung der armenischen und georgischen Vita Nunae durch M. und J.O. Wardrop.

5   Vgl. Wardrop/Wardrop, 1900, 38ff; vgl. auch Heid, 2001, 37, Anm. 193 mit weiteren Belegen sowie Sozomen, Hist 2,7,9-11.

6   Vgl. S. 24.

gelände bezieht, könnte den Sachverhalt erklären. Die Notiz in TSal 24, dass die Säule in der Luft „schwebe", kann als Element eines (parallel zu der Vita Nunae zu sehenden) Märchenmotivs angesprochen werden.

25 Kapitel XXV: Der Dämon vom Erythräischen Meer

25.1 Übersetzung

Mss HPQN = Recc AB: 1. Und ^{Rec A:} ICH ^{Rec B:} *Salomo* fragte den anderen Dämon, der mit der Säule aus dem ^{+Rec B:} *Erythräischen* Meer herausgekommen war: ^{+Rec B:} *„Wer bist du, wie heißt du und was ist dein Werk? Ich habe nämlich schon viel von dir gehört!"*

2. *Der Dämon sagte: „Ich, König Salomo, heiße Abezebithu* ^(Ms P: Abezethibu). *Einstmals saß ich im ersten Himmel, dessen Name Ameluth ist.*

3. *Jetzt bin ich ein unangenehmer, geflügelter und mit einer Schwinge versehener Geist, der allem, was unter dem Himmel Atem hat, nachstellt. Ich war damals dabei, als Moses vor Pharao, den König Ägyptens trat und als sich dessen Herz verhärtete.*

4. *Ich bin es, den Jannes und Jambres, die mit Moses in Ägypten stritten, anriefen. Ich bin der Gegner des Mose bei den Wundern und Zeichen."*

5. *Ich sprach nun zu ihm: „Warum befandest du dich denn im Erythräischen Meer?" Er antwortete:*

^{Rec A:} WARUM HAUST DU IM ERYTHRÄISCHEN MEER?" DER DÄMON SAGTE:

^{+Rec B:} *„Beim Auszug der Söhne Israels habe ich das Herz des Pharao verhärtet und hetzte sein Herz und das seines Gefolges auf.*

6. *Ich veranlasste sie, den Söhnen Israels hinterherzujagen, und Pharao folgte mit allen Ägyptern. Damals war ich dort dabei und wir folgten alle und zogen hinauf zum Erythräischen Meer.*

7. ^{Rec A:} ALS DAS WASSER WIEDER ZURÜCKKAM UND DAS HEER DER ÄGYPTER BEDECKTE, DA BEFAND ICH MICH AUCH DARUNTER UND WURDE MIT WASSER BEDECKT (UND BEFAND MICH) UNTER DER SÄULE, BIS EPHIPPAS KAM."

^{Rec B:} *Als nun die Söhne Israels gerade durchgezogen waren, da kam das Wasser wieder zurück und bedeckte das gesamte Heer der Ägypter und all ihre Macht. Auch ich befand mich damals dabei, das Wasser bedeckte mich und ich blieb im Meer, unter der Säule festgehalten. Als dann aber Ephippas kam, von dir gesandt und in die Enge eines Schlauches eingesperrt, da brachte er mich herauf zu dir."*

8. ^{Rec A:} UND ICH, SALOMO, BESCHWOR IHN, DIE SÄULE BIS ANS ENDE (DER WELT) ZU TRAGEN.

^{Rec B:} *Als ich, Salomo, dies hörte, lobte ich Gott und beschwor die Dämonen, mir niemals den Gehorsam zu verweigern, sondern zu bleiben und die Säule zu tragen. Und beide schworen es und sagten: „So wahr der Herr, Gott, lebt, der uns in deine*

Hand gegeben hat, wir werden diese Säule nicht loslassen bis zum Ende der Zeiten.
Wenn dieser Stein eines Tages einmal fällt – dann ist das Ende der Zeiten gekommen."

9. Rec A: UND MIT GOTTES BEISTAND SCHMÜCKTE ICH SEINEN TEMPEL MIT
JEGLICHER ZIERDE. UND ICH WAR GLÜCKLICH UND LOBTE IHN.

Rec B: *Ich, Salomo, lobte Gott und schmückte den Tempel des Herrn mit jeglicher*
Zierde und ich war glücklich in meinem Königreich und Frieden herrschte in meinen
Tagen.

25.2 Kommentar

25.2.1 Die Szene

Die vorliegende Szene liegt in Rec A in stark reduzierter und in Rec B in ent-
falteter Form vor. Salomo wendet sich explizit „dem anderen Dämon" zu, und
dabei wird auf der narrativen Ebene die Ephippasepisode beendet. Der Name
des neuen und in der Reihenfolge der Befragungen letzten Dämons des TSal,
Hapaxlegomenon unter den bekannten Dämonennamen, variiert leicht als
„Ἀβεζεθιβοῦ" bzw. „Ἀβεζεβιθοῦ" und dürfte auf den Dämonennamen „Ἰαβε-
ζεβουθ" referieren, der in den Magica des Öfteren genannt ist, so etwa in dem
stark fragmentierten Stück in PGM 4,449 zusammen mit Abrasax, in der Anrufung in PGM 4,1795 oder in dem Bindezauber in PGM 7,419. Ein derart magischer Name kann demnach in zeitgenössischem Umfeld als bekannt vorausgesetzt werden und wurde dann im einschlägigen Kapitel rezipiert.

Der Dämon war dereinst „im ersten Himmel". Damit ist wohl nicht der
„erste Himmel" im Zusammenhang mit der „ersten Erde" in Apk 21,1 gemeint,
sondern die Hierarchie der fünf bzw. sieben Himmel, die wohl auch bei Paulus
in 2Kor 12,2 grundlegend ist. Jeder dieser Himmel wird in den jüdischen und
christlichen Ausprägungen dieser Vorstellung mit einem besonderen Ord-
nungsprinzip verbunden, seien es Engelwesen (etwa EpAp 13, AscJes 10;
Bartholomäusev 4,30) oder Buchstabenprinzipien (wie in der markinischen
Gnosis nach Hippolyt, Ref 5,48: der erste Himmel hat das „alpha"). Im System
des TSal ist der erste Himmel Wohnstätte bedeutender Dämonen – nicht zuletzt Beelzebul, der Fürst der Dämonen, stammt nach TSal 6,2 von dort. Mit
dieser Erwähnung des „ersten Himmels" in 25,2 Rec B verweist die Erzählung
auf die Aussage Beelzebuls in Kap. 6 zurück, und der dort nicht mit Namen
genannte Geist kommt hier nun zur Selbstvorstellung. Durch diese gegenseiti-
gen Verknüpfungen zwischen Kap. 6 und 25 wird im TSal auf erzählerischer
Ebene ein Spannungsbogen erzeugt, der den letzten der befragten Dämonen
noch einmal als einen der gefährlichsten und im Prinzip dem Dämonenfürsten
gleichrangigen zu erkennen gibt.

Der Dämon gibt bereitwillig über sich selbst Auskunft, ohne dass ihn der König besonders dazu auffordern müsste. Der Leser erfährt in den Versen 3-7, dass er geflügelt ist, den Menschen nachstellt und sich als Urheber einiger „klassischer" Widerstände gegen das Volk Gottes zu erkennen gibt, ganz in der Tradition von Apk 12,9. Dies hat enge traditionsgeschichtliche Anlehnungen an die dritte Praxis des Thomas aus den Thomasakten: Dort ist von einem Drachen die Rede (als traditionsgeschichtliche Parallele im TSal könnte man auf die Flügel des Abezethibou hinweisen), der als teuflisches und misanthropes Wesen die markanten Punkte der Heilsgeschichte von der Schöpfung bis hin zum Christusereignis nennt, an denen er in unheilvoller Weise tätig war – unter anderem hat er in fast wörtlicher Übereinstimmung zu TSal 25,3 in ActThom 32 das Herz des Pharao verhärtet (ἐγώ εἰμι ὁ τὴν καρδίαν Φαραὼ σκληρύνας). Der Schwerpunkt des unheilvollen Wirkens Abezethiobous verknüpft sich vor allem mit der Mosetradition aus Ex 1-15. So gibt er sich als derjenige zu erkennen, der von den ägyptischen Zauberern in der Nachgeschichte von Ex 7,11 angerufen wurde. Die Tradition von Jannes und Jambres als Widersacher des Mose, schon im NT in 2Tim 3,8 aufgegriffen,[1] wird hier unter einem bestimmten Aspekt verwendet: Die beiden bekannten Magier haben einen Dämon angerufen. Dies hat besondere Nähe zu der in der Damaskusschrift 5 notierten Tradition:

> Denn erstens trat auf Mose und Aaron durch den Fürsten der Lichter und Belial stellte auf den Jannes und seinen Bruder in seinen Ränken.[2]

Auch hier werden Jannes und (sein Bruder) Jambres nicht nur mit Mose kontrastiert, sondern auch mit einem widergöttlichen Wesen, hier Belial, in Verbindung gebracht. In TSal dürfte die breite Tradition dieser beiden Magier redaktionell durch den Bezug zu einem Dämon zugespitzt worden sein, und dafür liefert deren Zugehörigkeit zu Belial in CD 5 den traditionsgeschichtlichen Anknüpfungspunkt.

Die (gemessen an der Tradition aus ActThom 32f redaktionelle) Fokussierung auf die Exodustradition ist die erzählerische Brücke zum Verbleib des Dämons im Roten Meer, denn er ist zusammen mit den ägyptischen Soldaten vom Meer überspült worden und harrte von diesem Zeitpunkt an seiner Befreiung.

---

1   Vgl. zur Jannes und Jambres-Tradition v.a. Pietersma/Lutz, 1985; Pietersma, 1994; speziell in der (späten) jüdischen Rezeption: Grabbe, 1979.
2   Übersetzung nach Joh. Maier 1, 1995, 15.

26 Kapitel XXVI: Salomos Fall

26.1 Übersetzung

Mss HPQN = Recc AB: 1. Dann nahm ich mir zahllose Frauen von allen Gegenden +Rec A: UND KÖNIGREICHEN. Auch zog ich Rec A: zum König der Jebusiter Rec B: *zu den Jebusitern* und sah Rec A: IN DEREN REICH EINE FRAU Rec B: *dort eine Tochter eines Jebusiters*, in die ich mich heftig verliebte, und ich wollte sie zu meinen Frauen nehmen.

2. Und ich sprach zu ihren Priestern: „Gebt mir diese Shumanit Rec A: , DENN ICH HABE MICH HEFTIG IN SIE VERLIEBT Rec B: *zur Frau.*" Rec A: SIE Rec B: *Die Priester Molochs* aber sprachen zu mir: „Wenn du dich in Rec A: UNSERE TOCHTER Rec B: *die Jungfrau* verliebt hast, dann +Rec B: *komm hinein und* huldige unseren Göttern, dem großen +Rec B: *Gott* Rhaphas und Moloch[1] und nimm sie dann."

3. Rec A: ICH ABER WOLLTE DIES NICHT UND HULDIGTE KEINEM FREMDEN GOTT. Rec B: *Ich aber fürchtete die Ehre Gottes und wollte nicht huldigen und sprach zu ihnen: „Ich huldige keinem fremden Gott!" Was ist das für eine Aufforderung, dass ihr so ein Tun von mir verlangt!*

4. Rec A: SIE ABER BEDRÄNGTEN DIESE JUNGFRAU UND SAGTEN: „WENN DU INS KÖNIGREICH SALOMOS GELANGT BIST, DANN SPRICH ZU IHM: ‚ICH WERDE NICHT MIT DIR SCHLAFEN, BIS DU DICH NICHT MEINEM VOLKE GLEICH GEMACHT HAST! NIMM ALSO FÜNF HEUSCHRECKEN UND OPFERE SIE IM NAMEN DES RAPHAS UND DES MOLOCH."
Rec B: *Sie aber sprachen: „Damit du es unseren Vätern gleich machst!" Als sie nun von mir vernommen hatten, dass ich keinesfalls fremden Göttern huldigen würde, trugen sie der Jungfrau auf, nicht mit mir zu schlafen, bis ich mich breitschlagen ließe, den Göttern zu opfern.*

5. Rec A: ICH ABER HIELT DURCH DIE LIEBE ZU DEM MÄDCHEN, – ES WAR WIRKLICH REIZEND UND MIR WAR GLEICHWOHL DER KOPF VERDREHT – DAS BLUT DER HEUSCHRECKEN FÜR NICHTS BESONDERES UND NAHM SIE IN MEINE HÄNDE UND OPFERTE SIE IM NAMEN DES RAPHAS UND DES MOLOCH DEN GÖTZEN; DARAUF NAHM ICH DIE JUNGFRAU IN DAS HAUS MEINES KÖNIGTUMS.[2]

---

1   Vgl. Act 7,43 (Zitat von Am 5,26), allerdings dort für die Zeit der Wüstenwanderung, nicht für die Zeit Salomos.

2   Ms N bietet eine Lesart, die Übereinstimmungen zu Rec A. aufweist: „Und ich belästigte die Jebusiter aufgrund der Liebe zu dieser Jungfrau, die über die Maßen reizend war und einen überaus schönen Anblick bot und in meinen Augen gut [dub.?] war. Und sie sprach zu mir:

Rec B: *Und ich nun, der Schlaue, wurde vom spitzen und liederlichen Pfeil des Eros (zur Liebe zu) dem Mädchen getroffen und gab der Drängenden nach, und als sie mir fünf Heuschrecken gab und sagte: „Nimm diese Heuschrecken und zerreibe sie im Namen des Gottes Moloch, und dann werde ich mit dir schlafen" – da vollbrachte ich dies.*

6. Rec A: DA WURDE GOTTES GEIST VON MIR WEGGENOMMEN, UND VON JENEM TAGE AN WAREN MEINE WORTE WIE LEERES GESCHWÄTZ. SIE NÖTIGTE MICH, DEN GÖTZEN TEMPEL ZU BAUEN.

Rec B: *Und sogleich verschwand Gottes Geist und ich wurde schwach und meine Worte wie leeres Geschwätz. Außerdem wurde ich genötigt, den Götzen Baal, Rapha und Moloch und weiteren Götzen Tempel zu bauen.*

7. Rec A: UND ICH ELENDER BAUTE DIES WEGEN DER GROßEN LIEBE ZU IHR. UND MEIN KÖNIGREICH BRACH ZUSAMMEN UND ICH KLAGTE LAUT UND DER GEIST WURDE WEGGEWEHT UND DIE 10 STÄMME RHOBOAMS WURDEN IN DIE SKLAVEREI GEGEBEN. DIES IST DER SINN DESSEN, WAS MIR GESAGT WURDE VON DEN DÄMONEN ALS SIE ZU MIR SPRACHEN: „VON UNSEREN HÄNDEN WIRST DU DIR DAS ENDE BEREITEN!"

Rec B: *So handelte ich Unglücklicher denn nach ihrem Rat und Gottes Herrlichkeit schwand endlich von mir und mein Geist verdunkelte sich und ich wurde den Götzen und Dämonen zum Gespött.*

8. Rec A: UND ICH SCHRIEB DIESES MEIN TESTAMENT DEN JUDEN UND ÜBER-LIEFERTES ES IHNEN, DAMIT SIE MEIN ENDE AUCH IM GEDÄCHTNIS BEWAHRTEN. MEIN TESTAMENT MÖGE UNTER EUCH BEWAHRT WERDEN ALS GROßES GEHEIMNIS BEZÜGLICH UNREINER GEISTER – SO DASS IHR DIE WIRKUNGEN DER BÖSEN DÄMONEN UND DIE MÄCHTE DER HEILIGEN ENGEL KENNT. DENN DER GROßE HERR SABAOTH, DER GOTT ISRAELS, MACHT STARK UND HAT MIR ALLE DÄMONEN UNTERWORFEN; DAFÜR GAB ER MIR DAS SIEGEL DES EWIGEN BUNDES. DIES HABE ICH NUN AUFGESCHRIEBEN, WAS ICH DEN SÖHNEN ISRAELS ÜBERGEBE BEZÜGLICH DER GEISTER UND DES GEISTES DER UNREINHEITEN, DIE DEM ALLERHEILIGSTEN SCHANDE BEREITEN.

Rec B: *Darum schrieb ich dieses mein Testament auf, damit ihr, die ihr dies hört, fleht und betet für die letzten Dinge, nicht für die ersten. Damit finden sie letztlich Gnade in Ewigkeit. Amen.*

‚Für mich ist es ungehörig, wenn ich mit einem anderen Volk verbunden werde. Aber huldige den Göttern meines Vaters, und siehe, ich werde deine Dienerin sein.' An diesem festhaltend lag sie mir die ganzen Nächte niemals bei, sondern sagte: ‚Wie kannst du nur sagen, dass du mich liebst und hörst gleichzeitig nicht auf die Stimme deiner Dienerin! Wenn du den Göttern meines Vaters huldigen wolltest, erst dann wäre es dir Ernst. Nimm also in deine Hand 5 Heuschrecken und bring ein Opfer dar, so dass du mich zur Frau nehmen kannst. Und ich und mein Volk werden mit dir sein.' Ich Unglücklicher, wie elend [δίτελος, l.: δύστηνος] war ich, und nichts hielt mich mehr fern vom Blut der Heuschrecken und opferte es aus meiner Hand ausdrücklich im Namen des Moloch und Rapha. Dann nahm ich die Frau und führte sie in meinen Königspalast."

+Rec A: 9. ICH NUN, SALOMO, DER SOHN DAVIDS, ISAIS SOHN, HABE MEIN
TESTAMENT GESCHRIEBEN UND ES DANN MIT DEM RING GOTTES VERSIEGELT. DANN
BIN ICH IN MEINEM KÖNIGREICH GESTORBEN UND WURDE ZU MEINEN VÄTERN
GELEGT, IN FRIEDEN IN JERUSALEM. UND DAS HEILIGTUM DES HERRN, GOTTES,
UNTER DESSEN THRON EIN FLUSS ENTSPRINGT, WURDE VOLLENDET. ES STANDEN
DORT TAUSENDE VON ENGELN UND TAUSEND ERZENGEL UND DIE CHERUBIM
STIEßEN HERVOR UND DIE SERAPHIM RIEFEN UND SAGTEN: „HEILIG, HEILIG, HEILIG
IST DER HERR SABAOTH" UND „GESEGNET SEIST DU VON EWIGKEIT ZU EWIGKEIT".
AMEN.

10. EHRE SEI DIR, MEIN GOTT UND HERR, EHRE SEI DIR, EBENSO DER ÜBERAUS
RUHMREICHEN GOTTESGEBÄRERIN UND DEM GESCHÄTZTEN VORGÄNGER; UND
ALLE HEILIGEN, EHRE SEI DIR!

26.2 Kommentar

26.2.1 Die Szene

Die letzte Szenerie von Salomos Fall und Ende wird übergangslos eingeleitet
durch die 1Kön 11,1-6 nachgebildete Erzählung von Salomos späte Hingabe zu
fremden Frauen. Doch entgegen der Liste in 1Kön 11,1 handelt es sich bei der
Verführerin Salomos um eine Jebusiterin, und es stellt sich die Frage, warum
gerade die Jebusiter, die legendären Einwohner des vorisraelitischen Jerusalems, an dieser Stelle genannt sind. Schon in Gen 10,16 als Abkömmlinge
Kanaans genannt, stehen sie damit für die heidnischen Ureinwohner des
Landes − Salomos Hinwendung zu ihnen hat damit den Charakter eines
„Rückfalls" in das schon (nach 2Sam 5,6-9 par 1Chron 11,4-9) seit David über-
wundene Heidentum. Nach Ri 18,10-12 schreckt ein frommer Judäer vor einem
Kontakt mit den Jebusitern zurück.

Weiterhin eigentümlich ist die Erwähnung Molochs[3] und Raphas, zumal in
1Kön 11,7 Kemosch als moabitischer und Milkom als ammonitischer Götze
genannt sind. Hier dürfte eine Reminiszenz an die Stephanusrede aus Acta 7,43
(dort Zitat von Am 5,26 LXX) vorliegen. Auch dies steht im Zusammenhang
mit dem Abfall von Gott, in Acta 7,43 ist diese Hinwendung zum Goldenen
Kalb der Wüstenzeit das historische Motiv.

Damit lassen sich die Detailabweichungen von der in 1Kön 11 vorgegebenen Tradition mit der Konnotation „Abfall", „Rückschritt" erklären. Salomo
hat sich von Gott abgewendet zu einem archaischen, längst überwundenen
Glauben (Stichwort Jebusiter), wie dies schon in der neutestamentlichen Ste-

---

3   Zu Moloch vgl. Heider, George C., Art. „Molech", in: ABD 4,895-898, 1992.

phanusrede dem Volk Israel allgemein als Vorwurf gemacht wurde (Stichwort Raphas und Moloch).

Wohl weigert sich Salomo noch in V. 3, den fremden Göttern zu opfern, doch aufgrund der engagierten Einwirkung der heidnischen Priester auf die junge Frau ändert sich die Einstellung des Königs im Verlauf der weiteren Erzählung. Das Mädchen selbst – ihr Name Σουμανίτη wird wohl der Σουλα-μῖτις aus Cant 7,1 nachgebildet sein – ist dabei eher ausführendes Organ als Verführerin und handelt nach Maßgabe der Priester. V. 4f focussiert das sexuelle Begehren des Königs – verstärkt durch die Verweigerung des Mädchens – als die Hauptursache für den Abfall des einst so weisen Königs. Dabei gewinnt die Erzählung spätestens hier eine sexualfeindliche Stoßrichtung gegen die Geschlechtlichkeit und hin zu einem Ethos der sexuellen Enthaltsamkeit, wie wir sie in Reinform etwa in Methodius' Gastmahl zeitnah zur mutmaßlichen Entstehung der „Grundschrift" des TSal wiederfinden.

Das Heuschreckenopfer selbst könnte als eigene Tradition aufgenommen worden sein, die uns als Seitenstück in Kebra Nagast 76 begegnet: Salomo tötet nach einem Eid, angestiftet durch die ägyptische Königstochter, drei Heuschrecken und huldigt damit den Göttern.

Die Folgen von Salomos Heuschreckenopfer und damit von seinem Abfall von Gott werden in unterschiedlichen Varianten angegeben:

In V. 6 schwindet Gottes Geist von Salomo, so dass er seine göttliche Weisheit verliert. Weiterhin wird in V. 7, Rec A auf die Reichsteilung und den Abfall der zehn Stämme ganz nach der Tradition von 1Kön 11,11-13 verwiesen. Der Hinweis auf ein Vaticinium der Dämonen in V. 7 kann auf keinen erhaltenen Texthinweis bezogen werden und ist ein Indiz für eine Kürzung von Rec A. In TSal 8,11 wird zwar durch einen Vorverweis aus Dämonenmund auf das Heuschreckenopfer Salomos und seine Liebestollheit hingewiesen, doch sucht man dort das o.a. Zitat vergeblich.

Rec B führt hier eine eigene Tradition an, dass Salomo den Dämonen zum Gespött wird. Hier ist als Parallele auf Clemens v.A., EclProph 53,3 hinzuweisen:[4]

ὁμοίως καὶ οἱ δαίμονες, ἐπεὶ καὶ Σολομῶνα ὑπώπτευσαν εἶναι τὸν κύριον, ἔγνωσαν δὲ μὴ εἶναι, ἁμαρτόντος αὐτοῦ.

Wie auch die Dämonen, nachdem sie vermutet hatten, dass Salomo der Herr sei, dies aufgrund seiner Sündhaftigkeit nicht mehr glaubten.

Die eigene Sündhaftigkeit ist es, die Salomo auch den Respekt der Dämonen kostet!

V. 8f, in Rec A besonders breit ausgeführt, zeigt das Buchende an und legitimiert die literarische Einordnung des TSal in die Gattung der Testamentliteratur. McCown, der den gesamten Text von Rec A ab V. 8 in den Apparat

---

4   GCS²17, 152; vgl. Hanig, 1993, 118.

seiner Ausgabe gesetzt hatte, erwog hier möglicherweise zu Recht massive spätere Interpolationen.

Kapitel 26 ist schließlich aufgrund eines möglichen „Terminus post quem" von forschungsgeschichtlicher Relevanz. Wie Conybeare in der Einleitung zu seiner englischen Übersetzung des TSal zum ersten Mal konstatierte, ist das TSal im „Dialog des Timotheus mit Aquila" aus dem 5./6. Jahrhundert als echte salomonische Schrift zitiert.[5] Auf die Bemerkung des Christen, dass Salomo Heuschrecken angebetet habe, antwortet der Jude:

„Nicht geopfert (ἐσφαξεν) hat er sie, sondern unfreiwillig in der Hand zerquetscht (ἔθλασεν). Das kommt aber im Buch der Könige nicht vor, sondern es ist in seinem Testament notiert."

(Der Christ darauf): „Hier ist mein Standpunkt der, dass man dieser Sache vertrauen kann; schließlich ist das nicht durch die Hand eines Geschichtsschreibers offenbart, sondern es wird aus dem Mund von Salomo selbst erfahrbar."

Bei dieser Unterhaltung sind zwei Dinge im vorliegenden Zusammenhang besonders relevant:

1. Ein „Testament Salomos" wird, so das Lesersignal, von einem Christen und einem Juden gleichermaßen als echte salomonische Schrift gekannt und anerkannt. Dies wirft ein Schlaglicht auf die Erfolgsschichtes des Pseudepigraphons: Christen und Juden gleichzeitig gewichten es als echtes Testament!

2. Dem Dialog liegt sicherlich eine andere Ausgabe des TSal zugrunde als die durch McCowns Handschriften kompilierten Rezensionen A und B,[6] da die Opposition von „σφάσσω" und „θλάω" beim vorliegenden Textbefund nicht erkennbar ist. Ms H (Rec A) setzt in 26,4f σφάξαι als Ausdruck der Shunamit, Mss PQ (Rec B) σύντριψον. Salomo sagt mehrheitlich „ἔθυσα". Es kann darum spekuliert werden, ob nicht der „Dialog" eine dritte, eher salomofreundliche Version des Schlusses als Vorlage hatte (der König opfert unfreiwillig und wird darum entschuldet) – oder ob es sich bei der Vorlage um die „Grundschrift" des TSal handelte. Wie dem auch sei, die beiden uns bekannten Rezensionen dürften dem Verfasser des „Dialoges" nicht bekannt gewesen sein.

Das Ende des TSal ist in Rec A besonders ausführlich beschrieben. Es kann durchaus erwogen werden, dass es sich hierbei um spätere Zusätze handelt – die Ausführungen wirken stereotyp und bieten keinen Anhaltspunkt für ein

---

5 Übersetzung nach der Textedition von Conybeare, 1898a, 70 (ebenso zitiert bei McCown, 1922, 103f). Die Datierung des Dialoges ist umstritten. Der Herausgeber Conybeare setzte sie im 4. Jahrhundert an und nahm in ders., 1898, 14 einen früheren Dialog aus der Mitte des 2. Jahrhunderts als Basis an. In der kurzen Besprechung bei Döpp/Geerlings, 1998, 34f wird eine Datierung ins 5./6. Jahrhundert vertreten.

6 Darauf hat McCown in seiner Einleitung in ders., 1922, 38 hingewiesen.

spezielles Kolorit. So ist etwa die Wendung, dass Salomo zu Grabe getragen wurde, eine feste Größe in der Testamentenliteratur (Test XII) und auch schon im deuteronomistischen Geschichtswerk. Einen Hinweis etwa auf eine konkrete Tradition von Salomos Grab, wie sie uns beispielsweise von Cassius Dio, Hist 69,14,2 für die Zeit Hadrians gegeben wurde, ist nicht erkennbar.

Epilog: Das TSal im zeitgenössischen Spannungsfeld

Wie aus der Lektüre der vorangegangenen Seiten und Kapitel deutlich werden konnte, stellt das Thema „Dämonen" bei den Zeitgenossen des TSal nicht nur ein vieldiskutiertes, sondern auch ein existentielles Problem dar. „Vieldiskutiert" deswegen, weil Dämonen in aller Munde und Gegenstand der Volksfrömmigkeit, der gelehrten platonischen Auseinandersetzung und der Taufliturgie sind; und „existentiell", weil sie das eigene Leben und das persönliche Wohl und Wehe wesentlich beeinflussen. Darum sind die Fragen des praktischen Umganges mit den Dämonen nicht weniger dringlich: Wer ist eigentlich bevollmächtigt, Dämonen auszutreiben? Und wie macht man dies in wirkungsvoller Weise?

Es sind hier also zwei Fragen, die als Konsequenz des Dämonenglaubens auf Beantwortung drängen: „Wer kann exorkisieren?", und: „Wie tut man das?" Das TSal nimmt zu beiden Fragen Stellung und steht damit im Netzwerk einer textuellen Welt, die wie folgt in der gebotenen Kürze umrissen werden soll:

1 Die Frage nach den legitimen Exorzisten

Blättert ein nach den legitimen Exorzisten fragender Zeitgenosse des TSal durch das Neue Testament, so wird er auf zwei unterschiedliche Positionen stoßen. Die erste möchte ich „Professionalisierung des Exorzismus" nennen, und dabei ist die Tendenz gemeint, die Befähigung zur Überwindung der Dämonen und bösen Geister auf besonders begnadete Amtsträger, eben exorzistische Profis, einzuschränken. Hier ist an erster Stelle Jesus von zentraler Bedeutung, der schon auf den ersten Seiten des Matthäusevangeliums im Summarium Mt 4,24 von Dämonen Besessene heilt und sich – zuvörderst im Markusevangelium – als Herr über die Dämonen erweist. Diese Autorität Jesu gilt als unbestritten und überträgt sich auch auf die Apostel, die „im Namen Jesu" böse Geister bändigen, wie es etwa Paulus in Acta 16,18 tatsächlich tut und es die Skevassöhne in Acta 19,13-17 besser getan hätten. Damit erhält ein Zeitgenosse unseres TSal den kanonischen Impuls, dass Amtsträger, besondere Nachfolger Jesu, mit Verweis auf Jesu Namen sich als Herren über die Dämonen erweisen können. Auch der Exorzismusbefehl in Mt 10,1 par Mk 3,15 – Jesus gibt den Jüngern Vollmacht, die Dämonen auszutreiben – kann in diesem

Sinne verstanden werden: Es sind besonders Berufene, die sich als Herrn über die bösen Geister erweisen können.

Diese Tendenz ist auch in der Umwelt des NT durchaus feststellbar. Die Exorzismen, die sich zuhauf in den Zauberpapyri finden, müssen wohl von professionellen Magiern benutzt und angewendet worden sein.[1] Insofern ist hier eine gewisse Professionalisierung vorgegeben, die sich auch in der frühen Kirche in Form der amtskirchlichen Exorzisten abzeichnet. A. v. Harnack erwog in diesem Zusammenhang in seinem gelehrten Werk zur „Mission und Ausbreitung des Christentums", dass „mindestens jede größere Gemeinde" ihre Exorzisten hatte.[2] Beispiele hierfür wären neben den Erwähnungen der Exorzistenämter in den Kanones der kirchlichen Synoden im 4. Jahrhundert[3] aus dem 3. Jahrhundert ein Brief des römischen Bischofs Cornelius an Bischof Fabius aus Antiochia,[4] der belegt, dass – neben 46 Presbytern, 7 Diakonen, 7 Subdiakonen, 42 Akolythen auch 52 Exorzisten, Lektoren und Türwächter im Dienst der Gemeinde standen und auch von dieser unterhalten wurden. Hier sind Exorzisten Amtsträger, die – wenn auch nur zum clerus minor gehörig – in professioneller Weise ihr Geschäft ausüben.

Als gegenläufige Tendenz lässt sich bei der Lektüre des NT eine Art Breitenwirkung des Exorzismus erkennen: Die Möglichkeit, dass sich nicht nur speziell begnadete Profis, sondern auch Laien mit der Beherrschung böser Geister und Dämonen hervortun. Dies ist durchaus in der paganen Zauberliteratur erkennbar: Beispielsweise zeigt eine defixio auf einem Bleitäfelchen aus Beirut deutliche Spuren laienhaften Gebrauchs:[5] Der Autor hat wohl aus einem „Zauberbuch" die Dämonennamen und Anrufungen übernommen, gleichzeitig aber auch (und dies ist unüblich und laienhaft) die Überschrift aus dem magischen Buch, die kein Element der Praxis war und – typisch für die For-

---

1 Beschwörungen werden in den PGM ὁρκισμός oder ἐξορκισμός genannt, die Eidesformel allerdings ὅρκος: in PGM 1,80 ist auf eine Beschwörung angespielt (σὺ δὲ αὐτὸν ἐξόρκιζε τῷδε τῷ ὅρκῳ ...), die in PGM 1,163-166 ausführlich zitiert wird. Typisch für den Exorzismus ist die Formel (ἐξ)ορκίζω + doppelter Akkusativ (zur Formel und zu den grammatischen Varianten vgl. Gelzer, 1999, 73f); PGM 3,75: ὁρκίζω σε, τὸν ἐν τῷ τόπῳ τούτῳ μὲν ἄγγελον κραταιὸν καὶ ἰσχυρὸν τοῦ ζώου τούτου. Ἐγειρόν μοι σεαυτόν ... (hier könnte die Wirkungsgeschichte des NT vorliegen, da die folgenden Gottesnamen aus der jüd. Tradition stammen). PGM 4,357: σε ἐξορκίζω κατὰ τοῦ ὀνόματος τοῦ φοβεροῦ καὶ τρομεροῦ ... als Formel beim Liebeszauber. Ebenso ist in PGM 16,1ff (1. Jahrhundert nach Christus) eine Reihung von Beschwörungen für den Liebeszauber überliefert, die mit der Formel „ὁρκίζω σε + Dämonennamen" beginnen. In der jüdischen Magie – zuvörderst im Sepher ha-Razim – ist die Beschwörungsformel "משבע אנה עליך" breit belegt, das hebräische Äquivalent zu ὁρκίζω σε (zu Beschwörungsformeln der spätantik-mittelalterlichen jüdischen Magie vgl. Niggemeyer, 1975 [zum Sepher ha-Razim]; Schäfer, 1990, 79ff).

2 Harnack, 1924[4], 157.

3 Vgl. Markschies, 1997, 133.

4 Euseb, HE 6,43,11, vgl. Schöllgen, 1998, 65ff.

5 SEG 15.847; vgl. Gager, 1992, 53ff.

melsammlungen in den Zauberpapyri – dem Benutzer lediglich das rasche Auffinden einer einschlägigen Praxis hatte ermöglichen sollen. Hier war sicherlich kein Profi am Werk, und das oben genannte Bleitäfelchen ist ein Hinweis auf eine Laisierung exorzistischer Anrufungen.

In christlichem Zusammenhang dürfte diese Tendenz zur exorzistischen Praxis auch durch Laien beim „sekundären Markusschluss" Mk 16,17 erkannt werden können: Jeder zum Glauben Gekommene wird böse Geister im Namen Jesu austreiben können (dass dieser Name in späterer Zeit auch von Nichtchristen mit Erfolg beim Exorzismus angewendet und damit weiter „demokratisiert" wurde, wird in der pseudocyprianischen Schrift De rebapt 6 vermerkt). Bei Justin wird in 2Apol 6 diese exorzistische Richtung greifbar, wenn der Apologet erfolgreiche Exorzismen im Namen Jesu durch „viele" Christen benennt und gegen den Dilettantismus heidnischer „Kollegen" absetzt. Auch Tertullian, der sich in seiner Apologie und zuvörderst in Kap. 37 über den Segen des christlichen Exorzismus ausspricht, scheint – wie explizit in De corona 11 – davon auszugehen, dass jeder Christ die Befähigung zum Exorkisieren habe. In den Pseudoclementinen wird dieser Faden weiter aufgenommen, wenn Petrus in Hom 9,19 (par Recog 4,32) jeden Christen aufgrund der Taufe befähigt sein lässt, andere durch Exorzismus zu heilen.[6]

Damit stoßen zwei verschiedenartige Konzepte bei der Frage nach den legitimen Exorzisten aufeinander. Hier wenig Berufene, die, in die kirchliche Hierarchie eingebunden, ihres Amtes walten. Dort die Masse der Getauften, die durch die Taufe allein zur Austreibung der Dämonen befähigt ist. Also: Wer darf exorzisieren – besondere Amtsträger oder jeder Christ?

Das Ringen um eine Antwort auf diese Frage spiegelt sich schon früh in den Evangelien. Auf diesem Hintergrund ist sicherlich Mt 7,22f zu lesen: „Viele", die in Jesu Namen böse Geister ausgetrieben haben, werden am jüngsten Tage von Jesus als „Übeltäter" bezeichnet werden. Hier ist eine exorzistische Massenbewegung vorausgesetzt, von der sich Matthäus distanziert. Markus vertritt in dieser Frage anscheinend ein anderes Konzept. Die Jüngeranfrage in Mk 9,38 kann als Position der Engführung auf die Profis, die Antwort Jesu (und damit des Evangelisten) als die der Ausweitung verstanden werden: Wenn auch andere als die von Jesus Berufenen exorzisieren, hat Jesus (und damit der Evangelist) nichts dagegen. In dieser Hinsicht nimmt Markus eine wesentlich liberalere Position ein als Matthäus in Mt 7,22f. Auch die Polemik gegen missionierende Exorzisten im pseudoclementinischen Brief De virginitate 1,10-12 dürfte eine Frucht dieser Auseinandersetzung sein, denn der Brief wendet sich deutlich gegen Wanderasketen, die unter anderem mit der

---

6   Zum Text: vgl. oben S.75.

Gabe der Austreibung böser Geister ausgestattet sind und diese massenwirksam einsetzen.[7]

Diese Auseinandersetzung erhält im Lauf des 4. Jahrhunderts mit der Entstehung der frühen Hagiographien neue Impulse. Ein Blick in den „Antirrhetikos" des Evagrius Ponticus,[8] in die „Vita Antonii" des Athanasius[9] oder in weitere frühe hagiographische Werke umreißt eine ganz eigene Art von Exorzisten: Menschen, die die Einsamkeit und Askese der entstehenden großkirchlichen Gemeinschaft vorziehen und, wie man in den Hagiographien nicht müde wird zu betonen, eigenständig und erfolgreich Dämonen austreiben. Die Frage nach dem legitimen Exorzisten reiht sich hier in die Spannungsfelder zwischen den beiden „τρόποι" ein, nach denen laut Euseb, Dem ev 1,8 christliches Leben führbar sei, das asketisch-mönchische und das dem staatlichen und sozialen Dasein aufgeschlossene. *Cum grano salis* werden uns hier zwei Großgruppen vor Augen geführt, eine in kirchliche Ämter gegliederte, in dörflicher oder städtischer sozialer Struktur lebende Gemeinschaft und eine andere Gruppe, die eben diesen sozialen Verbindungen bewusst flieht – wie es sich etwa in der Vita Pauli sowie in der Vita Hilarionis in einer bewussten Stadtfeindlichkeit äußern konnte.[10] Nach der Darstellung von K.S. Frank zum christlichen Mönchtum weist dieses Spannungsverhältnis, zugespitzt in Cassians Bonmot aus dem 5. Jahrhundert, der Mönch müsse vor allem den Bischof und die Frau fliehen, weit in die aufkommende Wüstenaskese des 3. nachchristlichen Jahrhunderts zurück.[11] Die einschlägigen frühen hagiographischen Texte sind nun sicherlich keineswegs einheitlich oder verweisen gar auf eine uniforme Trägergruppe – man denke nur an die Unterschiede zwischen Koinobiten und Anachoreten oder an gelegentliche Gegenschriften, wie es etwa die Vita Pauli für die Vita Antonii oder die Regel des Basilius von Caesarea gegen das Anachoretentum darstellt.[12] Dennoch sind sie bezüglich exorzistischer und dämonologischer Themen recht konform und zeigen auch in ihrer Dämonologie in manchen Punkten weitreichende Übereinstimmung mit unserem TSal – was nicht verwundern mag, da ihre Vorstellungswelt dem gleichen spätantiken Milieu zugeordnet werden kann:[13] Nach den hagiographischen Darstel-

---

7 Vgl. Schöllgen, 1998, 48f.

8 Text: syr. mit griech. Rückübersetzung bei Frankenberg, 1912; griech. PG 40, 1271ff, deutsche Übersetzung teilw. bei Zöckler, 1912, 104ff.

9 Text nach Bartelink, 1994; deutsch von Stegmann, 1917. Zur Dämonologie: Brunert, 1994, 69f.

10 Vgl. Brunert, 1994, 102f.

11 Joh. Cassian, De inst coenob 11,18; vgl. Frank, 1993⁵, 16f; Markschies, 1997, 171.

12 Vgl. hierzu Brunert, 1994, 74ff.121ff.

13 Gegen Schneemelcher, 1980, 384, der in der Dämonologie der Vit Anton „keine Hinweise auf den volkstümlichen Dämonenglauben, wie er uns etwa in den Zauberpapyri begegnet" erkennen kann. Dies erscheint mir angesichts der vorausgesetzten Körperhaftigkeit, der Fähigkeit zur Gestaltveränderung, der schädigenden Wirkung der Dämonen sowie der Möglichkeit,

lungen kommen Dämonen von außen an die Heiligen heran und schädigen sie – Antonius etwa wird von ihnen des Nachts sogar körperlich schwer versehrt (Vit Anton 8ff).[14] Dämonen sind körperlich gedacht und können ihre Gestalt ändern (Vit Anton 25.28). Dabei tragen sie durchaus auch anthropomorphe Züge, der Teufel (stets als der Dämonenfürst genannt) begegnet etwa in Gestalt eines „schwarzen Knaben" (Vit Anton 6).

Auch das Thema des übermenschlichen, prophetischen Wissens der Dämonen wird berührt: Nach Vit Anton 31 sind sie nur aufgrund ihrer leichteren Körperhaftigkeit schnell und sehen mehr, weil sie den Menschen vorauseilen können.

Diese Dämonen werden nun von den Asketen bezwungen; oft genug geschieht dies in Auftragsarbeit, sie werden zu einem Besessenen gerufen, oder aber die Asketen werden in ihrer Einsamkeit von den Dämonen heimgesucht und überwinden sie mit ihrer Lebensführung.

Dies genau ist nun der Punkt, an dem das TSal den hagiographischen Berichten – trotz der zeitlichen Nähe der Abfassung, wenn unsere Datierung des TSal, die in der Einleitung gegeben wurde, zutrifft – entgegensteht. Trotz der teilweise ähnlichen Dämonologie zu den frühen Hagiographien begegnet uns im TSal ein ganz anderer Typ eines Exorzisten: Salomo ist eben kein Asket wie die mönchischen Exorzisten, sondern ein König, dessen Hang zum Luxus legendär ist. Er ist geradezu der Antitypos eines Asketen, und dies scheint mir ein ernster Hinweis dafür zu sein, dass die „Grundschrift" des TSal in der zeitgenössischen Auseinandersetzung mit der entstehenden hagiographischen Literatur zu lesen ist. Wagt man damit eine Lektüre des TSal in dieser so skizzierten Textwelt, so wäre es folgende Botschaft, die uns das TSal vermittelt:

Der Prototyp eines Exorzisten ist kein Asket, sondern gerade das Gegenteil. Es ist der legendäre jüdische König und als „Sohn Davids" Vorfahre Jesu. Er ist einer Absage an weltlichen Luxus völlig unverdächtig und tut auch Dinge, die ein Asket niemals tun würde: Er baut den prächtigen Tempel, empfängt in Kap. 19–21 Frauen, nämlich die Königin von Saba und überdies wäscht er sich in Kap. 13,2, und dies auch noch auf Geheiß einer Dämonin (etwas, was Antonius, folgt man Vit Anton 47, nie tun würde!). Seine exorzistische Macht zeigt sich nicht in der Wüste oder in der Einöde, sondern im Zentrum seines Reiches, in Jerusalem, wo der Tempel gebaut wird, das Vorbild für die Grabeskirche. Er erweist sich auch als Herr über die Wüstendämonen, doch hierfür geht er nicht in die Wüste: Gerade gegen parallele, aus dem arabischen Raum stammende Salomotraditionen, in denen der König auf einem fliegenden Teppich reist, oder auch gegen die Berichte, dass er die Königin von Saba besucht habe, bleibt Salomo im TSal ortsfest. Er lässt die Dämonen vor sich

---

sie formelhaft zu beschwören als zu pauschal ablehnend. Die folgende Skizze lehnt sich an die Gliederung der Dämonenvorstellung des TSal oben in Kap. 4.2.2. der Einleitung an.

14 Vgl. Schneemelcher, 1980, 382f.

antreten und auch den Wüstendämon Ephippas ab Kap. 22 vor sich in die Stadt Jerusalem zum Tempel bringen, und damit ist die Wirkstätte des Protoexorzisten Salomo deutlich markiert: nicht die Wüste, sondern der Tempel in Jerusalem, der im 4. Jahrhundert als das typologische Analogon zur Grabeskirche gesehen werden konnte.

Vor allen Dingen aber suggeriert das TSal noch eines: Nicht jeder kann Exorzist sein! Eigentlich kann es nur Salomo selbst, da ihm die Macht des Ringes übertragen wurde. Der Ring als Ausdruck der Kraft Gottes, die ihm in Kap. 1 von Michael übergeben wurde, dies allein befähigt zum Exorzismus. Doch er kann den Ring auch an besondere Personen weitergeben, so dass diese exorzistisch wirken können. In Kap. 1 ist es sein Lieblingsdiener und in Kap. 22 ein weiterer Diener, der den Wüstendämon nach Jerusalem bringen soll. Diese beiden haben eines gemeinsam: Sie sind am Palast – der Diener in Kap. 1 sogar am Tempel selbst – angestellt und damit Amtsträger. Das deutliche Lesersignal liegt auf der Hand: Exorzisten sind nur dann legitim, wenn sie als Amtsträger den „Ring" zur Verfügung haben – und dieser wird, wenn wir den Bericht über die Karfreitagsliturgie Egerias ernst nehmen dürfen,[15] ab dem 4. Jahrhundert in der Grabeskirche in Jerusalem als Reliquie aufbewahrt und spielt auch in der Liturgie eine Rolle. Allein die Geisteskraft des Soter, wie die Befähigung zum Exorzismus in der Vit Anton 38 genannt wird, reicht demnach nicht aus. Der Ring ist vonnöten.

Doch gibt es bei den Exorzistentypen der Heiligenlegenden und des TSal auch Gemeinsamkeiten. So ist hier die Ablehnung magischer Riten einerseits und die Wertschätzung des Gebetes andererseits zu nennen. Die Gebete Salomos und seine fromme, devote Hinwendung zu Gott sind konstitutives Element und in Kap. 1 auch die Grundvoraussetzung dafür, warum der König überhaupt den Ring erhält. Auch die deutlichen Vorbehalte gegen sexuellen Liberalismus, die sich im TSal immer wieder zwischen den Zeilen zeigen (vor allem in Kap. 26) können als verbindende Elemente mit dem Exorzistentypen der hagiographischen Literatur gelesen werden.

Damit dürfte die Position des TSal bei der Frage nach dem legitimen Exorzisten klar sein: Fromm und nicht geschlechtlichen Begierden unterworfen hat der Exorzist zu sein, aber kein mönchischer Asket. Auch nicht „irgendwie" geistbegabt. Sondern ein besonderer Amtsträger in der Sukzession des Protoexorzisten Salomo, die sich im Besitz des „Ringes" ausdrückt. Dies grenzt die Trägergruppe stark auf Jerusalem ein.

Ein Seitenstück oder Vorläufer dieses Exorzistentypen könnte hier in der Kyriakoslegende und speziell im „Gebet des Kyriakos" entdeckt werden.[16] Kyriakos ist ein dreijähriges Wunderkind aus einer edlen Familie, das während

---

15   Vgl. oben Einleitung S.27.
16   Vgl. Dillmann, 1887; Greßmann, 1921.

seines Martyriums ein Gebet spricht, in dem es um die Vision der Überwindung des Teufels und der Dämonen geht. Die auffallende Übereinstimmung mancher Dämonenvorstellungen – Kyriakos sieht beispielsweise Hippokentauren und Onokentauren – lässt eine traditionsgeschichtliche Nähe zum TSal erkennen. Doch vor allem ist es die immer wiederkehrende Reichtumsmetaphorik (Rubin, Perlen, Stola), die Anbindung an die und keineswegs Distanzierung von der Kirche („meine Mutter ist die Kirche"), das Gebet als Ort, in dem die Überwindung der Dämonen geschieht und letztendlich die Einzigartigkeit des Überwinders, in diesem Fall Christus, die das Exorzistenethos aus dem „Gebet des Kyriakos" an das TSal heranrücken lassen.

Liest man also das TSal im Zusammenhang mit der hagiographisch-exorzistischen Literatur, so gewinnt es an Kontur: Es bezieht eindeutig Stellung zur im Christentum kontrovers diskutierten Frage nach dem legitimen Exorzisten. Auf die Frage: „Wer kann exorkisieren?" übermittelt das TSal die Botschaft: Amtsträger mit kirchlicher Anbindung, keine freien Asketen.

2 Wie kann exorkisiert werden?

Nun stellt sich nachfolgend die zweite Frage, wie man sich die Dämonen untertan macht. Ablehnend stehen die frühchristlichen Autoren der Dämonenbeschwörung durch „magische Praktiken" gegenüber. Dabei dürfte „Magie" allerdings eine Fremdbezeichnung sein, ein polemischer Vorwurf, den man für sich selbst unbedingt vermeiden möchte. Tatsächlich gehört der Magievorwurf auch im Zusammenhang mit der Dämonenbeschwörung zum Repertoire antiker Polemik und ist ein üblicher Topos, um den jeweiligen Gegner unmöglich zu machen. Dies ist in der Umwelt des Christentums der Fall, wie es uns etwa in den beiden erhaltenen Magieprozessen gegen C. Furius Cresimus, belegt bei Plinius, NH 8,41-43 und gegen Apuleius von Madaura begegnet; und es wird auch im innerchristlichen Diskurs mit Erfolg angewendet. Als ein ausführlicheres Beispiel für die innerchristliche Magiepolemik im Zusammenhang mit einer Dämonenbeschwörung soll hier die Stimme des Irenäus in Haer 1,13,3 gegen die charismatische christliche Führungspersönlichkeit Markus geltend gemacht werden. Irenäus räsoniert hier über die prophetischen Fähigkeiten des Markus, die er möglicherweise mit Hilfe eines Beistandsdämon entfalten könne (εἰκὸς δὲ αὐτὸν καὶ δαίμονά τινα πάρεδρον ἔχειν, δι᾽ οὗ αὐτός τε προφητεύειν δοκεῖ).[17] Diese sicherlich mit polemischer Spitze formulierten Aussagen könnten allerdings durchaus auf einen Kern wohlwollender Meinungen über Markus zurückgreifen, denn im zeitgenössischen Kontext ist es keineswegs unüblich, die prophetische Gabe bestimmter besonderer Menschen

---

17   Text nach Brox, 1993, 218.

durch Eingebung vonseiten eines Dämon zu begründen.[18] Dies mag als eine Entfaltung des „δαιμόνιον" des Sokrates in seiner Apologie (Plato, Apol 31D) gesehen werden, dank dessen er in der Wirkungsgeschichte bei Philostrat in der Vita Apollon 1,2 Kommendes vorherwusste bzw. in 8,7,9 Zukünftiges lernte.[19] Auch Apollonios selbst wird von Philostrat in seiner Fähigkeit der prophetischen Rede dargestellt, die er durch Kontakt mit seinem Dämon erhält. Diese Darstellung hat bei Philostrat allerdings eine polemische Spitze und richtet sich explizit gegen die interpretatio magica von Apollonius' prophetischen Fähigkeiten: In 5,11f. etwa sagt Apollonius die Herrschaftsverhältnisse des Vierkaiserjahres 68/69 richtig voraus, und Philostrat beeilt sich zu betonen, dies habe er „δαιμονίᾳ κινήσει προεγίγνωσκε" und nicht durch Goetie. In 8,7,9f wird er beschuldigt, die Pest von Ephesos durch Zauberei genau vorausgesagt zu haben und verteidigt sich mit dem Hinweis auf die prophetischen Gaben von Sokrates, Thales und Anaxagoras sowie durch die Äußerung, dass er das Wissen um Zukünftiges – unter Voraussetzung der Reinheit – durch ἡ ὀμφὴ τοῦ δαιμονίου (8,7,10) erhalte. Die Begründung prophetischer Fähigkeiten durch einen Dämon will an diesen Stellen explizit nichtmagisch verstanden sein.

In diesem Zusammenhang ist es durchaus denkbar, dass Aussagen über die durch einen Dämon hervorgerufenen prophetischen Fähigkeiten des Markus zunächst wohlwollend von Sympathisanten kolportiert worden sind. Diese dürften nicht identisch mit den christlichen Anhängern des Markus sein, da in diesem Rahmen stets zur Begründung prophetischer Fähigkeiten von der „charis" die Rede ist, nicht von einem „daimonion". Man kann sich hier vorstellen, dass die Fähigkeiten des Markus auch in nichtchristlichem Umfeld tradiert und interpretiert, dann aber von Irenäus aufgegriffen und magisch umgedeutet wurden. Dies ließe sich auch auf literarischer Ebene plausibel machen, indem der redaktionelle Eingriff des Irenäus in die von den Sympathisanten kolportierte Tradition unterstrichen dargestellt wird: Εἰκὸς δὲ αὐτὸν καὶ δαιμονά τινα πάρεδρον ἔχειν, δι' οὗ αὐτός τε προφητεύειν δοκεῖ. Prophetie aufgrund eines Dämons wäre damit Tradition; dass es sich dabei jedoch nicht um so etwas wie das „Dämonische" des Sokrates, sondern um einen durch Magie hervorgebrachten Paredros handelt, wäre dann die interpretatio magica

---

18 Gegen Förster, 1999, 94ff, der hier ausschließlich antignostische bzw. magische Polemik des Irenäus sieht. Allerdings wird bei den von Förster angegebenen Belegstellen die Verbindung zwischen einem Paredros und der Fähigkeit der Prophetie nicht deutlich; diese Verbindung ist durch die o.a. Vergleichstexte besser begründbar.

19 Vgl. hierzu die Ausführungen zum Begleitdämon bei du Toit, 1999. Zusätzlich zu den von diesem angegebenen Belegen sei noch die Darstellung der Pythia bei Ps-Longinus, „Vom Erhabenen" 13,2 angeführt: Wenn sich die Pythia dem Dreibock über dem Erdspalt naht, so „wird sie dort mit der dämonischen Macht geschwängert und kündet sogleich die eingehauchten Weissagungen" (αὐτόθεν ἐγκύμονα τῆς δαιμονίου καθισταμένην δυνάμεως παραυτίκα χρησμῳδεῖν κατ' ἐπίπνοιαν).

des Irenäus. Wenn diese Analyse richtig ist, so wäre hier ein deutliches Beispiel für die polemische und böswillige „interpretatio magica" der Dämonenbeschwörung im innerchristlichen Diskurs gegeben. Auch das Summarium bei Irenäus Haer 2,31,2 gegen die Simonianer und die Karpokratianer kann in diesem Zusammenhang gesehen werden. Auf diesem Hintergrund ist es nur verständlich, wenn sich christliche Autoren gegen die Magiepolemik verwahren, die gegen sie anklingen konnte. Einschlägiges Beispiel ist die gelehrte Anfeindung des Celsus, der etwa in Orig, Cels 1,68 die Christlichen Wunder und Exorzismen mit der Goetie der Gaukler vergleicht. Origenes beeilt sich, derartiges zu widerlegen und nennt etwa in Cels 7,4 das Gebet und „einfache Beschwörungsformeln" als einziges Werkzeug eines christlichen Exorzisten.

Damit ist für die Frage nach der legitimen Art und Weise des Exorzisierens eine Richtung gewiesen, die schon im Neuen Testament angelegt ist: Die Stellen, die auf eine Anleitung zum Exorzismus hin gelesen werden können, weisen in Richtung Gebet und Frömmigkeit: So jedenfalls ist das Sondergut in Mk 9,28f zu verstehen, wo Jesus die Jünger nach einem missglückten Exorzismus belehrt, „diese Art" fahre lediglich durch das Gebet aus. Auch Eph 6,10-20 weist in die gleiche Richtung: Gegen die bösen Geister hilft die geistige Waffenrüstung und vor allem das Gebet, und diese Linie wird in der Auslegungstradition breit rezipiert.

Auch scheinen formelhafte Beschwörungen als legitime Anrufungen gegolten zu haben. So jedenfalls ist es zu verstehen, wenn Cyprian in Demetr 15 von geistlichen Geißeln und folternden Worten beim christlichen Exorzismus spricht. Wie W. Heitmüller in seiner klassischen Monographie zum Thema hervorgehoben hat,[20] ist der „Name Jesu" als wirkmächtige Anrufung bei christlichen Exorzismen verwendet worden. Dies ist schon in Acta 19,13-17 angelegt und wird recht früh bei Justin in Dial 85 in einer Polemik gegen jüdische und heidnische Anrufungen und danach durch Origenes in Cels 1,6 explizit gemacht.

Mit der Ablehnung magischer Praktiken bleibt demnach das reine Wort für den christlichen Exorzisten übrig, sei es in Form eines Gebetes zu Gott oder als direkte Exorzismusformel, etwa „im Namen Jesu", oder, wie es besonders im Antirrheticus des Evagrius Pontikus deutlich wird, in der Rezitation von Bibelversen. Angesichts der unzähligen christlich-magischen Relikte, etwa in Form von Siegeln oder Gemmen, sei allerdings nochmals auf die Einteilung im Kommentar zu TSal 1 in apotropäische und exorzistische Siegel hingewiesen: Es geht nicht darum, wie man sich vor einem Dämon passiv *schützt*. Es geht darum, wie man ihn aktiv *austreibt*, und dies geschieht hier, so die allgemeine frühchristliche Überzeugung, durch Gebet und direkte Anrufung im Namen Jesu. Das Kreuzzeichen dagegen, das uns – beispielsweise bei Laktanz in Div

---

20 Vgl. Heitmüller, 1903.

inst 2,15 und 4,27 – auch im Zusammenhang mit der Überwindung böser
Geister begegnet, dürfte dagegen eher als apotropäisches Zeichen, also dem
passiven Schutz gegen feindliche Angriffe dienen; dies wird auch in der frühen
hagiographischen Literatur deutlich: in Vita Anton 13 weist Antonius die
Menschen an, sich mittels des Kreuzzeichens vor den Angriffen der Dämonen
zu schützen.[21]

Die besondere Stellung des Gebetes bei der Überwindung der bösen Geister haben nun das TSal und die frühen Hagiographien, wie oben schon angedeutet wurde, auf jeden Fall gemein. Auch der bedingungslose Glaube als
Voraussetzung zu einer erfolgreichen Überwindung der Geister ist den Wü-
stenmönchen wie auch Salomo zueigen – und als Salomo in TSal 26 sich von
Gott abwendet, wird er den Geistern zum Gespött.

Doch unterscheidet sich das Ethos des TSal und der Hagiographien an einem wesentlichen Punkt, und dies ist die Einbeziehung der asketischen Lebensführung in die exorzistische Praxis. Schon bei den Trägergruppen der
pseudoclementinischen Briefe De virginitate (1,12) etwa sind Fasten und Gebet
die legitimen exorzistischen Mittel – neben dem Gebet kommt es nun darauf
an, dass sich der Mensch durch Askese kasteit, um den Dämonen Widerstand
zu bieten. Antonius überwindet die vom Teufel eingegebenen Gedanken in Vit
Anton 5 und 22 durch das Gebet und durch Fasten, und in Kap. 30 wird dies
als „rechte Lebensführung" bezeichnet. Evagrius reiht in Antirrh, gegliedert
nach den acht Lastergedanken, Bibelzitate zur Verwendung im Dämonen-
kampf auf; er weist jedoch explizit darauf hin, dass vollkommenes Fasten und
Gebet Voraussetzungen für den erfolgreichen Kampf gegen die Dämonen
seien. Diese Art der Überwindung der Geister setzt auch eine besondere Ansicht voraus, wie die Dämonen wirken. Sicherlich kommen Dämonen von
außen und fügen den Heiligen auch körperlichen Schaden zu, doch sie wirken
auch ganz besonders durch die Gedanken. Das Innere des Menschen, seine
gedankliche Welt in der Einsamkeit wird dämonisch affiziert, und dem wider-
steht der Asket durch hartes Fasten. Dies kommt im Antirrheticos des Evagrius
besonders gut zum Ausdruck:[22] genannt werden die γαστριμαργία, πορνεία,
φιλαργυρία, ὀργή, λύπη, ἀκηδία, κενοδοξία und ὑπερηφανία. Vergleicht man dies
nun mit der Siebenerliste in TSal 8, mit ἀπάτη, ἔρις, Κλωθώ, ζάλη, πλάνη, δύναμις
und κακίστη, so fällt die deutliche Tendenz auf: Bei beiden Listen geht es um
Affekte des Menschen, die in dämonischer Weise auf uns einwirken. Doch der
Unterschied besteht im Verhältnis der Dämonen zu diesen Affekten. Während
es sich, wie es im Kommentar oben zu TSal 8 deutlich werden sollte, im TSal
um Dämonen handelt, die auf unsere Affekte einwirken und uns streitlustig,

---

21   Zum Kreuzschlagen allgemein vgl. Dölger, 1958; auch Schneemelcher, 1980, 390ff.
22   Vgl. auch hier den unter dem Namen des Nilus Ancyranus tradierten, wohl von Evagrius
     stammenden Abriss De octo spiritibus malitiae in Mignes PG 79, 1145-67.

betrügerisch und dergleichen machen, ist es bei Evagrius anders. Den Passus in Frankenbergs griechischer Rückübersetzung beispielsweise μαχεσθαι πρωτον λογισμοις δαιμονος της γαστριμαργιας[23] kann ich nur so verstehen, dass es sich bei der γαστριμαργία tatsächlich um den Dämon handelt, der entsprechende Gedanken hervorruft. Die Dämonen rufen hier nicht nur Gemütsregungen hervor, sondern sie sind diese Affekte selbst, stecken in uns und wecken entsprechende Gedanken. Dies hat traditionsgeschichtliche Vorläufer, beispielsweise in der Liste im Traktat „Vom Ursprung der Welt" in NHC 2,5,106,19ff und stellt im gegenwärtigen Zusammenhang einen wesentlichen Unterschied zur Dämonologie des TSal dar. Als weiterer Unterschied kann die Art der Gemütsregungen angesprochen werden. Die Liste in TSal bezieht sich auf Streit im zwischenmenschlichen Bereich. Bei Evagrius sind die Affekte eher individualpsychologischer Natur und betreffen weniger Auseinandersetzungen zwischen Menschen.

In den Hagiographien sind also, zusätzlich zu den Dämonen, die von außen herankommen, die eigenen Gemütsregungen dämonisiert und können durch Fasten überwunden werden. Dies ist so beim TSal nicht der Fall. Die Botschaft ist hier eher die: Dämonen sind nicht in euch, sondern sie kommen von außen und wirken in euer Innerstes ein. Dies ist eine wesentliche Voraussetzung dafür, wie man mit den Dämonen fertig werden kann: Während in der hagiographischen Literatur das Fasten eine besondere Rolle spielt, sind es im TSal letztlich die Himmelsmächte, die die Dämonen überwinden und bei manchen Exorzismen auch tatkräftig mitwirken – es sei daran erinnert, dass Salomo nicht selten zusätzlich zum Gebrauch des Ringes noch den zuständigen Überwinderdämon hinzubittet.

Wagt man nun auch hier, das TSal in der Textwelt der frühen Hagiographien zu lesen, so wäre Botschaft folgende: Wichtige Voraussetzungen bei der Unterwerfung der Dämonen sind die Frömmigkeit des Exorzisten und das Gebet. Doch Askese ist kein Thema. Dämonen werden von den Himmelsmächten unterworfen, nicht vom Werk der Enthaltsamkeit. Aus diesem Grunde ist die Kenntnis der Namen der jeweiligen Himmelsmacht wichtig und wird auch im TSal immer wieder thematisiert: Diese Engelmächte können damit, wie es in den exorzistischen Gebeten des 4. Jahrhunderts auch immer wieder geschieht, angerufen werden.

Folgt man den oben angerissenen Argumentationsgängen, so nimmt das TSal in der exorzistischen Literatur des 4. Jahrhunderts eine besondere Stellung ein. Es bezieht Position gegen die hagiographischen Berichte von asketischen und von jeder Amtsstruktur freien christlichen Dämonenbeschwörer zugunsten weniger, kirchlich beauftragter und damit in die Kirchenhierarchie eingebundener, professioneller Exorzisten in der Nachfolge des Protoexorzisten

---

23   Frankenberg, 1912, 475.

Salomo. Es tut dies auf eine ähnliche Weise wie die frühen Hagiographien, indem es in romanhafter Weise und mit biographischer Ausrichtung den Aspekt der Unterhaltungsliteratur berücksichtigt und damit eine breite Leserschaft ansprechen möchte. Insofern wäre es, zugespitzt formuliert, eine Werbeschrift für das Jerusalemer Zentralheiligtum Konstantins im 4. Jahrhundert, die dabei werbewirksam an der verbreiteten Angst vor Dämonen ansetzt. „Wir können am besten mit Dämonen umgehen – nicht die asketischen Anachoreten", so suggeriert die Schrift dem frühen Leser. „Wir haben den Ring Salomos und sind damit legitime Nachfolger des Protoexorzisten." Die Rezeption aller möglicher Dämonengestalten, nicht nur aus der biblischen Tradition, sondern auch aus Arabien und aus der griechisch-römischen Mythologie gibt dem Werk dabei einen universalistischen Zug: „Wir treiben Ihnen jeden Dämon aus", so würde es vielleicht ein moderner Werbefachmann formulieren.

Es scheint damit dem Zeitgeschmack entsprochen zu haben. Schon bald wurde die „Grundschrift" in zwei, schließlich in drei Rezensionen verbreitet, und womöglich kursierten auch einzelne Kapitel separat, wie es sich aus dem *rotulus* P.Vind.G 330 für TSal 18 schließen lässt; vor allen Dingen wurde es weiter tradiert und auch im Mittelalter und in der frühen Neuzeit weiter abgeschrieben.

Letztendlich verdient es auch, in seinem Reichtum der Traditionen und Vorstellungen als frühes christliches Dokument und als Beispiel für die Nachgeschichte der neutestamentlichen Vorstellungswelt weiterhin gelesen zu werden.

Literaturverzeichnis

Alexander, P.S., Incantations and Books of Magic, in: E. Schürer, The History of the Jewish People in the Age of Jesus Christ. A New English Version revised and edited by G. Vermes, F. Millar, M. Goodman III,1, 342-379, 1986.

Almqvist, Helge, Plutarch und das Neue Testament. Ein Beitrag zum Corpus Hellenisticum Novi Testamenti, Upsala 1946.

Alpers, Klaus, Untersuchungen zum griechischen Physiologus und den Kyraniden, in: Vestigia Bibliae 6, 13-87, 1984.

Anderson, Gary G./Stone, Michael E., A Synopsis of the Books of Adam and Eve. Second Revised Edition, Atlanta, GA 1999².

Andres, Friedrich, Die Engellehre der griechischen Apologeten des zweiten Jahrhunderts und ihr Verhältnis zur griechisch-römischen Dämonologie (Forschungen zur Christlichen Literatur- und Dogmengeschichte 12/3), Paderborn 1914.

Andres, Friedrich, Art. „Daimon", in: PRE Suppl. 3 267-322, 1918.

Andres, Friedrich, Art. „Angelos", in: PRE Suppl. 3, 102-114, 1918a.

Bain, David, ΜΕΛΑΝΙΤΙΣ ΓΗΣ in the Cyranides and Related Texts: New Evidence for the Origins and Etymology of Alchemy?, in: T. Klutz (Ed.), Magic in the Biblical World, 191-218, London – New York 2003.

Bain, David, Some Unpublished Cyranidean Material in Marc. Gr. 512 (678): Three Addenda to Meschini, in: ZPE 104, 36-42, 2004.

Baldi, Donatus, Enchiridion Locorum Sanctorum. Documenta S.Evangelii Loca Respicienda, Jerusalem 1982².

Baltzer, Eduard, Porphyrius vier Bücher von der Enthaltsamkeit (De abstinentia). Ein Sittengemälde aus der römischen Kaiserzeit, Leipzig 1879².

Bammer, Anton/Muss, Ulrike, Das Artemision von Ephesos. Das Weltwunder Ioniens in archaischer und klassischer Zeit, Mainz 1996.

Bartelink, Gerhardus J., Athanase d'Alexandrie: Vie d'Antoine (SC 400), Paris 1994.

Bartelink, Gerhardus J., Teufels- und Dämonenglaube in christlichen griechischen Texten des 5. Jahrhunderts, in: Demoen, Kristoffel (Hg.), La spiritualité de l'univers byzantin dans le verbe et l'image, 27-38, 1997.

Barth, Gerhard, Die Taufe in frühchristlicher Zeit, Neukirchen 1981.

Bauer, Walter, Griechisch-deutsches Wörterbuch zu den Schriften des Neuen Testaments und der frühchristlichen Literatur, hg. von Kurt und Barbara Aland, Berlin – New York 1988⁶.

Bauernfeind, O., Die Worte der Dämonen im Markusevangelium (BWANT III,8), Stuttgart 1927.

Becker, Carl (Hg.), Tertullian – Apologeticum. Verteidigung des Christentums, lateinisch und deutsch, Darmstadt 1992⁴.

Belayche, Nicole, Iudaea-Palaestina. The Pagan Cults in Roman Palestine (Second to Fourth Century), Tübingen 2001.

Benedettini di Montecassino (Hg.), Miscellanea Cassinese: ossia nuovi contributi alla storia, alle scienze e arti religiose/raccolti e ill. per cura dei PP. Benedettini di Montecassino, Montecassino 1897.

Benoît, André/Munier, Charles, Die Taufe in der alten Kirche (1.-3. Jahrhundert). Aus dem Französischen ins Deutsche übertragen von Annemarie Spoerri (Tradition Christiana IX), Bern – Berlin – Frankfurt – New York – Paris – Wien 1994.

Berger, Klaus, Zum Traditionsgeschichtlichen Hintergrund christologischer Hoheitstitel, in: NTS 17, 391-425, 1970.

Berger, Klaus (Hg.), Das Buch der Jubiläen (JSHRZ 2/3), Gütersloh 1981.

Bergson, L., Der griechische Alexanderroman, Rezension β, Stockholm 1965.

Berthelot, M., La chimie au moyen âge, Paris 1893.

Berthelot, M./Ruelle, C., Collection des anciens alchimistes grecs, Vol. 2, Paris 1888.

Betz, Hans-Dieter, Lukian von Samosata und das Neue Testament. Religionsgeschichtliche und paränetische Parallelen. Ein Beitrag zum Corpus Hellenisticum Novi Testamenti, Berlin 1961.

Betz, Hans-Dieter, The Greek Magical Papyri in Translation, including the demotic spells, Chicago London 1986.

Betz, Hans-Dieter, Jewish Magic in the Greek Magical Papyri (PGM VII.260-271), in: ders., Antike und Christentum. Gesammelte Aufsätze IB, 187-205, Tübingen 1998.

Beyer, Rolf, Die Königin von Saba. Engel und Dämon. Der Mythos einer Frau, Bergisch-Gladbach 1992².

Bieberstein, Klaus/Bloedhorn, Hanswulf, Jerusalem. Grundzüge einer Baugeschichte vom Chalkolithikum bis zur Frühzeit der osmanischen Herrschaft, Bde 1-3 (Beihefte zum Tübinger Atlas des Vorderen Orients, Reihe B, 100/1-3), Wiesbaden 1994.

Bingenheimer, Michael (Übers.), Lucius Apuleius von Madaura: De Deo Socratis. Vom Schutzgeist des Sokrates, Frankfurt a.M. 1993.

Black, M. (Hg.), Apocalypsis Henochi Graece, in: Denis, Albert-Marie/de Jonge, Marinus (Hg.), Pseudepigrapha Veteris Testamenti Graece, Vol. III, S. 5-44, Leiden 1970.

Blau, Ludwig, Das altjüdische Zauberwesen, Budapest 1898.

Blinzler, J., Lexikalisches zu dem Terminus τὰ στοιχεῖα τοῦ κόσμου bei Paulus, in: Analecta Biblica 17-18/II, 429-443, 1963.

Bloch, Peter, Art. „Löwe" in: LCI 3, Sp. 112-119, 1971.

Böcher, Otto, Dämonenfurcht und Dämonenabwehr. Ein Beitrag zur Vorgeschichte der christlichen Taufe (BWANT 90), Stuttgart – Berlin 1970.

Böcher, Otto, Christus Exorcista. Dämonismus und Taufe in Neuen Testament, Stuttgart, Berlin, Köln, Mainz 1972.

Böhlig, Alexander/Labib, Pahor (Hg.), Die Koptisch-Gnostische Schrift ohne Titel aus Codex II von Nag Hammadi im koptischen Museum zu Alt-Kairo, Berlin 1962.

Boll, Franz, Spaera. Neue griechische Texte und Untersuchungen zur Geschichte der Sternbilder, Leipzig 1903 (Hildesheim 1967).

Bonner, C., The Story of Jonah on a Magical Amulet, in: HThR 41, 31-37, 1948.

Bonner, C., Studies in Magical Amulets, chiefly Graeco-Egyptian, Ann Arbor 1950.

Bonnet, Maximilian (Hg.), Acta Apostolorum Apocrypha, Bd. 2: Acta Pilippi et Thomae accedunt acta Barnabae, Darmstadt 1959.

Bonwetsch, Nathanael, Die apokryphen Fragen des Bartholomäus, in: Nachrichten von der Gesellschaft der Wissenschaften zu Göttingen, Philol.-hist. Kl., Göttingen 1897.

Bornemann, Friedrich August, Conjectanea in Salomonis Testamentum Pars II, in: Biblische Studien von Geistlichen des Königreichs Sachsen Band 4, 28-69, Leipzig 1846.

Bornemann, Friedrich August, Conjectanea in Salomonis Testamentum Pars I, in: Biblische Studien von Geistlichen des Königreichs Sachsen Band 2, 45-60, Leipzig 1843.

Bornemann, Friedrich August, Das Testament des Salomo, aus dem Griechischen übersetzt und mit Einleitung und Anmerkungen begleitet, in: Zeitschrift für die Historische Theologie XIV/3, 9-56, Leipzig 1844.

Bousset, Wilhelm, Zur Dämonologie der späteren Antike, in: Archiv für Religionswissenschaft 18, 134-172, 1915.

Brinkschröder, Michael, Homosexualität und Dämonologie, in: Werkstatt Schwule Theologie 7/4, 248-259, 2000.

Brock, Sebastian, The Queen of Sheba's Questions to Solomon – A Syriac Version, in: Le Muséon 92, 331-345, 1979.

Brodersen, Kai, Salomon in Alexandria? Der weise Richter in 1 Könige 3, antiker Bildtradition und P.Oxy. 2944, in: Bartelmus, Rüdiger u.a., Konsequente Traditionsgeschichte, FS K. Baltzer (OBO 126), S. 21-30, 1993.

Brodersen, Kai (Hg.), Phlegon von Tralleis. Das Buch der Wunder und Zeugnisse seiner Wikungsgeschichte (TzF 79), Darmstadt 2001.

Brox, Norbert (Hg.), Irenäus von Lyon: Epideixis. Adversus Haereses – Gegen die Häresien I (FC 8/1), Freiburg u.a. 1993.

Brunert, Maria-Elisabeth, Das Ideal der Wüstenaskese und seine Rezeption in Gallien bis zum Ende des 6. Jahrhunderts, Münster 1994.

Busch, Peter, Der gefallene Drache. Mythenexegese am Beispiel von Apokalypse 12 (TANZ 19), Tübingen – Basel 1996.

Busch, Peter, Der mitleidende Hohepriester. Zur Rezeption der mittelplatoni-
    schen Dämonologie in Hebr 4,14f, in: v. Dobbler, Axel u.a. (Hg.), Reli-
    gionsgeschichte des Neuen Testaments, FS K. Berger, 19-30, Tübingen –
    Basel 2000.
Busse, Heribert/Kretschmar, Georg, Jerusalemer Heiligtumstraditionen in
    altkirchlicher und frühislamischer Zeit, Wiesbaden 1987.
Busse, Heribert, Tempel, Grabeskirche und Haram as-sarif. Drei Heiligtümer
    und ihre gegenseitigen Beziehungen in Legende und Wirklichkeit, in:
    Busse, H./Kretschmar, G., 1987, 1-27.
Calza, G., L´arte magica di Salomone nella tradizione letteraria e artistica, in:
    BCACR 46, 85f., 1918.
Cameron, Averil/Hall, Stuart, Eusebius – Life of Constantine. Introduction,
    Translation, and Commentary, Oxford 1999.
Charlesworth, James H., The Son of David: Solomon and Jesus, in: Borgen/Gi-
    versen (Ed.), The New Testament and Hellenistic Judaism, p. 72-87,
    Aarhus – Oxford – Oakville 1994.
Charlesworth, James H., The Son of David in Ante-Markan Traditions (Mk
    10,47), in: D.E. Barr et al. (Ed.), Biblican and Humane. A Festschrift for
    John F. Priest, 125-151, Atlanta 1996.
Charleworth, James H., The Pseudepigrapha and Modern Research (Septuagint
    and Cognate Studies 7S), Chico 1981².
Chastel, A., La légende de la Reine de Saba, in: RHR 120, 27-44, 1939.
Collins, John J., Testaments, in: Stone, M.E., Jewish Writings of the Second
    Temple Period, Vol. 2.2, 325-355, Assen/Philadelphia 1984.
Colpe, C./Holzhausen, J., Das Corpus Hermeticum Deutsch (2 Bde), Stuttgart
    1997.
Conybeare, F.C., The Testament of Solomon translated from the Codex of the
    Paris Library, after the Edition of Fleck, in: JQR 11, 1-45, 1898.
Conybeare, F.C. (Ed.), The Dialogues of Athanasius and Zachaeus and of
    Timothy and Aquila (Anecdeota Oxoniensia 8), Oxford 1898a.
Copenhaver, Brian P., Hermetica. The Greek Corpus Hermeticum and the
    Latin Asclepius in a New English Translation with Notes and Intro-
    duction, Cambridge U.K. 1992.
Cremer, Friedrich W., Die Chaldäischen Orakel und Jamblich, De Mysteriis,
    Meisenheim 1969.
Crusius, O., Plutarchi de proverbiis Alexandrinorum libellus ineditus, 1-24,
    Tübingen 1887.
Dalman, Gustaf, Golgotha und das Grab Christi, in: PJB 9, 100-105, 1913.
Daniel, Robert W., The Testament of Solomon XVIII 27-28, 33-40, in: Papyrus
    Erzherzog Rainer, Textband, 294-304, Wien 1983.
Deißmann, Adolf, Licht vom Osten. Das Neue Testament und die neuentdeck-
    ten Texte der hellenistisch-römischen Welt (vierte, völlig neu bearbei-
    tete Ausgabe), Tübingen 1923⁴ (1908).

Delatte, Armand, Testament de Salomon, in: Anecdota Atheniensia, T.1: Textes grecs inédits relatifs à l'histoire des religions, p. 211-227 (=Ms Bibliothèque Nationale No 2011), 1927a.

Delatte, Armand, Anecdota Atheniensia, T.1: Textes grecs inédits relatifs à l'histoire des religions, Liège/Paris 1927.

Delling, G., Die Taufe im Neuen Testament, Berlin 1963.

Deselaers, Paul, Das Buch Tobit. Studien zu seiner Entstehung, Komposition und Theologie (OBO 43), Fribourg – Göttingen 1982.

Dettwiler, Andreas/Zumstein, Jean (Hg.), Kreuzestheologie im Neuen Testament (WUNT 151), Tübingen 2002.

Dexinger, Ferdinand, Sturz der Göttersöhne oder Engel vor der Sintflut? Versuch eines Neuverständnisses von Genesis 6,2-4 unter Berücksichtigung der religionsvergleichenden und exegesegeschichtlichen Methode, Wien 1966.

Dickie, Matthew W., Magic and Magicians in the Greco-Roman World, London –New York 2001.

Dieterich, Albrecht, Nekyia. Beiträge zur Erklärung der neuentdeckten Petrusapokalypse, Leipzig – Berlin 1913².

Dieterich, Albrecht, Abraxas. Studien zur Religionsgeschichte des spätern Altertums, Leipzig 1891.

Dietzfelbinger, Christian (Hg.), Antiquitates Biblicae (Liber Antiquitatum Biblicarum), in: Dietzfelbinger, Christian (Hg.), JSHRZ, Band 2, Lieferung 2, Unterweisung in erzählender Form, Ps.Philo, Antiquitates Biblicae, Gütersloh 1975.

Dillmann, A., Über die apokryphen Märtyrergeschichten des Cyriakus mit Julitta und des Georgius, in: Sitzungsberichte der königlich-preussischen Akademie der Wissenschaften zu Berlin, Jahrgang 1887/1, 339-356, Berlin 1887.

Dodd, C.H., The Bible and the Greeks, London 1935.

Dölger, Franz Josef, Der Taufexorzismus im christlichen Altertum, Würzburg 1906.

Dölger, Franz Joseph, Sphragis. Eine altchristliche Taufbezeichnung in ihren Beziehungen zur profanen und religiösen Kultur des Altertums, Paderborn 1911.

Dölger, Franz Joseph, Beiträge zur Geschichte des Kreuzeichens, in: JAC 1, 10ff, Münster 1958.

Donner, Herbert, Der Felsen und der Tempel, in: ZDPV 93, 1-11, 1977.

Donner, Herbert, Pilgerfahrt ins Heilige Land. Die ältesten Berichte christlicher Palästinapilger (4.-7. Jahrhundert), Stuttgart 2002² (1979).

Döpp, Heinz-Martin, Die Deutung der Zerstörung Jerusalems und des Zweiten Tempels im Jahre 70 in den ersten drei Jahrhunderten (TANZ 24), Tübingen – Basel 1998.

Döpp, Siegmar/Geerlings, Wilhelm (Hg.), Lexikon der antiken christlichen Literatur, Freiburg – Basel – Wien 1998.

Doresse, J., The Secret Books of the Egyptian Gnostics, London 1960.

du Toit, David S., Die Vorstellung eines Begleitdämons in Philostrats Vita Apollonii, in: Wort und Dienst 25, 149-166, 1999.

Duensing, Hugo, Der Äthiopische Text der Kirchenordnung des Hippolyt, nach 8 Handschriften herausgegeben und übersetzt (Abh. D. Akad. D. Wiss. In Göttingen, Phil.-Hist. Klasse, 3. Folge, 32), Göttingen 1946.

Duling, Dennis, The Eleazar Miracle and Solomon's Magical Wisdom in Flavius Josephus Antiquitates Judaicae 8.42-49, in: Harvard Theological Revue 78, 1-25, 1985.

Duling, Dennis, The Testament of Solomon: Retrospect and Prospect, in: Journal for the Study of the Pseudepigrapha 2, S. 87-112, 1988.

Duling, Dennis, The Legend of Solomon the Magician in Antiquity: Problems and Perspectives, in: Proceedings of the Eastern Great Lakes Biblical Society 4, 1-22, 1984.

Duling, Dennis, Solomon, Exorcism, and the Son of David, in: Harvard Theological Revue 68, 235-252, 1973.

Duling, Dennis, Testament of Solomon, in: Charlesworth, J.H. (Hg.), The Old Testament Pseudepigrapha, Vol. I. Apocalyptic Literature and Testaments, 935-988, New York – London – Toronto – Sydney – Auckland 1983.

Duprèz, A., Jésus et les dieux guérisseurs. À propos de Jean, V (Cahiers de la Rbi 12), Paris 1970.

Eckardt, R., Das Jerusalem des Pilgers von Bordeaux (333), in: ZDPV 29,72-92 (+Taf. II), 1906.

Eco, Umberto, Das offene Kunstwerk, Frankfurt 1988³ (1962).

Eco, Umberto, Lector in fabula. Die Mitarbeit der Interpretation in erzählenden Texten, München – Wien 1998³.

Eco, Umberto, Die Grenzen der Interpretation, München 1999².

Ego, Beate, Das Buch Tobit (JSHRZ 2,6), Gütersloh 1999.

Ego, Beate, Im Himmel wie auf Erden. Studien zum Verhältnis von himmlischer und irdischer Welt im rabbinischen Judentum, Tübingen 1989.

Ego, Beate, Targum Scheni zu Esther. Übersetzung, Kommentar und theologische Deutung, Tübingen 1996.

Engelmann, H., Der griechische Alexanderroman. Rezension gamma, Buch II, Meisenheim 1963.

Engemann, Josef, Anmerkungen zu philologischen und archäologischen Studien über spätantike Magie, in: JbAC 43, 55-70, 2000.

Euringer, Sebastian, Das Netz Salomos. Ein äthiopischer Zaubertext, nach der Hs. im ethnographischen Museum in München herausgegeben, übersetzt und erläutert, in: Zeitschrift für Semitistik und verwandte Gebiete 6, 76-100.178-199.300-314, 1928.

Faraone, C./Obbink, D. (Eds), Magika Hiera. Ancient Greek Magic & Religion, New York – Oxford 1991.

Faust, Eberhard, Die stoicheia tou kosmou in Gal 4,3.9: Religionsgeschichtlicher Kontext und argumentative Funktion, in: D. Trobisch (Hg.), In Dubio Pro Deo, FS Theißen, 74-83, Heidelberg 1993.

Fauth, Wolfgang, Lilits und Astarten in aramäischen, mandäischen und syrischen Zaubertexten, in: Welt des Orients 17, 66-94, 1986.

Fehling, Detlev, Phallische Demonstration, in: Siems, Andreas Karsten (Hg.), Sexualität und Erotik in der Antike (WdF 605), 282-323, Darmstadt 1988 (1974).

Feldman, Louis H., Josephus as an Apologist to the Greco-Roman World: His Portrait of Solomon, in: Schüssler-Fiorenza, E. (Hg.), Aspects of Religious Propaganda in Judaism and Early Christianity, 69ff, Notre Dame 1976.

Fitzer, Gottfried, Art. „Sphragis", in: ThWNT 7, 939-954.

Fleck, F., Testamentum Salomonis, in: Wissenschaftliche Reise durch das südliche Deutschland, Italien, Sicilien und Frankreich II,3, Anecdota Maximam Partem Sacra, 111-140 [Repr. in Migne PG 122, 1315-1358], Leipzig 1837.

Fleischer, Robert, Artemis von Ephesos und verwandte Kultstatuen aus Anatolien und Syrien, Leiden 1973.

Förster, Niclas, Marcus Magus. Kult, Lehre und Gemeindeleben einer Valentinischen Gnostikergruppe. Sammlung der Quellen und Kommentar, Tübingen 1999.

Förster, Niclas, Der Exorzist El`asar: Salomo, Josephus und das alte Ägypten, in: J.U. Kalms (Hg.), Internationales Josephus- Kolloquium Amsterdam 2000, Münster 2001, 205-221.

Frank, Karl Suso, Geschichte des christlichen Mönchtums, Darmstadt 1993[5].

Frankenberg, W., Euagrius Ponticus (Abhandlungen der königlichen Gesellschaft der Wissenschaften zu Göttingen, Phil.-Hist. Klasse, N.F. 13/2), Berlin 1912.

Fuchs, Albert, Die Entwicklung der Beelzebulkontroverse bei den Synoptikern. Traditionsgeschichtliche und redaktionsgeschichtliche Untersuchung von Mk 3,22-27 und Parallelen, verbunden mit der Rückfrage nach Jesus, Linz 1980.

Fuller, R.H., Interpreting the Miracles, London 1963.

Gager, John G., Curse Tablets and Binding Spells from the Ancient World, Oxford 1992.

García Martínez, Florentino/Tigchelaar, Eibert J.C., The Dead Sea Scrolls Study Edition, Vol. One: 1Q1-4Q273, Vol. Two: 4Q274-11Q31, Leiden – New York – Köln 1997-1998.

Gaster, Moses, Two Thousand Years of a Charm against Child-stealing Witch, in: Studies and Texts in Folklore, Magic, Mediaeval Romance, Hebrew Apocrypha and Samaritan Archaeology, 1005-1038, 1928.

Gaster, Moses, Studies and Texts in Folklore, Magic, Mediaeval Romance, Hebrew Apocrypha and Samaritan Archaeology, Vol 1-3, London 1928.

Gaster, Moses, Beiträge zur vergleichenden Sagen- und Märchenkunde, in: Studies and Texts in Folklore, Magic, Mediaeval Romance, Hebrew Apocrypha and Samaritan Archaeology, 1252-1265, 1928.

Gelzer, Th/Lurje, M./Schäublin, Chr. (Hg.), Lamella Bernensis. Ein spätantikes Goldamulett mit christlichem Exorzismus und verwandte Texte (Beiträge zur Altertumskunde 124), Stuttgart und Leipzig 1999.

Georgiadou, A./Larmour, D.H.J., Lucian's „Verae Historiae" as Philosophical Parody, in: Hermes 126, 310-325, 1998.

Giannobile, Sergio, Medagliono magico-devozionali della Sicilia tardoantica, in: JbAC 45, 170-201, 2002.

Gignoux, P., Incantations magiques syriaques. Collection de la Revue des études juives 4, Louvain 1987.

Ginzberg, Louis, The Legends of the Jews, Bd. 6: Notes to Vol. 3 and 4 – from Moses in the Wilderness to Esther, Philadelphia 1946[3] (1928).

Gitler, H., Four Magical and Christian Amulets, in: Studium Biblicum Franciscanum 40, 365-374, 1990.

Giversen, Sören, Solomon und die Dämonen, in: M. Krause (Ed.), Essays on the Nag Hammadi Texts (NHS 3), 16-21, Leiden 1972.

Goodenough, Erwin R., Jewish Symbols in the Greco-Roman Period, Vol. 1-12, Kingsport/Tenn. 1953-1965.

Gorman, Michael J., Abortion & the Early church. Christian, Jewish & Pagan Attitudes in the Greco-Roman World, Downers Grove, Il. 1982.

Grabbe, L.L., The Jannes/Jambres Tradition in Targum Pseudo-Jonathan and its Date, in: JBL 98, 393-401, 1979.

Grappe, C., Jésus exorciste à la lumière des pratiques et des attentes de son temps, in: Rev Bibl 110/2, 171-196, 2003.

Graf, Fritz, Gottesnähe und Schadenzauber. Die Magie in der griechisch-römischen Antike, München 1996.

Graf, G., Geschichte der christlichen arabischen Literatur I, Città del Vaticano 1944.

Greenfiled, Richard H., A Contribution to the Study of Palaeontologan Magic, in: H. Maguire (Ed.), Byzantine Magic, Washington, 117-153, 1995.

Grensemann, Hermann (Hg.), Die Hippokrateische Schrift „Über die heilige Krankheit" (Ars medica II/1), Berlin 1968.

Greßmann, Hugo (Hg.), Das Gebet des Kyriakos. In: ZNW 20, 23ff., 1921.

Grimm, Jacob und Wilhelm, Kinder- und Hausmärchen, gesammelt durch die Brüder Grimm. Vollständige Ausgabe in einem Band, Zürich 2002 (Nachdr. v. 1946).

Grohmann, Adolf, Studien zu den Cyprianusgebeten, in: WZKM 30, 121-150, 1916.

Gronewald, M./Maresch, K./Römer, C. (Hg.), Kölner Papyri (P.Köln), Band 8 (Papyrologica Colonensia VII/8), Opladen 1997.

Grossfeld, Bernard, The Two Targums of Esther (The Aramaic Bible, Vol. 18), Edinburgh 1991.

Gundel, Wilhelm, Neue Astrologische Texte des Hermes Trismegistos. Funde und Forschungen auf dem Gebiet der antiken Astronomie und Astrologie (Abh. Bayr. Akad. d. Wissensch., phil.-hist. Abt., Neue Folge, Heft 1,2), München 1936a.

Gundel, Wilhelm, Dekane und Dekansternbilder. Ein Beitrag zur Geschichte der Sternbilder der Kulturvölker (Studien der Bibliothek Warburg 19), Glückstadt 1936.

Habermehl, Peter, Quaedam divinae mediae potestates. Demonology in Apuleius' De deo Socratis, in: Hofman, H./Zimmerman, M. (Hg.), Groningen Colloquia on the Novel, Vol VII, 117-142, Groningen 1996.

Hager, Fritz-Peter, Die Materie und das Böse im antiken Platonismus, in: C. Zintzen, Die Philosophie des Neuplatonismus (WdF 186), 427-473, Darmstadt 1977.

Hanhart, R., Text und Textgeschichte des Buches Tobit, Göttingen 1987.

Hanig, Roman, Christus als „wahrer Salomo" in der frühen Kirche, in: ZNW 84, 111-134, 1993.

Hanig, Roman, Die dämonologische Struktur des Engelwerks, in: Münchener Theologische Zeitschrift 43/3, 241-271, 1998.

Harder, Richard (Übers.), Plotins Schriften, Bd.I-VI, Hamburg 1956.

Harnack, Adolf von, Porphyrius „Gegen die Christen": 15 Bücher, Zeugnisse und Referate. Abhandlung der kön.preuss. Akademie der Wiss., phil.-hist. Klasse I, Berlin 1916.

Harnack, Adolf von, Die Mission und Ausbreitung des Christentums in den ersten drei Jahrhunderten, Berlin 1924[4].

Heeg, J. (Ed.), Hygromantia Salomonis, in: CCAG 8,2, 139-165, 1911.

Heid, Stefan, Kreuz, Jerusalem, Kosmos. Aspekte frühchristlicher Staurologie (JAC Erg. 31), Münster 2001.

Heid, Stefan, Der Ursprung der Helenalegende im Pilgerbetrieb Jerusalems, in: JAC 32, 41ff, 1989.

Heil, Gunter, Gregorii Nysseni Sermones, Pars II, Leiden 1990.

Heinze, Richard, Xenokrates. Darstellung der Lehre und Sammlung der Fragmente, Leipzig 1892.

Heitmüller, W., „Im Namen Jesu". Eine Sprach- und religionsgeschichtliche Untersuchung zum Neuen Testament, speziell zur altchristlichen Taufe (FRLANT 2), Göttingen 1903.

Hengel, Martin, Judentum und Hellenismus. Studien zu ihrer Begegnung unter besonderer Berücksichtigung Palästinas bis zur Mitte des 2. Jahrh. v. Chr., 3., durchgesehene Auflage, Tübingen 1988.

Hercher, R., Claudii Aeliani de natura animalium libri xvii, varia historia, epistolae, fragmenta, vol. 1, Leipzig 1971.

Hoevels, Fritz, Märchen und Magie in den Metamorphosen des Apuleius von Madaura (Studies in Classical Antiquity), Amsterdam 1979.

Hoffmann, Joseph (Ed.), Porphyry's Against the Christians. The Literary Remains, Oxford 1994.

Hogan, Larry P., Healing in the Second Temple Period, Göttingen 1992.

Hopfner, Theodor, Griechisch-ägyptischer Offenbarungszauber. Bd. 1, Leipzig 1921.

Hopfner, Theodor, Griechisch-ägyptischer Offenbarungszauber, Bd. 2, Leipzig 1924.

Hopfner, Theodor, Art. „mageia", in: PE 14/1, 301-393, 1928.

Hopfner, Theodor, Jamblichus – Über die Geheimlehren. Aus dem Griechischen übersetzt, eingeleitet und erklärt, Hildesheim – Zürich – New York 1987 (Leipzig 1922).

Hultgard, Anders, Art. „Adam III, Religionsgeschichtlich", in: TRE 1, 427-431, 1978.

Hurwitz, Sigmund, Lilith, die erste Eva – eine Studie über dunkle Aspekte des Weiblichen, Zürich 1980.

Istrin, V.M., Grieceski spiski zabesania Solomona (Griechische Manuskripte des Testaments Salomos), Odessa 1898.

Jackson, H.M., Notes on the Testament of Solomon, in: Journal of the Study of Judaism 19/1, 19-60, 1988.

Jacoby, Adolf, Der hundsköpfige Dämon der Unterwelt, in: Archiv für Religionswissenschaft 21, 219-225, 1922.

James, Montague Rhodes, The Testament of Solomon, in: Guardian Church Newspaper, 15. März, S. 367, 1899.

Janowitz, Naomi, Magic in the Roman World. Pagans, Jews, Christians, London 2001.

Janssen, Enno, Testament Abrahams, in: JSHRZ III,2, Gütersloh 1975.

Jeremias, Joachim, Wo lag Golgotha und das Heilige Grab?, in: J. Leipoldt (Hg.), AGGELOS. Archiv für neutestamentliche Zeitgeschichte und Kulturkunde, Bd 1, 141-173, Leipzig 1925.

Jeremias, Joachim, Der Eckstein, in: J. Leipoldt (Hg.), AGGELOS. Archiv für neutestamentliche Zeitgeschichte und Kulturkunde, Bd. 1, 65-70, Leipzig 1925b.

Jeremias, Joachim, Rezension zu C.C. McCown, The Testament of Solomon, Leipzig 1922, in: J. Leipoldt (Hg.), AGGELOS. Archiv für neutestamentliche Zeitgeschichte und Kulturkunde, Bd. 1, 84, Leipzig 1925c.

Jeremias, Joachim, Golgotha, Leipzig 1926.

Johnston, Sarah Iles, Hekate Soteira. A Study of Hekate's Roles in the Chaldean Oracles and Relatd Literature, Atlanta 1990.

Johnston, Sarah Iles, The Testament of Solomon from Late Antiquity to the Renaissance, in: Bremmer, J./Veenstra, J./Wheeler, B. (Ed.), The Metamorphosis of Magic from Late Antiquity to the Early Modern Period, Leuven 2002, 35-49.

Jordan, D./Kotansky, R., A Solomonic Exorcism, in: Nordrein-Westfäl. Akademie der Wissenschaften (Hg.), Papyrologica Colonensia VII/8: Kölner Papyri, Band 8, 53ff, 1997.

Jordan, D.R., The Inscribed Lead Tablet from Phalasarna, ZPE 94, 191-94., 1992.

Jordan, D.R., A New Reading of a Phylactery from Beyrut, in: ZPE 88, 61-69, 1991.

Kaimakis, Dimitris, Die Kyraniden (Beiträge zur Klassischen Philologie 76), Meisenheim 1976.

Kallis, A., Art. „Geister C II: Griechische Väter", in: RAC 9, Sp. 700-716, 1973.

Kaplony, Andreas, The Haram of Jerusalem 324-1099 (Freiburger Islamstudien XXII), Stuttgart 2002.

Klauck, Hans-Josef, Die antike Briefliteratur und das Neue Testament. Ein Lehr- und Arbeitsbuch, Paderborn – München – Wien – Zürich 1998.

Klutz, Todd E., The Archer and the Cross: Chronographic Astrology and Literary Design in the Testament of Solomon, in: ders. (Ed.), Magic in the Biblical World, 219-244, London – New York 2003.

Knobloch, Claudii Galeni Opera omnia, Hildesheim 1965 (repr. Leipzig 1826).

Koenen, Ludwig (Hg.), Die Prophezeiungen des ‚Töpfers', in: ZPE 2, 178-209, 1968.

Kollmann, Bernd, Jesus und die Christen als Wundertäter. Studien zu Magie, Medizin und Schamanismus in Antike und Christentum, Göttingen 1996.

Kollmann, Bernd, Göttliche Offenbarung magisch-pharmakologischer Heilkunst im Buch Tobit, in: ZAW 106, 289-299, 1994.

König, Roderich, C.Plinius Secundus d.Ä., Naturkunde Buch 37, Zürich 1994.

Kopp, Clemens, Die heiligen Stätten der Evangelien, Regensburg 1964².

Köppen, Klaus-Peter, Die Auslegung der Versuchungsgeschichte unter besonderer Berücksichtigung der Alten Kirche, Tübingen 1961.

Körtner, Ulrich H.J., Papiasfragmente, in: Körtner, U./Leutzsch, H., Papiasfragmente. Hirt des Hermas: Schriften des Urchristentums III, 3-103, Darmstadt 1998.

Koschorke, K., Das gnostische Traktat „Testimonium Veritatis" aus dem Nag-Hammadi-Codex IX. Eine Übersetzung, in: ZNW 69, 91-117, 1978.

Kotansky, Roy, Incantations and Prayers on Inscribed Greek Amulets, in: Faraone, C./Obbink, D. (Ed.), Magica Hiera, 107-137, 1991.

Kraus, Theodor, Hekate. Studien zu Wesen und Bild der Göttin in Kleinasien und Griechenland, Heidelberg 1960.

Krause, M./Labib, P. (Hg.), Asklepius, in: Krause/Labib, Gnostische und hermetische Schriften aus Codex II und Codex VI, Glückstadt 1971.

Krauss, S., Die Königin von Saba in den byzantinischen Chroniken, in: Byzantinische Zeitschrift 11, 120-131, 1902.

Krebs, Walter, Lilith – Adams erste Frau, in: ZRGG 27, 141-152, 1975.

Kretschmar, Georg, Festkalender und Memorialstätten Jerusalems in altkirchlicher Zeit, in: Busse/Kretschmar, Jerusalemer Heiligtumstraditionen in altkirchlicher und frühislamischer Zeit, 29-111, Wiesbaden 1987.

Kroll, Gerhard, Auf den Spuren Jesu, Stuttgart 1978.

Kroll, W., Historia Alexandri Magni (Rec A), Berlin 1926.

Kühn, Katrin, Augustins Schrift „De Divinatione Daemonum", in: Augustiniana 47, 291-337, 1997.

Kurmann, Alois, Gregor von Nazianz, Oratio 4 gegen Julian. Ein Kommentar, Basel 1988.

Lampe, G.W., Patristic Greek Lexicon, Oxford 1961.

Lattke, Michael, Wie alt ist die Allegorie, daß Christus (Messias) der wahre Salomo sei? Eine wissenschaftliche Anfrage, in: ZNW 82, 279, 1991.

Lesky, A., Apuleius von Madaura und Lukios von Patrai, in: Hermes 76, 43-74, 1941.

Licht, Hans (i.e. Brandt, Paul), Erotes. Ein Gespräch über die Liebe von Lukian. Aus dem Griechischen zum ersten Male ins Deutsche übersetzt und eingeleitet (Werkstatt der Liebe, Bd. 1), München 1920.

Liddell, Henry G./Scott, Robert, A Greek-English Lexicon, Oxford 1961 (repr. 1940⁹).

Lindsay, J.L., The Origins of Alchemy in Graeco-Roman Egypt, London 1970.

Lindsay, W.A., Isidori Hispalensis Episcopi Etymologiarum sive originum libri XX Vol I et II, Oxford 1966.

Littmann, Enno, The Legend of the Queen of Sheba in the Tradition of Axum (Bibliotheka Abessinica 1), Leiden 1904.

Littmann, Enno (Übers), Die Erzählungen aus den Tausendundein Nächten. Vollständige deutsche Ausgabe in Zwölf Teilbänden, zum ersten Mal nach dem arabischen Urtext der Calcuttaer Ausgabe aus dem Jahre 1839 übertragen, Frankfurt 1976.

Lüneburg, H. (Übers.), Die Gynäkologie des Soranus von Ephesos. Geburtshilfe, Frauen- und Kinderkrankheiten, Diätik der Neugeborenen (Bibliothek Medicinischer Klassiker, Band 1), München 1894.

Luz, Ulrich, Das Evangelium nach Matthäus (EKK I/1), Band I: Mt 1-7, Neukirchen 1997⁴.

Luz, Ulrich, Das Evangelium nach Matthäus (EKK I/2), Band II: Mt 8-17, Neukirchen 1999³.

Luz, Ulrich, Das Evangelium nach Matthäus (EKK I/3), Band III: Mt 18-25, Neukirchen 1997.

Maier, Johann, Die Qumran-Essener: Die Texte vom Toten Meer. Band I: Die Texte der Höhlen 1-3 und 5-11. Band II: Die Texte der Höhle 4, München – Basel 1995.

Maier, Johann, Art. „Geister B III d: Talmudisches Judentum", in: RAC 9, Sp. 668-688, 1973.

Majercik, Ruth, The Chaldean Oracles. Text, Translation and Commentary, Leiden 1989.

Mare, W. Harold, Art. „Zion", in: ABD 6,1096f., 1992.

Markschies, Christoph, Zwischen den Welten wandern. Strukturen des antiken Christentums, Frankfurt 1997.

Mathers, S. Liddell MacGregor, The Key of Solomon (Clavicula Salomonis), York Beach, Me. 2000 (1889).

Mayer, Reinhold/Rühle, Inken, Salomo als Prototyp eines Weisen? Die Weisheit Salomos – einmal anders, in: Bibel und Kirche 52, 193-199, 1997.

McCown, Chester C., The Ephesia Grammata in Popular Belief, in: TAPA 54, 128-140, 1923.

McCown, Chester C. (Hg.), The Testament of Solomon, Leipzig 1922.

Mederer, Erwin, Die Alexanderlegenden bei den ältesten Alexanderhistorikern, Stuttgart 1936.

Merkelbach, Reinhold, Art. „Drache", in: RAC 4, Sp. 226-250, 1959.

Merkelbach, Reinhold, Die Quellen des griechischen Alexanderromans, München 1977².

Merkelbach, Reinhold, Isis Regina – Zeus Sarapis. Die griechisch-ägyptische Religion nach den Quellen dargestellt. Zweite, verbesserte Auflage, Leipzig 2001² (1995).

Merkelbach, Reinhold/Totti, Maria (Hg.), Abrasax. Ausgewählte Papyri religiösen und magischen Inhalts, Band 1: Gebete (Abhandlungen der Rheinisch-Westfälischen Akademie der Wissenschaften, Sonderreihe Papyrologica Colonensia, Vol. XVII/1), Opladen 1990.

Merkelbach, Reinhold/Totti, Maria (Hg.), Abrasax. Ausgewählte Papyri religiösen und magischen Inhalts, Band 2: Gebete (Fortsetzung) (Abhandlungen der Rheinisch-Westfälischen Akademie der Wissenschaften, Sonderreihe Papyrologica Colonensia, Vol. XVII/2), Opladen 1991.

Merkelbach, Reinhold/Totti, Maria (Hg.), Abrasax. Ausgewählte Papyri religiösen und magischen Inhalts, Band 3: Zwei griechisch-ägyptische Weihezeremonien (Abhandlungen der Rheinisch-Westfälischen Akademie der Wissenschaften, Sonderreihe Papyrologica Colonensia, Vol. XVII/3), Opladen 1992.

Merkelbach, Reinhold, Abrasax. Ausgewählte Papyri religiösen und magischen Inhalts, Band 4: Exorzismen und jüdisch/christlich beeinflusste Texte (Papyrologica Colonensia XVII), Opladen 1996.

Meshorer, Yaakov, The Coinage of Aelia Capitolina, Jerusalem 1989.

Meulen, Harry E. Faber van der, Das Salomo-Bild im hellenistisch-jüdischen Schrifttum, Diss., Kampen 1987.

Michaelis, Wilhelm, Art. „leon", in: ThWNT 4, 256-259, 1942.

Michel Simone, Bunte Steine – Dunkle Bilder: Magische Gemmen, München 2001.

Michel, Otto/Bauernfeind, Otto (Hg.), Flavius Josephus: De bello judaico. Der Jüdische Krieg, griechisch und deutsch, Band I-III, Darmstadt 1982³.

Michl, J., Art. „Engel" in: RAC 5, IV (christlich), 170-200; V (Katalog der Engelnamen), 200-239; VI (Gabriel) 239-243; VII (Michael) 243-251; VIII (Raphael) 252-254; IX (Uriel) 254-258, 1962.

Miller, J.E., The Practices of Romans 1:26f.: Homosexuals or Heterosexuals?, in: NT 37, 1-11, 1995.

Mills, Mary E., Human Agents of Cosmic Power in Hellenistic Judaism and the Synoptic Tradition (JSNT.S 41), Sheffield 1990.

Mitropoulou, Elpis, Triple Hekate Mainly on Votive Reliefs, Coins, Gems and Amulets, Athen 1978.

Möllendorff, Peter von (Hg.), Lukian: Hermotimos, oder: Lohnt es sich, Philosophie zu studieren?, Darmstadt 2000.

Mommert, Carl, Das Jerusalem des Pilgers von Bordeaux (333), in: ZDPV 29, 177-193, 1906.

Mommsen, Theodor, C.Iulii Solini Collectanea Rerum Memorabilium, Berlin 1864.

Moore, Carey A., Tobit. A New Translation with Introduction an Commentary, New York u.a. 1996.

Moormann, Eric/Uitterhoeve, Wilfried, Lexikon der antiken Gestalten. Mit ihrem Fortleben in Kunst, Dichtung und Musik, Stuttgart 1995.

Morgan, Michael A., Sepher Ha-Razim: The Book of the Mysteries (SBL Texts and Translations 25; Pseudepigrapha Series 11), Chicago 1983.

Müller, C.D.G., Art. „Geister C IV: Volksglaube", in: RAC 9, Sp. 761-797, 1973.

Müller, C.D.G., Von Teufel, Mittagsdämon und Amuletten, in: JbAC 17, 91-102, 1974.

Nauck, A., Porphyrii philosophi Platonici opuscula selecta., Leipzig 1886 (Hildesheim 1963).

Naveh, Joseph/Shaked, Shaul, Amulets and Magic Bowls. Aramaic Incantations of Late Antiquity, Jerusalem 1987² (1985).

Naveh, Joseph/Shaked, Shaul, Magic Spells and Formulae. Aramaic Incantations of Late Antiquity, Jerusalem 1993.

Nestle, Eberhard, Der Teich Betsaida beim Bilger von Bordeaux, in: ZDPV 29, 193-105, 1906.

Niggemeyer, H.-J., Beschwörungsformeln aus dem „Buch der Geheimnisse" (Sefär ha-razîm). Zur Topologie der magischen Rede (JTS 3), Hildesheim – New York 1975.

Nock, A.D./Festugiere, A.J., Corpus Hermeticum, Tome I, II, Paris 1945.

Nöldeke, Theodor, Beiträge zur Geschichte des Alexanderromans, in: Denkschriften der Kaiserlichen Akademie der Wissenschaften, philosophisch-historische Klasse 38, Wien 1890.

Nordheim, E. von, Die Lehre der Alten I: Das Testament als Literaturgattung im Judentum der hellenistisch-römischen Zeit, Leiden 1980.

Obermayer, Hans Peter, Martial und der Diskurs über männliche „Homosexualität" in der Literatur der frühen Kaiserzeit (Classica Monacensia 18), Tübingen 1998.

Olson, K.A., ‚Those who have not Defiled Themselves with Women': Revelation 14:4 and the Book of Henoch, in: CBQ 59/3, 492ff, 1997.

Önnerfors, Alf, Antike Zaubersprüche, zweisprachig, Stuttgart 1991.

Onuki, Takashi, Gnosis und Stoa. Eine Untersuchung zum Apokryphon des Johannes (NTOA 9), Göttingen 1989.

Perdrizet, Paul, Sphragis Solomonos, in: Revue des Études Grecques 16, 42-61, 1903.

Peterson, Erik, Heis theos : epigraphische, formgeschichtliche und religionsge-
    schichtliche Untersuchungen, Göttingen 1926.
Pfister, Friedrich, Alexander der Große in den Offenbarungen der griechen,
    Juden, Mohammedaner und Christen, Berlin 1956.
Pfister, Friedrich, Kleine Texte zum Alexanderroman (Commonitorium Palla-
    dii, Briefwechsel zwischen Alexander und Dindimus, Brief Alexanders
    über die Wunder Indiens), nach der Bamberger Handschrift herausge-
    geben, Heidelberg 1910.
Pfister, Friedrich, Der Alexanderroman mit einer Auswahl aus den verwandten
    Texten, Meisenheim 1978.
Piccinini, Elissa, Onokentauros: demone o animale?, in: Vetera Christianorum
    35, 119-131, 1998.
Pielow, Dorothee, Lilith und ihre Schwestern. Zur Dämonie des Weiblichen,
    Düsseldorf 1998.
Pietersma, A./Lutz, T.R. (Hg.), Jannes and Jambres, in: Charlesworth, James H.
    (Hg.), The Old Testament Pseudepigrapha, Vol. 2, 427-442, New York –
    London – Toronto – Sydney – Auckland 1985.
Pietersma, Albert, The Apocryphon of Jannes and Jambres the Magicians: P.
    Chester Beatty XVI (With New Editions of Papyrus Vindobonensis
    Greek inv. 29456+29828 verso and British Library Cotton Tiberius B.v.f.
    87). Religions in the Graeco-Roman World 119, Leiden 1994.
Pines, S., Wrath and Creatures of Wrath in Pahlavi, Jewish and New Testament
    Sources, in: S. Shaked (Ed.), Irano-Judaica. Studies Relating to Jewish
    Contacts with Persian Culture Throughout the Ages, 76-82, Jerusalem
    1982.
Preisendanz, Karl, Akephalos. Der kopflose Gott, Leipzig 1926.
Preisendanz, Karl, Art. „Ornias", in: PRE 35, Sp. 1126f., 1939.
Preisendanz, Karl, Art. „Onokentauros", in: PRE 18/1, Sp. 487-491, 1942.
Preisendanz, Karl, Art. „Akephalos", in: RAC 1, 211-216, 1950.
Preisendanz, Karl, Ein Wiener Papyrusfragment zum Testamentum Salomonis,
    in: Eos. Commentarii Societatis Philologiae Polonorum (EOS) 48, 161-
    169, 1956.
Preisendanz, Karl, Art. „Salomo", in: PRE Suppl. 8, Sp. 660-704, 1956a.
Preisendanz, Karl, Art. „Ephesia Grammata", in: RAC 5, 515-520, 1962.
Preisendanz, Karl (Hg.), Papyri Graecae Magicae – Die griechischen
    Zauberpapyri, Band I, Stuttgart 1973 (1928).
Preisendanz, Karl (Hg.), Papyri Graecae Magicae – Die griechischen Zauber-
    papyri, Band II, Stuttgart 1974² (1931).
Pritchard, James B. (Hg.), Solomon and Sheba, London 1974.
Quack, Joachim F., Dekane und Gliedervergottung. Altägyptische Traditionen
    im Apokryphon Johannis, in: JAC 38, 97-122, 1995.
Rabenau, Mertin, Studien zum Buch Tobit (BZAW 220), Berlin – New York
    1994.

Rabinowitz, Jacob, Underneath the Moon: Hekate and Luna, in: Latomus 56.3, 534-543, 1997.

Rahmani, L.Y., The Byzantine Solomon Eulogia Tokens in the British Museum, in: IEJ 49/1-2, 92-104, 1999.

Rakoczy, Thomas, Böser Blick, Macht des Auges und Neid der Götter. Eine Untersuchung zur Macht des Blickes in der griechischen Literatur (CM 13), Tübingen 1996.

Reeg, Gottfried, Die Ortsnamen nach der rabbinischen Literatur. Beihefte zum Tübinger Atlas des Vorderen Orients, Reihe B (Geisteswissenschaften), Nr. 51, Wiesbaden 1989.

Rehm, Bernhard (Hg.), Die Pseudoklementinen II, Rekognitionen in Rufins Übersetzung (GCS 51), Berlin 1965.

Rehm, Bernhard/Irmscher, Johannes (Hg.), Die Pseudoclementinen I: Homilien (GCS 42), Berlin – Leipzig 1953.

Reinsberg, Carola, Ehe, Hetärentum und Knabenliebe im antiken Griechenland, München 1993.

Reitzenstein, Richard, Cyprian der Magier, in: Nachrichten von der königlichen Gesellschaft der Wissenschaften zu Göttingen, Phil.-Hist. Klasse, Heft 1, 38-79, 1917.

Reitzenstein, Richard, Poimandres. Studien zur griechisch-ägyptischen und frühchristlichen Literatur, Leipzig 1904 (Nachdr. 1966).

Reitzenstein, Richard, Eros und Psyche in der griechischen Kleinkunst (Sitzungsberichte der Heidelberger Akademie der Wissenschaften, Phil.-Hist. Klasse 12/1914), Heidelberg 1914.

Riessler, Paul (Hg.), Das Testament Salomos, in: ders. (Hg.), Altjüdisches Schrifttum außerhalb der Bibel, Freiburg – Heidelberg 1988[6].

Robinson, J. , Hoffmann, P., Kloppenborg, J.S. (Ed.), The Critical Edition of Q, Augsburg Fortress, Ma. 2000.

Rohde, Erwin, Psyche. Seelencult und Unsterblichkeitsglaube der Griechen, Bd. I und II, Tübingen 1925, 10 (1883).

Roscher, W.H., Das von der „Kynanthropie" handelnde Fragment des Marcellinus von Side, in: Abhandlungen der Philologisch-Historischen Klasse der Königlich-Sächsischen Gesellschaft der Wissenschaften 17/3 (Bd. 39), 1-92, 1897.

Roskoff, Gustav, Geschichte des Teufels. Eine kulturhistorische Satanologie von den Anfängen bis ins 18. Jahrhundert, Bd. 1 und 2, Wien 1869.

Röwekamp, Georg (Übers. u. Einl.) u.a., Egeria Itinerarium (Reisebericht), in: Egeria (FC 20), 118-308, Freiburg u.a. 1995.

Röwekamp, Georg (Übers.), Cyrill von Jerusalem: Mystagogicae Catecheses. Mystagogische Katechesen (FC 7), Freiburg u.a. 1992.

Rumpf, A., Art. „Eros (Eroten) II (in der Kunst)", in: RAC 6, 312-342, 1966.

Rusam, Dietrich, Neue Belege zu den stoicheia tou kosmou (Gal 4,3.9; Kol 2,8.20), in: ZNW 83, 119-125, 1992.

Russell, James, The Archaeological Context of Magic in the Early Byzantine Period, in: H. Maguire, Byzantine Magic, 35-50, Washington 1995.

Särkiö, Pekka, Salomo und die Dämonen, in: Studia Orientalia 99, 305-322, 2004.

Salzberger, Georg, Die Salomosage in der semitischen Literatur, Berlin 1907.

Salzberger, Georg, Salomos Tempelbau und Thron in der semitischen Sagenliteratur, Berlin 1912.

Sbordone, Francesco, Hori Apollinis Hieroglyphica, Neapel 1940.

Schäfer, Peter, Jewish Magic Literature in Late Antiquity and Early Middle Ages, in: JJS 41, 75-91, 1990.

Schenke, H.-M., Bethge, H.-G., Kaiser, U. (Hg.), Nag Hammadi Deutsch. 1. Band: NHC I,1-V,1, Berlin – New York 2001.

Schermann, Theodor, Die griech. Kyprianosgebete, in: OrChr 3, 303-323, 1903.

Schiffman, Lawrence H./Swartz, Michael D. (Ed.), Hebrew and Aramaic Incantation Texts from the Cairo Genizah. Selected Texts from Taylor-Schechter Box K1, Sheffield 1992.

Schlumberger, Gustave, Amulettes byzantins anciens. Destinés a combattre les maléfices & maladies, in: Revue des études grecques 5, 73-93, 1892.

Schneemelcher, Wilhelm, Das Kreuz Christi und die Dämonen. Bemerkungen zur Vita Antonii des Athanasius, in: Pietas, FS Kötting (JAC Erg. 8), 381-392, Münster 1980.

Schneemelcher, Wilhelm (Hg.), Neutestamentliche Apokryphen in deutscher Übersetzung, Band II: Apostolisches und Verwandtes, Tübingen 1989[5].

Schneider, C., Art. „Eros I (literarisch)", in: RAC 6, 306-312, 1966.

Schoeps, Hans-Joachim, Die Urgeschichte nach den Pseudoklementinen, in: ders., Aus frühchristlicher Zeit. Religionsgeschichtliche Unersuchungen, 1-37, Tübingen 1950a.

Schoeps, Hans-Joachim, Die Dämonologie der Pseudoklementinen, in: ders., Aus frühchristlicher Zeit. Religionsgeschichtliche Unersuchungen, 38-81, Tübingen 1950b.

Schöllgen, Georg, Die Anfänge der Professionalisierung des Klerus und das kirchliche Amt in der Syrischen Didaskalie (JAC Erg. 26), Münster 1998.

Schüngel-Straumann, Helen, Tobit (HThK AT), Freiburg u.a. 2000.

Schürer, Emil, The History of the Jewish People in the Age of Jesus Christ. A New Version, Revised and Edited by G. Vermes, F. Millar, M. Goodman, Edinburgh 1986.

Schweizer, Eduard, Art „Geister C I: Neues Testament", in: RAC 9, Sp. 688-700, 1973.

Shanks, Hershel, Magnificent Obsession, in: Biblical Archaeology Review 22,3, 22-35, 62-64, 1996.

Sibelis, J./Weismann, H. (Übers.), Curtius Rufus – Alexandergeschichte. Die Geschichte Alexanders des Grußen von Q. Curtius Rufus und der

Alexanderroman. Nach den Übersetzungen von J. Sibelis und H. Weismann neubearbeitet von Gabriele John, Essen – Stuttgart 1987.

Silberman, Lou H., The Queen of Sheba in Judaic Tradition, in: Pritchard (Hg.), Solomon and Sheba, 65ff., 1974.

Simon, Erika, Römische Wassergottheiten, in: AW 31/3, 247-260, 2000.

Simonsen, D., Golgotha eine Betonungsfrage, in: ZDPV 28,150, 1906.

Siniscalco, Paolo (Hg.), Apuleius Madaurensis: Platon und seine Lehre (K. Albert, Texte zur Philosophie, Band 4), Sankt Augustin 1981.

Söllner, Peter, Jerusalem, die hochgebaute Stadt. Eschatologisches und Himmlisches Jerusalem im Frühjudentum und im frühen Christentum (TANZ 25), Tübingen – Basel 1998.

Sorensen, Eric, Possession and Exorcism in the New Testament and Early Christianity, Tübingen 2002.

Stäcker, Thomas, Die Stellung der Theurgie in der Lehre Jamblichs, Frankfurt 1995.

Stegmann, Anton, Des Athanasius Schriften gegen die Heiden, Über die Menschwerdung, Leben des Heiligen Antonius (BKV 31), Kempten – München 1917.

Stuckrad, Kocku von, Das Ringen um die Astrologie. Jüdische und christliche Beiträge zum antiken Zeitverständnis (RVV 49), Berlin – New York 2000.

Tiedemann, Holger, Die Erfahrung des Fleisches. Paulus und die Last der Lust, Stuttgart 1998.

Tischendorf, Constantin von (Hg.), Evangelia Apokrypha, Leipzig 1853.

Tomson, E., Paul and the Jewish Law. Halakha in the Letters of the Apostle to the Gentiles, Assen 1990.

Torijano, Pablo, Solomon the Esoteric King. From King to Magus, Development of a Tradition, Leiden 2002.

Trumpf, J., Anonymi Byzantini Vita Alexandri regis Macedonum (Recensio ε), Stuttgart 1974.

Trunk, Dieter, Der Messianische Heiler. Eine redaktions- und religionsgeschichtliche Studie zu den Exorzismen im Matthäusevangelium, Freiburg, Basel, Wien 1994.

Twelftree, G.H., Jesus the Exorcist (WUNT II/54), Tübingen 1993.

Uhlig, Siegbert, Das äthiopische Henochbuch (JSHRZ V,6), Gütersloh 1984.

Ullendorff, Edward, The Queen of Sheba in Ethiopian Tradition, in: Pritchard (Hg.), Solomon and Sheba, 104ff., 1974.

Ullmann, Ludwig, Der Koran. Nach der Übertragung von Ludwig Ullmann neu bearbeitet und erläutert von L.W. Winter, München 1959.

Usener, H., Kleine Schriften, Bd. 4, Leipzig 1913.

van der Nat, P.G., Art. „Geister C III: Apologeten und lateinische Väter", in: RAC 9, Sp. 715-761, 1973.

van der Toorn, K./Becking, B./van der Horst, P. (Ed.), Dictionary of Deities and Demons in the Bible (DDD), Leiden – Boston – Köln 1999².

van Thiel, H., Der Eselsroman. I.: Untersuchungen. II.: Synoptische Ausgabe, München 1971-1972.

Vassiliev, A., Anecdota Graeco-Byzantina, Vol. 1, Moskau 1893.

Verbrugghe, Gerald P./Wickersham, John M. (Ed.), Berossos and Manetho, Introduced and Translated. Native Traditions in Ancient Mesopotamia and Egypt, Ann Arbor, Mich. 1996.

Villalba i Varneda, Pere, The Historical Method of Flavius Josephus (Arbeiten zur Literatur und Geschichte des hellenistischen Judentums 19), Leiden 1986.

Vogt, Ernst, Vom Tempel zum Felsendom, in: Biblica 55, 23-64, 1974.

Vogt, Hermann J. (Hg.), Origenes: Der Kommentar zum Evangelium nach Matthäus, dritter Teil (Bibliothek der griechischen Literatur, Band 38), Stuttgart 1993.

Vollenweider, Samuel, „Ich sah den Satan wie einen Blitz aus dem Himmel fallen", in: ZNW 79, 187-203, 1988.

Waegeman, Maryse, Amulet and Alphabet. Magical Amulets in the First Book of Cyranides, Amsterdam 1987.

Wagner-Lux, Ute/Wagner, Max, Besprechung von Busse/Kretschmar, Jerusalemer Heiligtumstraditionen in altkirchlicher und frühislamischer Zeit, in: JAC 32, 214ff, 1989.

Waitz, Hans, Die Lösung des pseudoclementinischen Problems?, in: ZKG 59, 303-341, 1940.

Wardrop, Marjory/Wardrop, J.O., Life of St. Nino, in: Studia Biblica et Ecclesiastica V/1, 3-88, Oxford 1900.

Waser, D., Art. „Eros", in: PRE 11/1, Sp. 484-542, 1907.

Waszink, J.H., Art. „Biothanatoi", in: RAC 2, Sp. 391-394, 1954.

Watson, Paul F., The Queen of Sheba in Christian Tradition, in: Pritchard (Hg.), Solomon and Sheba, 115ff., 1974.

Watt, W. Montgomery, The Queen of Sheba in Islamic Tradition, in: Pritchard (Hg.), Solomon and Sheba, 85ff., 1974.

Weil, Gustav (Übers.), Tausend und eine Nacht. Arabische Erzählungen, Bd. 1 und 2, Stuttgart o.J. [1865].

Weiler, Gerda, Der enteignete Mythos. Eine notwendige Revision der Archetypenlehre C.G. Jungs und Erich Neumanns, München 1985.

Weiß, Wolfgang, „Eine neue Lehre in Vollmacht". Die Streit- und Schulgespräche des Markusevangeliums, Berlin – New York 1989.

Wellmann, Max, Die Physika des Bollos Demokritos und der Magier Anaxilaos aus Larissa, Teil 1 (Abhandlungen der Preussischen Akademie der Wissenschaften, Jahrgang 1928, Philosophisch-Historische Klasse, Nr. 7), Berlin 1928.

Wellmann, Max (Hg.) Pedanii Dioscuridis Anazarbei de materia medica libri quinque, Vol 1-3, Berlin 1958 (repr. 1914).

Wengst, Klaus, Zweiter Klemensbrief, in: Wengst, Klaus (Hg.), Didache (Apostellehre), Barnabasbrief, zweiter Klemensbrief, Schrift an Diognet. Eingel., hg., übertr. u. erl. v. K. Wengst, Darmstadt 1984.

Whittaker, M., The Testament of Solomon, in: Sparks, H.F.D. (Ed.), The Apocryphal Old Testament, 733-751, 1984.

Winkler, Heinrich August, Siegel und Charaktere in der Muhammedanischen Zauberei, Berlin – Leipzig 1930.

Winkler, Heinrich August, Salomo und die Karina. Eine orientalische Legende von der Bezwingung einer Kindbettdämonin durch einen heiligen Helden, Stuttgart 1931.

Witte, Bernd, Das Ophitendiagramm nach Origenes' Contra Celsum VI 22-38 (Arbeiten zum spätantiken und koptischen Ägypten 6), Altenberge 1993.

Wohlers, Michael, Heilige Krankheit. Epilepsie in antiker Medizin, Astrologie und Religion (Marburger Theologische Studien 57), Marburg 1999.

Wolter, Michael, Der Brief an die Kolosser. Der Brief an Philemon (ÖTK 12), Gütersloh 1993.

Wright, William, Contributions to the Apocryphal Literature of the New Testament, Collected and Edited from Syriac Manuscripts in the British Museum, with an English Translation and Notes, London 1865.

Zahn, Theodor von, Cyprian von Antiochien und die deutsche Faussage, Erlangen 1882.

Zangenberg, Jürgen, Aelia Capitolina. Aspekte der Geschichte Jerusalems in römischer Zeit (70 – ca. 320 n. Chr.), in: Natur und Mensch. Jahresmitteilungen der Naturhistorischen Gesellschaft Nürnberg e.V., 33-52, 1992.

Zeller Eduard, Die Philosophie der Griechen in ihrer geschichtlichen Entwicklung, III,1: Die nacharistotelische Philosophie, Erste Hälfte, Leipzig 1881[3].

Zeller, Eduard, Die Philosophie der Griechen in ihrer geschichtlichen Entwicklung, III,2: Die nacharistotelische Philosophie, Zweite Hälfte, Leipzig 1881[3].

Zintzen, C., Art. „Geister (Dämonen) B III c: Hellenistische und kaiserzeitliche Philosophie", in: RAC 9, Sp. 640-668, 1973.

Zirker, Hans, Der Koran. Zugänge und Lesarten, Darmstadt 1999.

Zöckler, Otto, Evagrius Ponticus. Seine Stellung in der altchristlichen Literatur- und Dogmengeschichte (=Biblische und kirchenhistorische Studien 4), München 1893.

Zuntz, G., Erynis in Gnosticism?, in: JThS 6, 243f., 1955.

Stellenregister

2. Alttestamentliche Apokryphen und Pseudepigraphen

3. Apostolische Väter

4. Neutestamentliche Apokryphen

5. Judaica

Texte und Untersuchungen zur Geschichte der altchristlichen Literatur

Begründet von Oscar von Gebhardt / Adolf von Harnack

Im Auftrag der Berlin-Brandenburgischen Akademie der Wissenschaften
herausgegeben von Christoph Markschies

154. *Ioannis Antiocheni Fragmenta ex Historia chronica.* Introduzione, edizione critica e traduzione a cura di Umberto Roberto. Hrsg. v. Roberto, Umberto. 2005. CCXI, 661 S.

153. Busch, Peter: *Das Testament Salomos.* Die älteste christliche Dämonologie, kommentiert und in deutscher Erstübersetzung. 2006. XII, 322 Seiten.

152. *Eusebius von Caesarea: Das Onomastikon der biblischen Ortsnamen.* Edition der syrischen Fassung mit griechischem Text, englischer und deutscher Übersetzung. Hrsg. v. Timm, Stefan. 2005. VIII, 45*, 253 S.

151. *Papyrus Michigan 3520 und 6868(a).* Ecclesiastes, Erster Johannesbrief und Zweiter Petrusbrief im fayumischen Dialekt. Hrsg. v. Schenke, Hans-Martin. In Zusammenarb. mit Kasser, Rodolphe. 2003. XIII, 318 S.

150. *Marcion und seine kirchengeschichtliche Wirkung / Marcion and His Impact on Church History.* Vorträge der Internationalen Fachkonferenz zu Marcion, gehalten vom 15. - 18. August 2001 in Mainz. Hrsg. v. May, Gerhard / Greschat, Katharina. In Gemeinschaft mit Meiser, Martin. 2002. XI, 333 S.

149. *Adolf Harnack: Marcion.* Der moderne Gläubige des 2. Jahrhunderts, der erste Reformator. Die Dorpater Preisschrift (1870). Kritische Edition des handschriftlichen Exemplars. Hrsg. v. Steck, Friedemann. 2003. XLVII, 446 S.

148. *Wörterbuch der griechischen Wörter in den koptischen dokumentarischen Texten.* Hrsg. v. Förster, Hans. 2002. LX, 914 S.

147. *Biblia Sahidica.* Ieremias, Lamentationes (Threni), Epistula Ieremiae et Baruch. Hrsg. v. Feder, Frank. 2002. XV, 249 S.

146. Hartenstein, Judith: *Die Zweite Lehre.* Erscheinungen des Auferstandenen als Rahmenerzählungen frühchristlicher Dialoge. 2000. XXXI, 362 S.

145. Vielberg, Meinolf: *Klemens in den pseudoklementinischen Rekognitionen.* Studien zur literarischen Form des spätantiken Romans. 2000. CCXXXVI S.

144. Havelaar, Henriette W.: *The Coptic Apocalypse of Peter.* Nag-Hammadi-Codex VII,3. 1999. 244 p.

140. *Perpetua und der Ägypter oder Bilder des Bösen im frühen afrikanischen Christentum.* Ein Versuch zur Passio sanctarum Perpetuae et Felicitatis. 2. überarb. Aufl. 2004. 341 S.

139. Thümmel, Hans Georg: *Die Frühgeschichte der ostkirchlichen Bilderlehre.* Texte und Untersuchungen zur Zeit vor dem Bilderstreit. 1992. 399 S.

138. *Das Thomas-Buch (Nag-Hammadi-Codex, II,7).* Hrsg. v. Schenke, Hans-Martin. 1989. XVI, 221 S.

137. *Apostelgeschichte 1,1 - 15,3 im mittelägyptischen Dialekt des Koptischen (Codex Glazier).* Hrsg. v. Schenke, Hans-Martin. 1991. XVI, 251 S. 18 Abb.

136. *Epistula Jacobi Apocrypha.* Die zweite Schrift aus Nag-Hammadi-Codex I. Hrsg. v. Kirchner, Dankwart. 1989. XVI, 162 S.

132. *Die dreigestaltige Protennoia.* Nag-Hammadi-Codex XIII). Hrsg. v. Schenke, Gesine. 1984. XVII, 175 S.

130. *Lukas-Kommentare aus der griechischen Kirche.* Aus Katenenhandschriften. Hrsg. v. Reuss, Joseph. 1984. XXXIII, 372 S.

2. Harnack, Adolf von: *Die Lehre der zwölf Apostel nebst Untersuchungen zur ältesten Geschichte der Kirchenverfassung und des Kirchenrechts.* Appendix: Ein übersehenes Fragment der Didaché in alter lateinischer Übersetzung. Mitgetheilt von Gebhardt, Oscar von. Nachdr. d. Ausg. 1886. 1991. 740 S.

1. Harnack, Adolf von / Gebhardt, Oscar von: *Die Überlieferung der griechischen Apologeten des zweiten Jahrhunderts in der alten Kirche und im Mittelalter.* Nachdr. d. Ausg. 1882/83. 1991. XIV, 775 S.